刘勋 编著

左传

全文通识读本

第四册

中华书局

第四册

第四册分年目录

襄　　公

襄 公 |

扫描二维码，
阅读参考资料

襄公元年·○

人物 鲁襄公

【襄公】 正 补 鲁襄公。姬姓,名午,谥襄。鲁成公(成元·○)庶子,定姒(襄四·三·春秋)所生。成十六年生。襄元年即位,在位三十一年。襄三十一年卒。

襄公元年·一

地理 鲁见襄地理示意图1。

人物 鲁襄公(襄元·○)

春秋 元年,春,王正月,公_{鲁襄公}即位。

○ 正 据襄九·五·五,鲁襄公生于成十六年,因此故鲁襄公正式即位时年仅三岁。

襄公元年·二

地理 鲁、晋、宋、卫、曹、齐见襄地理示意图1。鲁、晋、宋、卫、曹、邾、滕、薛、齐、彭城、狐丘见襄地理示意图3。鲁、宋、卫、曹、莒、邾、滕、薛、彭城见襄地理示意图4。

人物 孟献子(文十四·十二·三)、栾桓子(成十六·三·春秋)、华元(文十六—文十七·一·二)、宁惠子(成十四·一·三·一)、鱼石(成十五·六·春秋)、向为人(成五·七·一·二)、鳞朱(成十五·六·一)、向带(成十五·六·一)、鱼府(成十五·六·一)、太子光

春秋 仲孙蔑_{孟献子}会晋栾黡 yǎn,栾桓子、宋华元、卫宁 nìng 殖_{宁惠子}、曹人、莒人、邾人、滕人、薛人围宋彭城。

【彭城】 杨 见成十八·四·春秋。

[左传]【一】元年,春,[王正月]己亥,"围宋彭城"。[彭城]非宋地,[《春秋》]追书也。于是[诸侯]为宋讨鱼石,故[《春秋》]称"宋",且不登叛人也,谓之宋志。

【己亥】[正][杨]据杜预及王韬所推春秋历,正月无己亥。下文言"二月,齐大子光为质于晋",则此事的确应在正月。疑"己亥"实为"乙亥"之误,乙亥为正月二十五日。

【非宋……宋志】[正][杨]成十八年郑、楚攻下宋地彭城,用来安置鱼石等宋叛臣。此时彭城为鱼石等人所占据,故曰"非宋地"。因此,《春秋》书"宋",是后来追补写上的。当时诸侯在为宋讨伐鱼石等叛臣,所以《春秋》称"宋",而且不记载叛臣的名氏,以表明围彭城是出于宋人的意志。登,成。

【二】彭城降晋。晋人以宋五大夫在彭城者归,置诸(之于)瓠 hù 丘。

【宋五大夫在彭城者】[杨]鱼石、向为人、鳞朱、向带、鱼府。

【瓠丘】[正][杨][补]即壶丘,在今山西垣曲东滩村附近。晋地。参见《图集》22—23⑩16。

○[补]晋人以五人归晋而不将其交给宋人,表明五人在降晋之前必已与晋达成协议,要求晋保证其人身安全。据襄二十六·八·二所载声子之言"晋降彭城而归诸宋,以鱼石归",则彭城终归于宋。

【三】齐人不会彭城,晋人以为讨。二月,齐大(太)子光为质于晋。

【大子光】[正][补]太子光,后为齐后庄公。姜姓,名光,谥庄。齐灵公(成十·三·春秋)之子,鬷声姬(襄十九·二·一)所生。襄元年为质于晋,后归于齐。襄二十年即位,在位六年。襄二十五年被崔武子所弑。

○[杨]据《史记·齐太公世家》,公子光到襄十年才被立为太子。因此,《左传》此处书"大子光",是追述的写法。

襄公元年·三

地理 晋、郑、鲁、齐、曹、楚、宋、陈、卫见襄地理示意图 1。晋、郑、鲁、齐、曹、邾、宋、陈、卫、鄫、焦、夷、戚、吕、留、犬丘、洧水见襄地理示意图 3。鲁、齐、曹、邾、杞 1、宋、卫见襄地理示意图 4。

人物 韩献子(宣十二·一·四)、孟献子(文十四·十二·三)、崔武子(宣十·三·春秋)、王子壬夫(成十六·三·四·二)、中行献子(成十六·三·三·一)、晋悼公(成十七·十·一·二)、卫献公(成十四·五·一)、子然(成十·三·二)

春秋 夏,晋韩厥韩献子帅师伐郑,仲孙蔑孟献子会齐崔杼崔武子、曹人、邾人、杞人次于鄫 zēng。

【鄫】正 杨 补 在今河南睢县东南。郑地。参见《图集》24—25④6。

秋,楚公子壬夫王子壬夫帅师侵宋。

左传 【一】夏,五月,晋韩厥韩献子、荀偃中行献子帅诸侯之师伐郑,入其郛 fú,败其徒兵于洧 wěi 上。于是东诸侯之师次于鄫,以待晋师。晋师自郑以鄫之师侵楚焦、夷及陈。晋侯晋悼公、卫侯卫献公次于戚,以为之援。

【郛】补 见隐五·八·一。

【徒兵】正 步兵。

【洧上】杨 补 洧水岸边,郑都附近。【洧】补 见成十七·一·三。

【焦、夷】杨 见僖二十二—僖二十三·八·一。

【戚】见文元·三·春秋。

【二】秋，楚子辛王子壬夫救郑，侵宋吕、留。郑子然侵宋，取犬丘。

【吕】正 杨 补 在今江苏徐州铜山区吕梁村。宋邑。参见《图集》24—25④8。

【留】正 杨 补 在今江苏沛县东南。宋邑。参见《图集》24—25④8。

【犬丘】正 杨 补 在今河南永城太丘乡。宋邑。参见《图集》24—25④7。

襄公元年·四

地理 周见襄地理示意图1。

人物 周简王（成八·六·春秋）

春秋 九月辛酉十五日，天王周简王崩。

襄公元年·五

地理 鲁、卫、晋见襄地理示意图1。邾、鲁见襄地理示意图4。

人物 邾宣公（成十八·七·春秋）、卫献公（成十四·五·一）、子叔剽、晋悼公（成十七·十·一·二）、知武子（宣十二·一·十四·三）

春秋 邾子邾宣公来朝。

【朝】补 见隐四·二·七·一。

冬，卫侯卫献公使公孙剽 piāo，子叔剽来聘。晋侯晋悼公使荀罃 yīng，知武子来聘。

【公孙剽】正 杨 补 子叔剽，后为卫殇公。姬姓，子叔氏，名剽，谥殇。子叔黑背（成十·二·春秋）之子，卫穆公（宣十三—宣十四·

二)之孙。即位为君之前为卫大夫,官至卿位。襄十五年即位,在位十二年。襄二十六年被宁悼子所弑。【聘】补见隐七·四·春秋。

左传 九月,"邾子来朝",礼也。冬,卫子叔 子叔黑背、晋知 zhì 武子来聘,礼也。凡诸侯即位,小国朝之,大国聘焉,以继好、结信、谋事、补阙 quē,礼之大者也。

襄公二年·一

地理 周见襄地理示意图1。

人物 周简王（成八·六·春秋）

春秋 二年，春，王正月，葬简王_{周简王}。

○ 正 补 据隐元·五，周王七月而葬。周简王五月而葬，于礼为速。

襄公二年·二

地理 郑、宋、楚见襄地理示意图1。

春秋 郑师伐宋。

○ 正《春秋》书"伐"而《左传》书"侵"，应是宋人通告书"伐"，《春秋》照书之。

左传 二年，春，郑师侵宋，楚令也。

○ 正 杨 襄元年晋帅诸侯为宋围彭城，故本年楚使郑师侵宋以报之。

襄公二年·三

地理 齐见襄地理示意图1。齐、莱见襄地理示意图4。

人物 齐灵公（成十·三·春秋）、正舆子、夙沙卫

左传 齐侯_{齐灵公}伐莱。莱人使正舆子赂夙沙卫以索马、牛，皆百匹，齐师乃还。君子是以知齐灵公之为"灵"也。

【正舆子】 杨 补 莱贤大夫。《荀子·尧问》："莱不用子马而齐并之。"子马可能是正舆子的字，马之功用正为牵引车舆。

【夙沙卫】 正 补 夙沙氏，名卫。应为古族夙沙氏之后。齐寺人。襄

十九年奔高唐以叛。同年齐后庄公围高唐,夙沙卫兵败被杀。

【索马、牛】正 杨精选的马和牛。索,选择。

【君子……"灵"也】正君子因此知道了齐灵公之所以谥为"灵"的缘故。谥法,乱而不损曰"灵"。

○补齐国北部沿渤海一带是古代著名的盐业基地,传说宿(夙)沙氏就在该地区发明了煮海为盐。《世本·作篇》:"宿沙作煮盐。"《说文解字》"盐"字下:"古者宿沙初作鬻海盐。"《鲁连子》:"宿沙瞿子善煮盐。"

襄公二年·四

地理鲁、齐见襄地理示意图1。鲁、齐、莱、东阳见襄地理示意图4。

人物齐姜(成十四·四·春秋)、穆姜(宣元·一·春秋)、季文子(文六·二·春秋)、鲁襄公(襄元·○)、齐灵公(成十·三·春秋)、莱子、晏桓子(宣十四·六·二·一)

春秋夏,五月庚寅+八日,夫人姜氏齐姜薨。

左传【一·—】夏,齐姜薨。初,穆姜使择美槚jiǎ,以自为榇chèn 与颂琴。季文子取[榇与颂琴]以葬[齐姜]。

【美槚】杨上好的楸木。

【槚】正 杨 补即楸(Catalpa bungei),紫葳科,梓树属,高大落叶乔木,木材质地致密,可做器具、棺椁等。

【榇】正 杨近身内棺。

【颂琴】杨琴的一种,《三礼图》谓长七尺二寸,宽一尺八寸,二十五弦。

○杨鲁宣公夫人穆姜于成十五年想要驱逐季氏、孟氏而未能得逞,其妍夫叔孙宣伯又已被逐,此时已无权势,据襄九·三·一,则此时已被软禁于东宫。因此季文子敢于取穆姜之椟与颂琴以葬鲁成公夫人齐姜。

【一·二】君子曰："非礼也。礼无所逆。妇，养姑者也。亏姑以成妇，逆莫大焉。《诗》曰：'其惟哲人，告之话（诂）言，顺德之行。'季孙季文子于是为不哲矣。且姜氏穆姜，君鲁襄公之妣 bǐ 也。《诗》曰：'为酒为醴 lǐ，烝 zhēng 畀 bì 祖妣，以洽百礼，降福孔偕。'"

【礼无所逆】补礼制不能有所不顺。

【妇】正杨媳妇，指齐姜，鲁成公夫人。

【姑】正杨婆婆，指穆姜，鲁成公之母。

【其惟……之行】正杨补《毛诗·大雅·抑》有此句，而"惟"作"维"。可译为"只有明智的人，才可以把老话告诉他，要他顺着美德行事"。话言，古代的好话。

【不哲】正补哲人顺德而行，故"不哲"为逆德而行。

【且姜氏，君之妣也】杨补而且穆姜，是国君的祖母。鲁襄公为鲁成公之妾定姒所生。穆姜为鲁成公之母，故为鲁襄公祖母。妣，此处用下引《诗》义，即祖母。春秋之世，以祖母为"妣"，《周易》之爻辞、《毛诗》之《雅》《颂》、两周之金文都以"祖妣"连言，"祖"既为祖父，"妣"则为祖母。至《尔雅·释亲》《尚书·尧典》始"考妣"连言，《礼记·曲礼》云"生曰父曰母，死曰考曰妣"，认为妣指去世的母亲，乃后起之义。

【为酒……孔偕】正杨补《毛诗·周颂·丰年》有此句，而"偕"作"皆"。可译为"酿造甜酒，进献祖父祖母，合于礼仪，遍降福气"。烝，进。畀，与。祖，祖父。妣，祖母。洽，协和。孔，甚。偕，遍。

【二】齐侯齐灵公使诸姜、宗妇来送葬。［齐侯］召莱子，莱子不会，故晏弱晏桓子城东阳以逼之。

【诸姜】正嫁给齐大夫的姜姓女子。【宗妇】正齐君同姓大夫之妻。

【召莱子，莱子不会】正齐灵公以莱为小国，欲陵蔑之，因此使人召莱子,使其与诸姜、宗妇一同至鲁送葬。莱子以其轻侮,故不肯应召。

【东阳】 正 杨 补 在今山东临朐东。齐邑。参见《图集》26—27③5。

○ 正 杨 据《礼记·檀弓下》,"妇人不越疆而吊人"。出国境吊丧尚且不可,出国境送葬更不合于礼制。

○ 正 下启襄六年齐灭莱(襄六·六)。

襄公二年·五

地理 郑、晋、宋、卫、鲁、曹、楚、齐见襄地理示意图1。郑、晋、宋、卫、郑、鲁、曹、邾、齐、滕、薛、小邾、戚、虎牢见襄地理示意图3。

人物 郑成公(成七·三)、宁惠子(成十四·一·三·一)、孟献子(文十四·十二·三)、知武子(宣十二·一·十四·三)、华元(文十六—文十七·一·二)、孙文子(成七·八·春秋)、公子騑(成十·三·二)、楚共王(成二·四·四)、公子喜(成十·三·二)、公子发(成五·五)、崔武子(宣十·三·春秋)、晋悼公(成十七·十·一·二)

春秋 六月庚辰九日,郑伯睔 kūn,郑成公卒。

【六月】 正 杨 庚辰应在庚寅后五十日,因此应为七月庚辰。

晋师、宋师、卫宁 nìng 殖宁惠子侵郑。

○ 正 此次侵郑,《春秋》于晋、宋书"师"在前,而于卫则书其主帅名氏"宁殖"在后,可能是由于晋、宋率师者为大夫而军队规模大,而卫帅师者为卿而军队规模小。

秋,七月,仲孙蔑孟献子会晋荀罃 yīng,知武子、宋华元、卫孙林父孙文子、曹人、邾人于戚。

【戚】 杨 见文元·三·春秋。

左传【一】郑成公疾。子驷公子騑请息肩于晋。公郑成公曰:"楚君楚共王以郑故,亲集矢于其目。非异人任,寡人郑成公也。若背之,是弃力与言,其谁昵我?免寡人郑成公,唯二三子。"

【子驷请息肩于晋】正 杨 补 息肩,即放下负担,使肩膀得以休息,引申为投靠。郑研判:(1)晋在鄢陵之战后将很快发生内乱而导致霸业衰弱;(2)鄢陵之战晋楚双方势均力敌,战后双方实力对比并未改变;(3)如郑成公本段所言,叛楚有忘恩负义之嫌。因此在鄢陵之战晋胜楚之后,郑一反"朝晋暮楚"的常态,仍然坚持不叛楚。然而,晋发生三郤、晋厉公相继被杀的严重内乱后,却迎来中兴英主晋悼公,内乱正起到去其疾病的作用,霸业反而呈现蒸蒸日上之势。郑迫于先前表态,不得不继续留在楚联盟,因此遭受晋的持续攻打。在晋的凌厉攻势之下,公子骓提出,希望转而服于晋,以求解脱。

【楚君……其目】正 补 楚君由于郑的缘故,让箭落在自己的眼睛上。指成十六年楚共王因救郑而与晋战于鄢陵,战斗中楚共王被晋厨武子射中眼睛(参见成十六·三·十一·二)。集本义是鸟止于木上,箭也有尾羽似鸟,因此箭止于目也用"集"字。

【非异人任,寡人也】正 补 不是为了别人而承担[这样的灾祸],而就是为了寡人。任,承担。

【力】杨 补 指楚共王为郑所出之力。

【言】正 杨 指楚、郑先前盟誓之言。

【免寡人,唯二三子】正 杨 补 [是否能让]寡人免于["弃力与言"的]罪责,就看诸位卿大夫了。

[二] 秋,七月庚辰,"郑伯睔卒"。于是子罕公子喜当国,子驷为政,子国公子发为司马。

【当国】正 杨 补 担任摄政官,代行君权。《左传》所见,齐亦有当国(襄二十七·四·四)。

【为政】补 又称"听政","当国"之下的执政官,处理具体政务,其职掌事务有:一、官员的赏罚;二、制定各种政治、经济方面的法令、政策;三、代表郑国参加盟会、聘问等外交活动;四、主持公祭;五、纠诘寇盗。

【司马】 补 郑外朝官，卿职，掌军政。

○ 补 当国制是春秋中晚期在郑国出现的卿大夫摄政制，《左传》有明确记载的公子喜（襄二·五·二）、公子騑（襄十·七·二·一）、公子嘉（襄十·七·二·四）、公孙舍之（襄十九·六·二）这四位前后相继的首卿。首卿当国，相当于摄政君；次卿为政/听政，具体负责各项工作；国君实际上是傀儡。襄二十九年公孙舍之去世之后，其子罕虎继任首卿，而次卿良霄、公孙侨职务都是为政，这说明罕虎仍是当国。昭十三年罕虎去世后，其子罕婴齐继任首卿，而次卿公孙侨职务是为政，这说明罕婴齐仍是当国。昭十三年后郑是否一直实行当国制，则已不可确知。笔者认为，郑成公太子髡顽由于旧怨而仇视穆族诸卿（详见专著《救世：子产的为政之道》相关章节之分析），穆族诸卿为了防止髡顽即位为君后利用君权打击自己，于是抓住襄二年郑成公去世、太子髡顽继位（为郑僖公）的权力交接期，以国家多难、新君无道为理由，在为政之上设立当国，由首卿担任，以架空郑僖公，确保诸卿利益。襄七年公子騑弑郑僖公后，郑僖公之子继位，就是郑简公。郑简公即位时仅有五岁，因此穆族诸卿又以国家多难、国君幼弱为理由继续实行当国制，于是这一制度成为常态，直到昭十二年郑简公去世、郑定公即位后仍然没有撤销。

【三】晋师侵郑。诸大夫欲从晋。子驷曰："官命未改。"

○ 正 此时郑成公虽死，尚未下葬，嗣君不得发布新令，故公子騑曰"官命未改"。

【四】会于戚，谋郑故也。

【谋郑故也】 杨 谋划[使]郑[服晋]的缘故。

孟献子曰："请城虎牢以逼郑。"

【请城虎牢以逼郑】 正 杨 虎牢（庄十九—庄二十一—庄二十一·九·

一)本为郑地,此时已被晋所夺取,因此能筑城戍守,借此迫使郑屈服。

知zhì武子曰:"善。鄫zēng之会,吾子孟献子闻崔子崔武子之言。今[崔子]不来矣。滕、薛、小邾之不至,皆齐故也。寡君晋悼公之忧不唯郑。罃知武子将复[吾子之言]于寡君,而请于齐。得请而告,吾子之功也。若不得请,事将在齐。吾子之请,诸侯之福也,岂唯寡君赖之。"

【鄫之会】正 见襄元·三。

【崔子之言】正 杨 崔武子为鄫之会齐方代表,他的言论中应有对晋不满的内容。

【滕、薛……故也】正 杨 补 滕、薛、小邾不前来与会,都是因为齐的缘故。此三小国近于齐,远于晋,故唯齐命是听。

【寡君之忧不唯郑】正 补 我国君主的忧虑不只有郑[,还有齐]。

【罃将……于齐】正 补 我将向我国君主报告[您修城的请求],并请齐人[参与修城行动,以探测齐向背]。

【得请……功也】正 补 [晋若能]得到[齐接受]请求[的承诺,]从而告知[诸侯相会以修筑虎牢],那是您的功劳。

【若不得请,事将在齐】正 补 [晋若]不能得到[齐接受]请求[的承诺],则战事将在齐发生。

【赖之】补 以之为利。

襄公二年·六

地理 鲁见襄地理示意图1。

人物 齐姜(成十四·四·春秋)

春秋 己丑十八日,葬我小君齐姜。

【小君】补 见庄二十二·二·春秋。

襄公二年·七

地理 鲁、宋见襄地理示意图 1。

人物 叔孙穆子(成十六·六·二)、鲁襄公(襄元·〇)

春秋 叔孙豹_{叔孙穆子}如宋。

左传 穆叔_{叔孙穆子}聘于宋，通嗣君_{鲁襄公}也。

襄公二年·八

地理 鲁、晋、齐、宋、卫、曹见襄地理示意图 1。鲁、晋、齐、宋、卫、曹、邾、滕、薛、小邾、戚、虎牢见襄地理示意图 3。

人物 孟献子(文十四·十二·三)、知武子(宣十二·一·十四·三)、崔武子(宣十·三·春秋)、华元(文十六—文十七·一·二)、孙文子(成七·八·春秋)

春秋 冬，仲孙蔑_{孟献子}会晋荀罃 yīng,_{知武子}、齐崔杼_{崔武子}、宋华元、卫孙林父_{孙文子}、曹人、邾人、滕人、薛人、小邾人于戚。[诸侯]遂城虎牢。

【戚】补 见文元·三·春秋。

【虎牢】正 补 此时为晋邑。见庄十九—庄二十一—庄二十一·九·一。

左传 冬，复会于戚。齐崔武子及滕、薛、小邾之大夫皆会，知 zhì 武子之言故也。"遂城虎牢"，郑人乃成。

【知武子之言故也】正 上文知武子言"若不得请，事将在齐"，齐人闻其言而惧，故率小国而会之。

【郑人乃成】补郑人这才［请求］讲和修好。实际上就是"郑人乃服"。

襄公二年·九

地理楚见襄地理示意图1。

人物王子申（成六·九·一·一）、王子婴齐（宣十一·二·一）、王子壬夫（成十六·三·四·二）

春秋楚杀其大夫公子申王子申。

左传楚公子申王子申为右司马，多受小国之赂，以逼子重王子婴齐、子辛王子壬夫。楚人杀之。故［《春秋》］书曰"楚杀其大夫公子申"。

【右司马】补楚外朝官，司马副手，职掌征兵、率军征伐。

【故书……子申】正补据上文，则王子申有罪于楚。因此《春秋》书"楚杀其大夫公子申"，书国杀，又书被杀卿大夫之名氏，强调王子申有罪（参见文六·四·三及文七·二·三）。

襄公三年·一

地理 楚、吴1见襄地理示意图1。楚、吴1、鸠兹、衡山见襄地理示意图5。

人物 王子婴齐（宣十一·二·一）、邓廖

春秋 三年，春，楚公子婴齐王子婴齐帅师伐吴。

左传 三年，春，楚子重王子婴齐伐吴，为简之师，克鸠兹，至于衡山，使邓廖 liáo 帅组甲三百、被 pī 练三千以侵吴。吴人要而击之，获邓廖。其能免者，组甲八十、被练三百而已。子重归，既饮至，三日，吴人伐楚，取驾。驾，良邑也；邓廖，亦楚之良也。——君子谓："子重于是役也，所获不如所亡。"——楚人以是咎子重。子重病之，遂遇心疾而卒。

【为简之师】正 补 组织了一支经过选拔的军队。简，选练，参见襄二十五·三·二·二"简师，陈以待我"。一说，"为简之师"与成十三·一·三·二"秦穆公……而为韩之师"，清华简二《系年》"令尹子重伐郑，为氾之师""[晋]平公帅师会诸侯，为平阴之师以围齐"类似，意思是"进行或发动简地的战役"。

【鸠兹】正 杨 补 在今安徽芜湖湾沚区北的城东村附近。吴邑。参见《图集》29—30⑤10。有学者认为鸠兹是西周晚期至春秋早期吴国都城之一，参见闵元·四·一·二"西周时期吴国都城地望"。

【衡山】杨 补 山名，即今横山，在今安徽马鞍山博望区的横山风景区。吴地。参见《图集》29—30⑤10。

【组甲三百、被练三千】正 杨 补 穿着组甲的[军士]三百人，穿着被练的[军士]三千人。组甲之士应为车兵，而被练之士应为车后步兵。杜甫《遣怀》"组练弃如泥"典出于此。

【组甲】正 杨 用緁（丝锦织成之带）穿组甲片制成的甲为"组甲"。其性能优良，然而制作费物费力。

【被练】正 杨 用练(煮熟生丝)穿组甲片制成的甲为"被练"。被练不如组甲坚牢,然而制作也相对容易。

【吴人要而击之】杨 补 吴师拦腰攻击楚师。

【饮至】补 见隐五·一。

【驾】杨 见成十七·十一。

【咎】补 怪罪。

【病之】补 以之为耻。

襄公三年·二

地理 鲁、晋见襄地理示意图1。

人物 鲁襄公(襄元·○)、晋悼公(成十七·十·一·二)、知武子(宣十二·一·十四·三)、孟献子(文十四·十二·三)

春秋 公鲁襄公如晋。

夏,四月壬戌二十五日,公鲁襄公及晋侯晋悼公盟于长樗chū。

【长樗】正 杨 晋都郊区地名。

公鲁襄公至自晋。

○正 此条《春秋》无对应《左传》。

左传 〔一〕"公如晋",始朝也。

【朝】见隐四·二·七·一。

〔二〕夏,"盟于长樗"。孟献子相xiàng。公鲁襄公稽qǐ首。

【稽首】补 见僖五·二·二·一。

<u>知武子</u>曰：“天子在，而君辱稽首，寡君_{晋悼公}惧矣。”

【天子……惧矣】正 杨 补 有周天子在，而贵国君主屈尊行稽首之礼，我国君主感到惧怕。知武子意谓，鲁襄公对周王才需要行稽首之礼，作为诸侯的晋悼公则不敢受。此时晋悼公试图复兴霸业，因此以“尊王”为正礼。

<u>孟献子</u>曰：“以敝邑介在东表，密迩仇雠，寡君_{鲁襄公}将君_{晋悼公}是望，敢不稽首？”

【介】补 独。

【东表】补 东部边远地区。

【密迩】补 紧邻。【仇雠】正 仇敌，指齐、楚。雠，仇。

【寡君将君是望】补 即“寡君将望君”。

○杨 据襄九·五·五，鲁襄公生于成十六年，此时仅五岁左右。孟献子欲得晋援，故使幼主向晋君行稽首大礼。

襄公三年·三

地理 晋、郑、吴 1、齐见襄地理示意图 1。

人物 范宣子（成十六·三·七）、晋悼公（成十七·十·一·二）、齐灵公（成十·三·春秋）

左传 晋为郑服故，且欲修吴好，将合诸侯。使<u>士匄</u>_{范宣子}告于齐曰：“寡君_{晋悼公}使<u>匄</u>_{范宣子}，以岁之不易，不虞之不戒，寡君愿与一二兄弟相见，以谋不协。请君_{齐灵公}临之，使<u>匄</u>乞盟。”齐侯_{齐灵公}欲勿许，而难为不协，乃[与士匄]盟于耏_{ér}外。

【岁之不易】正 杨 岁月不太平，指近年来诸侯之间多有纠纷。易，平，治。

【不虞之不戒】正 杨 对意外之事无所戒备。虞，度。

【斾外】 正 杨 齐都临淄西北郊临斾水处。斾水即时水干流,参见庄八—庄九—庄十·春秋。

襄公三年·四

地理 晋见襄地理示意图1。

人物 祁奚(成八·五·一)、晋悼公(成十七·十·一·二)、解狐、祁午、羊舌职(宣十五·五·一·二)、羊舌赤

左传【一】祁奚请老。晋侯晋悼公问嗣焉,[祁奚]称解狐,其雠也,将立之而[解狐]卒。[晋侯]又问焉。[祁奚]对曰:"午祁午也可。"

【祁奚请老】 正 杨 祁奚任中军尉(参见成十八·三·一),此时请求告老致仕。

【嗣】 正 指接替祁奚职位之人。

【午】 正 补 祁午。姬姓,祁氏,名午。祁奚(成八·五·一)之子。晋大夫,襄三年任中军尉。

于是羊舌职死矣。晋侯晋悼公曰:"孰可以代之?"[祁奚]对曰:"赤羊舌赤也可。"

【于是……代之】 正 补 羊舌职生前任中军尉佐,为祁奚副手。故晋悼公向祁奚询问接替羊舌职职位之人。

【赤】 正 杨 补 羊舌赤。姬姓,羊舌氏,名赤,字华,排行伯。羊舌职(宣十五·五·一·二)长子。晋大夫,襄三年任中军尉佐。襄二十一年被范宣子所囚。食采于铜鞮。据《大戴礼记·卫将军文子》,孔子认为:"其为人之渊泉也,多闻而难诞也,不内辞足以没世;国家有道,其言足以生;国家无道,其默足以容,盖桐提伯华之行也。"

于是[晋侯]使祁午为中军尉,羊舌赤佐之。

○正 补 最终晋悼公使祁午接替其父祁奚为中军尉,使羊舌赤接替其父羊舌职为中军尉佐。

○补 **传世文献对读**:《国语·晋语七》记述了祁奚使其子继任的理由,可扫码阅读。

[二] 君子谓:"祁奚于是能举善矣:称其雠,解狐,不为谄chán;立其子祁午,不为比;举其偏,不为党。《商书》曰'无偏无党,王道荡荡',其祁奚之谓矣!解狐得举,祁午得位,伯华羊舌赤得官,建一官而三物成,能举善也夫!唯善,故能举其类。《诗》云'惟其有之,是以似之',祁奚有焉。"

【祁奚……为党】正 杨 若是他人,则推举仇人,会被认为是谄媚;推举儿子,会被认为是朋比;推举副手[的后代],会被认为是结党营私。祁奚所举实为善人,因此没有上述非议。偏,佐,副手。羊舌职生前是祁奚副手。

【无偏无党,王道荡荡】正 补 今本《尚书·周书·洪范》(疑春秋时属于《商书》)有此句,可译为"不偏私不结党,君王之道浩浩荡荡"。

【解狐……得官】正 补 解狐得祁奚举荐,因身死而不得官位,故曰"得举"。祁午"得官"、羊舌赤"得位"则实为同一性质的两件事,而变文以称。

【一官】正 中军尉及其副手同掌一事,故曰"一官"。

【三物】正 三事,指得举、得位、得官。

【惟其有之,是以似之】正 杨 补 《毛诗·小雅·裳裳者华》有此句,而"惟"作"维"。根据《左传》上下文,可译为"正因为自身具有美德,他所推举的人方能和他相似"。

襄公三年·五

地理 鲁、周、晋、宋、卫、郑、齐、陈、吴 1、楚见襄地理示意图 1。鲁、周、单、晋、宋、卫、郑、邾、齐、陈、曲梁、鸡泽、淮水见襄地理示意图 3。鲁、周、单、晋、宋、卫、郑、莒、邾、陈、吴 1、楚、淮水见襄地理示意图 5。

人物 鲁襄公(襄元·○)、单顷公、晋悼公(成十七·十·一·二)、宋平公(成十五·三·春秋)、卫献公(成十四·五·一)、郑僖公(成十·三·一)、莒犁比公、邾宣公(成十八·七·春秋)、太子光(襄元·二·三)、陈成公(宣十一·五·一)、袁桓子、叔孙穆子(成十六·六·二)、吴王寿梦(成七·六·三)、王子壬夫(成十六·三·四·二)、和组父、扬干、魏庄子(成十八·三·一)、羊舌赤(襄三·四·一)、毚共子(成十七—成十八·三·一)、张老(成十八·三·一)、士富

春秋 六月,公鲁襄公会单子单顷公、晋侯晋悼公、宋公宋平公、卫侯卫献公、郑伯郑僖公、莒jǔ子莒犁比公、邾子邾宣公、齐世子光太子光。己未二十三日,[诸侯]同盟于鸡泽。

【单子】补 单顷公。姬姓,单氏,谥顷。单襄公(成元·一·一)之子。周王室卿大夫。

【莒子】补 莒犁比公。己姓,《春秋》曰名"密州",《左传》曰名"买朱锄"(买、密音相近,"朱锄"快读即"州"),号犁比。成十五年即位,在位三十五年。襄十六年被晋人所执,襄十八年已归于莒。襄三十一年被公子展舆指使国人攻杀。

【鸡泽】正 杨 补 泽名,在今河北邯郸东稍北。晋地。参见《图集》22—23⑤11。

陈侯陈成公使袁侨袁桓子如会。

【袁侨】补 袁桓子。妫姓,袁氏,名侨,谥桓。辕宣仲(僖三—僖四·春秋)四世孙。陈大夫,官至卿位。襄二十六年已任司马。据《左传》,陈又有辕氏,辕氏即袁氏。

戊寅,叔孙豹_{叔孙穆子}及诸侯之大夫及陈袁侨_{袁桓子}盟。

【戊寅】正 杨 据杜预及王韬所推春秋历,六月无戊寅,最近的戊寅为七月十三日。

秋,公_{鲁襄公}至自会。

○正 此条《春秋》无对应《左传》。

左传【一】六月,公_{鲁襄公}会单顷公及诸侯。"己未,同盟于鸡泽。"晋侯_{晋悼公}使荀会逆吴子_{吴王寿梦}于淮上。吴子不至。

【淮上】杨 在今安徽凤台境,淮水北岸。吴地。淮水参见桓八·二·二。

○补 晋此前一直希望在南方开辟打击楚的"第二战场",将吴培育成侧面打击楚的战略伙伴。晋景公时期屈巫臣沟通晋吴、教吴叛楚之后,吴已经逐渐成为楚的心腹大患(参见成七·六·三)。此次鸡泽之会的目的之一,就是通过召集中原诸侯与吴王寿梦会面,正式将吴纳入晋联盟体系中。鸡泽位于中原偏北,距离晋和中原诸侯近,但对吴王寿梦而言则需要水路加陆路长途跋涉,路途非常艰辛。晋悼公可能认为自己毕竟是中原霸主,第一次举行这种标志着争霸阶段性胜利的诸侯大会还是要把地点放在中原,而指望通过亲自派大夫去南方迎接,能够请来吴王。然而,结果表明,晋悼公对吴王的估计是错误的,吴王很可能是对晋悼公的安排不满,所以即使晋悼公派荀会南下迎接,吴王也没有到会。参见成十一·七·一·二"会所,信之始也"。

【二】楚子辛_{王子壬夫}为令尹,侵欲于小国。陈成公使袁侨_{袁桓子}如会求成。晋侯_{晋悼公}使和组父_{fǔ}告于诸侯。秋,"叔孙豹及诸侯之大夫及陈袁侨盟",陈请服也。

【令尹】补 见庄四·二·二。

【如会求成】⚑到会请求[与晋联盟诸侯]讲和修好。"求成"实际上就是下文的"请服"。

【三·一】晋侯晋悼公之弟扬干乱行háng于曲梁,魏绛魏庄子戮其仆。

【晋侯……曲梁】正杨此为鸡泽之会时之事。曲梁在鸡泽附近。古代盟会,诸侯国君皆有军队随行。既有军队,便有队伍行列。"乱行"即扰乱军队行列。从下文"魏绛戮其仆"推断,应是扬干之车不按规矩行进,扰乱了军队行列。【曲梁】⚑见宣十五·三·三。

【魏绛戮其仆】正杨魏庄子杀了扬干的仆(驾车人)以正法纪。魏庄子为司马(僖二十七—僖二十八·二十四·一),执掌军法,故有此举。

晋侯怒,谓羊舌赤曰:"合诸侯,以为荣也。扬干为戮,何辱如之? 必杀魏绛,无失也!"

【扬干为戮】杨戮,辱。杀扬干之御者,等于羞辱扬干。
○杨据襄十九·一·一·二,军尉职位高于司马。羊舌赤新任中军尉佐,故晋悼公命羊舌赤杀司马魏庄子。

[羊舌赤]对曰:"绛魏庄子无贰志,事君晋悼公不辟(避)难,有罪不逃刑,其将来辞,何辱命焉?"

【其将来辞,何辱命焉】杨⚑[他]大概会来有所说明的,何必屈尊[君主发布]命令呢?

[羊舌赤]言终,魏绛至,授仆人书,将伏剑。士鲂彘共子、张老止之。

【仆人】⚑见僖二十三—僖二十四·十二。

【伏剑】 杨 见僖十一—僖十一·一·二。

公晋悼公读其书曰："日君乏使，使臣斯（司）司马。臣闻：'师众以顺为武，军事有死无犯为敬。'君合诸侯，臣敢不敬？君师不武，执事不敬，罪莫大焉。臣惧其死，以及扬干，[臣]无所逃罪。[臣]不能致训，至于用钺 yuè，臣之罪重，敢有不从，以怒君心？[臣]请归死于司寇。"

【日君……司马】 杨 补 昔日君主缺乏供使唤的人，于是让臣下担任司马。【司马】 补 见僖二十七—僖二十八·二十四·一。

【君师……大焉】 杨 补 国君的军队不武（即不顺服军纪，指扬干扰乱军队行列），办事的人不敬（即不敢执行军纪，指魏庄子自己不处罚扬干），那是最大的罪过。

【臣惧……逃罪】 正 杨 补 臣下惧怕触犯不敬之死罪，因此牵连到了扬干，[即使如此，臣下仍然是]无法逃脱罪责的。

【不能……君心】 正 杨 补 [臣下]没能事先加以训导，以至于动用了斧钺，臣下的罪过很重，哪敢不服从[死罪的惩处]，从而惹怒国君？【钺】 补 考古报告中的"钺"是一种长柄、首部有弧刃的兵器或礼器，主要流行于商至西周时期，东周时期少见。考古发现西周时期"钺"的实例见襄器物图 1。

【请归死于司寇】此句话正常翻译是"[臣下]请求归于司寇处领受死罪"。然而，由于魏庄子递上书信后随即试图自杀，所以这句话似乎应该理解为"[臣下]请求死后[尸体]归于司寇处[作为罪人处置]"。【司寇】 杨 补 晋外朝官，职掌断狱行刑。

襄器物图 1 甘肃灵台白草坡 M1 出土钺，西周早期（《甘肃灵台白草坡西周墓》，1977 年）

公跣 xiǎn 而出，曰："寡人之言，亲爱也。吾子魏庄子之讨，军礼也。寡人有弟扬干，弗能教训，使干大命,寡人之过也。子无重 zhòng 寡人之过,敢以为请。"

【公跣而出】杨 古人入室脱屦或履,出室穿上。晋悼公担心魏庄子自杀,情急之下,赤足而出。

【寡人之言,亲爱也】杨 寡人之前所说的话,是出于对亲人的爱。

【干】补 犯。

【三·二】晋侯晋悼公以魏绛魏庄子为能以刑佐民矣,反(返)役,与之礼食,使佐新军。张老为中军司马,士富为候奄。

【佐】补 治。

【反役】杨 补 从鸡泽之会返回。战争、会盟等重大行动都可称为"役"。

【与之礼食】正 补 晋悼公依礼正式设食款待魏庄子。《仪礼》有公食大夫礼,所记为国君以食招待他国来聘大夫之礼,可参看。

【使佐新军】杨 魏庄子本为司马,位居大夫。如今被任命为新军佐,则位居卿,为升迁。

【张老为中军司马】正 杨 张老本为候奄,参见成十八·三·一。晋军吏等级次第为军尉、司马、司空、舆尉、候奄。因此,张老接替魏庄子任司马,为升迁。【中军司马】补 见成十八·三·一。

【士富为候奄】正 士富补张老缺。【士富】正 杨 补 祁姓,士氏,名富,谥献。范武子(士会)(僖二十七—僖二十八·二十四·二)别族。晋大夫,襄三年任候奄。【候奄】补 见成元—成二·十六。

○补 **传世文献对读**:《国语·晋语七》载张老让贤于魏庄子之事,可扫码阅读。

襄公三年·六

地理 楚、陈见襄地理示意图 1。

人物 王子何忌

左传 楚司马公子何忌_{王子何忌}侵陈,陈叛故也。

【司马】补 见僖二十六·三。【公子何忌】补 王子何忌。芈姓,名何忌。楚大夫,襄三年已任司马。

【陈叛故也】杨 陈叛楚而转服晋之事见襄三·五·二。

襄公三年·七

地理 晋、楚见襄地理示意图 1。晋、许、楚见襄地理示意图 5。

人物 知武子(宣十二·一·十四·三)、许灵公(成二·七·一·二)

春秋 冬,晋荀罃 _{yīng},_{知武子}帅师伐许。

左传 许灵公事楚,不会于鸡泽。冬,晋知 _{zhì} 武子帅师伐许。

襄公四年·一

地理 陈、楚、晋、鲁见襄地理示意图1。陈、楚、晋、鲁、繁阳见襄地理示意图5。

人物 陈成公(宣十一·五·一)、韩献子(宣十二·一·四)、周文王(僖五·八·一)、商纣(庄十一·二·二·二)、臧武仲(成十八·十·二)、彭名(宣十二·一·十一)

春秋 四年,春,王三月己酉,陈侯午 陈成公 卒。

【己酉】 正 杨 据杜预及王韬所推春秋历,三月无己酉。

左传 [一] 四年,春,楚师为陈叛故,犹在繁阳。韩献子 患之,言于朝曰:"文王 周文王 帅殷之叛国以事纣 商纣,唯知时也。今我易之,难哉!"

【四年……繁阳】 正 杨 襄三年陈叛楚而转服于晋,楚司马王子何忌率楚师侵陈,陈仍不服楚,故楚师至本年犹在繁阳。繁阳距陈二百余里,可进可退。【繁阳】 正 杨 补 在今河南新蔡北。楚地。参见《图集》29—30④6。

【文王……时也】 正 杨 补 《逸周书·程典解》云:"文王合六州之侯,奉勤于商。"《论语·泰伯》云:"[周]三分天下有其二,以服事殷。"相传殷商末年,天下九州,周文王得六州,而仍然服事商纣,韩献子认为这是由于周文王知道灭商时机尚未到来。

【今我易之,难哉】 正 补 如今我们违背了它,难啊!晋实力不能服楚,而如今又为了陈与楚对抗,违背了周文王"知时"的典范,将难以成功。易,违背。

[二·一] 三月,陈成公 卒。楚人将伐陈,闻丧乃止。陈人不听 [楚] 命。

【楚人……乃止】 正 补 春秋时以不伐丧为礼,参见襄二十九年范宣子侵齐,闻丧而还(襄十九·二·五)。楚人此次守礼不伐陈丧,应该是在与襄二年晋人伐郑丧(襄二·五·三)形成对比,从而在霸主之德层面与晋进行竞争。

【陈人不听命】 补 陈人明白楚人突然"行礼"只是一种战术策略,而压榨小国的王子壬夫仍为令尹(参见襄三·五·二),如果陈回到楚联盟,仍然会受到王子壬夫的压榨,因此决定仍然不听楚命。

〔二·二〕 臧武仲闻之,曰:"陈不服于楚,必亡。大国行礼焉而不服,在大犹有咎,而况小乎?"

【咎】 补 灾祸。

〔三〕 夏,楚彭名侵陈,陈无礼故也。

○ 正 下启本年陈围顿(襄四·七)。

襄公四年·二

地理 鲁、晋见襄地理示意图1。

人物 叔孙穆子(成十六·六·二)、知武子(宣十二·一·十四·三)、晋悼公(成十七·十·一·二)、韩献子(宣十二·一·四)、子员、鲁襄公(襄元·○)

春秋 夏,叔孙豹叔孙穆子如晋。

左传 【一】 穆叔叔孙穆子如晋,报知 zhì 武子之聘也。晋侯晋悼公享之。金奏《肆夏》之三,〔穆叔〕不拜。工歌《文王》之三,〔穆叔〕又不拜。〔工〕歌《鹿鸣》之三,〔穆叔〕三拜。

【知武子之聘】 正 见襄元·五。

【享】补 见桓九—桓十·一·二。

【金奏】杨 补 用钟镈演奏,击鼓为节。参见成十二·二·四·一。

【《肆夏》之三】正 夏乐《肆夏》(一名《樊》)、《韶夏》(一名《遏》)、《纳夏》(一名《渠》)三篇。

【《文王》之三】正 补 对应《毛诗·大雅》前三篇:《文王》《大明》《绵》。

【《鹿鸣》之三】正 补 对应《毛诗·小雅》前三篇:《鹿鸣》《四牡》《皇皇者华》。

【三拜】杨 每歌一曲,叔孙穆子拜谢一次。

[二] 韩献子使行人子员 yún 问之,曰:"子以君命,辱于敝邑。先君之礼,藉 jiè 之以乐,以辱吾子_{叔孙穆子}。吾子舍其大,而重 chóng 拜其细,敢问何礼也?"

【行人】补 见宣十二·一·八。

【子以君命,辱于敝邑】补 您奉着君主的命令,屈尊来到我国。

【先君……吾子】正 补 [我国取来]先君的礼仪,用音乐衬垫着,来款待您。藉,衬垫。

【大】杨 指《肆夏》之三与《文王》之三。

【细】杨 指《鹿鸣》之三。

[穆叔]对曰:

"三《夏》,天子所以享元侯也,使臣_{叔孙穆子}弗敢与 yù 闻。

【元侯】正 杨 诸侯之长。

"《文王》,两君相见之乐也,使臣不敢及。

○正《诗序》:"《文王》,文王受命作周也。""《大明》,文王有明德,故天复命武王伐纣也。""《绵》,文王之兴,本由大王也。"是《文王》之三,皆称文王之德,能受天命,造立周国。故诸侯会同,歌此以相燕乐。

"《鹿鸣》,君_{晋悼公}所以嘉寡君_{鲁襄公}也,[使臣]敢不拜嘉?

○|正||补|《诗序》:"《鹿鸣》,燕群臣嘉宾也。"叔孙穆子表示,晋人歌《鹿鸣》,是晋悼公将自己视为嘉宾,因此拜而受之。叔孙穆子奉鲁襄公使命而来,晋悼公嘉许叔孙穆子,即是嘉许鲁襄公。

"《四牡》,君所以劳使臣也,[使臣]敢不重 chóng 拜?

○|正||补|《诗序》:"《四牡》,劳使臣之来也。"叔孙穆子表示,晋人歌《四牡》,是晋悼公慰劳自己的辛劳,因此重拜而受之。

"《皇皇者华》,君教使臣曰'必谘(咨)于周'。臣闻之,'访问于善为"咨",咨亲为"询",咨礼为"度 duó",咨事为"诹 zōu",咨难为"谋"'。臣获五善,敢不重拜?"

【《皇皇者华》】|正||补|《诗序》:"《皇皇者华》,君教使臣也。"诸侯国君和异国臣子之间有宽泛的君臣之义,叔孙穆子可以算作晋悼公的"外臣"(成三·九),因此叔孙穆子表示,晋人歌《皇皇者华》,是晋悼公在教导自己,因此重拜而受之。

【必谘于周】|正||杨||补|一定要向忠信之人咨询。周在诗中共出现四次,本义应为"周遍",此处依《国语·鲁语下》解为"忠信"。

【访问……为"谋"】|补|《皇皇者华》有"周爰咨诹""周爰咨谋""周爰咨度""周爰咨询"等句,本来并没有明显的意义区别。叔孙穆子新造诗义,以"诹""谋""度""询"为"咨"之细类,加上"咨"本身,构成"五善"。

○|补|**传世文献对读**:《毛诗·小雅·鹿鸣》《毛诗·小雅·四牡》《毛诗·小雅·皇皇者华》的原文,可扫码阅读。

襄公四年·三

地理 鲁见襄地理示意图 1。

人物 定姒、匠庆、季文子（文六·二·春秋）、鲁襄公（襄元·○）

春秋 秋，七月戊子二十八日，夫人姒氏定姒薨 hōng。

【姒氏】正 补 定姒。杞女，姒姓，谥定。鲁成公（成元·○）妾，鲁襄公（襄元·○）之母。襄二年鲁成公原配夫人齐姜（成十四·四·春秋）薨后升为夫人。襄四年卒。

左传【一】秋，定姒薨。[定姒]不殡于庙，无椫 chèn，不虞。

【不殡于庙】补 [计划]不在太庙停棺待葬。殡参见隐元·五"丧礼"。

【无椫】补 [计划]没有内棺。椫参见襄二·四·一·一。

【不虞】补 [计划在下葬之后]不举行安魂祭。虞祭详见下文，并参见隐元·五"丧礼"。

○正 补 据隐三·三总结，则如果不殡于庙、无椫、不虞，即是鲁高层（以季文子为主脑）准备不以国君夫人礼安葬定姒，而以妾礼安葬。根据下文所述，季文子接受了匠庆谏言，允许匠庆为定姒制作内棺，可以推知上文所述"不殡于庙""无椫""不虞"都是计划，而非既成事实。季文子这样安排的原因详见襄四·五分析。

匠庆谓季文子曰："子为正卿，而小君定姒之丧不成，不终君鲁襄公也。君长 zhǎng，谁受其咎？"

【匠庆】正 补 鲁大匠。名庆。【匠】正 补 大匠，鲁内朝官，负责为公室制造各种木质器物。

【小君】补 见庄二十二·二·春秋。

【不终君也】杨 让国君（鲁襄公）不能为他的生母定姒送终。

【君长】正 杨 待国君长大成人。鲁襄公当时不足八岁。

初,**季孙**季文子为己树六槚 jiǎ 于蒲圃东门之外。**匠庆**请木,**季孙**曰:"略。"**匠庆**用蒲圃之槚,**季孙**不御。

【槚】 补 见襄二·四·一·一。

【蒲圃】 杨 补 圃见隐十一·六·二·二。蒲,圃名。

【匠庆请木,季孙曰:"略"】 杨 补 匠庆请示[为定姒做内棺所用]木料[的档次规格],季文子说:"简单点吧。"季文子已经接受了匠庆提出的要以夫人礼安葬定姒的谏言,同意匠庆为定姒制作内棺,但仍然不愿意彻底认错,于是表示随便找点木料即可,不用专门使用上等木料。

【匠庆……不御】 正 补 匠庆使用[季文子为自己准备的]蒲圃楸树[来为定姒制作内棺],季文子没有阻止匠庆。"略"除了有季文子所采用的"简略"意思外,还有一个意思是"夺取"。需要夺取的木料,必然是上等木料。匠庆就按照这层意思办理,于是故意砍倒了季文子为自己准备的蒲圃楸树来为定姒制作内棺。如果季文子加以阻拦,匠庆就可以拿两年前季文子夺取穆姜楸木内棺安葬齐姜(见襄二·四)之举来作比较,指责季文子不尊敬鲁襄公生母,也就是不尊敬鲁襄公;如果季文子不加阻拦,则可收获用私藏上等木料尊奉鲁襄公生母的美名。季文子经过权衡,决定不加阻拦。

○补 **虞祭**:虞祭是丧礼的一个环节,是下葬当天在寝宫/寝室举行的安魂祭。《仪礼》有《士虞礼》,国君夫人之虞祭应是在此基础上更加隆重繁复。据《三礼辞典》的总结,士虞祭的主要仪节如下:

　　一、**陈虞祭之牲酒器具**。葬之日举行初虞礼于寝。用特豕,鱼、腊,馔两豆、四笾、二敦,三鼎俎。两甒一醴一酒。设素几苇席。

　　二、**主人及宾即位**。主人及兄弟如葬时之服,宾及执事如吊服,即位于门外,妇人于堂。祝布席设几于室中西南隅。祝及宗人告具。遂请,拜宾,入门哭,妇人哭。

　　三、室中设馔,行阴厌之礼。设馔于室,主人再拜稽首。祝告神飨,佐食祭食。主人再拜稽首,出复位于堂。此时尸未入,谓之阴厌。

　　四、迎尸妥尸。祝迎尸入门。丈夫、妇人踊。沃尸盥手,授巾。尸入室,主人及祝拜,妥尸,尸拜,遂坐。

　　五、飨尸,尸九饭。尸祭食,佐食助尸祭食。祝祝告,主人拜。尸三饭;祭食,又三饭;祭食,又三饭。尸卒食。

　　六、主人献尸。主人酌醯尸,尸拜受爵。尸酢主人,主人拜受爵,尸答拜。主人献祝及佐食。

　　七、主妇亚献。主妇酌酒献尸,并献枣栗两笾。

　　八、宾长三献尸。

　　九、祝告利成。祝出户,告利成,主人哭,皆哭。尸起立,祝前出户,主人等踊。出门。

　　十、设阳厌。祝反室,改设席于室之西北隅。祝出,佐食阖牖户。凡尸既出室,改馔于室西北隅,谓之阳厌。

　　十一、送宾。主人降,宾出,主人送,拜稽颡。

【二】君子曰:"《志》所谓'多行无礼,必自及[于咎]也',其是之谓乎!"

○ 补 季文子襄二年夺穆姜楸木内棺及颂琴以葬齐姜,襄四年又试图以妾礼葬定姒,遭到匠庆"以其人之道,还治其人之身",导致季文子为自己丧葬用材所种的楸树被砍倒制作定姒内棺,所以说是"多行无礼,必自及也"。

襄公四年·四

地理 陈见襄地理示意图1。

人物 陈成公（宣十一・五・一）

春秋 葬陈成公。

襄公四年・五

地理 鲁见襄地理示意图 1。

人物 定姒（襄四・三・春秋）

春秋 八月辛亥二十二日，葬我小君定姒。

【小君】补 见庄二十二・二・春秋。

○正 补 定姒为鲁襄公生母，在生鲁襄公时还是鲁成公妾。襄二年鲁成公原配夫人齐姜以夫人礼安葬。定姒去世后，应该以妾礼还是夫人礼安葬？如果回看先君旧例的话，鲁僖公生母是鲁庄公庶妾成风，鲁宣公生母是鲁文公庶妾敬嬴，成风、敬嬴在去世后都享受了夫人级别的丧葬之礼。如果以先君旧制为准的话，那么定姒的丧葬也应该按照夫人礼来执行。

然而，成风、敬嬴的情况与定姒有很大不同。

一、成风：鲁庄公原配夫人哀姜参与公子庆父之乱，僖元年被齐人所杀，尸体被运回齐国。鲁僖公从齐国迎回哀姜遗体，以夫人礼安葬。三十六年后（文四年），成风去世，以夫人礼安葬。

二、敬嬴：鲁文公原配夫人出姜在文十八年东门襄仲杀嫡立庶之后大归于齐。八年后（宣八年），敬嬴去世，以夫人礼安葬。

三、定姒：鲁成公原配夫人齐姜生前并无过恶，襄二年正常去世，以夫人礼安葬。执政卿季文子高度重视齐姜丧葬之事，甚至夺来穆姜的楸木内棺及颂琴以葬齐姜，以表明其立场（参见襄二・四・一・一）。

总而言之，成风是在哀姜被杀之后转正成为夫人，敬嬴是在出姜被休之后转正成为夫人，而且成风转正三十六年后去世，敬嬴转正八年后去世，去世时夫人之位已经非常稳固，因此两人按夫人礼安葬无争议。

与成风、敬嬴不同，定姒去世时齐姜刚去世两年，而且齐姜并无被杀、被休之事。深疑定姒在齐姜去世后并未明确被升为夫人，因此去世时，关于她应享受的丧葬待遇存在争议。

执政卿季文子认为定姒应按妾礼安葬，并指示有关部门按此办理，因此定姒不殡于庙、无梓、不虞。其深层次原因是：在挫败叔孙宣伯之乱后，三桓势力进一步增强，季文子已有不尊君之心，不愿费事为定姒再操办一次丧礼。然而以匠庆为代表的一派提出异议，认为定姒应该比照成风、敬嬴旧例以夫人礼安葬，并以鲁襄公长大后会复仇来威胁季文子。季文子态度有所软化，匠庆随即请求为定姒补做内棺，并通过取用季文子为自己所种楸树来刺激季文子，如果季文子阻拦，匠庆就可以拿襄二年季文子夺穆姜楸木内棺葬齐姜之举来作比较，指责季文子不尊敬鲁襄公。季文子明白匠庆这样做的目的，只能默许匠庆做法，息事宁人。最终，定姒因此得以按夫人礼下葬，《春秋》亦依礼书"夫人姒氏薨""葬我小君定姒"。

襄公四年·六

地理　鲁、晋见襄地理示意图 1。鲁、晋、鄫见襄地理示意图 3。

人物　鲁襄公（襄元·○）、晋悼公（成十七·十·一·二）、孟献子（文十四·十二·三）

春秋　冬，公鲁襄公如晋。

左传　"冬，公如晋"，听政。晋侯晋悼公享公。公请属鄫 zēng，晋侯不许。孟献子曰："以寡君鲁襄公之密迩于仇雠，而愿固事君晋悼公，无失官命。鄫无赋于司马，为执事朝夕之命敝邑，敝邑褊 biǎn 小，阙 quē 而为罪，寡君是以愿借助焉。"晋侯许之。

【听政】正 杨 听取[向晋纳贡数额的]政令。参见 襄八·一"公如晋,朝,且听朝聘之数"。

【享】见 桓九—桓十·一·二。

【公请属鄫】正 鲁襄公请求将鄫作为鲁的附庸国[,从而帮助鲁交纳贡赋]。

【密迩】补 紧邻。【仇雠】补 仇敌。雠,仇。

【鄫无赋于司马】正 杨 补 鄫本不向[贵国]司马交纳贡赋。晋司马主管诸侯贡赋。【司马】补 参见 僖二十七—僖二十八·二十四·一。

○正 下启襄五年叔孙穆子、鄫太子巫如晋(襄五·四)。

襄公四年·七

地理 陈、楚见襄地理示意图 1。陈、顿、楚见襄地理示意图 5。

春秋 陈人围顿。

左传 楚人使顿间 jiàn 陈而侵伐之,故"陈人围顿"。

【间】正 补 钻……的空子。

襄公四年·八

地理 晋、陈、楚见襄地理示意图 1。

人物 无终子嘉父、孟乐、魏庄子(成十八·三·一)、晋悼公(成十七·十·一·二)、有穷后羿、武罗、伯困、熊髡、尨圉、寒浞、伯明后寒、有穷后羿之子、靡、有过浇、豷、夏少康、夏杼、辛甲、夏禹(庄十二·二·二·二)

左传 无终子嘉父 fǔ 使孟乐如晋,因魏庄子纳虎豹之皮,以请和诸戎。

【无终】杨 补白狄别种，子爵。1965 年在陕西绥德墕头村一座商代墓葬中出土铜戈铭文中有"无终"，表明无终在商代就活动于陕西、山西交界一带。春秋时期无终本在秦、晋之间，襄四年晋国推行"和戎"政策后逐步东迁至山西太原西南。昭元年被晋中行穆子击败之后再次东迁，一支迁至河北涞源县、蔚县一带，后建立代国；另一支迁至河北玉田境内。此时无终犹在秦、晋之间。

【诸戎】补戎狄各部落。

晋侯晋悼公曰："戎狄无亲而贪，不如伐之。"

魏绛魏庄子曰：

"诸侯新服，陈新来和，将观于我。我德，则睦；否，则携贰。[若我]劳师于戎，而楚伐陈，[我]必弗能救，是弃陈也，诸华必叛。戎，禽兽也。获戎、失华，无乃不可乎！

【陈新来和】补陈新近前来媾和。指襄三年陈请叛楚而服于晋。

【携贰】杨 补背离。携，离。贰，有二心。

【诸华】正 补中原华夏诸国。

"《夏训》有之曰：'有穷后羿——'"

【有穷后羿】正 补有穷国君，号羿，后篡位为夏君。后，君长。【有穷】正 杨 补夏时国，在今河南洛阳西。"有"为语助词。

公晋悼公曰："后羿有穷后羿何如？"

[魏绛]对曰："——昔有夏之方衰也，后羿自鉏迁于穷石，因夏民以代夏政。[后羿]恃其射也，不修民事，而淫于原兽；弃武罗、伯困、熊髡 kūn、龙 máng 圉 yǔ，而用寒浞 zhuó。

【锄】正杨补在今河南滑县东十五里。参见《图集》9—10⑦13。曾为后羿居地。春秋时称"城锄",本为宋邑。哀二十五年地已入于卫。哀二十六年卫人以之予越。参见《图集》24—25③5。

【穷石】杨即穷谷,在今河南洛阳南。

【因夏民以代夏政】正补[有穷后羿]依靠夏朝民众取代了夏朝政权。夏启之子太康淫佚放纵,有穷后羿掌握实权,废太康,另立其弟仲康。仲康去世,其子相即位。有穷后羿此时发难,废夏相,自立为君。夏相失国,出依斟灌、斟郡。有穷后羿之子有过浇伐二斟而杀夏相。参见哀元·三·一·二。

【而淫于原兽】杨补而沉溺于田猎。原兽,即田兽。淫,过度。

【武罗……龙圉】正皆为有穷后羿时贤臣。

【寒浞】杨补寒氏,名浞。寒公族。夺后羿权,为有穷国君。后被靡所杀。【寒】正杨补夏时国,在今山东潍坊寒亭区。参见《图集》9—10③7。

"寒浞,伯明氏之谗子弟也。伯明后寒弃之,夷羿有穷后羿收之,信而使之,以为己相 xiàng。浞寒浞行媚于内,而施赂于外;愚弄其民,而虞(娱)羿有穷后羿于田;树之诈慝 tè,以取其国家,外内咸服。

【伯明后寒】正杨即"寒后伯明",寒国君主伯明。后,君长。

【田】杨田猎。

【树之诈慝】正补扶植奸诈邪恶的人。

"羿犹不悛 quān。[羿]将归自田,家众杀而亨(烹)之,以食 sì 其子。其子不忍食诸(之),死于穷门。靡奔有鬲 gé 氏。

【悛】正改。

【穷门】杨即穷石。

【靡】正补夏遗臣,曾事奉后羿。后羿被杀,靡奔有鬲氏。后灭寒浞而立夏少康。

【有鬲】正杨补即鬲,夏时国,偃姓。在今山东平原西北。参见《图集》9—10③7。

"浞因羿室,生浇 ào,有过浇及豷 yì,恃其谗慝诈伪,而不德于民。〔浞〕使浇用师,灭斟灌及斟寻氏。〔浞〕处浇于过 guō,处豷于戈。

【室】正妃妾。

【浇】补有过浇。寒浞之子,居于过,"有"为语助词。

【使浇……寻氏】正补据哀元·三·一·二及杜注,夏相失国之后,依于二斟,故寒浞使其子攻打,最终攻灭二斟,杀死夏相。

【斟灌】正杨补夏时国,姒姓。在今山东莘县观城镇。后被有过浇所灭。参见《图集》9—10⑦13。

【斟寻】正杨补又作"斟鄩",夏时国,姒姓。在今河南偃师东南。后被有过浇所灭。后为夏都。参见《图集》9—10⑦13。有学者认为二里头遗址即夏都斟寻,详见下。

【过】正杨补又作"有过",夏时国,在今山东莱州西北。后被夏少康所灭。参见《图集》9—10③7。

【戈】正补夏时国,在今河南商丘、新郑之间。后被夏杼所灭。

○补二里头遗址:遗址位于今河南偃师西南二里头村一带,洛河南岸。遗址东西长约二千四百米,南北最宽约一千九百米,包括宫城遗址、手工业作坊遗址、祭祀遗址、墓葬等。宫城位于遗址东部,呈长方形,面积约十万平方米,外有城墙,内有多座夯土宫殿建筑遗址。手工业作坊遗址包括铸铜作坊、绿松石作坊。整个遗址的外围没有发现城墙。遗址的考古学文化可分为四期,拟合年代大约在前一千八百八十年至前一千五百二十一年,跨度大概在三百六十年左右。有学者认为,二里头遗址很可能就是传世文献中所说的夏都斟寻,是太康及以后夏代诸王的都邑,而斟寻之后的帝丘、原、老丘、西河有可能是夏人扩张征伐时的行都。

"靡自有鬲氏，收二国之烬，以灭浞而立少康夏少康。少康灭浇于过，后杼_{zhù}夏杼灭豷于戈。有穷由是遂亡，失人故也。

【二国之烬】正 补 指斟灌氏及斟寻氏的遗民。

【少康】正 补 夏少康。夏相之子，后缗（哀元·三·一·二）所生。夏君（后）。

【后杼】正 补 夏杼。排行季。夏少康之子，二姚（哀元·三·一·二）所生。夏君（后）。

【有穷】正 杨 寒浞既篡后羿之位，遂袭有穷之号。此处指寒浞后代所控制的有穷国。

○补 夏少康复国之事详见哀元·三·一·二。

"昔周辛甲之为大（太）史也，命百官：官箴王阙 quē。于《虞人之箴》曰：

【辛甲】正 杨 商纣之臣，后至周为太史。【大史】补 太史，见僖十五·八·一·七。

【官箴王阙】正 杨 补 每位职官都要[结合自身工作]诚谏周王过失。箴，诚谏。阙，过失。

【虞人】正 补 周外朝官，职掌山泽物产、田猎。《左传》所见，齐有虞人（昭二十·八·二·一），又作虞候（昭二十·八·一·二）。鲁有虞人（定八·七·三），又作山人（昭四·二·二）。

"'芒芒禹夏禹迹，画为九州，经启九道。

【芒芒】正 远貌。

【九州】补 详见下。

【经启】正 杨 经略而开通。

【九道】正 九州之道。

"'民有寝、庙，兽有茂草，各有攸处，德用不扰。

【民有寝、庙】杨民众[生]有寝室，[死]有宗庙。

【攸处】杨所处。上古用"攸"，以后用"所"。

【德用不扰】杨补人与兽因此互不扰乱。德，指人与兽的本质。用，因。

"'在帝夷羿，冒于原兽，忘其国恤，而思其麀 yōu 牡。

【冒】正贪。

【国恤】杨补国家的忧患。

【麀牡】杨泛指禽兽。麀，母鹿。牡，公兽。

"'武不可重 chóng，用不恢于夏家。

【武不可重】正杨补武事不能太多。古时田猎亦属于武事。重，多、累次。

【用不恢于夏家】正杨补因此不能光大夏朝[而终致灭亡]。用，因。恢，大。

"'兽臣司原，敢告仆夫。'

【兽臣】正即虞人。

【司原】杨补职掌田猎之事。参见上文"淫于原兽"。

【仆夫】杨君王侍者。不敢直言告诫君王，于是以君主左右作为指代。

"《虞箴》如是，可不惩乎？"

【惩】补戒。

○正补九州：据《尚书·禹贡》，夏禹导山治水成功后，将当时天下划分为九个州，包括冀、兖、青、徐、扬、荆、豫、梁、雍。各州地望大略如下（参见襄地形示意图1，可扫码阅读）：

一、冀州：是西、南、东三面以河水为界的区域。

二、兖州："济、河惟兖州。"兖州是以河水、济水为界的区域。

三、青州："海、岱惟青州。"青州是以渤海、黄海、泰山为界的区域。

四、徐州："海、岱及淮惟徐州。"徐州是以黄海、泰山、淮水为界的区域。

五、扬州："淮、海惟扬州。"扬州是以淮水、东海、南海为界的区域。

六、荆州："荆及衡阳惟荆州。"荆州是以荆山、衡山以南为界的区域。

七、豫州："荆、河惟豫州。"豫州是以荆山、河水为界的区域。

八、梁州："华阳、黑水惟梁州。"梁州是以华山以南、黑水为界的区域。

九、雍州："黑水、西河惟雍州。"雍州是以黑水、河水为界的区域。

《禹贡》描述九州地理情况非常详细，并对每州的山、川、土壤、物产、贡品进行了概述，还记载了各州贡赋的漕运路线，因此《禹贡》九州不仅是一种涵盖当时人所知的"天下"的地理区划体系，也是一种分区治理天下的方略。

除了《禹贡》九州之外，先秦典籍中关于九州的主要说法还有《周礼·夏官·职方氏》《尔雅·释地》《吕氏春秋·有始览》三种：

一、《职方氏》九州：东南曰扬州，正南曰荆州，河南曰豫州，正东曰青州，河东曰兖州，正西曰雍州，东北曰幽州，河内曰冀州，正北曰并州。

二、《释地》九州：两河间曰冀州，河南曰豫州，河西曰雍州，汉南曰荆州，江南曰扬州，济、河间曰兖州，济东曰徐州，燕曰幽州，齐曰营州。

三、《有始览》九州：河、汉之间为豫州，周也；两河之间为冀州，晋也；河、济之间为兖州，卫也；东方为青州，齐也；泗上为徐

州,鲁也;东南为扬州,越也;南方为荆州,楚也;西方为雍州,秦也;北方为幽州,燕也;

　　三种传世文献说法中,冀、兖、扬、荆、豫、雍六州是共有的,其他则有所不同。

　　传世文献之外,上博简楚竹书《容成氏》也记载了"禹画九州"的内容。据学者研究,其所记载的九州概况为:夹州,其地当在河北;涂州即《禹贡》徐州;竞州,其地当在淮水流域;莒州,其地当在沂水流域;藕州,或相当于《职方氏》所说的并州;荆州、扬州,地处长江中下游;叙州,即《禹贡》豫州;虘州,地近泾、渭二水,当即《禹贡》《职方氏》雍州。

　　除了本处明言"芒芒禹迹,画为九州"之外,《左传》中还有另外几处明确与九州相关的记载:

　　成十三·一·四,晋卿吕宣子代表晋国向秦国传达断绝外交关系的说辞,提到"白狄及君同州",这个州应该就是九州中的雍州,白狄与秦国同在此州地域内。

　　昭四·一·二,晋大夫女齐说:"四岳、三涂、阳城、大室、荆山、中南,九州之险也,是不一姓。冀之北土,马之所生,无兴国焉。"这里提到了九州,还提到了晋国所在的冀州。

　　哀六·六·五,孔子赞美楚昭王知大道,提到"《夏书》曰:'惟彼陶唐,帅彼天常,有此冀方'"。这里所说的"冀方",就是唐尧所居的冀州。

　　由此可见,春秋时期应该的确存在某种归功于夏禹的"九州"区划理论,这种理论为当时贵族所知晓,并在他们讨论天下地理形势时被引用。这种理论中必有冀州,很可能也有雍州,至于其他七个州到底与文献中的哪种说法相合,则有待进一步考证。

　　○补 杜甫《风疾舟中伏枕书怀三十六韵奉呈湖南亲友》"问俗九州箴"典出于此。

于是晋侯好 hào 田，故魏绛及之。

○正补 魏庄子提及有穷后羿，本意想简单引用有穷后羿因沉溺于捕猎野兽而败亡的典故，告诫晋悼公不应该沉溺于讨伐戎狄（戎狄就是野兽）而忽视了华夏诸国的民众。晋悼公打断魏庄子的话头询问后羿的掌故，魏庄子意识到晋悼公对这一段古代史事并不熟悉，于是详细叙述了这段故事，最后归结于劝谏晋悼公不要因为兽（戎狄）而丧失了人（中原诸国民众），同时也顺便提醒了晋悼公不要真的沉溺于捕猎野兽，所以后面说晋悼公不但与诸戎讲和，还停止了不合时令的田猎活动。

公曰：“然则莫如和戎乎？”

[魏绛]对曰：“和戎有五利焉：

“戎狄荐居，贵货易土，[狄]土可贾 gǔ 焉，一也。

【荐居】杨 即逐水草而居。荐，草。

【贵货易土】正 杨 重视财货而轻视土地。

【贾】杨 买。

“边鄙不耸(悚)，民狎 xiá 其野，穑 sè 人成功，二也。

【耸】正 惧。

【民狎其野】正 杨 补 民众安心在田野里[耕作]。狎，习。

【穑人】补 农夫。

“戎狄事晋，四邻振动，诸侯威(畏)怀，三也。

【诸侯威怀】补 诸侯畏[晋之威]，而怀[晋之德]。威，畏。

“以德绥戎，师徒不勤，甲兵不顿，四也。

【绥】杨安抚。

【勤】杨劳。

【顿】正坏。

"鉴于后羿,而用德度,远至迩安,五也。

【德度】杨德的法则。

【远至迩安】杨补远国前来[朝见],邻国安心。

"君晋悼公其图之!"

公说(悦),使魏绛盟诸戎,修民事,田以时。

襄公四年·九

地理鲁见襄地理示意图 1。邾、莒、鄫、鲁、狐骀见襄地理示意图 4。

人物臧武仲(成十八·十·二)、鲁襄公(襄元·〇)

左传[一] 冬,十月,邾人、莒 jǔ 人伐鄫 zēng。臧纥 hé,臧武仲救鄫、侵邾,败于狐骀 tái。国人逆丧者皆髽 zhuā。鲁于是乎始髽。

【狐骀】正杨补在今山东滕州东南狐山下。邾地。参见《图集》29—30④4。

【髽】正杨用麻扎发髻。

〇正杨本年鲁已得晋同意将鄫收为附庸国,故邾、莒伐鄫,鲁必救之。

〇杨据《礼记·丧服小记》孔颖达疏,髽本为妇人丧服,有三种,一种为麻髽,即用麻与发各半相结;一种为布髽,用古尺四寸宽布屈折缠发于额上;一种为露紒髽,不用束发之物,不用簪,仅用麻结发。三种髽,各有用时。此处之髽,大概为露紒髽。此次不仅妇人用之,所有迎丧者皆用之,因其易于取材,亦易于操作,可见迎丧者之多,亦可见鲁师战死者之众。

【二】国人诵之曰：

"臧_{臧武仲}之狐裘，败我于狐骀。

【狐裘】⬚杨 狐裘为贵重皮服，臧武仲为卿，应可穿着。此役在周正十月，夏正八月，并非穿着狐裘之时，可能是以狐裘起兴狐骀，这是当时诗歌常用的手法。

【败】⬚杨 使……败。

"我君小子_{鲁襄公}，朱_(侏)儒_{臧武仲}是使。

【我君小子】⬚杨 当时鲁襄公有生母定姒之丧，古人可称君为"小子"。

【朱儒】⬚正 身材短小之人，指臧武仲。

"朱_(侏)儒！朱_(侏)儒！使我败于邾。"

○⬚补 **传世文献对读：**《孔子家语·曲礼子贡问》记载了孔子与子路就此事进行的讨论，可扫码阅读。

襄公五年·一

地理 鲁、晋见襄地理示意图1。

人物 鲁襄公（襄元·○）

春秋 五年，春，公_{鲁襄公}至自晋。

左传 "五年，春，公至自晋。"

襄公五年·二

地理 周、晋见襄地理示意图1。

人物 周灵王、王叔简公、萇共子（成十七—成十八·三·一）

左传 王_{周灵王}使王叔陈生_{王叔简公}诉戎于晋，晋人执之_{王叔简公}。士鲂_{萇共子}如京师，言王叔_{王叔简公}之贰于戎也。

【王】补 周灵王。姬姓，名泄心，谥灵。周简王（成八·六·春秋）之子。襄二年即位，在位二十七年。襄二十八年卒。

【王叔陈生】正 补 王叔简公。姬姓，王叔氏，名陈生，谥简。王叔桓公（文三·五·二·二）之后。周王室卿士。襄五年被晋人所执，后放归。襄十年出奔，居于河上，同年奔晋。

【京师】补 见隐六·七。

【王叔之贰于戎】正 王叔简公反而怀有二心而与戎人勾结，失去了奉使之义，因此晋人执之。

襄公五年·三

地理 郑、鲁见襄地理示意图1。

人物 郑僖公（成十·三·一）、公子发（成五·五）

春秋 夏,郑伯郑僖公使公子发来聘。

【聘】 补 见隐七·四·春秋。

左传 夏,郑子国公子发来聘,通嗣君郑僖公也。

襄公五年·四

地理 鲁、晋见襄地理示意图 1。鲁、鄫、晋见襄地理示意图 3。

人物 叔孙穆子(成十六·六·二)、太子巫

春秋 叔孙豹叔孙穆子、鄫世子巫太子巫如晋。

【世子巫】 补 太子巫。姒姓,名巫。

左传 穆叔叔孙穆子覿 dí 鄫大(太)子太子巫于晋,以成属鄫 zēng。[《春秋》]书曰"叔孙豹、鄫大子巫如晋",言比诸(之于)鲁大夫也。

【穆叔……属鄫】 正 杨 补 叔孙穆子带领鄫太子巫到晋进见,以完成使鄫成为鲁附庸国的手续。覿,见。

【书曰……夫也】 正 补 《春秋》书鲁卿大夫两人同行,其书法如文十七—文十八·春秋"公子遂、叔孙得臣如齐",定六·二·春秋"季孙斯、仲孙何忌如晋",两人之间不用"及"字。此处《春秋》书"叔孙豹、鄫大子巫如晋",用鲁二卿大夫同行之书法,是把太子巫等同于鲁卿大夫。鄫此时已为鲁附庸国,故鲁人比其太子于本国卿大夫。

襄公五年·五

地理 鲁、卫、吴 1、晋见襄地理示意图 1。鲁、卫、吴 1、晋、善道见襄地理示意图 5。

人物 孟献子(文十四·十二·三)、孙文子(成七·八·春秋)、吴王

寿梦（成七·六·三）、寿越

春秋 仲孙蔑孟献子、卫孙林父fù,孙文子会吴于善道。

【善道】 杨 补 在今江苏盱眙东北。吴地。参见《图集》29—30③10。

左传 吴子吴王寿梦使寿越如晋,辞不会于鸡泽之故,且请听诸侯之好。晋人将为之合诸侯,使鲁、卫先会吴,且告〔吴〕会期,故孟献子、孙文子"会吴于善道"。

【寿越】 正 吴大夫。

【辞不会于鸡泽之故】 正 补 解释〔吴王寿梦〕未能参与襄三年鸡泽之会的原因。

襄公五年·六

地理 鲁见襄地理示意图1。

春秋 秋,〔我〕大雩yú。

【雩】 补 见桓五·四·春秋。

左传 "秋,大雩",旱也。

襄公五年·七

地理 楚、陈见襄地理示意图1。

人物 王子壬夫（成十六·三·四·二）、楚共王（成二·四·四）

春秋 楚杀其大夫公子壬夫王子壬夫。

左传 【一】楚人讨陈叛故,曰"由令尹子辛王子壬夫实侵欲焉",乃杀之。[《春秋》]书曰"楚杀其大夫公子壬夫",[子辛]贪也。

【讨】⟨正⟩治。【陈叛】⟨杨⟩事见襄三·五·二。

【令尹】⟨补⟩见庄四·二·二。

【书曰……贪也】⟨正⟩⟨补⟩据文六·四·三及文七·二·三,则《春秋》书国杀,又书被杀卿大夫之名氏,表明王子壬夫有罪于楚,其罪在于贪婪。

[二] 君子谓:"楚共 gōng 王于是不刑。《诗》曰:'周道挺挺,我心扃 jiōng 扃。讲事不令,集人来定。'己则无信,而杀人以逞,不亦难乎?《夏书》曰:'成允成功。'"

【楚共王于是不刑】⟨杨⟩⟨补⟩楚共王在这件事情上刑罚不当。

【周道……来定】⟨正⟩⟨杨⟩⟨补⟩此为逸《诗》,可译为"大道笔直,我心明白。谋事不善,当召集贤人来商定"。周道,大路。挺挺,笔直貌。扃扃,明察貌。

【己则……以逞】⟨正⟩⟨补⟩自己不讲信用,却想靠杀人来成事。楚共王成十六年背盟而与晋战于鄢陵,成十八年纳宋五叛臣于彭城,故曰"己则无信"。成十六年杀令尹王子侧,襄二年杀右司马王子申,本年又杀令尹王子壬夫,八年之间杀三卿,故曰"而杀人以逞"。

【成允成功】⟨正⟩⟨补⟩此为逸《书》。可译为"建立信用之后才能成就功业"。允,信。

襄公五年·八

⟨地理⟩鲁、晋、宋、陈、卫、郑、曹、齐、吴 1、楚见襄地理示意图 1。鲁、晋、宋、陈、卫、郑、曹、莒、邾、滕、薛、吴 1、鄫、楚、戚、城棣见襄地理示意图 5。

⟨人物⟩鲁襄公(襄元·〇)、晋悼公(成十七·十·一·二)、宋平公(成十五·三·春秋)、陈哀公、卫献公(成十四·五·一)、郑僖公(成十·三·一)、曹成公(成十三·三·一)、莒犁比公(襄三·五·春秋)、邾宣公(成十八・七・春秋)、滕成公、薛伯、太子光(襄元・二・三)、王子贞(成十五・五・一・一)、叔孙穆子(成十六・六・二)、范宣子(成十六・三・七)

春秋 公鲁襄公会晋侯晋悼公、宋公宋平公、陈侯陈哀公、卫侯卫献公、郑伯郑僖公、曹伯曹成公、莒子莒犁比公、邾子邾宣公、滕子滕成公、薛伯、齐世子光太子光、吴人、鄫人于戚。

【陈侯】补 陈哀公。妫姓，名溺，谥哀。陈成公(宣十一・五・一)之子。襄五年即位，在位三十五年。昭八年自缢而死。

【滕子】补 滕成公。姬姓，名原，谥成。滕文公(成十六・二・春秋)之子。成十七年即位，在位三十六年。

【戚】补 见文元・三・春秋。

公鲁襄公至自会。

○正 此条《春秋》无对应《左传》。

冬，[我]戍陈。

楚公子贞王子贞帅师伐陈。

公鲁襄公会晋侯晋悼公、宋公宋平公、卫侯卫献公、郑伯郑僖公、曹伯曹成公、莒子莒犁比公、邾子邾宣公、滕子滕成公、薛伯、齐世子光太子光救陈。

十有(又)二月，公鲁襄公至自救陈。

○正 此条《春秋》无对应《左传》。

左传【一・一】九月丙午二十三日，盟于戚，会吴，且[晋]命戍陈也。

【一·二】 穆叔叔孙穆子以属鄫 zēng 为不利,使鄫大夫听命于会。

○杨 补由襄四年鲁救鄫败于狐骀可知,鄫为鲁附庸国,必然加重鲁在国防等方面的负担,叔孙穆子认为此将不利于鲁。叔孙穆子既不以属鄫为利,于是让鄫以独立国家身份参加盟会,直接听取盟主命令。襄六年,莒果灭鄫。

【一·三】 楚子囊王子贞为令尹。范宣子曰:"我丧陈矣。楚人讨贰而立子囊,必改行,而疾讨陈。陈近于楚,民朝夕急,能无往[服于楚]乎? 有陈,非吾事也。无之而后可。"

【令尹】 补见庄四·二·二。

【有陈……后可】 正 杨 补保有陈,不是晋能做到的事。放弃陈,以后反倒好办。

[二] 冬,诸侯戍陈。

[三] 子囊王子贞伐陈。十一月甲午十二日,会于城棣以救之。

【城棣】 正 杨 补即城埭,在今河南原阳北。郑地。参见《图集》24—25③4。

襄公五年·九

地理鲁见襄地理示意图 1。

人物季文子(文六·二·春秋)、鲁襄公(襄元·○)

春秋辛未二十日,季孙行父季文子卒。

左传[一] 季文子卒。大夫入敛,公鲁襄公在位。宰庀 pǐ 家器为葬备,无衣 yì 帛之妾,无食粟之马,无藏金玉,无重 chóng 器备。

【大夫入敛,公在位】正 杨 补 敛见隐元·五。据《礼记·丧大记》(详见下),大夫大敛,国君应亲自看视,在东墙一端(东序端)设置君位,面向西。

【宰庀家器为葬备】正 杨 补 家宰收集家中器物作为葬具。庀,具。季氏把家中已经用旧的器物作为葬具,而不用新作器物,这体现了季文子的节俭。【宰】杨 补 家宰,见文十七—文十八·七。

【粟】补 见僖十三·二,此处不能确定是狭义还是广义。

【无重器备】杨 没有双份的器物。

○正 补 **传世文献对读**:《礼记·丧大记》载有君临大夫大敛之礼,可扫码阅读。

[二] 君子是以知季文子之忠于公室也。[季文子]相 xiàng 三君矣,而无私积,可不谓忠乎?

【三君】杨 鲁宣公、鲁成公、鲁襄公。

襄公六年·一

地理 杞 1 见襄地理示意图 4。

人物 杞桓公（僖二十七·一·春秋）

春秋 六年，春，王三月壬午二日，杞伯姑容杞桓公卒。

左传 六年，春，杞桓公卒。始赴（补）以名，同盟故也。

【始赴以名，同盟故也】正 杨 补 参见隐七·二。杞桓公于成五年、成七年、成九年与鲁成公盟，而与鲁襄公未见同盟，故此处"同盟"应指前一代而言。杞自入春秋以来，其君卒，《春秋》未曾书名。自杞桓公开始，《春秋》记载杞君之卒皆书名。《左传》作者认为，这是由于杞国从杞桓公过世开始，向同盟国鲁发讣告时书过世君主之名，《春秋》因而照书之，故曰"始赴以名"。

襄公六年·二

地理 宋、鲁见襄地理示意图 1。

人物 华弱、乐辔、宋平公（成十五·三·春秋）、乐喜

春秋 夏，宋华弱来奔。

【华弱】正 补 子姓，华氏，名弱。华椒（宣十二·二·一）之孙。宋大夫，任司马（卿职）。襄六年奔鲁。

左传【一】宋华弱与乐辔 pèi 少相狎 xiá，长相优。[二人]又相谤也，子荡乐辔怒，以弓梏 gù 华弱于朝。平公宋平公见之，曰："司武而梏于朝，难以胜矣！"遂逐之华弱。"夏，宋华弱来奔。"

【乐辔】正 补 子姓，乐氏，名辔，字荡。【狎】正 杨 习，过分亲近。

【优】正调戏。

【子荡……于朝】正补乐辔发怒，于是在朝廷上用弓套住华弱的脖子。

【司武……胜矣】正杨身为司武却在朝廷上被人套住，[打仗]就更难以取胜了。【司武】正杨即司马(隐三·六·一·一)，因其职掌军事，故称"司武"。

〔二〕司城子罕乐喜曰："[二人]同罪异罚，非刑也。[子荡]专戮于朝，罪孰大焉！"亦逐子荡乐辔。子荡射子罕之门，曰："[尔]几日而不我从！"子罕善之如初。

【司城】补见文七·二·一。

【子罕】杨补乐喜。子姓，乐氏，名喜，字罕。乐士曹之子，乐吕(文十八·四)之孙，宋戴公(庄十二—庄十三·二)六世孙。宋大夫，官至执政卿(继华元)。襄六年已任司城(卿职)。

【专戮于朝】杨补在朝廷之上专擅地侮辱[同僚]。专，专擅，指卿大夫在没有君主命令的情况下擅自行事。戮，辱。

【几日而不我从】补[看你]还有几天能不跟着我[被人赶走]！乐辔意谓，我作为乐氏族人被驱逐，你作为乐氏族长好日子也长不了。乐辔对于乐氏的作用可能类似于赵婴齐对于赵氏的作用，赵婴齐的私德也有很大问题，然而他这样的"恶人"对于保护宗族有特殊贡献，所以成五年赵氏放逐赵婴齐，成八年赵同、赵括就被杀，赵氏几乎被灭族。参见成四—成五、成八·五。

【子罕善之如初】补乐喜[改变立场，不再驱逐乐辔，而是]像过去一样优待他。

襄公六年·三

地理杞1见襄地理示意图4。

人物杞桓公(僖二十七·一·春秋)

春秋 秋，葬杞桓公。

襄公六年·四

地理 鲁见襄地理示意图 1。滕、鲁见襄地理示意图 4。

人物 滕成公（襄五·八·春秋）、鲁襄公（襄元·〇）

春秋 滕子滕成公来朝。

【朝】补见隐四·二·七·一。

左传 秋，滕成公来朝，始朝公鲁襄公也。

襄公六年·五

地理 鲁、晋见襄地理示意图 1。莒、鄫、鲁、邾、晋见襄地理示意图 5。

人物 叔孙穆子（成十六·六·二）、季武子

春秋 莒 jǔ 人灭鄫 zēng。

冬，叔孙豹叔孙穆子如邾。

季孙宿季武子如晋。

【季孙宿】正补季武子。姬姓，季氏，名宿，谥武。季文子（文六·二·春秋）之子。鲁大夫，官至执政卿（继叔孙穆子）。任司徒（卿职）。昭七年卒。

左传【一】"莒人灭鄫"，鄫恃赂也。

【鄫恃赂也】正杨鄫仗恃［着对某国进献了］财礼［而不加强守备］。

某国可能是鲁，可能是莒，无确证。

【二】冬，穆叔叔孙穆子如邾，聘，且修平。

【聘】补见隐七·四·春秋。

【且修平】补而且修治和好关系。

○正杨襄四年莒、邾伐鄫，鲁救鄫而与邾战，鲁战败。如今鄫已被莒所灭，因此鲁与邾讲和修好。鲁聘邾，《春秋》《左传》仅此一条。

【三】晋人以鄫故来讨，曰："何故亡鄫?"季武子如晋见，且听命。

○正杨鄫此前曾属鲁，晋人认为莒灭鄫，是由于鲁不相救，故有此讨。其实鲁放弃鄫，正因自知无力保鄫，于是季武子前往晋国解释，并听受晋人命令。

襄公六年·六

地理齐、郑见襄地理示意图 1。齐、莱、杞 1、东阳、棠见襄地理示意图 4。

人物齐灵公（成十·三·春秋）、公子发（成五·五）、晏桓子（宣十四·六·二·一）、杞桓公（僖二十七·一·春秋）、王湫（成十八·二·一）、正舆子（襄二·三）、莱共公、陈桓子（庄二十二·三·四·三）、高厚、崔武子（宣十·三·春秋）

春秋十有（又）二月，齐侯齐灵公灭莱。

左传【一】十一月，"齐侯灭莱"，莱恃谋也。

【十一月】杨应为"十二月"，详见下。

【莱恃谋也】正补莱仗恃[襄二年赂齐夙沙卫之]谋[而不加强

守备]。

【二·一】于郑子国公子发之来聘也襄五年,四月,晏弱晏桓子城东阳,而遂围莱。甲寅,[齐师]堙 yīn 之环城,傅于堞 dié。

【晏弱城东阳】正襄二年晏桓子已城东阳逼莱(襄二·四·二),襄五年再城之。**【东阳】**补见襄二·四·二。

【堙之环城,傅于堞】正 杨 补环绕莱城四周筑起土山,紧挨城上矮墙。堙,堆土为山。傅,迫近。堞,即陴,城上矮墙。这样做的目的是直接从土山攻入与之平行的城墙。

【二·二】及杞桓公卒之月襄六年三月,乙未十五日,王湫 jiǎo 帅师及正舆子、棠人军齐师,齐师大败之。丁未二十七日,[齐师]入莱。莱共 gōng 公浮柔奔棠。正舆子、王湫奔莒 jǔ,莒人杀之。

【王湫】正 杨齐人,国武子党羽,成十八年奔莱。
【棠】正 杨 补在今山东平度唐田村已发现其遗址。莱邑(一说为莱之与国)。襄六年后地入于齐。参见《图集》26—27③7。《图集》标注不准确,本书示意图依据考古发现标注。
【军】补攻。
【齐师】补据下引庚壶铭文,则"齐师"包括齐三军,由崔武子率领。
【莱共公浮柔】杨 补莱共公。子姓,名浮柔,号共。襄六年奔棠,同年被齐人所杀。遍观《左传》,除此处之外,再无"某国某公＋名"的称谓方式,因此有学者认为此处"浮柔"非人名,而是"浮游"之误,"莱共公浮柔奔棠"应解为"莱共公浮游渡水逃到棠地"。可备一说。

○补**出土文献对读:**传世铜器庚壶铭文从崔武子助手武叔庚的角度记载了齐师灭莱的细节,可扫码阅读。

【二·三】四月，<u>陈无宇</u>陈桓子献莱宗器于襄宫。

【宗器】补宗庙中的礼器，如鼎、簋、钟、磬等。【襄宫】杨当为"惠宫"，即齐惠公庙。齐惠公曾于宣七年、宣九年伐莱，因此在其庙中进献莱宗器。

【二·四】<u>晏弱</u>晏桓子围棠，十一月丙辰，而灭之。［齐人］迁莱于郳ní，<u>高厚</u>、<u>崔杼</u> zhù，崔武子定其田。

【十一月丙辰】杨据王韬所推春秋历，十一月无丙辰，应为十二月丙辰，即十二月十日。

【而灭之】杨棠为一邑，而曰"灭之"，应是莱君在此身死而国灭。

【迁莱于郳】杨齐人将莱人迁至郳。【郳】杨补齐地。有学者认为，郳地应该位于今山东济南莱芜区以及莱芜谷道（参见<u>襄二十五·一·六·二</u>）一带，因为这一地区是莱人流落聚居地。参见<u>定十·二·一·二</u>"莱人"。

【高厚、崔杼定其田】正杨齐灭莱之后，要将其田地归入齐国，因此先派高厚、崔武子实地考察，定出田界划分方案。【高厚】正补姜姓，高氏，名厚。高宣子（<u>宣五·一·春秋</u>）之子。齐大夫，官至卿位。襄九年被崔武子所杀。

襄公七年·一

地理 鲁见襄地理示意图 1。郯、鲁见襄地理示意图 4。

人物 郯子

春秋 七年，春，郯 tán 子来朝。

【朝】补 见隐四·二·七·一。

左传 "七年，春，郯子来朝"，始朝公_{鲁襄公}也。

襄公七年·二

地理 鲁见襄地理示意图 1。

人物 孟献子（文十四·十二·三）

春秋 夏，四月，[我]三卜郊，不从，乃[不郊、]免牲。

○补 参见僖三十一·二。

左传 [一] "夏，四月，三卜郊，不从，乃免牲。"

[二] 孟献子曰："吾乃今而后知有卜、筮 shì。夫郊，祀后稷以祈农事也。是故启蛰 zhé 而郊，郊而后耕。今既耕而卜郊，宜其不从也。"

【吾乃今而后知有卜、筮】我从今以后算是知道是真有卜、筮[预测未来这件事]了。孟献子的话说明，不信卜、筮真能预测未来在春秋中晚期已成为贵族阶层的一种主流观点。【卜、筮】补 见《知识准备》"卜""筮"。

【夫郊……事也】正 杨 郊本为祭天之礼。祭天应有陪祭之先祖，周之先祖为后稷,因此以后稷配享。可能周人以后稷为虞舜农官之长,人既祭祀上天,上天应有所酬答,由此衍生祈求农事顺成之义。

【启蛰而郊】杨见桓五·四。

襄公七年·三

地理 鲁见襄地理示意图 1。小邾、鲁、费见襄地理示意图 4。

人物 小邾穆公、南遗、叔仲昭伯

春秋 小邾子小邾穆公来朝。

【小邾子】补 小邾穆公。曹姓,谥穆。小邾始封君邾友父六世孙。

【朝】补见隐四·二·七·一。

［我］城费 bì。

【费】补见僖元·六。此时为季氏采邑。

左传【一】南遗为费宰。叔仲昭伯为隧正,欲善季氏,而求媚于南遗,谓遗南遗:"请城费,吾多与而(尔)役。"故季氏城费。

【南遗】补季氏费邑宰。南氏,名遗。

【宰】杨补邑宰,家宰(隐四·二·七·一)下属,卿大夫采邑家臣的总管。主要职掌有:一、收取采邑赋税,管理采邑财务;二、掌管采邑私家武装,保卫采邑安全,并带兵协助家主参与战事;三、管理采邑里的民众;四、掌管采邑里的祭祀;五、管理其他采邑家臣;六、为家主出谋划策。

【叔仲昭伯】正杨补姬姓,叔仲氏,出自叔孙氏,名带,谥昭,排行伯。叔仲惠伯(文七·六·三)之孙。鲁大夫,官至卿位。

【隧正】正杨补鲁外朝官,职掌包括隧地徒役的征发与调遣。《左传》所见,宋亦有隧正(襄九·一·一)。【隧】正补《尚书·费誓》:"鲁人三郊三遂。"国都城外为"郊",郊外为"隧"。

【役】　补 劳力。

［二］ 小邾穆公来朝,亦始朝公鲁襄公也。

襄公七年·四

地理 鲁、卫见襄地理示意图 1。

人物 季武子(襄六·五·春秋)、子叔剽(襄元·五·春秋)

春秋 秋,季孙宿季武子如卫。

左传 秋,季武子如卫,报子叔子叔剽之聘,且辞缓报,非贰也。

　　【子叔之聘】　正 在襄元年(见襄元·五)。

　　【且辞缓报,非贰也】　正 杨 补 同时解释回访迟缓并不是出于二心。

襄公七年·五

地理 鲁见襄地理示意图 1。

春秋 八月,［我］螽 zhōng。

　　○ 补 见桓五·五·春秋。

襄公七年·六

地理 晋见襄地理示意图 1。

人物 韩献子(宣十二·一·四)、公族穆子(成十八·三·一)、韩宣子、田苏、晋悼公(成十七·十·一·二)

左传 ［一］ 冬,十月,晋韩献子告老。公族穆子有废(癈)疾。［献子］将立之，[穆子]辞曰：

【公族穆子】[正][补]韩献子长子，本应接替韩献子为卿。

【废疾】[杨]不愈之疾。

【将立之】[正][补]韩献子将[请命于君]立公族穆子为卿，接替自己。

【辞】[补]辞让。

"《诗》曰'岂不夙夜，谓行 háng 多露'，又曰'弗躬弗亲，庶民弗信。'无忌公族穆子不才，让，其可乎？

【岂不夙夜，谓行多露】[正][杨]见僖二十·六·二。公族穆子取前半句，表示自己身有废疾，无法早晚为公私事务奔波。

【弗躬弗亲，庶民弗信】[正][补]《毛诗·小雅·节南山》有此句，可译为"政事不亲自出力，民众就不信任你"。公族穆子借这句诗表示自己身有废疾，无法亲力亲为，因此不能取信于民众及族人。

"请[主]立起韩宣子也。[起]与田苏游，而[苏]曰[起]'好 hào 仁'。《诗》曰：'靖共(供) 尔位，好 hào 是正直。神之听之，介尔景福。'恤民为德，正直为正，正曲为直，参(三)和为仁。如是，则神听之，介福降之。[主]立之，不亦可乎？"

【起】[正][补]韩宣子。姬姓，韩氏，名起，谥宣。韩献子(宣十二·一·四)之子，公族穆子(成十八·三·一)之弟。晋大夫，官至执政卿(继赵文子)。襄七年可能已任上军佐(卿职)，襄九年已任上军佐(卿职)，襄十九年可能已任上军帅(卿职)，襄二十五年可能已任中军佐(卿职)，昭二年任中军帅(卿职)。昭二十八年卒。

【田苏】[正]晋贤人。

【靖共……景福】[正][补]《毛诗·小雅·小明》有此句，可译为："安心做好你的本职工作，喜爱这正直的人。神灵将会听到，赐给你大福。"靖，安。介，助。景，大。

【正直为正】[补]将直者放正就是"正"。

【正曲为直】 补 将曲者变直就是"直"。

【参和为仁】 正 补 德、正、直三者和谐为"仁"。

〔二〕庚戌九日,〔献子〕使宣子韩宣子朝,遂老。晋侯晋悼公谓韩无忌公族穆子仁,使掌公族大夫。

【使掌公族大夫】 正 成十八年公族穆子已任公族大夫(参见成十八·三·一),本年升任公族大夫之长。【公族大夫】 补 见宣二·三·六·一。

○ 补 **传世文献对读**:《国语·晋语七》载韩献子欲立公族穆子之事,与《左传》不同,可扫码阅读。

襄公七年·七

地理 卫、鲁见襄地理示意图 1。

人物 卫献公(成十四·五·一)、孙文子(成七·八·春秋)、季武子(襄六·五·春秋)、孙桓子(宣七·一·春秋)、鲁襄公(襄元·○)、叔孙穆子(成十六·六·二)

春秋 冬,十月,卫侯卫献公使孙林父孙文子来聘。壬戌二十一日,〔公〕及孙林父盟。

【聘】 补 见隐七·四·春秋。

左传 〔一〕卫孙文子来聘,且拜武子季武子之言,而寻孙桓子之盟。公鲁襄公登〔孙子〕亦登。叔孙穆子相 xiàng,趋进曰:"诸侯之会,寡君鲁襄公未尝后卫君卫献公。今吾子孙文子不后寡君,寡君未知所过。吾子其少安!"孙子孙文子无辞,亦无悛 quān 容。

【武子之言】 正 指本年季武子聘卫时解释"缓报,非贰"之言。

【而寻孙桓子之盟】正指重温成三年孙桓子与鲁人的盟誓。

【公登亦登】杨鲁襄公登上台阶,[孙文子]并肩登上。

【诸侯……少安】正杨补诸侯盟会时,我国君主未尝走在卫君后面。如今您却没有走在我国君主后面,我国君主不知道过错在哪里。请您稍微停一下! 据《仪礼·聘礼》,出使国使者与受聘国君主至阶前,相让之后,国君先登二级,然后宾登一级。宾应在后,相距国君一级。鲁人意谓,诸侯之会时,鲁君、卫君一同登阶,则两君地位相当。孙文子在卫时,登阶自然在卫君之后。今至鲁,登阶却不在与卫君地位相当的鲁君之后,实为失礼。安,止。

【悛容】正杨补悔改的神色。

[二] 穆叔叔孙穆子曰:"孙子孙文子必亡。为臣而君,过而不悛,亡之本也。《诗》曰'退食自公,委 wēi 蛇 yí 委蛇',谓从者也。衡 hèng(横)而委蛇,必折。"

【为臣而君】杨补作为臣子却像国君[那样行为]。

【退食自公,委蛇委蛇】正杨《毛诗·召南·羔羊》有此句,可译为"退朝回家吃饭,神态从容自得"。委蛇,从容自得貌。

【谓从者也】杨补这句诗说的[从容自得,]是顺从于君主的臣子[所具有的情态]。

【衡而委蛇,必折】正杨专横而又从容自得[,不思后患],则必然遭受挫折。衡,横。

○补卫定公厌恶孙文子,成七年孙文子奔晋。成十四年,孙文子在晋国支持下回国复位。此时卫定公之子献公在位,孙文子在鲁的不臣之举,正反映了他在卫与国君抗衡的政治强势。

○正下启襄十四年孙文子逐卫献公(襄十四·五)。

○补传世文献对读:《韩非子·难四》论及此事,可扫码阅读。

襄公七年·八

地理楚、陈、鲁、晋、宋、卫、曹、郑见襄地理示意图 1。楚、陈、鲁、晋、宋、卫、曹、莒、邾、郑见襄地理示意图 5。

人物 王子贞（成十五·五·一·一）、鲁襄公（襄元·○）、晋悼公（成十七·十·一·二）、宋平公（成十五·三·春秋）、陈哀公（襄五·八·春秋）、卫献公（成十四·五·一）、曹成公（成十三·三·一）、莒犁比公（襄三·五·春秋）、邾宣公（成十八·七·春秋）、郑僖公（成十三·一）、鲁成公（成元·○）、公子喜（成十·三·二）、公子平、公子骈（成十·三·二）、郑简公、庆虎、庆寅、公子黄

春秋 楚公子贞王子贞帅师围陈。

十有（又）二月，公鲁襄公会晋侯晋悼公、宋公宋平公、陈侯陈哀公、卫侯卫献公、曹伯曹成公、莒子莒犁比公、邾子邾宣公于鄬 wéi。郑伯髡 kūn 顽郑僖公如会，未见诸侯，丙戌十六日，卒于鄵 cào。

【鄬】正 杨 在今河南鲁山境。郑地。

【鄵】正 郑地。

○ 正 据下文《左传》，郑僖公实为公子骈所弑。郑人以诸侯之会期间郑僖公染疟疾而卒来告，《春秋》因而书"卒于鄵"而不书弑君之事。

陈侯逃归。

左传【一】楚子囊王子贞围陈。会于鄬以救之。

【二·一】郑僖公之为大（太）子也，于成鲁成公之十六年，与子罕公子喜适晋，不礼焉。[僖公]又与子丰公子平适楚，亦不礼焉。及其元年襄三年，[僖公]朝于晋，子丰欲诉诸（之于）晋而废之，子罕止之。

【适】补 往。

【不礼焉】杨［郑僖公］对公子喜不加礼遇。公子喜为郑穆公之子，长郑僖公两辈。

【子丰】正 补公子平。姬姓，名平，字丰。郑穆公（僖三十·三·五）之子。郑大夫，官至卿位。其后为"七穆"之一的丰氏。公子平亦长郑僖公两辈。

【朝】补见隐四·二·七·一。

[二·二] 及将会于鄬，子驷公子騑相 xiàng，［僖公］又不礼焉。侍者谏，［僖公］不听。［侍者］又谏，［僖公］杀之。及鄵，子驷使贼夜弑僖公郑僖公，而以疟（虐）疾赴（卟）于诸侯。简公郑简公生五年，［子驷］奉而立之。

【子驷使贼夜弑僖公】杨据《史记·郑世家》，贼为厨人，弑用的是毒药。

【简公】正 补郑简公。姬姓，名嘉，谥简。郑僖公（成十·三·一）之子。襄二年生。襄八年即位，在位三十六年。昭十二年卒。

【疟疾】杨暴疾。

○补笔者对郑僖公与穆族诸卿仇怨的酝酿过程有详细分析，请见专著《救世：子产的为政之道》（中华书局 2021 年版）相关章节。

○补**传世文献对读**：《论语·季氏》："孔子曰：'君子有九思：……忿思难……'。"郑僖公无节制地向穆族诸卿发泄忿恨，最终导致自己被公子騑所杀，即是"忿思难"的典型反面事例。

[三] 陈人患楚。庆虎、庆寅谓楚人曰"吾使公子黄往，而（尔）执之"，楚人从之。二庆使告陈侯陈哀公于会，曰："楚人执公子黄矣。君若不来，群臣不忍社稷宗庙，惧有二图。""陈侯逃归。"

【庆虎】正 补妫姓，庆氏，名虎。陈桓公（隐四·二·春秋）五世孙。陈大夫，官至卿位。襄二十三年被陈役人所杀。

【庆寅】 正 补 妫姓,庆氏,名寅。陈公族后代。陈大夫,官至卿位。襄二十三年被陈役人所杀。

【公子黄】 正 补 妫姓,名黄。陈成公(宣十一·五·一)之子,陈哀公(襄五·八·春秋)同母弟。襄二十年奔楚。襄二十三年自楚归于陈。

襄公八年·一

地理 鲁、晋见襄地理示意图1。

人物 鲁襄公（襄元·○）

春秋 八年，春，王正月，公_{鲁襄公}如晋。

左传 八年，春，"公如晋"，朝，且听朝聘之数。

【朝】补 见隐四·二·七·一。

【朝聘之数】正 杨 至晋朝聘时所需交纳的贡赋数额。

襄公八年·二

地理 郑、卫见襄地理示意图1。

人物 郑僖公（成十·三·一）、公子骈（成十·三·二）、公子狐、公子熙、公子侯、公子丁、公孙击、公孙恶

春秋 夏，葬郑僖公。

○正 此条《春秋》无对应《左传》。

左传 郑群公子以僖公_{郑僖公}之死也，谋子骈_{公子骈}。子骈先之。夏，四月庚辰_{十二日}，[子骈]辟 bì 杀子狐_{公子狐}、子熙_{公子熙}、子侯_{公子侯}、子丁_{公子丁}。孙击_{公孙击}、孙恶_{公孙恶}出奔卫。

【郑群……子骈】杨 补 襄七年公子骈弑郑僖公，不满穆族诸卿的群公子因此谋划杀掉公子骈。

【辟杀】正 罗织罪名而杀之。辟，罪。

【孙击、孙恶】正 两人皆为公子狐之子。

襄公八年·三

[地理] 郑、蔡、楚、晋见襄地理示意图 1。

[人物] 公子燮、公子发（成五·五）、公孙辄、公孙侨

[春秋] 郑人侵蔡，获蔡公子燮 xiè。

【公子燮】[正][补] 姬姓，名燮。蔡庄公（僖二十一·三·春秋）之子。蔡大夫，官至卿位。任司马。襄八年被郑人所获，后归于蔡。襄二十年被蔡人所杀。

○[补] 郑人此时已转服于晋，晋命郑“修尔车赋，儆而师徒，以讨乱略”（参见襄八·八·一·三），郑奉晋令，因此入侵不服晋的楚盟国蔡。

[左传] 庚寅 二十二日，郑子国 公子发、子耳 公孙辄 侵蔡，获蔡司马公子燮。郑人皆喜，唯子产 公孙侨 不顺，曰：“小国无文德，而有武功，祸莫大焉。楚人来讨，[吾] 能勿从乎？[吾] 从之，晋师必至。晋、楚伐郑，自今郑国不四、五年，弗得宁矣。”子国怒之曰：“尔何知！国有大命，而有正卿。童子言焉，将为戮矣！”

【子耳】[正][补] 公孙辄。姬姓，名辄，字耳。公子去疾（宣四·三·二）之子，郑穆公（僖三十·三·五）之孙。郑大夫，官至卿位。襄十年已任司空。襄十年被五族乱党所杀。其名（辄）、字（耳）相应，辄本义为车厢左右两板，如同人之左右两耳。

【司马】[补] 蔡外朝官，掌军政。

【子产】[正][补] 公孙侨。姬姓，名侨，字产，又字美，谥成。公子发（成五·五）之子，郑穆公之孙。郑大夫，官至卿位。襄十九年官至卿位，襄二十二年已任少正（卿职），襄三十年任为政（卿职，继良霄）。昭二十年卒。公孙侨是《左传》记载得最为详细的春秋时期卿大夫，而且全部是正面记载其嘉言善行；他也是《左传》中得到孔子评价最多的春秋时期卿大夫，而且全部是正面评价。《论语·公冶长》：“子谓子产‘有君子之道四焉：其行己也恭，其事上也敬，其养民也惠，其使民

也义。'"《论语·宪问》:"或问子产。子曰:'惠人也。'"《孔子家语·辩政》:"孔子曰:'夫子产于民为惠主,于学为博物;晏子于民为忠臣,于行为恭敬。故吾皆以兄事之,而加爱敬。'"可见孔子对此人的高度推崇。据《史记·孔子世家》,"孔子之所严事:于周则老子;于卫,蘧伯玉;于齐,晏平仲;于楚,老莱子;于郑,子产;于鲁,孟公绰",可知子产是孔子尊为榜样的六位贤君子之一。

【大命】正 起师行军的命令。

【正卿】补 指六卿。

【童子】杨 年少之人,指公孙侨。公孙侨死于昭二十年,距今四十四年,故此时必年少。

○补 据《毛诗·卫风·芄兰》"童子佩觿"句孔颖达疏,"童者,未成人之称,年十九以下皆是也"。公子发称公孙侨为"童子",提示公孙侨此时年龄应该小于十九岁。此外,古时卿大夫家族的年轻子弟要在行冠礼之后,才能参与政治、军事活动。据《左传·襄公九年》孔颖达疏,卿大夫子弟行冠礼应该在十六岁。此处公孙侨已经进入公宫参与政治,所以他应该已行冠礼,年龄大于十六岁。因此,此时公孙侨应在十六岁至十九岁之间。

> ○补 **传世文献对读**:《韩非子·外储说左下》载公子发训诫公孙侨言论,可扫码阅读。
> ○补 笔者对公子发斥责公孙侨之事有详细分析,请参阅拙文《高明柔克:先秦国家领导人的教子之道》。

襄公八年·四

地理 鲁、晋、郑、齐、宋、卫见襄地理示意图 1。鲁、晋、郑、齐、宋、卫、邾、邢丘见襄地理示意图 3。

人物 季武子(襄六·五·春秋)、晋悼公(成十七·十·一·二)、郑简公(襄七·八·二·二)、高厚(襄六·六·二·四)、向戌(成十

五・六・三）、宁惠子(成十四・一・三・一)

春秋 季孙宿_{季武子}会晋侯_{晋悼公}、郑伯_{郑简公}、齐人、宋人、卫人、邾人
于邢丘。

【邢丘】 杨 见宣六・三。

左传 五月甲辰_{七日}，会于邢丘，以命朝聘之数，使诸侯之大夫听
命。季孙宿_{季武子}、齐高厚、宋向戌、卫宁 nìng 殖_{宁惠子}、邾大夫
会之。郑伯_{郑简公}献捷于会，故亲听命。大夫不书[于《春秋》]，尊
晋侯_{晋悼公}也。

【郑伯……听命】 正 补 郑简公在这次会上进献[侵蔡所获]俘虏，因
此亲自听取政令。献捷参见庄三十一庄三十一・春秋。

【大夫不书，尊晋侯也】 正 《春秋》不书与会诸卿大夫的名氏(除季武
子)，而贬称"某人"，这并不是因为大夫们有罪，而是为了表示对晋悼
公的尊崇。《春秋》例不贬鲁大夫，故季武子仍称名氏。

襄公八年・五

地理 鲁、晋见襄地理示意图 1。

人物 鲁襄公(襄元・〇)

春秋 公_{鲁襄公}至自晋。

襄公八年・六

地理 鲁见襄地理示意图 1。莒、鲁、鄟见襄地理示意图 4。

春秋 莒 jǔ 人伐我东鄙。

左传 "莒人伐我东鄙"，以疆鄫 zēng 田。

　　○ 正 襄六年莒灭鄫之后，鲁应是曾经入侵莒西部边境，试图夺取鄫田。因此今年莒讨伐鲁东部边境，以确定与鲁瓜分鄫田的疆界。

襄公八年・七

地理 鲁见襄地理示意图1。

春秋 秋，九月，[我]大雩 yú。

　　【雩】补 见桓五・四・春秋。

左传 "秋，九月，大雩"，旱也。

襄公八年・八

地理 楚、郑、晋、鲁、蔡见襄地理示意图1。

人物 王子贞（成十五・五・一・一）、晋悼公（成十七・十・一・二）、范宣子（成十六・三・七）、公子騑（成十・三・二）、公子发（成五・五）、公孙辄（襄八・三）、公子嘉、公孙虿、公孙舍之、王子伯骈、公子燮（襄八・三・春秋）、知武子（宣十二・一・十四・三）、郑简公（襄七・八・二・二）、子员（襄四・二・二）、鲁襄公（襄元・○）、季武子（襄六・五・春秋）、晋文公（庄二十八・二・一）、周襄王（僖五・五・春秋）

春秋 冬，楚公子贞王子贞帅师伐郑。

晋侯晋悼公使士匄范宣子来聘。

　　【聘】补 见隐七・四・春秋。

左传【一·一】冬，楚子囊王子贞伐郑，讨其侵蔡也。

【一·二】子驷公子骓、子国公子发、子耳公孙辄欲从楚，子孔公子嘉、子蟜 jiǎo，公孙虿、子展公孙舍之欲待晋。

【子孔】正补公子嘉。姬姓，名嘉，字孔。郑穆公（僖三十·三·五）之子，宋子（襄十九·六·一·二）所生。郑大夫，官至执政卿（继公子骓）。襄六年已任司徒（卿职），襄十年任当国（卿职）。襄十九年被公孙舍之、公孙夏率国人所杀。

【子蟜】正杨补公孙虿。姬姓，名虿，字蟜，谥桓子。公子偃（成三·一）之子，郑穆公之孙。郑大夫，官至卿位。襄十四年已任司马（卿职）。襄十九年卒。其名（虿）、字（蟜）相应，虿、蟜皆为毒虫之名。

【子展】正杨补公孙舍之。姬姓，名舍之，字展，谥桓子。公子喜（成十·三·二）之子，郑穆公之孙。郑大夫，官至执政卿（继公子嘉）。襄十九年任当国（卿职）。襄二十九年卒。

子驷曰："《周诗》有之曰：'俟河之清，人寿几何？兆云询多，职竞作罗。'谋之多族，民之多违，事滋无成。民急矣，姑从楚，以纾吾民。晋师至，吾又从之。敬共（供）币帛，以待来者，小国之道也。牺牲玉帛，待于二竟（境），以待强者而庇民焉。寇不为害，民不罢（疲）病，不亦可乎？"

【俟河……作罗】正杨补此为逸《诗》。可译为"等待河水变清，人的寿命能有几何？占卜太多，当是为自己结成网罗"。兆，卜。云，语助词。职，当。竞，语助词，无义。

【违】杨不从。

【滋】正益。

【纾】杨缓。

【币帛】补财礼。

【待于二竟】 正 补 待命于郑、晋以及郑、楚边境。

子展曰:

"小所以事大,信也。小国无信,兵乱日至,亡无日矣。五会之信,今将背之,虽楚救我,将安用之? [楚]亲我无成,鄙我是欲,不可从也。

【五会之信】 正 五会,指郑与晋[及其盟国]的五次盟会,即襄三年会于鸡泽;襄五年会于戚,又会于城棣;襄七年会于鄬;襄八年会于邢丘。

【虽楚救我,将安用之】 杨 补 即使楚救援我国,又有什么用? 公孙舍之认为,郑若叛晋,晋必来讨伐,到那时即使楚前来救援,郑也必遭兵乱,将于事无补。

【亲我……从也】 杨 补 [楚]亲近我国也带来不了什么好结果,而[楚的]真实意图又是希望把我国变成它的鄙野城邑,[因此]不能服从楚。

"不如待晋。晋君晋悼公方明,四军无阙 quē,八卿和睦,必不弃郑。楚师辽远,粮食将尽,必将速归,何患焉?

【四军】 正 上、中、下、新四军。

【八卿】 正 据襄九·四·一,则晋八卿及其职位为:知武子将中军,范宣子佐之;中行献子将上军,韩宣子佐之;栾桓子将下军,魏共子佐之;赵文子将新军,魏庄子佐之。

"舍之公孙舍之闻之,'杖莫如信'。完守以老楚,杖信以待晋,不亦可乎?"

【杖】 补 仗恃。

子驷曰:"《诗》云:'谋夫孔多,是用不集。发言盈庭,谁敢执其咎? 如匪行迈谋,是用不得于道。'请从楚,骓 fēi,公子骓也受其咎。"

【谋夫……于道】正 杨 补《毛诗·小雅·小旻》有此句,可译为"谋士很多,因此不能有所成就。发言的人挤满庭院,谁敢承担罪责? 好像那个人一边走路一边还和人商量,因此一无所得"。孔,甚。集,成。执,受。咎,罪。匪,彼。行迈,近义词连用,都是行走的意思。是用,因此。

○杨 据襄二·五,当时公子骓主张从晋。据襄二十二·二,襄八年邢丘之会,公子骓相郑简公如会,晋不以礼相待,公子骓很可能因此恨晋而改从楚。

【一·三】[郑]乃及楚平。[郑人]使王子伯骈告于晋,曰:

"君晋悼公命敝邑:'修而(尔)车赋,儆 jǐng 而(尔)师徒,以讨乱略。'蔡人不从,敝邑之人不敢宁处,悉索敝赋,以讨于蔡,获司马燮 xiè,公子燮,献于邢丘。

【乃及楚平】补[郑]于是与楚讲和。

【王子伯骈】正 杨 补 王子氏,名伯骈。郑大夫。疑为王子伯廖(宣六·六·一)之后。

【车赋】补 兵车属于军赋,故称"车赋"。

【儆】补 使警醒。

【乱略】杨 近义词连用,都是作乱的意思。不以道取利为"略"。

【悉索】正 杨 近义词连用,都是穷尽的意思。【敝赋】补 我国军队。

【司马】补 见襄八·三。

"今楚来讨曰'女(汝)何故称兵于蔡',焚我郊保(堡),冯(凭)陵我城郭。敝邑之众,夫妇男女,不遑 huáng 启处,以相救也。翦焉倾覆，无所控告。民死亡者，非其父兄，即其子弟。夫 fú 人愁痛，不知所庇。民知穷困，而受盟于楚。孤_{郑简公}也与其二三臣不能禁止，不敢不告。"

【称】正举。

【郊保】正杨郊外的小城堡。

【冯陵】正杨近义词连用，都是侵犯的意思。

【城郭】补见《知识准备》"国野制"。

【不遑启处，以相救也】正杨补（民众）顾不上闲暇安坐而互相救助。遑，闲暇。启、处皆为古人闲居姿态。启，以膝着地，从大腿到上身正直。处，以膝着地，臀坐于足跟，上身正直。

【翦焉】杨状语，倾覆沉陷貌。

【夫人】正杨众人。

【孤】正补称孤之例在桓十二—桓十三·二·二。此处郑简公对晋以小国自居，故自称"孤"。

知 zhì 武子使行人子员 yún 对之曰："君_{郑简公}有楚命，亦不使一个行李告于寡君_{晋悼公}，而即安于楚。君之所欲也，谁敢违君？寡君将帅诸侯以见于城下。唯君图之！"

【行人】补见宣十二·一·八。

【行李】正补即行人，外交使者。

【而即安于楚】补而亲近楚国求得安逸。即，就。

〔二〕晋范宣子来聘，且拜公_{鲁襄公}之辱，告将用师于郑。

【聘】补见隐七·四·春秋。

【拜公之辱】正补拜谢鲁襄公〔本年春季〕屈尊〔到晋朝见〕。

公享之。宣子_{范宣子}赋《摽 biào 有梅》。季武子曰："谁敢哉！今譬于草木，寡君_{鲁襄公}在君_{晋悼公}，君之臭 xiù 味也。〔寡君〕欢以承命，何时之有？”

【享】补见桓九—桓十·一·二。

【宣子赋《摽有梅》】正杨补《毛诗·召南》有《摽有梅》。《摽有梅》主旨为男女婚姻应及时。范宣子赋此诗，是请求鲁及时出兵。

【谁敢哉】正谁敢[不从命]啊！

【今譬……味也】正杨补现在用草木来比喻，我君对于晋君而言，[若晋君为草木，则我君仅是]晋君散发出的气味。

武子季武子赋《角弓》。

○正杨补《毛诗·小雅》有《角弓》。季武子取"兄弟昏姻，无胥远矣"，表示晋、鲁为兄弟，鲁自然会及时出兵。

宾范宣子将出，武子赋《彤弓》。宣子曰："城濮之役，我先君文公晋文公献功于衡雍，受彤弓于襄王周襄王，以为子孙藏。丐范宣子也，先君守官之嗣也，敢不承命？"

【宾将……彤弓》】正杨《彤弓》见文四·四。《诗序》："《彤弓》，天子锡有功诸侯也。"季武子赋此诗，是表示乐见晋悼公重振晋国霸业取得功绩，从而得到周王赏赐。

【城濮……孙藏】正参见僖二十七—僖二十八·二十。

【丐也……承命】正补范宣子祖父范武子、父范文子为先君守封疆之官，范宣子表示自己是先君守官后嗣，自当承受季武子之命，尽力辅佐晋悼公重振晋文公开创的霸业。

君子以为知礼。

○正文四年宁武子聘鲁，鲁人为他赋《彤弓》，宁武子不敢受（参见文四·四）；如今季武子赋《彤弓》而范宣子受之，因此《左传》特书此句进行解释。先前以《彤弓》对应宁武子，因此宁武子不敢受；如今赋《彤弓》义在于晋君，并非对应范宣子，因此范宣子受之，而君子以为知礼。

○补 下启襄九年晋伐郑（<u>襄九·五</u>）。

○补 **传世文献对读**：《毛诗·召南·摽有梅》《毛诗·小雅·角弓》的原文，可扫码阅读。

襄公九年·一

地理 宋、晋见襄地理示意图1。

人物 乐喜（襄六·二·二）、伯氏、华臣、华阅、向戌（成十五·六·三）、乐遄、皇郧、西锄吾（成十八·四·二）、商盘庚、晋悼公（成十七·十·一·二）、士庄伯、阙伯、相土

春秋 九年，春，宋灾。

【灾】补 见桓十四·二·春秋。

左传 〔一〕 "九年，春，宋灾。"

乐喜为司城以为政：

【司城】补 见文七·二·一。【为政】正 补 指主持救火之政，与宣二·一·一·三、昭四—昭五·四、昭二十一·三"为政"用法类似。

使伯氏司里，火所未至，彻小屋，涂大屋，陈畚 běn、挶 jú，具绠 gěng、缶 fǒu，备水器，量轻重，蓄水潦 lǎo，积土涂，巡丈城，缮守备，表火道。

【伯氏】正 宋大夫。【司里】杨 管辖国都内里巷。

【彻小屋】杨 拆除小屋，留出空地，可以隔火。

【涂大屋】正 杨 大屋不易拆，且拆除损失大，故用泥涂抹外立面，以增强其耐火性。

【畚、挶】正 杨 盛土和运土器具。畚，草索编织成的大筐。挶，即梮，横穿畚之两耳，二人抬之以运土。

【绠、缶】正 汲水绳索和容器。

【水器】正 杨 盛水器皿，如盆、瓮、罃之类。

【量轻重】正 杨 衡量[任务的]轻重。

【丈城】杨城郭四周。

【表火道】正 补立标识指明火所到之处以及走向，方便救火或避火。

使华臣具正徒，令隧正纳郊保，奔火所。

【华臣】正 补子姓，华氏，名臣。华元(文十六—文十七·一·二)之子，华阅之弟。宋大夫，襄九年已任司徒(卿职)。襄十七年奔陈。

【具正徒】正 杨调集[国都郊区]供常役的徒卒。

【隧正】正 补宋外朝官，职掌隧地政事。【隧】见襄七·三·一。

【纳郊保，奔火所】正 补致送保守隧(远郊)的徒卒[到国都]，奔赴火场救火。城外为郊，郊外为隧。

使华阅讨右官，官庀 pǐ 其司；[使]向戌讨左，亦如之。使乐遄 chuán 庀刑器，亦如之。

【使华……其司】正 杨使[右师]华阅督促其所属官吏，使他们各尽其职。讨，治。右官，右师所属官吏。庀，具。司，职掌。【华阅】正 补子姓，华氏，名阅。华元之子。宋大夫，襄九年已任右师(卿职)。襄十七年卒。

【向戌】正宋大夫，任左师(卿职)。

【乐遄】正 补子姓，乐氏，名遄。宋大夫，襄九年已任司寇(卿职)。

【庀刑器】杨具备刑具。大火中必有趁乱违法犯禁之人，因此具备刑具以待之。

使皇郧 yún 命校正出马，工正出车，备甲兵，庀武守。

【皇郧】正 补子姓，皇氏，名郧，字椒。皇为人之子，皇父充石(文十一·四·二·一)之后。宋大夫，襄九年已任司马(卿职)。

【校正】正 补宋外朝官，司马属官，掌管马匹。

【工正】正 补宋外朝官，司马属官，职掌官营手工业，包括车辆制造。

【厖武守】补具备军事守备。

使西锄吾厖府守，令司宫、巷伯儆 jǐng 宫。

【西锄吾】正补宋大夫，任太宰。【厖府守】正补具备府库守备。

【司宫】正补宋内朝官，宫内寺人（宦官）总管，职掌宫廷事务。《左传》所见，楚（昭五·四·二）、郑（昭十八·三·二·三）亦有司宫。另外，鲁卿大夫家亦有司宫（昭四—昭五·十二）。

【巷伯】正补宋内朝官，由寺人担任，主管宫中巷寝门户。

【儆宫】杨补加强宫内戒备。

二师令四乡正敬享，祝、宗用马于四墉 yōng，祀盘庚商盘庚于西门之外。

【二师】正左师向戌及右师华阅。

【四乡正】正宋外应有四乡，每乡有一乡正，职掌一乡之政教。

【敬享】正杨诚敬地祭祀［众神］。享，祀。

【祝】正补太祝，宋内朝官，掌祝祷祈神、制作盟书等。

【宗】正补宗人，宋内朝官，掌祭祀礼仪。

【用马】正补杀马祭祀。

【墉】正城。

【祀盘庚于西门之外】正杨宋远祖商盘庚迁都于河南安阳安阳河两岸的殷墟。宋都在河南商丘，殷墟在其西北，因此宋祀盘庚于西门之外。【盘庚】正杨补商盘庚。子姓，日名盘庚。商祖丁之子，商阳甲之弟。

【二】晋侯晋悼公问于士弱士庄伯曰："吾闻之，'宋灾，于是乎知有天道'，何故？"

【士弱】正补士庄伯。祁姓，士氏，名弱，谥庄，排行伯。士贞伯（宣十二·一·十九）之子。晋大夫，任大理。

【天道】补春秋时期的天道观念大致有三个方面的含义。第一个方面是"自然之天"的道,它主要是指日月星辰、四季昼夜的运行规律。当时人们认为,天道和人道相互感应,因此通过观察和分析天象可以推知人事,这也是当时星占学家进行预测的理论基础。第二个方面是"命运之天"的道,就是人们将仅用人事常理似乎难以解释的个人/国家祸福看成是上天安排的命运,比如晋国遭遇骊姬之乱时,人们就认为狠毒的骊姬能得到晋献公专宠、还生下儿子,是上天有意降厄运给晋国。第三个方面是"道德之天"的道,就是人们认为上天会考察人们是否遵守道德准则,并针对性地降下祸福,"天道无亲,惟德是授"(《国语·晋语六》)、"天道赏善而罚淫"(《国语·周语中》)等都是这种天道观的反映。这种天道实际上就是由上天"加持"的人道,一个人如果依照人间正道而行(奉行忠信仁义,防止骄奢淫逸),也就自然顺应了天道。

○ 补 到了春秋中晚期,"重民轻天""重人轻神"成为社会思潮的主流,贵族阶层中越来越多的人认为遵行人道即可,对于传统意识形态中那种能预示甚至左右人间祸福的天道已经不那么相信。比如说,襄七·二孟献子言"吾乃今而后知有卜、筮",也反映了这种思潮。本年宋都城火灾之后,晋都城舆论中却出现了这么一种传言,说宋都城发生火灾这件事表明,大家已经不怎么相信的天道还真是存在的。晋悼公由于不知道宋与大火星(心宿二)的渊源,所以不能理解为什么宋都城起火就体现了天道,于是向士庄伯询问。

[士弱]对曰:

"古之火正,或食于心,或食于咮 zhòu,以出内火。是故咮为鹑火,心为大火。

【古之火正】 正 杨 补 指远古(五帝时代)管理火政的职官,不同时代由不同人来担任,例如高辛氏(帝喾)之火正为祝融(颛顼之子黎),陶唐氏(唐尧)之火正为阏伯(帝喾之长子),其中以祝融最为有名,后来成为远古火正的别称。后世将包括远古火正祝融在内的远古五行之正(木正句芒、火正祝融、金正蓐收、水正玄冥、土正后土)作为神灵进行祭祀。远古五行之正参见昭二十九・四・二。

【食】正补配食,陪祭。例如鲁郊祭上天时,以周人始祖后稷陪祭。此处指后世诸侯国在主祭与火有关的星宿"心"(心宿二)或"咮"(柳宿)时,以某位远古火正陪祭。至于究竟是哪位远古火正配食心宿二,哪位远古火正配食柳宿,则已不可知。

【心】正杨补心宿,东方青龙七宿之第五宿。这里实际是指心宿的主星心宿二,古人认为其与人间火政有关,因此又称其为"大火"。参见庄二十九・五"火见而致用"。

【咮】正补本意为鸟嘴,指南方朱鸟七宿第三宿、位于鸟嘴部位的柳宿,古人认为其与人间火政有关,因此又称其为"鹑火"。参见僖五・八・二"鹑之贲贲"。

【出】正补放出,指人间用火,比较重大的事务包括点燃柴堆烧烤牲肉祭天、放火烧荒等。【内】正补收纳,指人间禁火。

○正杨补《周礼・夏官》:"司爟掌行火之政令。……季春出火,民咸从之。季秋内火,民亦如之。"《周礼》的记载提示,周代职官体系应该有职掌火政的官员,其职责是祭火星(同时陪祭远古火正),行火政。因此,上面这段话的意思是:周代掌管火政的官员祭祀火星(心宿二、柳宿)时,以某位远古火正配食,或者配食心宿二,或者配食柳宿,用来昭示这些火星的出现与隐伏,并据此指导民众用火以及禁火。因此柳宿又称"鹑火",心宿二又称"大火"。据孔疏说法,则柳宿、心宿二在季春时的星象都可以作为"季春出火"的征候,而心宿二在季秋时的星象可以作为"季秋内火"的征候。这里士庄伯是用晋悼公所知晓的后世火政官员祭火星、陪祭远古火正之事来讲解"鹑火""大火"的意思(主要是讲下文将要提到的"大火"),防止晋悼公将作为星宿的大火和人间大火混淆,并引出远古火正阏伯。

"陶唐氏唐尧之火正阏è伯居商丘,祀大火,而火纪时焉。相土因之,故商主大火。

【陶唐……时焉】正 杨 补 据昭元·八·一·一,阏伯为帝喾长子,与其弟实沈争斗不止,唐尧为平息事端,故迁阏伯于商丘,主祀大火星(心宿二);迁实沈于大夏,主祀参宿。阏伯不仅祭祀大火星,还以大火星为辰,根据它的运动确定时节。阏伯本身即是远古火正,他在祭祀大火星时,是否像后世一样陪祭更远古的火正,已不可知。

【陶唐氏】正 补 既可指唐尧,亦可指唐尧及其拥有方国的后代,亦可指唐尧及其后代所统治的方国。此处为第三义。

【阏伯】正 补 陶唐氏时火正,排行伯,高辛氏(帝喾,参见文十八·三·二)之子。

【商丘】正 补 陶唐氏火正阏伯、殷商先祖相土居地,春秋时宋国(商王室之后)都城所在。

【相土……大火】正 杨 补 商先祖相土因袭阏伯,居于商丘,祭祀大火星,因此商朝以大火星为祭祀主星。【相土】正 商先祖,昭明之子,商始祖契之孙。

“商人阅其祸败之衅,必始于火,是以日知其有天道也。”

【衅】杨 预兆。

【日知】杨 补 昔日知道。一说,这里的“日”与“日失其序”(隐十二·二·五)的“日”一样,是“一天天地”“逐渐地”的意思。

○补 商人回顾历史,发现国内重大祸败的预兆都是火灾,而商又正好主祀与人间火政密切相关的大火星,这似乎不可能是偶然,而只能用天道来解释,因此昔日商人认为天道是确实存在的。笔者认为,这里所说的“天道”具体说来应该是:对于主祀大火星的商人而言,上天专门用降火灾的方式来预示祸败。若君主能积极救火赈灾、修治内政,则后续更严重祸败可以消解;若君主救灾懈怠、内政也无悔改,那么这场火灾就是引发后续更严重祸败的导火索。

宋公室为商王室之后,经周王室特许沿用商王礼乐,而且都城就位于商丘。据昭十七·五·二“宋,大辰之虚也”,在当时的分野体系中,宋对应的分星就是大火星。笔者认为,本年的宋都城大火让一些人回忆起商朝灭亡前"商人阅其祸败之衅,必始于火"的经验总结及相应的"天道"解释,联想到宋是商后裔、承袭大火星祭祀,而且这次宋都城大火也正好发生在柳宿、心宿昭示"出火"的春季,于是推测这次宋都城大火也是上天降灾,预示着宋在未来将有祸乱,因此传言说"宋发生火灾,从这件事看出天道是存在的"。

公晋悼公曰:"可必乎?"

○补通过士庄伯的解释可知,商人(宋人先祖)相信,在火灾与祸败之间有天道建立起来的因果关系。晋悼公问"可必乎"是想要知道这"天道"的必然性有多强,也就是想要确认,商人火灾是否必然预示着商人祸败。晋悼公这样问,有其现实政治考虑:如果商人火灾必然预示商人祸败,那么商后裔、承袭大火星祭祀的宋发生火灾也就必然(至少是很可能)预示宋接下来将有祸败,而这对于中原霸主晋来说是很重要的信息,因为宋是晋的重要盟国。

[士弱]对曰:"在道。国乱无象,不可知也。"

○补士庄伯答道,商(宋)是否将有祸败,关键在于其治国之道。一个国家的祸乱并没有什么必然的预兆之象(比如火灾),因此是不能够轻易地推知的。由此可见,士庄伯虽然熟知天道掌故,却并不推崇天道,而是主张要以人道常理为重。

襄公九年·二

地理鲁、晋见襄地理示意图1。

人物季武子(襄六·五·春秋)、范宣子(成十六·三·七)

春秋夏,季孙宿季武子如晋。

左传夏,季武子如晋,报宣子范宣子之聘也。

【宣子之聘】正见襄八·八。

襄公九年·三

地理 鲁见襄地理示意图 1。

人物 穆姜（宣元·一·春秋）、史

春秋 五月辛酉二十九日，夫人姜氏穆姜薨。

左传【一】穆姜薨 hōng 于东宫。

【东宫】杨 补 别宫，非太子宫室。一说为夫人宫中的东燕寝，而不是正寝。

○正 穆姜与叔孙宣伯私通，成十六年欲助其姘夫逐出季文子、孟献子，并以废立威胁鲁成公，事败出居东宫，至本年而薨。

【二】［穆姜］始往［东宫］而筮 shì 之，遇《艮 gèn》☶之八。史曰："是谓《艮》☶之《随》☳。《随》，其出也。君穆姜必速出！"

【筮】补 见《知识准备》"筮"。

【《艮》之八】补 详见下。

【史】补 见文十八·三·二。

【《艮》☶之《随》☳】正 补 此筮例为本卦五爻变，得之卦，而主要以《周易》之卦卦辞占之。《艮》☶，本卦，《艮》☶下《艮》☶上。《艮》☶除六二阴爻不变之外，其余五爻皆变，故《艮》☶变为《随》☳。《随》☳，之卦，《震》☳下《兑》☱上。主要以《随》卦卦辞占之。

【《随》，其出也】杨 补《随》，出走的意思。《随》，随人而行，有出走的意象。

【君必速出】补 您一定能马上得以迁出此宫。古代国君夫人称"小君"，因此史称穆姜为"君"。

○补《左传》《国语》言"八"筮例分析：《左传》《国语》中与"八"相关

的筮例共有三个：

一、本处《艮》☶☶之八，等于《艮》☶☶之《随》☱☳，是本卦《艮》☶☶六二阴爻不变，其他五爻皆变，得到之卦《随》☱☳。

二、《国语·晋语四》（见僖二十三—僖二十四·八·二）中有"得贞《屯》☵☳悔《豫》☳☷，皆八也"，本卦《屯》☵☳六二阴爻、六三阴爻、上六阴爻不变，其他三爻变，得《豫》☳☷。

三、《国语·晋语四》（见僖二十三—僖二十四·九·二）中有"得《泰》☷☰之八"，本卦为《泰》☷☰，不知之卦为何。

有学者认为，"八"是筮法营数"六""七""八""九"中的"八"，对应少阴，营数为八的阴爻是不可变之爻（参见《知识准备》"筮"）。所谓"《艮》☶☶之八"的"八"，是指不变之爻六二阴爻的营数为八（少阴）。所谓"贞《屯》☵☳悔《豫》☳☷，皆八也"，是指《屯》☵☳中下卦不变之爻六二、六三，以及上卦不变之爻上六的营数都是八（少阴）。所谓"《泰》☷☰之八"，应该也是指不变之爻是阴爻，营数为八（少阴）。总而言之，《左传》《国语》里言"八"的筮例，都是属于多爻变动，而且不变之爻都是阴爻，营数是八。

姜^{穆姜}曰：

"亡！

【亡】正楊表否定，无。

"是于《周易》曰：'《随》，元、亨、利、贞，无咎。'元，体之长 zhǎng也。亨，嘉之会也。利，义之和也。贞，事之干 gàn也。体仁足以长 zhǎng人，嘉德足以合礼，利物足以和义，贞固足以干事。然，故（固）不可诬也，是以虽《随》无咎。

【《随》，元……无咎】楊補这是《随》卦卦辞，本应标点为"《随》，元亨，利贞，无咎"，意思是"《随》卦，大亨通，有利的占问，没有灾祸"。这里穆姜将"元""亨""利""贞"拆开，对其进行了重新解释（详见下）。

【元,体之长也】楷补 元(头部),是身体最高的地方。元,首。

【亨,嘉之会也】楷补 亨,是美好[主宾]的会聚。亨即享,也就是享礼,嘉礼必有享、宴。享礼有主有宾,故曰"会"。

【利,义之和也】补 利,是道义的和谐。

【贞,事之干也】楷补 贞,是事情的主干。

【体仁……干事】楷补 以仁为体就足以做民人的君长,践行美德就足以会合礼,有利万物就足以与义相和谐,贞定坚固就足以担当起事。

【然,故……无咎】正楷补 如此[具备四德在身],固然是不可以被诬蔑[成没有]的,因此即使遇到《随》卦,也不会有灾殃。综观《随》卦各爻爻辞,有吉有凶,所以穆姜这样说。"元亨利贞"和"无咎"之间本来是并列关系,而穆姜认为"元亨利贞"是"无咎"的前提条件,这也是穆姜的重新解释。

○补 传世文献对读:《周易·乾·文言》解说《乾》卦卦辞"乾:元、亨、利、贞"曰:"元者,善之长也;亨者,嘉之会也;利者,义之和也;贞者,事之干也。君子体仁足以长人,嘉会足以合礼,利物足以合义,贞固足以干事。君子行此四德者,故曰:元、亨、利、贞。"与本段穆姜之言基本相同,也是不符合原意的重新解释。

"今我妇人,而与(yù)于乱。固在下位,而有(又)不仁,不可谓'元'。不靖国家,不可谓'亨'。作而害身,不可谓'利'。弃位而姣(放),不可谓'贞'。有四德者,《随》而无咎。我皆无之,岂《随》也哉?我则取恶,能无咎乎?[我]必死于此,弗得出矣。"

【固在……谓'元'】正楷补 穆姜意谓自己身为妇人,本来就身居下位,还行不仁之事,逼迫一国之元首(国君),故不可谓"元"。

【不靖国家,不可谓'亨'】楷 穆姜意谓自己逼君乱鲁使国家不得安定,自然无暇享宴,故不可谓"亨"。

【作而害身,不可谓'利'】正 补 穆姜意谓自己兴作乱事,不仅不利于国家,还害得自身被幽囚在东宫,故不可谓"利"。

【弃位而姣,不可谓'贞'】正 补 日本藏《玉篇》古写本残卷"放"字条下书证引文作"弃位而放,不可谓贞",则唐人顾野王所见古本《左传》"姣"作"放","放"本有"淫"义,而"姣"常见义为"好",作"淫"解仅此处杜注一例。因此有学者认为,"姣"应作"放",是"淫荡"的意思。穆姜放弃自己鲁襄公祖母的尊位,而与叔孙宣伯私通,故曰"弃位而姣"。据上文,事之干为"贞",而女子以礼自守亦称"贞"。前后两"贞"意取双关。穆姜与叔孙宣伯通奸,不能以礼自守,故不可谓"贞"。

【我皆无之,岂《随》也哉】杨 补 四德我都不具备,难道[符合]《随》卦[所言"元、亨、利、贞"]吗?

襄公九年·四

地理 鲁、秦、楚、晋见襄地理示意图1。鲁、楚、晋、武城见襄地理示意图5。

人物 穆姜(宣元·一·春秋)、秦景公、士雅、楚共王(成二·四·四)、王子贞(成十五·五·一·一)、晋悼公(成十七·十·一·二)、韩献子(宣十二·一·四)、知武子(宣十二·一·十四·三)、范宣子(成十六·三·七)、中行献子(成十六·三·三·一)、韩宣子(襄七·六·一)、栾桓子(成十六·三·春秋)、彘共子(成十七—成十八·三·一)、魏庄子(成十八·三·一)、赵文子(成八·五·一)

春秋 秋,八月癸未二十三日,葬我小君穆姜。

【小君】补 见庄二十二·二·春秋。

○正 此条《春秋》无对应《左传》。

○补 笔者对穆姜的心路历程有详细分析,请见专著《陵迟:鲁国的困境与抗争》(出版中,暂定书名)相关章节。

左传【一】秦景公使士雅 qiān 乞师于楚，将以伐晋。楚子楚共王许
之。子囊王子贞曰：

【秦景公】杨 补嬴姓，名后伯车（疑有错乱），谥景。秦桓公（宣十
五·四·二·一）之子。成十五年即位，在位四十年。昭五年卒。

"不可。当今吾不能与晋争。

"晋君晋悼公类能而使之，举不失选，官不易方。其卿让于善，
其大夫不失守，其士竞于教，其庶人力于农穑 sè，商、工、皂、
隶不知迁业。

【晋君类能而使之】正 杨 补晋悼公根据各人能力的大小同异而使
用他们。类，分类。

【举不失选】正 补举拔人才，不错失胜任的人。

【官不易方】补见成十八·三·一。

【其士竞于教】杨 补它的士努力教化[民众]。竞，强，努力。

【其庶人力于农穑】正 杨它的庶人致力于农业生产。种为"农"，收
为"穑"。

【商、工……迁业】杨 补商贾百工以至于役隶，都安心从事本业，无
意于改变。皂、隶见隐五·一。

"韩厥韩献子老矣，知 zhì 罃 yīng，知武子禀（稟）焉以为政。范丐范宣子
少 shào 于中行偃中行献子，而[中行偃]上之，使[范丐]佐中军。韩起
韩宣子少于栾黡 yǎn，栾桓子，而栾黡、士鲂巂共子上之，使[韩起]佐上
军。魏绛魏庄子多功，以赵武赵文子为贤，而为之赵文子佐。

【韩厥……为政】正 杨 补[原中军帅]韩献子此时已经告老（参见
襄七·六），[原中军佐]知武子[向上递补接替他，]尽职尽责地担任
晋国执政卿。禀焉，敬职貌。

【而上之】杨此处疑脱"中行偃"三字，本应为"而中行偃上之"，与下

文"而栾黡、士鲂上之"句式相同,意思是"而中行偃让范匄居于自己之上",也就是上军帅中行献子放弃向上递补担任中军佐的机会,而让范宣子超越自己担任中军佐。

○补 根据王子贞的说法,原上军佐范宣子超越年长的原上军帅中行献子担任中军佐,是因为中行献子主动谦让。不过,据襄十三·三·一范宣子自己的说法,他在襄九年之所以当上中军佐,是因为与中军帅知武子相互了解、能密切合作,没有提及中行献子让位给他。

"君明、臣忠、上让、下竞。当是时也,晋不可敌,事之而后可。君_{楚共王}其图之!"

王_{楚共王}曰:"吾既许之矣。[楚]虽不及晋,必将出师。"

【不及】杨 不如,比不上。

○正 据上文记述推断,晋当时中、上、下、新四军帅佐分别为:知武子将中军,范宣子佐之;中行献子将上军,韩宣子佐之;栾桓子为下军,巍共子佐之;赵文子将新军,魏庄子佐之。下文诸侯伐晋,鲁、齐、宋从晋中军门于鄣门,卫、曹、邾从晋上军门于师之梁,滕、薛从晋下军门于北门,杞、郳从晋新军斩行栗。

[三] 秋,楚子_{楚共王}师于武城,以为秦援。秦人侵晋。晋饥,弗能报也。

【武城】杨 见僖六—僖七·三。

○正 下启襄十年晋伐秦(襄十·三)。

襄公九年·五

地理 鲁、晋、宋、卫、曹、齐、郑、楚见襄地理示意图 1。鲁、晋、宋、卫、曹、邾、滕、薛、小邾、齐、郑;阴阪、阴口;戏童山;氾水、河水见襄地理示意图 3。鲁、宋、卫、曹、莒、邾、滕、薛、杞 1、小邾、齐见襄地理示意

图 4。

人物 鲁襄公(襄元·○)、晋悼公(成十七·十·一·二)、宋平公(成十五·三·春秋)、卫献公(成十四·五·一)、曹成公(成十三·三·一)、莒犁比公(襄三·五·春秋)、邾宣公(成十八·七·春秋)、滕成公(襄五·八·春秋)、薛伯、杞孝公、小邾穆公(襄七·三·春秋)、太子光(襄元·二·三)、楚共王(成二·四·四)、季武子(襄六·五·春秋)、崔武子(宣十·三·春秋)、皇郧(襄九·一·一)、知武子(宣十二·一·十四·三)、范宣子(成十六·三·七)、北宫懿子(成十七·一·春秋)、中行献子(成十六·三·三·一)、韩宣子(襄七·六·一)、栾桓子(成十六·三·春秋)、彘共子(成十七—成十八·三·一)、赵文子(成八·五·一)、魏庄子(成十八·三·一)、公子骈(成十·三·二)、公子发(成五·五)、公子嘉(襄八·八·一·二)、公孙辄(襄八·三)、公孙虿(襄八·八·一·二)、公孙舍之(襄八·八·一·二)、郑简公(襄七·八·二·二)、士庄伯(襄九·一·二)、卫成公(僖二十五—僖二十六·春秋)、王子罢戎、楚庄夫人

春秋 冬,公鲁襄公会晋侯晋悼公、宋公宋平公、卫侯卫献公、曹伯曹成公、莒子莒犁比公、邾子邾宣公、滕子滕成公、薛伯、杞伯杞孝公、小邾子小邾穆公、齐世子光太子光伐郑。十有(又)二月己亥,同盟于戏。

【杞伯】补 杞孝公。姒姓,名丐,谥孝。杞桓公(僖二十七·一·春秋)之子。襄七年即位,在位十七年。襄二十三年卒。

【十有二月己亥】正 据杜预所推春秋历,十二月无己亥,应从下文《左传》,为"十一月己亥",即十一月十日。

【戏】杨 即戏童山,见成十七·一·三。

○杨 据襄二十二·二,本年六月郑简公朝于楚,晋因此伐郑。

楚子楚共王伐郑。

左传 【一】冬,十月,诸侯伐郑。

庚午十一日,季武子、齐崔杼 zhù,崔武子、宋皇郧 yún 从荀罃 yīng,知武子、士匄范宣子门于鄟 zhuān 门,卫北宫括北宫懿子、曹人、邾人从荀偃中行献子、韩起韩宣子门于师之梁,滕人、薛人从栾黡 yǎn,栾桓子、士鲂彘共子门于北门,杞人、郳 ní 人从赵武赵文子、魏绛魏庄子斩行 háng 栗。

【门于鄟门】补攻打鄟门。【鄟门】正杨郑都东门。

【师之梁】正杨郑都西门。

【郳人】杨即上文《春秋》之"小邾人"。见庄五·三·春秋。

【斩行栗】正杨砍伐路边作为行道树的栗树,其目的或是开路,或是取其木材制作器物。

甲戌十五日,[诸侯]师于氾 fán。[晋人]令于诸侯曰:"修器备,盛 chéng 糇 hóu 粮,归老幼,居疾于虎牢,肆眚,围郑。"

【氾】杨见僖三十·三·一。

【糇粮】正杨干粮。

【居疾于虎牢】正杨让[患有]疾病[的人]住在虎牢。【虎牢】正补此时虎牢为晋邑。见庄十九—庄二十一—庄二十一·九·一。

【肆眚】正补宽恕军中罪人。肆,缓。眚,过。

【二】郑人恐,乃行成。

【行成】杨求和。

中行献子曰:"遂围之郑,以待楚人之救也,而与之楚战。不然,无成。"

【不然,无成】正杨补不这样的话,就无法得到[真正的]讲和。中行献子的意思是,若不大败楚,则郑不久又将叛晋服楚,到时又要伐郑。

知武子曰:"[吾]许之盟而还师,以敝楚人。吾三分四军,与诸侯之锐,以逆来者。于我未病,楚不能矣。犹愈于战。暴 pù (曝)骨以逞,不可以争,大劳未艾。君子劳心,小人劳力,先王之制也。"

【许之……楚人】正 杨 补 答应郑结盟的请求,[与他们结盟]然后退兵,[这样就会引诱楚来伐郑,]从而使楚师疲敝。敝,疲。

【吾三……来者】正 补 我们将上、中、下、新四军共分成三部分,[每次出动一部分,]加上诸侯的精锐部队,以迎战前来伐郑的楚师。

【于我未病,楚不能矣】正 杨 补 对我们来说[每次一部分出动、两部分休整]并不算困苦,而对楚来说[三军屡次来战]就不能承受了。

【犹愈于战】杨 这样比[包围郑都而与楚救郑之师]决战要好。愈,胜过。

【曝骨……未艾】正 补 [发动]曝露白骨[的惨烈决战]以逞一时之快[是错误的战略],不能凭借[这种战略来与楚]相争,[因为]大的辛劳还没有完结。艾,止。

诸侯皆不欲战,乃许郑成。

[三·一] 十一月己亥+日,"同盟于戏",郑服也。

[三·二] 将盟,郑六卿公子骓 fēi、公子发、公子嘉、公孙辄、公孙虿 chài、公孙舍之及其大夫、门子皆从郑伯郑简公。

【门子】正 补 卿之嫡子,担任郑君护卫。

晋士庄子士庄伯为载书,曰:"自今日既盟之后,郑国而不唯晋命是听,而或有异志者,有如此盟!"

【载书】补 见僖二十五—僖二十六·四·二。

【自今……此盟!】正 补 从今天盟誓以后，郑如果不对晋唯命是听，而有其他想法，[必遭神谴，]如同此次盟誓[诅咒所言]! 而，如。

公子骈趋进曰："天祸郑国，使介居二大国之间。大国不加德音，而乱以要 yāo 之，使其鬼神不获歆 xīn 其禋 yīn 祀，其民人不获享其土利，夫妇辛苦垫隘，无所厎 zhǐ 告。自今日既盟之后，郑国而不唯有礼与强可以庇民者是从，而敢有异志者，亦如之!"

【介】正 间。

【德音】补 符合德的命令。音，言，实指大国的命令。

【而乱以要之】正 反而以兵乱之力要挟我们[结盟]。

【歆】补 见僖十一—僖十一·三。【禋祀】补 见隐十一·二·五。

【土利】补 来自土地的收入。

【垫隘】杨 见成六·五·一·二。

【厎告】杨 补 致告，申诉。厎，致。

【自今……如之】补 从今天盟誓之后，郑国如果不服从有礼而且强大可以庇护郑国民众的国家，而敢有异志，[必遭神谴，]也如同此次盟誓[诅咒所言]!

荀偃中行献子曰："改载书!"

○补 书记官将公子骈的誓词也写入了盟书，因此中行献子要求更改。

公孙舍之曰："昭大神要 yāo 言焉。[载书]若可改也，大国亦可叛也!"

【昭大神要言焉】正 杨 补 上述要约之言已经昭告天神了。

<u>知武子</u>谓<u>献子</u>中行献子曰："我实不德,而要 yāo 人以盟,岂礼也哉!非礼,何以主盟?姑盟而退,修德、息师而来,终必获郑,何必今日?我之不德,民将弃我,岂唯郑?若能休和,远人将至,何恃于郑?"乃盟而还。

【休和】补安定和睦。

【四】<u>晋</u>人不得志于<u>郑</u>,以诸侯复伐之。十二月癸亥五日,门其三门,闰月。戊寅二十日,济于阴阪 bǎn,侵郑,次于阴口而还。<u>子孔</u>公子嘉曰:"<u>晋</u>师可击也。师老而劳,且有归志,必大克之。"<u>子展</u>公孙舍之曰:"不可。"

【三门】正杨三门当为东门(鄟门)、西门(师之梁)、北门。留南门不攻,以待楚师。

【闰月】正据杜预所推春秋历,本年不得有闰月戊寅。戊寅,十二月二十日。闰月疑本为"门五日",传抄者将"门"与"五"合为"闰",后学者见"闰",又转"日"为"月"。诸侯自十二月五日开始攻打郑都三门,每门耗时五日,结束时正好是十二月二十日。

【阴阪】正杨补洧水渡口,在今河南新郑辛店镇和寨村北,洧水南岸。郑地。参见《图集》24—25④4。

【次】补在外驻扎两夜以上。

【阴口】正杨阴阪以北,洧水北岸。郑地。

【师老而劳】补晋师长久在外(老),因而劳顿(劳)。晋师十月伐郑,十二月又伐郑,基本上三个月都在外征战,自然"师老而劳"。

【五】公鲁襄公送<u>晋侯</u>晋悼公。<u>晋侯</u>以公宴于河上。

【宴】补见文四·四。【河上】补河水岸边。

[晋侯]问公年。

季武子对曰："会于沙随之岁成十六年，寡君以生。"

晋侯曰："十二年矣！是谓一终，一星终也。国君十五而生子。冠 guàn 而生子，礼也。君鲁襄公可以冠矣。大夫盍（何不）为冠具？"

【十二……终也】正 杨 补 星指木星，古代称为"岁星"，是夜空中最明亮的天体之一。岁星不仅明亮，而且它每年停留在一定的天区，背景上有一组明确的星座。古人发现大约每过十二年，岁星又回到同一天区，所以古人将十二年视为"一终"，因为它是"一星终"，也就是岁星运转一轮的终结。据此，古人把黄道带均匀地划为十二个等份，使冬至点处于其中某一个等份的中点，这一等份定名为"星纪"。然后按照岁星在天空中移行的方向，即由西向东依次为玄枵、娵訾（一名豕韦）、降娄、大梁、实沈、鹑首、鹑火、鹑尾、寿星、大火、析木，加上星纪，合称为"十二次"。岁星在某星次，就是某年，称为"岁在某某"。例如岁星停留在玄枵，则称"岁在玄枵"。这就是岁星纪年法。岁星纪年法的缺陷参见襄二十八·一·二。

【冠而生子，礼也】正 补 古时男子行冠礼后，方被认为成年，可以结婚生子。冠礼见成二·七·一·二。

【冠具】杨 行冠礼时的用具。

武子季武子对曰："君冠，必以裸 guàn 享之礼行之，以金石之乐节之，以先君之祧 tiāo 处之。今寡君在行，未可具也，请及兄弟之国而假备焉。"

【裸享之礼】正 杨 补 具有裸祭仪式的享礼。裸亦作灌，详见下。享礼见桓九一桓十·一·二。

【金石之乐】正 补 钟磬演奏的音乐。金，钟。石，磬。

【先君之祧】杨 先君宗庙。

【假备】补 借用[行上述礼仪的]器用。假，借。

○补 裸祭新探：

有学者在结合古文字和考古证据的基础上提出，裸祭应该是用斗形器舀醴酒/鬯酒浇灌在柄形玉器"瓒"上，下面用喇叭形器"同"承接，象征祖先饮酒。

瓒：旧说是玉柄勺，用来舀醴酒（桓九—桓十·一·二）、鬯酒（僖二十七—僖二十八·二十），此说至今仍有学者支持。不过，考古发现一类柄形玉器，夏、商、周代墓葬都有出土。在一件商代晚期柄形玉器上面有自名，学者释为"瓒"。瓒在裸祭中起到的是代表祖先神主牌位的作用，由于要接受酒液浇灌，所以用玉而不用木制作。

同：在出土铜器中有一类宽口细腰喇叭形器皿，自宋代以来认为它就是传世文献里的饮酒器"觚"。然而，2009年考古工作者在西安鉴定青铜器时发现一件觚形器（见襄器物图2.1），内壁铭文为："成王赐内史亳醴裸，弗敢饕，作裸同。"由这段铭文我们可知：第一，这种器的正确名称为"同"，其器形与"同"上半部"𠙴"相符，可见"同"上部"𠙴"本是一个象形字，后来添加"口"为"同"。第二，"同"是裸祭要用到的器物之一。"同"的喇叭口用于饮酒极不方便，但却很适合在裸祭时承接浇灌的酒液。

考古发现还让我们直观地看到了"瓒"与"同"在裸祭时的组装方式（见襄器物图2.2）。在洛阳北窑西周早期墓M155出土一个玉器＋漆器复合体（2），上部为玉柄形（2-1），中部为一系列连接件（2-2），下部连接一个喇叭形漆器（2-3），应为一漆木"同"，整个复合体与甲骨文"瓒"字结构（1）一一对应。

柄形玉"瓒"与喇叭形"同"连在一起使用，不仅有实物证据，还有图像证据（见襄器物图2.3）。𡥘尊有图像铭文：一名两膝着地、臀部落在足跟的祭祀者，手里捧着一件喇叭形器物，里面插着一件柱状物。

襄器物图 2.1　内史亳
丰同，西周早期（《内史亳
丰同的初步研究》，2010 年）

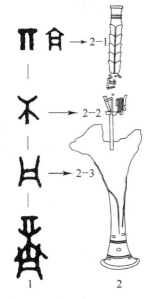

襄器物图 2.2　甲骨文"瓒"
字结构（1）与洛阳北窑 M155
出土玉器＋漆器复合体（2）的
对应关系（《玉柄形器名"瓒"
说——辅证内史亳同与〈尚书·顾
命〉"同瑁"问题》，2012 年）

襄器物图 2.3　　字
拓片（《藏礼于器：青铜觚
与玉瓒》，2019 年）

晋侯曰："诺。"

公还，及卫，冠于成公_{卫成公}之庙，假钟磬焉，礼也。

○补笔者对晋悼公建议鲁襄公十二岁行冠礼一事的幕后真相
有详细分析，请见专著《陵迟：鲁国的困境与抗争》（出版中，暂定
书名）相关章节。

【六】"楚子伐郑"。子驷_{公子骓}将及楚平。

【将及楚平】补将要与楚讲和。

子孔_{公子嘉}、子蟜 jiǎo，公孙虿曰："与大国_晋盟，口血未干而背之，可乎？"

【口血未干】 杨 补 "口血"指盟誓歃血时口上所沾的血。"口血未干"是形容时隔不久。歃血参见隐元·二·春秋。

子驷、子展_{公孙舍之}曰："吾盟固云：'唯强是从。'今楚师至，晋不我救，则楚强矣。盟誓之言，岂敢背之？且要 yāo 盟无质，神弗临也，所临唯信。信者，言之瑞也，善之主也，是故[神]临之。明神不蠲 juān 要盟，背之可也。"

【且要……唯信】 杨 补 而且迫于要挟而缔结的盟约，本来就没有什么诚信可言，神灵是不会降临见证的，[神灵]降临见证的只是[基于]诚信[的盟约]。质，信。

【信者…主也】 正 补 信，是言语的凭证，是良善的主体。瑞，本义为玉制信物。

【明神不蠲要盟】 正 杨 补 明察的神灵认为受要挟的盟誓不洁净[，不会认可它]。

乃及楚平。公子罢 pí 戎_{王子罢戎}入盟，同盟于中分。楚庄夫人卒，王_{楚共王}未能定郑而归。

【公子罢戎】 正 补 王子罢戎。芈姓，名罢戎。楚大夫，襄十五年已任右尹。

【中分】 正 郑都城内里名。

【楚庄夫人】 正 补 楚庄王（文十四·十一·一）夫人，楚共王（成二·四·四）之母。襄九年卒。

【七】晋侯_{晋悼公}归，谋所以息民。魏绛_{魏庄子}请施舍，输积聚以贷。自公_{晋悼公}以下，苟有积者，尽出之。国无滞积，亦无困人。公无禁利，亦无贪民。祈以币更，宾以特牲，器用不作，车服从给ⅰ。行之期ⅰ年，国乃有节。三驾而楚不能与争。

【输】杨转运。

【祈以……从给】正杨祈祷用皮币代替牺牲，款待贵宾只用一种牲畜，不作新器［而沿用旧物］，车马服饰只求够用。

【期年】杨一周年。

【节】杨补法度。

【三驾】正三次起兵。指襄十年牛首之役，襄十一年向之役，及襄十一年秋观兵于郑都东门。

襄公十年·一

地理 鲁、晋、宋、卫、曹、齐、吴1见襄地理示意图1。晋、宋、卫、曹、霍人见襄地理示意图2。鲁、宋、卫、曹、莒、邾、滕、薛、杞1、小邾、齐、偪阳、耶见襄地理示意图4。鲁、晋、宋、卫、曹、莒、邾、滕、薛、小邾、吴1、偪阳、钟离、柤见襄地理示意图5。

人物 鲁襄公（襄元·○）、晋悼公（成十七·十·一·二）、宋平公（成十五·三·春秋）、卫献公（成十四·五·一）、曹成公（成十三·三·一）、莒犁比公（襄三·五·春秋）、邾宣公（成十八·七·春秋）、滕成公（襄五·八·春秋）、薛伯、杞孝公（襄九·五·春秋）、小邾穆公（襄七·三·春秋）、太子光（襄元·二·三）、吴王寿梦（成七·六·三）、高厚（襄六·六·二·四）、士庄伯（襄九·一·二）、中行献子（成十六·三·三·一）、范宣子（成十六·三·七）、知武子（宣十二·一·十四·三）、秦堇父、孔纥、狄虒弥、孟献子（文十四·十二·三）、向戌（成十五·六·三）、偪阳子、秦商、孔子（僖二十七—僖二十八·二十五·三）

春秋 十年，春，公鲁襄公会晋侯晋悼公、宋公宋平公、卫侯卫献公、曹伯曹成公、莒jǔ子莒犁比公、邾zhū子邾宣公、滕子滕成公、薛伯、杞伯杞孝公、小邾子小邾穆公、齐世子光太子光会吴于柤zhā。

【柤】正 杨 补 在今江苏邳州邳城镇洳口村。楚地。哀六年已入于吴。参见《图集》29—30②9。

○正 柤之会，《春秋》在春，而《左传》在夏四月。《春秋》所载为鲁襄公出发时间，而《左传》记载为柤之会实际发生时间。

夏，五月甲午八日，遂灭偪fú阳。

【偪阳】正 杨 补 周时国，子爵，妘姓。始封君为祝融之孙求言之后。在今山东枣庄台儿庄区张山子镇侯塘村已发现其遗址（详见下）。襄十年被晋所灭，地入于宋，族嗣迁于霍人。参见《图集》17—

18②6、29—30②9。

○补 **偪阳故城遗址**：遗址先后为春秋时期偪阳国都城、汉代傅阳县县城。遗址包括古城址、夯土建筑基址和墓葬区等。城址平面呈不规则南北向长方形，北墙长606米，西墙长1019米，南墙长657米，东墙长1105米。

公鲁襄公至自会。

○正 此条《春秋》无对应《左传》。

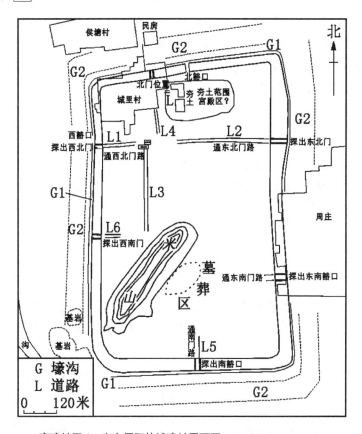

襄遗址图1　枣庄偪阳故城遗址平面图（《先秦城邑考古》，2017年）

左传【一·一】十年,春,会于柤,会吴子寿梦吴王寿梦也。

○补此处是总起概述《春秋》经文,因此同样依据鲁襄公出发时间。并非春季会于柤,而夏四月又会。

○补襄三年晋人在中原偏北的鸡泽举行诸侯大会,召请吴王寿梦北上参与,吴王很可能是因为不满鸡泽路途遥远艰辛而没有参与(参见襄三·五·一)。不过吴王寿梦仍然希望与晋会盟,因此在襄五年派使者到晋,解释为何鸡泽之会未能参与。晋悼公吸取教训,襄五年先派鲁卿孟献子、卫卿孙文子前往位于南方的善道与吴人会面,商量好会期(参见襄五·五),然后本年在位于中原和南方"中间地带"的柤地举行诸侯大会。柤这个会面地点选得非常符合中庸之道,一方面显示出晋和其他中原诸侯对吸收吴进入晋联盟的诚意,与先前鸡泽之会相比有很大改进;另一方面又没有迁就吴太过分,保持了中原诸侯的尊严。晋悼公的稳妥安排得到了吴王寿梦的认同,晋、吴君主首次会面得以成功举行。

【一·二】三月癸丑二十六日,齐高厚相 xiàng 大(太)子光以先会诸侯于钟离,不敬。士庄子士庄伯曰:"高子高厚相大(太)子太子光以会诸侯,将社稷是卫,而皆不敬,弃社稷也。其将不免[于难]乎!"

【将社稷是卫】补即"将卫社稷"。

○正下启襄十九年崔武子杀高厚(襄十九·五),以及襄二十五年崔武子弑齐后庄公(襄二十五·一)。

> ○补**传世文献对读**:《论语·八佾》:"子曰:'居上不宽,为礼不敬,临丧不哀,吾何以观之哉?'"此为"为礼不敬"之例。

【一·三】夏,四月戊午初一,会于柤。

【二·一】晋荀偃中行献子、士匄范宣子请伐偪阳,而封宋向戌焉。

荀罃 yīng,知武子曰："城小而固,胜之不武,弗胜为笑。"[荀偃、士匄]固请。

【晋荀……戍焉】杨补 宋为晋忠实盟国,而向戌为宋执政卿,因此晋人想把偪阳送给他作采邑,以进一步加强晋、宋之间的同盟关系。

【二·二】丙寅九日,[诸侯之师]围之,弗克。

孟氏之臣秦堇 jǐn 父 fù 辇 niǎn 重 zhòng 如役。

【秦堇父】正补 秦氏,名或字堇。孟氏家臣。

【辇重如役】正补 用人力拉着重车到达战地。【重】正 重车,行时载器物,止则为藩营。

偪阳人启门,诸侯之士门焉。县(悬)门发,郰 zōu 人纥 hé,孔纥抉(撅)之,以出门者。

【门焉】正 攻打城门。

【县门……门者】正补 内城的悬挂闸门放了下来,孔纥托举住城门,让攻进城里的将士出来。抉,同撅,举。

【郰人纥】正补 孔纥。子姓,孔氏,名纥,字梁,排行叔。孔父嘉(隐三·六·一·一)之后,孔子之父。郰邑大夫。【郰】正杨补 即陬,在今山东曲阜长座村。文十三年前为邾都。此时已为鲁邑。参见《图集》26—27④4。《图集》标注不准确,本书示意图依据《图志》标注。

狄虒 sī 弥建大车之轮,而蒙之以甲,以为橹,左执之,右拔戟,以成一队。

【建】补 立。

【大车】正 平地载重之车,其轮高古尺九尺,大于乘车。

【轮】补参见《知识准备》"车马"。

【橹】正大盾。

【以成一队】补领兵单成一队。

孟献子曰："《诗》所谓'有力如虎'者也。"

【有力如虎】正 杨 补《毛诗·邶风·简兮》有此句。这里孟献子用来称赞秦堇父、孔纥、狄虒弥三人。

主人县(悬)布,堇父秦堇父登之,及堞 dié,而[主人]绝之。[堇父]队(坠),则[主人]又县(悬)之。[堇父]苏而复上者三。主人辞焉,[堇父]乃退,带其断以徇于军三日。

【主人……绝之】正 杨守城之人把布挂下来,秦堇父拉住布往城墙上爬,快到城上矮墙时,[城上人]把布割断[,使秦堇父坠地]。

【苏】正 补从昏迷状态醒来。

【主人辞焉】正守城之人[钦佩秦堇父的勇敢,故]辞谢[不再悬布]。

【带其……三日】正 杨[秦堇父]把割断的布做衣带,在军中游行了三天[以展示其勇力]。

〖二·三〗诸侯之师久于偪阳。

荀偃中行献子、士匄范宣子请于荀罃知武子曰:"水潦 lǎo 将降,惧不能归,请班师。"

【班】正还。

知 zhì 伯知武子怒,投之以机,出于其间,曰:"女(汝)成二事,而后告余。余恐乱命,以不女(汝)违。女(汝)既勤君晋悼公而兴诸侯,牵帅老夫以至于此。[女]既无武守,而又欲易余罪,曰'是知武子实班师,不然,克矣'。余羸 léi 老也,可重 chóng 任乎?七日不克,必尔乎取之!"

【机】杨小弩。

【女成二事,而后告余】正补你们[自己]决定了要伐偪阳、封向戌,然后才来告诉我。

【余恐乱命,以不女违】正补我恐怕[改变已经决定之事而]扰乱了军令,所以没有违背你们。

【勤君】杨补使国君辛劳。

【牵帅】补牵连。

【武守】杨坚守武攻。

【易余罪】杨归罪于我。易,施,延。

【重任】杨补再次承担[罪责]。知武子在宣十二年邲之役曾被俘虏,如果这次身为主帅而又战败,则为再次承担罪责。重,再。任,担当。

【必尔乎取之】正补即"必于尔取之",可译为"一定要从你们那里取得[对战败责任的承担]"。

五月庚寅四日,荀偃、士匄帅卒攻偪阳,亲受矢石。甲午八日,灭之。[《春秋》]书曰"遂灭偪阳",言自会也。

【书曰……会也】正[《春秋》]书"遂灭偪阳",用"遂"字,表示灭偪阳源自相之会。这样写是表达对诸侯因会而灭无大罪之国的贬责。

【二·四】[晋人]以[偪阳]与向戌。向戌辞曰:"君晋悼公若犹辱镇抚宋国,而以偪阳光(广)启寡君宋平公,群臣安矣,其何贶 kuàng 如之! 若专赐臣,是臣兴诸侯以自封也,其何罪大焉! 敢以死请。"[晋人]乃予宋公宋平公。

【辞】补推辞。

【辱】补表敬副词,相当于"屈尊"。

【光启寡君】杨扩大我国君主[的疆土]。"光启",即"广启"。

【貺】正赐。

【三·一】宋公宋平公享晋侯晋悼公于楚丘,请以《桑林》,荀罃知武子辞。荀偃中行献子、士匄范宣子曰:"诸侯宋、鲁,于是观礼。鲁有禘dì乐,宾、祭用之。宋以《桑林》享君晋悼公,不亦可乎?"

【享】补见桓九—桓十·一·二。【楚丘】杨见隐七·六·春秋。

【请以《桑林》,荀罃辞】正杨补[宋平公]请求使用《桑林》舞[招待晋君臣],[中军帅]知武子推辞。桑林本为桑山之林,商汤曾在此祈雨。其后商以及宋将桑林奉为圣地,而立神以祭祀。商因而有《桑林》之乐舞,此乃商王之乐舞,而宋沿用之。因为《桑林》不是招待诸侯国君的常规乐舞,因此宋人特请用之以尊崇晋悼公,而知武子依据周礼而推辞。

【诸侯……观礼】正补诸侯中的宋、鲁,是各国观摩礼仪的地方。宋为商王室之后,被特许沿用商王室礼乐;鲁因周公旦之功,被特许使用周王室礼乐(参见隐五·七、桓五·四),因此其他诸侯国前往这两个国家观摩礼乐。

【鲁有禘乐,宾、祭用之】正补禘乐本为周王室禘祭所用乐舞,鲁经周王室特许在太庙禘祭周公,用禘乐(隐五·七)。春秋时期,鲁私自扩大禘乐适用范围,在款待贵宾及其他祭祀时也用,遂成常态。此处范宣子是引用鲁国僭越之举作为依据,劝说知武子同意宋用超出礼制规定的商王之乐招待晋悼公。参见昭二十一年鲁被迫以超出礼制规定的十一牢招待范献子(昭二十一·三),而哀七年吴人又以此为据要求鲁人以一百牢款待吴王夫差(哀七·三)。

【三·二】舞,师题以旌夏,晋侯惧而退入于房。[宋人]去旌,[晋侯]卒享而还。

【师题以旌夏】正杨舞师手举旌夏之旗引领舞者出来。旌夏,旌旗的一种,以雉羽缀于竿首,羽毛上又染有五色。题,额。乐师为一行舞者领头,犹如人的额头。【师】正舞师,乐舞队之帅。

【房】杨正室东西两旁的房间。

〔三·三〕及著雍，〔晋侯〕疾。卜，桑林见（现）。荀偃、士匄欲奔〔宋〕请祷焉。荀罃知武子不可，曰："我辞礼矣，彼则以之。犹有鬼神，于彼加之。"

【著雍】正补晋地，在河水以北，宋、晋往来通路上。

【卜，桑……祷焉】正杨补占卜〔疾病〕，〔结果里〕显现出桑林之神。因此中行献子、范宣子想要奔回宋祈祷。"卜"见《知识准备》。

【我辞……加之】正杨补我方〔一开始就〕推辞不用《桑林》，而宋坚持使用。如果真有鬼神，会把灾祸加在宋人身上。以，用。犹，如。

〔四〕晋侯晋悼公有间 jiàn，以偪阳子归，献于武宫，谓之"夷俘"。偪阳，妘 yún 姓也。〔晋侯〕使周内史选其族嗣，纳诸（之于）霍人，礼也。

【有间】正杨病愈。

【献于武宫，谓之"夷俘"】正杨补晋人在其太庙武宫（见僖二十三—僖二十四·九·三）举行献俘仪式，并称所献之偪阳国君为"夷人俘虏"。偪阳本属中国，并非夷狄。据庄三十一—庄三十一·二，"诸侯有四夷之功，则献于王。中国则否"。中国之俘不得献于周王，则献于宗庙亦为非礼。晋人自知非礼，故诈称"夷俘"。

【使周……礼也】正补依礼，天子不灭国，诸侯不灭姓。若某国君主有罪宜废，则选其亲而贤者，更绍立之，《论语》所谓"兴灭国，继绝世"是也。晋悼公以偪阳之罪，不至于断绝宗祀，于是使周内史选偪阳公族贤者，继嗣偪阳之后，使其徙居晋邑霍人，以奉妘姓宗祀，故曰"礼也"。晋悼公致力于重振霸业，于是遵从"诸侯不得专封"的礼制，做出"尊王命""不自专"的姿态，不自选其人，而请周王室派内史来。

【内史】补见桓元—桓二·三·三。【霍人】正杨补在今山西繁峙东。晋邑。参见《图集》22—23②10。

【五】[我]师归。孟献子以秦堇父为右。[堇父]生秦丕兹秦商,事仲尼孔子。

【为右】补见《知识准备》"车马"。

【秦丕兹】杨补秦商。秦氏,名商,字丕兹。秦堇父之子。孔子弟子。

襄公十年·二

地理楚、郑、宋见襄地理示意图 1。楚、郑、宋、訾毋见襄地理示意图 5。

人物王子贞(成十五·五·一·一)、公孙辄(襄八·三)

春秋楚公子贞王子贞、郑公孙辄帅师伐宋。

左传六月,楚子囊王子贞、郑子耳公孙辄伐宋,师于訾zǐ毋wú。庚午十四日,围宋,门于桐门。

【訾毋】正杨补即訾母,在今河南鹿邑南。宋地。参见《图集》29—30③7。

【门于桐门】正攻打桐门。【桐门】杨宋都北门。

襄公十年·三

地理晋、秦见襄地理示意图 1。

人物知武子(宣十二·一·十四·三)

春秋晋师伐秦。

左传晋荀罃知武子伐秦,报其侵也。

○ 正 补 襄九年秦侵晋（襄九·四·二），故本年知武子伐秦以报之。

襄公十年·四

地理 卫、宋、郑、楚、晋见襄地理示意图 1。卫、宋、郑、楚、晋、犬丘见襄地理示意图 5。

人物 卫献公（成十四·五·一）、公孙舍之（襄八·八·一·二）、公子𬴂（成十·三·二）、皇耳、孙文子（成七·八·春秋）、定姜（成十四·一·二）、孙蒯

左传 【一】卫侯卫献公救宋，师于襄牛。郑子展公孙舍之曰："必伐卫。不然，是不与楚也。得罪于晋，又得罪于楚，国将若之何？"

【襄牛】 杨 见僖二十七—僖二十八·七。

【与】 补 亲。

子驷公子𬴂曰："国病矣。"

【病】 杨 困难疲劳。

子展曰："得罪于二大国，必亡。病，不犹愈于亡乎？"

【愈】 补 胜过。

诸大夫皆以为然。故郑皇耳帅师侵卫，楚令也。

【皇耳】 正 补 皇氏，名耳。皇戌（宣十二·一·七）之子。襄十年被卫孙蒯所获。

【二】孙文子卜追之，献兆于定姜。

【卜】【兆】 补 见《知识准备》"卜"。

姜氏定姜 问繇 zhòu。［孙文子］曰：“兆如山陵，有夫出征，而丧其雄。”

【繇】正兆辞。

姜氏曰：“征者丧雄，御寇之利也。大夫图之！”

【征者……利也】补出征一方（郑）丧其魁首，这对抵御一方（卫）来说是有利的。

卫人追之，孙蒯 kuǎi 获郑皇耳于犬丘。

【孙蒯】正补姬姓，孙氏，名蒯。孙文子（成七·八·春秋）之子。卫大夫，官至卿位。襄十八年被晋人所执，后归于卫。襄二十六年随其父孙文子以戚叛如晋。【犬丘】补见隐八·一·春秋“垂”。

○补**出土文献对读**：上博简九《卜书》中记载了战国卜人对于兆象的描述，比如“兆仰首出趾”“兆颡首纳趾”“兆如仰首出趾，而纯不困膺”“兆小陷”“兆纯深”“兆虽起钩”等，可参看。

襄公十年·五

地理楚、郑、宋、鲁见襄地理示意图1。楚、郑、宋、鲁、萧见襄地理示意图5。

人物王子贞（成十五·五·一·一）、公孙辄（襄八·三）、孟献子（文十四·十二·三）

左传【一】秋，七月，楚子囊王子贞、郑子耳公孙辄侵我西鄙。［楚、郑师］还，围萧。八月丙寅十一日，克之。九月，子耳侵宋北鄙。

【萧】正补见庄十二—庄十三·一·二。此时为宋邑。

【二】孟献子曰："郑其有灾乎！师竞已甚。周犹不堪竞，况郑乎？有灾，其执政之三士乎！"

【师竞已甚】正 杨 补 郑师争战太过分了。竞，争。已，太。

【周犹不堪竞】正 杨 补 周王室尚且受不了争战太过分。应是指西周宣王、周幽王时频繁征伐夷狄，最后灭亡之故事。

【有灾……士乎】正 补 如有灾祸，那将会落在执掌郑国政事的三位卿官头上吧！此时郑简公仅八岁，郑国政权基本上被首卿公子騑（当国兼执政）、次卿公子发（司马）、三卿公孙辄（司空）把持，故孟献子有此论断。

○正 下启本年盗杀郑三卿（襄十·七）。

襄公十年·六

地理 鲁见襄地理示意图 1。莒、鲁见襄地理示意图 4。

春秋 秋，莒 jǔ 人伐我东鄙。

左传 莒人间 jiàn 诸侯之有事也，故伐我东鄙。

【间】杨 钻……的空子。

襄公十年·七

地理 鲁、晋、宋、卫、曹、齐、郑、楚见襄地理示意图 1。鲁、晋、宋、卫、曹、邾、齐、滕、薛、小邾、郑、虎牢、牛首、制、阳陵、颍水见襄地理示意图 3。鲁、宋、卫、曹、莒、邾、齐、滕、薛、杞 1、小邾见襄地理示意图 4。

人物 鲁襄公（襄元·○）、晋悼公（成十七·十·一·二）、宋平公（成十五·三·春秋）、卫献公（成十四·五·一）、曹成公（成十三·三·一）、莒犁比公（襄三·五·春秋）、邾宣公（成十八·七·春秋）、太子光（襄元·二·三）、滕成公（襄五·八·春秋）、薛伯、杞孝公（襄九·五·春秋）、小邾穆公（襄七·三·春秋）、公子騑（成十·三·二）、公子发(成五·五)、公孙辄(襄八·三)、王子贞(成十五·五·一·一)、崔武子(宣十·三·春秋)、尉止、公子嘉(襄八·八·一·二)、司臣、侯晋、堵女父、子师仆、郑简公(襄七·八·二·二)、公孙夏、公孙侨(襄八·三)、公孙虿(襄八·八·一·二)、尉翩、司齐、瓠共子(成十七—成十八·三·一)、魏庄子(成十八·三·一)、知武子(宣十二·一·十四·三)、栾桓子(成十六·三·春秋)

春秋 公鲁襄公会晋侯晋悼公、宋公宋平公、卫侯卫献公、曹伯曹成公、莒子莒犁比公、邾子邾宣公、齐世子光太子光、滕子滕成公、薛伯、杞伯杞孝公、小邾子小邾穆公伐郑。

冬,盗杀郑公子騑 fēi、公子发、公孙辄。

[诸侯]戍郑虎牢。

【虎牢】补 见庄十九—庄二十—庄二十一·九·一。

楚公子贞王子贞帅师救郑。

公鲁襄公至自伐郑。
○正 此条《春秋》无对应《左传》。

左传【一】诸侯伐郑。齐崔杼 zhù,崔武子使大(太)子光先至于师,故长 zhǎng 于滕。己酉二十五日,师于牛首。

【长于滕】正 杨 [齐太子光]位次排在滕君之前。据《周礼·典命》,诸侯之嫡子若受命于周王,摄行君事,则下其君之礼一等;若未受命于周王,则以皮帛继子、男之后。齐太子光未受命于周王,依礼应排在诸侯国君之后。但晋与楚争霸,必须得到齐的帮助,因此晋人以齐太子光先到为由,使其列于滕君之前。

【牛首】杨 见桓十四·四。

[二·一] 初，子驷公子騑与尉止有争。[尉止]将御诸侯之师，而[子驷]黜其尉止车。尉止获，[子驷]又与之争：子驷抑尉止曰"尔车非礼也"，遂弗使[尉止]献。

【尉止】杨 补 尉氏，名止。郑大夫。襄十年被公孙侨、公孙虿率国人所杀。

【将御……其车】正 杨 [在尉止]将要抵御诸侯军队之时，[公子騑]减少了尉止的兵车数目。

【尉止获】正 尉止俘获[了敌人]。

【尔车非礼也】正 杨 补 你的兵车不合礼制。所谓不合礼制，不知是数目问题还是形制问题。

【献】正 补 在宗庙进献俘虏。

初，子驷为田洫 xù，司氏、堵氏、侯氏、子师氏皆丧田焉。
○正 补 田洫，即田间沟渠，依田地边界开掘，也是田界的标识。笔者认为，子驷"为田洫"改革背景及具体内容大致如下：

郑国郊野农业区分为公室直接控制的公邑，以及属于卿大夫家族的私邑。

公邑上居住的野人是"公民"，公邑的田地分为公田和私田。公民耕种公田是集体无偿劳动，所收农产品的一部分根据"藉法"的规定交给公室，成为公室财政收入的主要来源；一部分用于社区祭祀、救济等公共开支。公民耕种私田是为自己劳动，所收农产品归自己家庭所有。

私邑上居住的野人是"私民"，私民耕种私邑的农田，所收农产品一部分供自己家庭使用，一部分交给卿大夫家族。卿大夫家族肯定要向公室交纳军赋，也就是维持公室军队所必需的军需物资和兵员；可能还要向公室交纳"贡"，就是从私民那里收来的农产品的一部分。卿大夫家族在向公室交纳军赋和"贡"之后剩下的农产品，就是家族的收入,相当于卿大夫在朝廷任职的俸禄。

因此,公室的财政收入有三个主要来源,一个是公邑野人交纳的、耕种公田生产出的农产品,一个是卿大夫家族进贡的农产品,还有一个是卿大夫家族交纳的、专用于军队的军需物资。

春秋中晚期时,郑公室对公邑的管理非常松懈,公民耕种公田得过且过,而把时间精力主要花在私田上,造成公田单位面积产量下降,公室财政收入减少。此外,卿大夫家族势力壮大,开始放纵甚至怂恿居住在私邑边缘的私民侵夺公邑田地,其做法就是将私邑的田沟向公邑内延伸,田沟开到哪里,私邑的田地边界就延伸到哪里。公邑田地遭到侵夺,必然导致公室田税收入进一步减少。总的结果就是,郑公室的公共财政状况不断恶化。

在这样的背景下,作为国家实际上的领导人,郑首卿公子騑实施"为田洫"改革。所谓"为田洫",就是由国家统一组织勘定公邑里公田和私田的田界,开挖兼具划界和排水功能的水沟。"为田洫"为下面两个举措奠定基础:第一是准备要像鲁"初税亩"改革那样(参见宣十五·八),在确定公邑内公田、私田的确切边界、面积和归属之后,用税率乘以亩数的方式向公田和私田征税,从而将私田纳入田税的税基之中;第二是要将卿大夫家族侵夺的公邑田地重新划归公邑。这两个举措的目的都是为了增加公室田税收入,从而增强政府的公共财政能力。不过,公子騑在具体操作时可能做得很不公平,他对包括驷氏在内的各大卿族侵夺公邑田地的行为睁一只眼闭一只眼,但却对势力较弱的大夫族严格执法,造成司氏、堵氏、侯氏、子师氏等大夫族都丧失了田地。

后来公孙侨"作封洫"(襄三十·十三·三·一),应是在公子騑"为田洫"的基础上继续推进田制改革。

故五族聚群不逞之人,因公子之徒以作乱。于是子驷当国,子国公子发为司马,子耳公孙辄为司空,子孔公子嘉为司徒。

【五族】杨 尉氏、司氏、堵氏、侯氏、子师氏。【不逞之人】杨 不得志之人。

【公子之徒】正襄八年被公子骈所杀群公子的族党。

【当国】见襄二·五·二。

【司马】见襄二·五·二。

【司空】补郑外朝官,卿职,掌工程营建。

【司徒】补郑外朝官,卿职,掌徒众。

〔二·二〕冬,十月戊辰十四日,尉止、司臣、侯晋、堵女父fǔ、子师仆帅贼以入〔公宫〕。晨,〔五族〕攻执政于西宫之朝,杀子驷、子国、子耳,劫郑伯郑简公以如北宫。子孔知之,故不死。〔《春秋》〕书曰"盗",言无大夫焉。

【侯晋】补侯氏,名晋。侯宣多之子。郑大夫。襄十年奔晋。

【子孔知之,故不死】补襄九年戏之盟时,郑六卿排序为公子骈、公子发、公子嘉、公孙辄、公孙虿、公孙舍之(参见襄九·五·三·二)。而到了襄十年西宫之乱前夕,郑六卿排序为公子骈、公子发、公孙辄、公子嘉(公孙虿、公孙舍之)。两相比较,发生变动的是公孙辄和公子嘉的排位:公孙辄升至第三位,而公子嘉降至第四位。这个位次变化的原因,可能是因为公孙辄在襄十年率师伐宋(襄十·二),又率师侵鲁(襄十·五·二),军功卓著。窃疑权力欲极强的公子嘉对此表现出了怨恨,叛乱分子得知后与他取得了联系,将叛乱计划告知了他,想要拉他入伙。公子嘉当时没有答应参与,也没有告发,而是闭门不出,因此躲过一劫。

【书曰……夫焉】正补《春秋》书"盗",表明尉止等五人皆为大夫或士,而非卿。

〔二·三〕子西公孙夏闻盗,不儆jǐng而出,尸而追盗。盗入于北宫,〔子西〕乃归,授甲。〔驷氏〕臣妾多逃,器用多丧。

【子西】正补公孙夏。姬姓,名夏,字西,谥襄。公子骈(成十·三·二)之子,郑穆公(僖三十·三·五)之孙。襄十年公子骈被杀后继位为大夫,官至卿位。襄十九年任听政(卿职)。襄二十七年至襄二十九年间卒。其名(夏)、字(西)相应,春秋时以西为夏。

【徼】杨戒备。

【尸而追盗】杨补收殓了[父亲公子骓的]尸首就去追赶乱党。

【授甲】补分发甲胄兵器。

【臣妾】杨男女奴隶。

子产公孙侨闻盗,为门者,庀pǐ群司,闭府库,慎闭藏,完守备,成列而后出,兵车十七乘shèng,尸而攻盗于北宫,子蟜jiǎo,公孙虿帅国人助之,杀尉止、子师仆,盗众尽死。侯晋奔晋,堵女父、司臣、尉翩、司齐奔宋。

【子产】正公子发之子。

【为门者】正杨安置守门人,严禁出入。

【庀群司】正补召集所有家臣。庀,具备。

【尉翩】正补尉氏,名翩。尉止之子。襄十年奔宋。襄十五年宋人归之于郑,郑人醢之。

【司齐】正补司氏,名齐。司臣之子。襄十年奔宋。襄十五年宋人归之于郑,郑人醢之。

[二·四] 子孔公子嘉当国,为载书:以位序、听政辟bì。大夫、诸司、门子弗顺,[子孔]将诛之。

【载书】补见僖二十五—僖二十六·四·二。

【以位序、听政辟】正杨补此为载书内容,要求大夫(包括诸卿)、诸司、门子等严格按照官阶,下级服从上级,最终听取首卿(即公子嘉)颁布的法令。盖郑国旧制,国有大事,大夫、诸司、门子皆可共议。公子嘉任当国之后,有专权之心,故炮制此盟书。辟,法。

【诸司】杨补各部门官吏。【门子】补见襄九·五·三·二。

子产公孙侨止之,请为之焚[载]书。子孔不可,曰:"为书以定国。众怒而焚之，是众为政也，国不亦难 nán 乎？"

子产曰："众怒难犯，专欲难成。合二难以安国，危之道也。不如焚书以安众。子得所欲，众亦得安，不亦可乎？专欲无成，犯众兴祸。子必从之！"

乃焚书于仓门之外，众而后定。

【乃焚书于仓门之外】正 杨 补 仓门为郑都东南门。在此公开场所焚书，应是故意为了让国人看见而起到安定人心的效果。

[三] 诸侯之师城虎牢而戍之。晋师城梧及制，士鲂彘共子、魏绛魏庄子戍之。——[《春秋》]书曰"戍郑虎牢"，非郑地也，言[晋]将归[虎牢]焉。——郑及晋平。

【梧】正 杨 补 当距虎牢不远。郑邑，此时被晋人占领。
【制】补 见隐元·四·二。
【书曰……归焉】正《春秋》书"戍郑虎牢"，表示虎牢当时虽然被晋占领，并非郑邑，但诸侯有意向在郑屈服后将其归还。

[四] 楚子囊王子贞救郑。十一月，诸侯之师还(环)郑而南，至于阳陵。楚师不退。知 zhì 武子欲退，曰："今我逃楚，楚必骄。[楚]骄，则可与战矣。"栾黡 yǎn，栾桓子曰："逃楚，晋之耻也。合诸侯以益耻，不如死！我将独进。"师遂进。己亥十六日，与楚师夹颍 yǐng 而军。

【阳陵】正 杨 补 在今河南许昌西北。郑地。参见《图集》24—25④4。
【颍】补 见宣十·十五。【军】补 驻。

[五] 子蟜 jiǎo，公孙虿曰："诸侯既有成行，必不战矣。[吾]从之将退，不从亦退。退，楚必围我。犹将退也，不如从楚，亦以退

之楚。"[郑人]宵涉颖,与楚人盟。

【诸侯既有成行】正 杨 诸侯已完成退兵准备。

【从之将退,不从亦退】正 杨 补 不论[我国]服从晋与否,晋与诸侯都将退兵。

【犹】杨 同样。

【宵涉颖,与楚人盟】正 杨 郑、晋及其同盟诸侯都在颖水北岸,而楚在颖水南岸。因此郑人涉过颖水,与楚人盟誓。之所以选择晚上,是不希望晋及同盟诸侯知晓。

【六】栾黡栾桓子欲伐郑师。荀罃 yīng,知武子不可,曰:"我实不能御楚,又不能庇郑。郑何罪? 不如致怨焉而还。今伐其师,楚必救之。战而不克,为诸侯笑。克不可命,不如还也!"丁未二十四日,诸侯之师还,侵郑北鄙而归。楚人亦还。

【御】补 抵抗。

【不如致怨焉而还】补 不如把怨恨奉送给郑然后回国。后面所说的"侵郑北鄙",便是诸侯致怨于郑的具体行动。

【克不可命】正 补 犹言"不可命以必克",可以译为"不可发令要求[与楚交战]必胜"。

襄公十年·八

地理 周、晋见襄地理示意图1。周、晋、单、河水见襄地理示意图3。

人物 王叔简公(襄五·二)、伯舆(成十一·二)、周灵王(襄五·二)、史狄、晋悼公(成十七·十·一·二)、范宣子(成十六·三·七)、瑕禽、周平王(隐元·五·春秋)、单靖公

左传【一】王叔陈生王叔简公与伯舆争政。王周灵王右伯舆。王叔陈生怒而出奔。[王叔]及河,王复之,杀史狄以说焉。[王叔]不入,

［王］遂处之。

【右】 ⃞正 助。

【河】 ⃞补 见闵二·五·三。

【王复之，杀史狡以说焉】 ⃞补 周灵王［想要］让王叔简公返国复职，于是杀了史狡以向王叔简公解说。周灵王归于史狡的罪名应该是：是他欺蒙引诱周灵王偏袒伯舆。

【不入，遂处之】 ⃞正 ⃞补 ［王叔简公］不入［王城］，［周灵王］于是把王叔简公安置［在河水岸边］。

【二】 晋侯晋悼公使士匄范宣子平王室，王叔王叔简公与伯舆讼焉。王叔之宰与伯舆之大夫瑕禽坐狱于王庭，士匄听之。

【宰】 ⃞正 ⃞杨 ⃞补 家宰，周王室卿大夫家务总管。

王叔之宰曰："筚 bì 门闺窦之人而皆陵其上，其难为上矣。"

【筚门】 ⃞正 柴门。

【闺窦】 ⃞正 ⃞补 小户。穿壁为户，上锐下方，如圭之形，故称"闺窦"。杜甫《奉送郭中丞兼太仆卿充陇右节度使三十韵》"圭窦三千士"典出于此。

【陵】 ⃞杨 ⃞补 凌驾。

瑕禽曰："昔平王周平王东迁，吾七姓从王周平王，牲用备具。王赖之，而赐之骍 xīng 旄 máo 之盟，曰'世世无失职'。若筚门闺窦，其能来东厎 zhǐ 乎？且王何赖焉？今自王叔之相 xiàng 也，政以贿成，而刑放于宠。官之师旅，不胜其富，吾能无筚门闺窦乎？唯大国图之！下而无直，则何谓正矣？"

【昔平……备具】 ⃞正 ⃞补 当年平王东迁之时（参见《知识准备》"两周之际"），［包括］我［的祖先在内的］七姓大夫跟随平王，［其中我的祖先负责准备牺牲、供应祭祀，］牺牲全部具备［，没有缺失］。

【赖之】正 补 以之为利，也就是认为瑕禽的祖先做事得力。

【骍旄之盟】正 补 用赤牛作为牺牲的盟誓。骍，赤牛。强调盟誓用赤牛而非鸡犬，是体现出周平王与伯舆祖先盟誓的郑重。

【来东厎】杨 来到东方安居。厎，止，安。

【政以贿成】正 补 政事要靠贿赂才能完成。

【刑放于宠】正 杨 补 即"刑寄于宠"，意思是刑罚权柄由宠臣把持。放，寄。

【官之师旅】杨 补 指王叔简公属下各级官员。师旅参见成十八·三·一。

【下而……正矣】正 杨 补 ［如果官居下位］就不能有理，那到底什么才是公正呢？

范宣子曰："天子周灵王所右，寡君晋悼公亦右之；所左，亦左之。"○正 补 范宣子代表晋悼公表示，晋悼公的立场与周灵王一致，既显示出晋对天子的尊重，又表明了晋对伯舆的支持。

［宣子］使王叔氏王叔简公与伯舆合要，王叔氏不能举其契。王叔奔晋。——［《春秋》］不书，［周人］不告也。——单靖公为卿士，以相 xiàng 王室。

【合要】正 杨 补 取出此前两方相争的罪状、证词进行对质。

【王叔氏不能举其契】正 补 王叔简公拿不出确实的文书来。

【单靖公】杨 补 姬姓，单氏，谥靖。单顷公（襄三·五·春秋）之子，单襄公（成元·一·一）之孙。襄十年任周王室卿士。

【卿士】补 见隐三·四·一。

襄公十一年·一

地理 鲁见襄地理示意图 1。鲁、五父之衢见襄地理示意图 4。

人物 季武子（襄六·五·春秋）、叔孙穆子（成十六·六·二）

春秋 十有（又）一年，春，王正月，[我]作三军。

左传 [一] 十一年，春，季武子将作三军，告叔孙穆子曰："请为三军，各征其军。"

【请为三军，各征其军】 正 补 请成立三军，[分属季氏、孟氏、叔孙氏三家，每家]各自征收军需物资、征发兵员养军。

○ 补 鲁先前有左、右两军，直属公室。维持这两军，需要军需物资和兵员，统称"军赋"。在成元年"作丘甲"新政之后、本年改革之前，是由公室向卿大夫私邑和公室直属的公邑征收军需物资，同时征发依附于卿大夫国都宅邸和私邑的私民和依附于公邑的公民服兵役。如今季武子应该是以国家多难、需要扩军备战为由，提出如下方案：成立三军，也就是在左军、右军的基础上新增中军，三桓各自征收赋税以供养一军。

如果按照季武子的这个最初方案执行的话，那么新政之前，三桓、其他卿大夫家族和公邑需要供养两军；新政之后，三桓、其他卿大夫家族和公邑需要供养三军。两相比较很容易看出，新政推行后，作为承包方的三桓的军赋负担是显著加重的，因为它们要承受新增一军的军赋负担。这也就是为什么，如下文所述，三桓的"三分公室"具体方案的核心就是如何加大对公民/公邑的压榨，这是因为他们一方面想尽量减少自己私邑需要承受的新增军赋负担，一方面又不想让其他卿大夫家族增加太多负担而引发矛盾。

穆子 叔孙穆子曰："政将及子。子必不能。"

【政将及子。子必不能】 杨 补 政权不久将要轮到您来执掌。您一定做不成[建立三军、三家各自征赋这件事]。叔孙穆子这两句话的含义详见下文分析。

○补综合《国语》的说法,我们可以对叔孙穆子说的这两句话进行深入分析:

一、"政权不久将要轮到您来执掌。"此时季武子在三桓中排第二,排第一的是年龄最大的孟献子,排第三的是年龄比孟献子小、比季武子要大很多的叔孙穆子。叔孙穆子这句话是摆明立场,表示自己在孟献子告老/去世后,将不会与季武子争夺执政卿位置。摆明立场的目的是,希望季武子能把自己接下来要说的对"作三军"新政的否定意见作为来自前辈的真诚看法,而不是来自竞争者的蓄意否定。

实际上,从季武子和叔孙穆子的家族和个人情况对比来看,季武子继任执政卿也是顺理成章的事。季氏在公子友、季文子时期长期占据执政卿位,季武子又积极进取,继位后的五年里承担了绝大多数会盟、征战等外交重点工作,已经积累了不俗的政绩;叔孙氏的声望地位在成十六年叔孙宣伯被季文子驱逐之后受到严重打击,远不及季氏,叔孙穆子的政绩也没有过人之处。

叔孙穆子之所以要说这第一句话,可能是因为他推测,季武子之所以在本年突然提出"作三军"新政,是担心自己的政绩还不够显著,在孟献子告老/去世后接掌执政卿位还会有变数,所以在本年试图在内政方面再立大功。如果按照这种逻辑推理,那么季武子来找叔孙穆子商议"作三军"新政方案,并不是真的想要听取叔孙穆子的意见,而是来试探叔孙穆子的态度,因为叔孙穆子是最有可能与季武子竞争执政卿位的潜在对手。正是因为有了上述预判,所以叔孙穆子一开口就表明态度,希望季武子不要误判。

二、"您一定做不成建立三军、三家各自征收赋这件事。"在表明自己不参与执政卿竞争的基础上,叔孙穆子说这第二句话的目的是劝告季武子知难而退,不要为了积攒政绩而做这件风险很大的事。在叔孙穆子看来,"作三军"新政的风险主要有两方面。

(一)据所引《国语·鲁语下》的说法,叔孙穆子认为鲁国的定位就是跟随大国的小侯国,增设中军会激怒大国,而且会使得鲁国需要向霸主晋国交纳更多贡赋,利大于弊,不可持续。这个理由其实比较牵强,因为《左传》里从来没见过大国以小国扩军为理由而讨伐小国的事例。笔者认为,这是叔孙穆子摆在明面上说的风险,是用来掩盖下面要说的这条真实的风险的。

（二）如上文所述,如果按照季武子的方案"作三军",一定会显著加大三桓的军赋负担。三桓如何消化新增的军赋负担是一个大问题：如果不想增加自己私邑的负担,就必须把新增负担全部转嫁到自己分得的公邑和其他卿大夫家族,这恐怕是公民和其他卿大夫所不愿意承受的,会引发他们的抵抗;如果无法把负担全部转嫁到公邑和其他卿大夫家族的话,那么就必须增加自己私邑的负担,这也是三桓族长所不愿意接受的。

总而言之,叔孙穆子这两句话实际想对季武子表达的意思是：孟献子告老/去世之后,执政卿的位置就是季武子的,季武子正常做好各项工作等着接班就是,用不着冒风险去强推"作三军"新政以积攒政绩。

○杨补 传世文献对读：《国语·鲁语下》详述叔孙穆子一开始反对成立三军的理由,可扫码阅读。

武子季武子固请之。穆子曰："然则盟诸(之乎)?"乃盟诸僖闳 hóng,诅诸五父 fǔ 之衢 qú。

【武子固请之】补 季武子坚决请求叔孙穆子支持自己。以事理度之,季武子坚持要推进"作三军"新政的原因有三：一、扩大军队规模,将有效保障鲁国的国家安全和发展;二、卿族瓜分公邑/公民,将进一步削弱公室,有效保障卿大夫群体的整体利益;三、实际掌控三军,将确立三桓在鲁国政治中的统治地位。

【然则盟诸】正补 如果这样,那就盟誓[,约定一旦建立中军就不可废毁]好吗？这句话表明,在季武子据理力争下,叔孙穆子认同了季武子的想法,认为"作三军"如果成功,将显著促进国家、卿大夫群体和三桓这三方面的利益。在此基础上,叔孙穆子没有固执己见,而是改变了先前反对"作三军"的立场,转而支持"作三军",而且要求举行盟誓,约定不可反悔。

【乃盟……之衢】正 杨 补 于是在鲁僖公庙大门前盟誓,并在五父之衢祭神,使之加祸于不守盟誓之人。据昭四—昭五·十·四杜泄之言,此次盟誓内容,应是三家宣誓成立并维持三军,日后不得变更毁坏。诸,之于。【五父之衢】正 杨 补 鲁都城东南门外大道,在今山东曲阜古城村东南二里。《尔雅·释宫》:"四达谓之衢。"参见《图集》26—27④4。

[二] 正月,作三军,三分公室而[季氏、孟氏、叔孙氏]各有其一。

○正 杨 补 鲁公室本有左、右两军,其军赋一部分来自直属公室的公邑/公民,一部分来自三桓及其他卿大夫家族的私邑/私民。如今,季武子决定在原有左、右两军基础上成立左、右、中三军,季氏、孟氏、叔孙氏各自"承包"一军。改制后的三军,左军由季氏运营和指挥,右军由孟氏运营和指挥(据哀十一·一·四的记载推断),而新增的中军则由叔孙氏运营和指挥。另外,鲁也将公邑/公民分为三份,分属季氏、孟氏、叔孙氏管理,以供养三军,即所谓"三分公室而各有其一"。

三子各毁其乘 shèng:

○补 组成鲁国左右两军的兵员,包括来自卿大夫家族在国都中和采邑的私民,以及来自公邑的公民。春秋时期没有脱离生产的常备军,所以这些兵员平时都在各自的岗位上工作,在出战时则接受征召,按照一套既有的编制组成两军。

在实行新政之后,为了组建三军,第一步要做的就是拆分原有的左、右两军:

(一)原有两军中来自三桓的私民兵员,自然是分配给各自所属的三桓某一家。比如说,来自季氏的私民兵员,自然是分配给季氏承包的左军。

（二）鲁国除了三桓，还有其他卿大夫家族，根据《左传》的记载（襄二十二·一），在本年新政推行之后，他们仍然承担提供军赋的任务。笔者认为，这些家族应该也被分成了三组，分别辅助三桓卿族。这样一来，原有两军中来自其他卿大夫家族的私民兵员，应该是分配给这个家族所辅助的三桓某一家。比如说，如果某个卿大夫家族在交纳军赋问题上被安排去辅助孟氏，那么这个家族的私民兵员将被分配给孟氏承包的右军。

（三）原有两军中的公民兵员则被分为三份，分别分配给三桓。

然而，仅靠将原有两军拆成三份，每份大约是三分之二军，是不够形成三军的。所以第二步，三桓还必须从私民和公民那里进一步征收军需物资和征兵，才能补足缺口。

组建三军是一个复杂的过程，《左传》作者关注的是三桓如何对待分配给自己的公民。如下文所述，三桓接收到分配给它的公民兵员后，采取了不同的方案来毁掉公民兵员的原有编制，也就是所谓的"三子各毁其乘"。

季氏使其乘之人以其役、邑入[季氏]**者无征**[赋税]**，不入**[季氏]**者倍征**[赋税]**；**

○正补 所谓"其乘之人"，是指季氏分得的、在原有公室两军中效力的公民。季氏规定，如果分给季氏的公民带着他家的人力（役）、田地（邑）正式加入季氏成为私民、私邑，就不用再向季氏交纳军赋和田税；如果选择继续保持公民身份，就要向季氏加倍交纳军赋和田税以养军。季氏之所以用威逼（不入者倍征）、利诱（入者无征）的手段促成的公民/公邑加入自己的私民/私邑，并且要求公民将田税也交给季氏，是为了补偿季氏为了填补左军缺口所额外付出的私家资源。

笔者之所以认为季氏所征收的不仅有军赋还有田税，是因为昭五年"废中军""四分公室"之后，据《左传》记载，三桓都按照季氏的方式"征"他们所分得的公民,然后将一部分物资进贡给公室以维持公室运转(参见昭四—昭五·十)。如果三桓"征"的物资里面只有军赋(军需物资部分)而没有田税(粮食),那么三桓将军需物资进贡给早就没有军队的公室有什么用?所以,本年季氏试点的"征"公民应该就是征收军赋和田税,而昭五年季氏模式推广到三桓后,全部公民/公邑产生的军赋和田税都由三桓收取,公室直接可控的财税来源被彻底切断,所以公室才需要从三桓那里接受物资进贡来维持生存。

　　昭四—昭五·十提及此次"三分公室"改革,称"初,作中军,三分公室,而各有其一:季氏尽征之,叔孙氏臣其子弟,孟氏取其半焉",说明季氏后来废止了上述"双轨制"政策,不再谋求将公民/公邑变成私民/私邑,而是直接向全部公邑/公民征收军赋和田税。季氏为何要废除"双轨制"原因不明,有可能是公民大多拒绝加入季氏变成私民,"双轨制"的前一选项"以其役、邑入者不征"实行不下去。

　　总之,本年刚整编之后,季氏所掌左军兵员来自分给自己管理的公民、季氏私民,以及分配给季氏的其他卿大夫家族的私民,而军赋则来自公邑、季氏私邑(包含加入季氏的原公民的贡献)以及分配给季氏的其他卿大夫家族的私邑。此外,季氏分得的公民还将田税也都交给季氏。后来季氏政策经过了一次调整,放弃了难以推行的将公民/公邑私有化的策略。季氏推行的这种方式,最终在昭五年成为三家通行的模式。

　　昭五年季氏、孟氏趁叔孙氏家乱,废叔孙氏所辖中军,"四分公室,季氏择二,二子各一。皆尽征之,而贡于公",说明季氏由于采取了管理最为便利、对自身最有利的政策,此时势力已明显大于孟氏、叔孙氏,因此其控制的公民/公邑由原来的三分之一增长到二分之一,而且其"尽征之"的做法也被孟氏、叔孙氏所接受。

孟氏使[其乘之人]半为[孟氏之]臣,若子若弟;
○[正][补]孟氏不像季氏那样逼迫分给孟氏的公民"入"孟氏成为私

民,表面上并未直接从国君手中夺走公民,而是要求公民男丁的一半、也就是子弟辈的青壮年男丁,除了继续在公邑劳作之外,还要到孟氏承担额外的私家臣隶工作,以补偿孟氏为了填补右军缺口所额外付出的私家资源。

昭四—昭五·十提及此次"三分公室"改革,称"初,作中军,三分公室,而各有其一:季氏尽征之,叔孙氏臣其子弟,孟氏取其半焉",说明孟氏后来降低了要求公民承担私家臣隶工作的比例,由全部青壮年子弟(公民男丁总数的一半)改为青壮年子弟的一半(公民男丁总数的四分之一)。孟氏之所以降低比例,有可能是因为这种需要公民往返于公邑、私邑两处劳作的做法,其操作和管理的难度比季氏直接向公民征收军赋要高得多,在实际推行中遇到很大阻力。

总之,本年刚整编之后,孟氏所掌右军兵员来自分得的公民、孟氏私民,以及其他分配给孟氏的卿大夫家族的私民,而军赋则来自公邑、孟氏私邑(其中包括承担臣隶工作的公民青壮年男丁的贡献)以及其他分配给孟氏的卿大夫家族的私邑。分给孟氏的公民还继续向公室交纳田税。其后孟氏调低了要求公民承担孟氏私家臣隶工作的比例,并最终在昭五年抛弃了这种模式,而采用了季氏的模式。

昭五年季氏、孟氏趁叔孙氏家乱,废叔孙氏所辖中军,"四分公室,季氏择二,二子各一。皆尽征之,而贡于公",说明孟氏控制的公民/公邑由原来的三分之一减少到四分之一,而且也转变为向全部公民征收军赋和田税。

叔孙氏使[其乘之人]尽为[叔孙氏之]臣,不然,不舍。

○[正][补]叔孙氏不像季氏那样逼迫分给叔孙氏的公民"入"叔孙氏成为私民,表面上并未直接从国君手中夺走公民,而是要求所有公民男丁除了继续在公邑劳作之外,还要到叔孙氏承担额外的私家臣隶工作,以补偿叔孙氏为填补中军缺口所额外付出的私家资源。

　　昭四—昭五·十提及此次"三分公室"改革，称"初，作中军，三分公室，而各有其一：季氏尽征之，叔孙氏臣其子弟，孟氏取其半焉"，说明叔孙氏后来降低了要求公民承担私家臣隶工作的比例，由全部男丁变为其中的子弟辈青壮年(公民男丁总数的一半)。叔孙氏之所以要降低比例，有可能是因为这种需要公民往返于公邑、私邑两处劳作的做法，其操作和管理的难度比季氏直接向公民征收军赋要高得多，在实际推行中遇到很大阻力。

　　总之，本年刚整编之后，叔孙氏所掌中军兵员来自分得的公民、叔孙氏私民，以及其他分配给叔孙氏的卿大夫家族的私民，军赋来自公邑、叔孙氏私邑(其中包括承担臣隶工作的公民男丁的贡献)以及其他分配给叔孙氏的卿大夫家族的私邑。分给叔孙氏的公民还继续向公室交纳田税。其后叔孙氏调低了将要求公民承担私家臣隶工作的比例，并最终在昭五年抛弃此模式，而采用季氏的模式。

　　昭五年季氏、孟氏趁叔孙氏家乱，废叔孙氏所辖中军(但叔孙氏仍领有私家军队)，"四分公室，季氏择二，二子各一。皆尽征之，而贡于公"，说明叔孙氏控制的公民/公邑由原来的三分之一减少到四分之一，而且也转变为向全部公民征收军赋和田税。

○ 补 从上面的叙述可以看出，在"作三军""三分公室"(含昭四—昭五·十所记载的政策调整)时，季氏手段最为激进，曾经一度想要把公民/公邑直接变成私民/私邑，在遭受挫折之后则采取向全部公民/公邑征收军赋和田税的方式，切断了公民/公邑与公室的财政关系，私家额外付出最少；叔孙氏先是要求全部公民男丁、后来要求青壮年公民男丁为叔孙氏私家工作作为补偿，但是没有截取公民/公邑向公室交纳的田税，私家额外付出较多；孟氏先是要求青壮年男丁、后来要求青壮年男丁的一半为孟氏私家工作作为补偿，但是没有截取公民/公邑向公室交纳的田税，私家额外付出最多。

　　"作三军""三分公室"(含昭四—昭五·十所记载的政策调整)

之后,季氏、孟氏、叔孙氏分得的公民/公邑在名义上还是属于公室,所以昭五年才可能重新"四分公室"。其中,季氏、孟氏、叔孙氏分得的公民都将原本公室的军赋交给承包三军的三桓,算是合情合理;孟氏、叔孙氏分得的公民仍然将田税交给公室,公室还保留了三分之二的田税收入;季氏分得的公民将田税转交给季氏,这三分之一的田税是公室真正的净损失。正是因为公室经济损失不大,而公室军队又从两军扩大到三军,因此,本年《左传》并不认为三分公室是"卑公室也"。昭五年季氏、孟氏趁叔孙氏家乱的机会废中军、四分公室,要求公民将所有军赋和田税都交给三桓,这时公室既失去了中军,又失去了来自公邑的全部田税,《左传》才评论说,三桓此举"卑公室也"。

○ 补 笔者对"作三军""三分公室"新政的谋划、实施和调整有详细分析,请见专著《陵迟:鲁国的困境与抗争》(出版中,暂定书名)相关章节。

襄公十一年·二

地理 鲁、郑、宋、晋、卫、曹、齐、楚、秦见襄地理示意图 1。郑、宋、晋、卫、曹、秦、辅氏见襄地理示意图 2。鲁、郑、宋、晋、卫、曹、齐、邾、滕、薛、小邾、亳、旧许、向、琐、济隧见襄地理示意图 3。鲁、宋、卫、曹、齐、邾、滕、薛、小邾、杞 1 见襄地理示意图 4。

人物 公孙舍之(襄八·八·一·二)、鲁襄公(襄元·○)、晋悼公(成十七·十·一·二)、宋平公(成十五·三·春秋)、卫献公(成十四·五·一)、曹成公(成十三·三·一)、太子光(襄元·二·三)、莒犁比公(襄三·五·春秋)、邾宣公(成十八·七·春秋)、滕成公(襄五·八·春秋)、薛伯、杞孝公(襄九·五·春秋)、小邾穆公(襄七·三·春秋)、楚共王(成二·四·四)、郑简公(襄七·八·二·二)、良霄、向戌(成十五·六·三)、知武子(宣十二·一·十四·三)、孙文子

（成七·八·春秋）、范宣子（成十六·三·七）、王子贞（成十五·五·一·一）、右大夫詹、石奣、王子伯骈（襄八·八·一·三）、赵文子（成八·五·一）、羊舌肸、臧武仲（成十八·十·二）、师悝、师触、师蠲、魏庄子（成十八·三·一）、庶长鲍、庶长武、豦共子（成十七—成十八·三·一）

〔春秋〕夏，四月，［我］四卜郊，不从，乃不郊。

○〔正〕参见僖三十一·二。此条《春秋》无对应《左传》。

郑公孙舍之帅师侵宋。

公鲁襄公会晋侯晋悼公、宋公宋平公、卫侯卫献公、曹伯曹成公、齐世子光太子光、莒子莒犁比公、邾子邾宣公、滕子滕成公、薛伯、杞伯杞孝公、小邾子小邾穆公伐郑。

秋，七月己未十日，［诸侯］同盟于亳 bó 城北。

【亳】〔正〕〔补〕郑地。其前身应该是商朝都城之一，可能对应的是郑州商城遗址，位于郑州市管城回族区的商都遗址公园。本书示意图据此标注。

公鲁襄公至自伐郑。

○〔正〕此条《春秋》无对应《左传》。

楚子楚共王、郑伯郑简公伐宋。

公鲁襄公会晋侯晋悼公、宋公宋平公、卫侯卫献公、曹伯曹成公、齐世子光太子光、莒子莒犁比公、邾子邾宣公、滕子滕成公、薛伯、杞伯杞孝公、小邾子小邾穆公伐郑。会于萧鱼。

【萧鱼】 正 杨 在河南许昌境。本为嬴姓国,此时已为郑地。

公鲁襄公至自会。

○ 正 此条《春秋》无对应《左传》。

楚执郑行人良霄。

【行人】 补 郑外朝官,掌外交事务。此处为卿大夫兼职。

【良霄】 正 补 姬姓,良氏,名霄,字有,排行伯。公孙辄(襄八·三)之子,公子去疾(宣四·三·二)(字良)之孙。襄十年公孙辄死后继位为郑大夫,官至卿位。襄十一年被楚人所执。襄十三年自楚归于郑。襄二十七年已任为政(卿职,继公孙夏)。襄三十年奔许,同年自许入于郑,为郑人所杀。

冬,秦人伐晋。

左传 [一] 郑人患晋、楚之故,诸大夫曰:“不从晋,国几ⁱ 亡。楚弱于晋,晋不吾疾也。晋疾[吾],楚将辟(避)之。何为而使晋师致死于我,楚弗敢敌,而后可固与[晋]也。”

【几】 正 近。

【晋不吾疾也】 正 补 即“晋不疾吾也”,可译为“晋并不以[收服]我国为急务”。疾,急。

【何为……与也】 杨 补 如何才能让晋致死力攻打我国,而楚不敢[与晋]为敌,然后我国方能稳固地跟从[晋]。

子展公孙舍之曰:“[吾]与宋为恶,诸侯必至,吾从之诸侯盟。楚师至,吾又从之楚,则晋怒甚矣。晋能骤来,楚将不能,吾乃固与晋。”

【晋能骤来】 杨 补 晋军能屡次前来。参见襄九·五·二知武子三分四军使其轮番作战的策略，此策略已见成效。

大夫说(悦)之，使疆场 yì 之司恶 wù 于宋。

【使疆场之司恶于宋】正补［郑大夫］派边境官吏故意与宋人交恶。○补此时，晋悼公修明内政已经初见成效(参见襄九·五·七)，晋、楚之间的实力均势已经打破，晋强于楚的形势日益明显。郑人希望抓住这个机会，通过主动挑衅宋来引发晋、楚对郑的新一轮争夺，促使本来就有重振霸业之志的晋明确展示出要强势保卫郑的立场，然后郑即可跟定晋而抵御楚，摆脱"朝晋暮楚、两头挨打"的地缘政治困境。

[二] 宋向戌侵郑，大获。子展公孙舍之曰："师而伐宋可矣。若我伐宋，诸侯之伐我必疾，吾乃听命焉，且告于楚。楚师至，吾又与之盟，而重赂晋师，乃免矣。"夏，郑子展侵宋。

[三·一] 四月，诸侯伐郑。己亥十九日，齐大(太)子光、宋向戌先至于郑，门于东门。其莫(暮)，晋荀罃 yīng，知武子至于西郊，东侵旧许。卫孙林父 fǔ 侵其北鄙。

【齐大……东门】正补晋人应该是以齐太子光先到为由，在伐郑时把齐太子光排在莒、邾、滕、薛、杞、小邾诸国君主之前，《春秋》因而书之。

【旧许】正杨补在今河南许昌建安区古城村。许于成十五年迁于叶，其旧地入于郑，称"旧许"。参见《图集》24—25④5。

六月，诸侯会于北林，师于向。［诸侯］右还 xuán，次于琐。［诸侯］围郑，观兵于南门，西济于济隧。

【北林】杨见宣元·五·三。**【向】**正杨补在今河南长葛南席镇古城村。郑地。参见《图集》24—25④5。

【琐】正 杨 补在今河南新郑东北。郑地。参见《图集》24—25④4。

【观兵于南门】正 杨在南门展示武力[,向郑、楚示威]。

【西济于济隧】杨[中原诸侯又有后续军队]西渡济隧而来。【济隧】
正 杨 补水名,为河水支流,从西南向东北流入荥泽。今已堙,当在
今河南原阳西。参见《图集》24—25③4 至④4。

郑人惧,乃行成。

【行成】补求和。

○补不知道高层谋划的普通郑人见到诸侯如此大张旗鼓地讨伐,自
然是真心惧怕。郑的高层见到晋联盟诸侯落入圈套,实际上是非常
欣喜的,而表面上则要表现得与普通郑人一样惧怕,然后顺应民意与
晋联盟讲和。

[三·二] 秋,七月,同盟于亳。

范宣子曰:"[吾]不慎,必失诸侯。诸侯道敝而无成,能无贰
乎?"乃盟。

【不慎,必失诸侯】杨范宣子有鉴于襄九年戏之盟载书不慎,被郑所
侮(参见襄九·五·三·二),故有此言。

【道敝】正指诸侯数次伐郑,奔波于道路而疲敝。

载书曰:

【载书】补见僖二十五—僖二十六·四·二。

"凡我同盟,毋蕴年,毋壅利,毋保奸,毋留慝 tè,救灾患,恤祸
乱,同好 hào 恶 wù,奖王室。

【毋蕴年】正 杨 补不可囤积粮食[而不救有灾之国]。年,谷熟。

【毋壅利】正 补不可壅塞利益[而不与他国共享]。

【慝】正杨邪恶，这里指邪恶之人。

【恤】补忧。

【奖】正助。

"或间（干）兹命，司慎、司盟，名山、名川，群神、群祀，先王、先公，七姓、十二国之祖，明神殛jí之，俾bǐ失其民，队（坠）命亡氏，蹜bó其国家。"

【间】杨犯。【兹】补此。

【司慎】正杨天神，察不敬者。【司盟】正杨天神，察盟者。

【群神】杨众天神。【群祀】正杨天神以外、祀典范围之内的其他神灵。

【先王】正补诸侯始封君所出之王，如宋先王商帝乙、郑先王周厉王。【先公】正补始封君，如宋始封君微子启，郑始封君郑桓公。

【七姓、十二国】正应为"七姓、十三国"，即晋、郑、鲁、卫、曹、滕，姬姓；邾、小邾，曹姓；宋，子姓；齐，姜姓；莒，己姓；杞，姒姓；薛，任姓。

【殛】正诛。

【俾】补使。

【队命亡氏】补［国君］坠失性命，丧亡族氏。诸侯国君一般以国为氏，参见隐八·十二。

【蹜】正补跌倒，这里引申为灭亡。

【四】楚子囊王子贞乞旅于秦。秦右大夫詹师师从楚子楚共王，［楚子］将jiàng以伐郑。郑伯郑简公逆之。丙子二十七日，伐宋。

【右大夫詹】补秦右大夫，名詹。

○补此次秦军来到楚，与楚合兵伐郑，走的应该就是武关道（参见僖二十五·三）。

【五·一】九月，诸侯悉师以复伐郑。郑人使良霄、大（太）宰石㚟chuò如楚，告将服于晋，曰："孤郑简公以社稷之故，不能怀君楚共王。君若能以玉帛绥晋，不然，则武震以摄（慑）威之，孤之愿也。"楚人执之。[《春秋》]书曰"行人"，言使人也。

【大宰】 补 太宰，郑内朝官。

【石㚟】 补 姬姓，石氏，名㚟。郑大夫，任太宰。襄十一年被楚人所执。襄十三年自楚归于郑。

【孤】 补 称孤之例在桓十二—桓十三·二·二。此处郑简公对楚以小国自居，故自称"孤"。

【绥】 杨 安抚。

【书曰……人也】 正 《春秋》称"行人[良霄]"，是表明郑卿良霄这次身份为外交使者，讥讽楚扣留他。太宰石㚟为副手，非卿，故不书。

○ 补 楚自知实力无法与晋抗衡，因此没有再出兵救郑，但又不能不有所回应，于是打破外交惯例，扣留了两位郑使者，以此来表达对于郑抛弃自己的愤怒。

[五·二] 诸侯之师观兵于郑东门。郑人使王子伯骈行成。甲戌二十六日，晋赵武赵文子入盟郑伯郑简公。冬，十月丁亥九日，郑子展公孙舍之出盟晋侯晋悼公。十二月戊寅初一，会于萧鱼。庚辰三日，赦郑囚，皆礼而归之；纳斥候，禁侵掠。

【纳斥候】 正 杨 收回侦察兵和巡逻兵，表示不再互相戒备。

[五·三] 晋侯晋悼公使叔肸xī 羊舌肸告于诸侯。公鲁襄公使臧孙纥hé,臧武仲对曰："凡我同盟，小国有罪，大国致讨，苟[大国]有以藉jiè手，鲜xiǎn 不赦宥yòu[小国]。寡君鲁襄公闻命矣。"

【叔肸】 正 杨 补 羊舌肸。姬姓，羊舌氏，又为杨氏，名肸，字向（详见下讨论），排行叔。羊舌职（宣十五·五·一·二）之子，羊舌赤（襄三·四·一）之弟。晋大夫，晋悼公时任太子傅，襄十六年已任太傅。襄二十一年被范宣子所囚，同年被释放。食采于杨。

【苟有……赦宥】 正 杨 补 [大国]如果能稍有所得，很少不会赦免宽恕。藉,荐,托垫。藉手,直解为"用手托垫的菲薄财礼",引申为稍有所得。参见成元—成二·十四·二"藉口"。

○补 羊舌肸之字,在文献材料中有六种不同的写法,即"向"(《左传》)、"鄕"(银雀山汉墓出土《晏子》)、"鷝"(阜阳汉简《春秋事语》)、"嚮"(《史记》《汉书》)、"響"(原本《玉篇》卷九"肸"字顾野王按语)和"譽"(《礼记》)。很可能其字本为"響",与其名(肸)相应,《说文》:"肸響,布也。""向""鄕""鷝""嚮"皆与"響"通,而"譽"应该是"響"的讹字。

【五·四】郑人赂晋侯晋悼公以师悝 kuī、师触、师蠲 juān;广 guàng 车、轀 tún 车淳(纯)十五乘 shèng,甲兵备,凡兵车百乘;歌钟二肆,及其镈 bó、磬;女乐二八。

【师悝、师触、师蠲】正 三人皆为乐师。此三人应各专一艺,从下文推断,可能即为钟师、镈师、磬师。【师】正 补 乐师,郑内朝官,职掌演奏音乐,表演舞蹈。

【广车……兵备】正 杨 补 广车十五乘,轀车十五乘,配套甲胄、兵器齐备。广车,用来列横阵的车。轀车,用来屯守的车。淳,耦。一广车与一轀车相配为一淳。

【凡兵车百乘】正 广车、轀车,以及其他兵车共计一百乘。其他兵车则不配备甲胄、兵器。

【歌钟】正 补 应和歌声的编钟,主要用于贵族日常宴飨场合。《左传》以"歌钟二肆"配"女乐二八",可见歌钟常为女乐歌舞作伴奏。考古发现的周钟中,有自名为"訶钟"者,应即《左传》之"歌钟"。

【肆】正 补 编钟的组合单位名称,见于出土编钟铭文。悬挂在钟架一根横梁(枸)上的、按照音阶排列的、形制从小到大的一横排钟即为一"肆"。从出土实物来看,一肆编钟的件数大体呈现随时间演进而增加的态势,西周早期常为二、三件,西周中期有四、五、八件,到西周晚期多为八件,春秋时期多为九件,战国时期出现了十、

十一、十二、十三、十四件。此外,在两根大立柱(虡)之间可以有一、二甚至三根枸分层并列,悬挂一、二或三肆钟,在两虡之间的多肆钟合起来好似一堵墙,称为一"堵"。邵钟铭文"大钟八肆,其竈四堵",可能就是指八肆大钟,分为四堵悬挂,每堵由上下两肆组成。

【镈】 正 杨 补 传世文献中所说的"镈"是一种形似钟而更大的乐器。考古发现自名为"镈"的是一种形似钟而平口、钮部有镂空纹饰的悬挂铜制中空敞口击奏体鸣乐器,一般比同套的钟大,可以认为即是先秦传世文献中提到的镈。许多镈形乐器自名为"钟",而钟形乐器从不自名为"镈",可见在古人概念中,"钟"为泛称,而"镈"为专称。与编钟类似,出土的镈也常以编镈面目出现。根据对出土编钟、编镈的测音研究以及出土编钟、编镈组合实例(参见僖十八·二僖器物图 3.3 及僖器物图 3.5),可以认为演奏乐曲时,钟用于演奏主旋律,而镈用于演奏骨干低音和声。不过,到了春秋中晚期,有的歌钟已经采用镈的形制,说明当时的镈已经从和声乐器发展成为旋律乐器。考古发现的春秋时期铜镈实例见襄器物图 3。

【磬】 正 见僖二十五—僖二十六·四·二。

【女乐二八】 正 杨 乐舞女伎两列十六人。二八,即二佾,佾参见隐五·七·春秋。

襄器物图 3.1　河南新郑中行遗址铜器窖坑 K16 出土编镈,春秋早期到春秋中晚期(《新郑郑国祭祀遗址》,2006 年)

襄器物图 3.2　　山西太原金胜村晋国赵卿墓出土夔龙夔凤纹编镈(上图)及散虺纹
编镈(下图),春秋晚期(《太原晋国赵卿墓》,1996年)

襄器物图 3.3　　河南固始侯古堆 M1 出土编镈及漆木编镈架(木架为复制品),春秋
晚期(《固始侯古堆一号墓》,2004年)

晋侯以乐之半赐魏绛魏庄子,曰:"子教寡人和诸戎狄以正诸
华。八年之中,九合诸侯,如乐 yuè 之和,无所不谐。请与子
乐 lè 之。"

【乐之半】杨 即歌钟一肆,女乐一八。

【子教……诸华】正 见襄四·八。

【九合诸侯】正 襄五年会于戚,又会于城棣;襄七年会于鄬;襄八年
会于邢丘;襄九年会于戏;襄十年会于柤,又戍郑虎牢;襄十一年会于
亳,又会于萧鱼。

[魏绛]辞曰：

"夫和戎狄，国之福也；八年之中，九合诸侯，诸侯无慝 tè，君之灵也，二三子之劳也，臣何力之有焉？

【灵】[杨]福。

【二三子】[补]诸位大夫。

"抑臣愿君安其乐而思其终也。《诗》曰：'乐只君子，殿天子之邦。乐只君子，福禄攸同。便蕃 fán 左右，亦是帅从。'夫乐以安德，义以处之，礼以行之，信以守之，仁以厉(励)之，而后可以殿邦国、同福禄、来远人，所谓乐也。《书》曰：'居安思危。'思则有备，有备无患。敢以此规。"

【抑】[杨]转折连词，然而。

【乐只……帅从】[正][杨][补]《毛诗·小雅·采菽》有此句，而"福禄"作"万福"，"便蕃"作"平平"，"帅"作"率"。可译为"君子快乐，镇抚天子家邦。君子快乐，福禄与人同享。治理好附近小国，让它们相率服从"。只，也。殿，镇抚。攸，所。便蕃，得以治理。左右，附近小国。

【规】[正][杨]规正，规劝。

○[补]杜甫《投赠哥舒开府翰二十韵》"魏绛已和戎"典出于此。

公晋悼公曰："子之教，敢不承命。抑微子，寡人无以待戎，不能济河。夫赏，国之典也，藏在盟府，不可废也。子其受之！"

【抑微子】[补]然而如果没有您。抑，然而。

【河】[补]见闵二·五·三。

【盟府】[杨]见僖五·八·一。

魏绛于是乎始有金石之乐，礼也。

【金石之乐】补见襄九・五・五。

〔六〕秦庶长鲍、庶长武帅师伐晋以救郑。鲍庶长鲍先入晋地，士鲂彘共子御之，少秦师而弗设备。壬午五日，武庶长武济自辅氏，与鲍交伐晋师。己丑十二日，秦、晋战于栎lì，晋师败绩，易秦故也。

【庶长鲍、庶长武】正补秦二庶长，名鲍、武。庶长，秦爵位名。参见成十三・一・六。

【少秦师】补以秦师为少。

【辅氏】杨见宣十五・四・二・一。

【栎】正晋邑，曾为范文子采邑。

【易】杨轻视。

○补下启襄十四年晋帅诸侯伐秦(襄十四・四)。

襄公十二年·一

地理 鲁见襄地理示意图 1。莒、鲁、台、郓（东郓）见襄地理示意图 4。

人物 季武子（襄六·五·春秋）、鲁襄公（襄元·○）

春秋 十有(又)二年，春，王二月，莒 jǔ 人伐我东鄙，围台。

【台】正 杨 补 在今山东费县东南鲁城村附近。鲁邑。参见《图集》
26—27④5。

季孙宿 季武子 帅师救台，遂入郓 yùn。

【郓】杨 东郓，见文十二·六·春秋。

左传 十二年，春，"莒人伐我东鄙，围台"。季武子救台，遂入郓，
取其钟，以为公 鲁襄公 盘。

【取其钟，以为公盘】补 夺取了莒人的钟，熔化改铸成鲁襄公用
的盘。

襄公十二年·二

地理 晋、鲁见襄地理示意图 1。

人物 晋悼公（成十七·十·一·二）、彘共子（成十七—成十八·
三·一）

春秋 夏，晋侯 晋悼公 使士鲂 彘共子 来聘。

【聘】补 见隐七·四·春秋。

左传 夏，晋士鲂 彘共子 来聘，且拜师。

【且拜师】正 拜谢襄十一年鲁师参与伐郑。

襄公十二年·三

地理 吴 1、鲁见襄地理示意图 1。

人物 吴王寿梦（成七·六·三）、周公旦（隐八·二）

春秋 秋，九月，吴子乘吴王寿梦卒。

左传 秋，吴子寿梦吴王寿梦卒。［公］临 lìn 于周庙，礼也。凡诸侯之丧，异姓临于外，同姓［临］于宗庙，同宗［临］于祖庙，同族［临］于祢 mí 庙。是故鲁为诸姬，临于周庙；为邢、凡、蒋、茅、胙 zuò、祭 zhài，临于周公周公旦之庙。

【临于周庙】正 杨［鲁襄公］在周文王庙［为同姓盟国之君吴王寿梦］哭泣。

【异姓临于外】正 补 异姓国君主去世，同盟国君主在本国都城外郊野向着有丧国方向哭泣。

【同姓于宗庙】正 补 同姓不同宗诸侯国的君主去世，同盟国君主在本国"宗庙"哭泣。这里的宗庙不是一般意义上的宗庙（见《知识准备》），而是特指始封君所出先王之庙，在鲁为周文王庙，本文中称"周庙"。除鲁之外，郑、卫、宋亦有此类为先王所立之庙，在郑为周厉王庙（亦称为"周庙"，参见昭十八·三·二·三），在卫为周文王庙（参见哀二·二·四·三），在宋为商帝乙庙（参见文二·五·二·一）。

【同宗于祖庙】正 补 同宗诸侯国的君主去世，同盟国君主在本国"祖庙"哭泣。这里的"祖庙"也不是一般意义上的祖庙（见《知识准备》），而是特指始封君庙，在鲁为周公旦庙，本文中称"周公之庙"。

【同族于祢庙】正 补 同族诸侯国的君主去世，同盟国君主在本国"祢庙"哭泣。同族，指高祖以下之族。祢庙，国君之父庙。

【诸姬】正 补 同姓而不同宗的姬姓诸国，包括吴。吴始封君吴太伯为周太王之子，鲁始封君周公旦为周文王之子、王季之孙、周太王之重孙,二国同姓不同宗,共有祖先为周太王。

【邢、凡、蒋、茅、胙、祭】 正 此六国始封君皆为周公旦之子,与鲁同宗。

襄公十二年·四

地理 楚、宋、秦、晋、郑见襄地理示意图 1。楚、宋、晋、郑、杨梁见襄地理示意图 5。

人物 王子贞(成十五·五·一·一)、庶长无地

春秋 冬,楚公子贞_{王子贞}帅师侵宋。

左传 冬,楚子囊_{王子贞}、秦庶长无地伐宋,师于杨梁,以报晋之取郑也。

【庶长无地】 补 秦庶长,名无地。

【杨梁】 正 杨 补 在今河南商丘东南。宋地。参见《图集》24—25④6。

【晋之取郑】 正 见襄十一·二。

○ 补 下启襄十六年中行献子、栾桓子率师伐楚(襄十六·一·五)。

襄公十二年·五

地理 周、齐见襄地理示意图 1。

人物 周灵王(襄五·二)、齐灵公(成十·三·春秋)、晏桓子(宣十四·六·二·一)、阴里

左传 灵王_{周灵王}求后于齐。齐侯_{齐灵公}问对于晏桓子。桓子_{晏桓子}对曰:"先王之礼辞有之。天子求后于诸侯,诸侯对曰:'夫妇所生若而人,妾妇之子若而人。'[诸侯]无女而有姊妹及姑姊妹,

则曰：'先守某公之遗女若而人。'"齐侯许昏_{（婚）}。王_{周灵王}使阴里结之。

【夫妇所生】杨 国君夫人所生之嫡女。【若而】杨 若干。

【妾妇之子】补 国君之妾所生之庶女。

【姊妹】杨 补 国君父亲之女，国君之姊妹。

【姑姊妹】正 补 国君祖父之女，国君父亲之姊妹。

【先守】杨 补 为天子守国的先人，相当于"先君"。若为姊妹，则指国君父亲；若为姑姊妹，则指国君祖父。

【阴里】正 周王室大夫。【结】正 杨 口头约定。

○正 下启襄十五年刘定公逆王后（襄十五·二）。

襄公十二年·六

地理 鲁、晋见襄地理示意图 1。

人物 鲁襄公（襄元·○）、彘共子（成十七—成十八·三·一）

春秋 公_{鲁襄公}如晋。

左传 "公如晋"，朝，且拜士鲂_{彘共子}之辱，礼也。

【朝】补 见隐四·二·七·一。

【且拜士鲂之辱】正 补 而且拜谢彘共子本年早先屈尊［来访］。

襄公十二年·七

地理 秦、楚见襄地理示意图 1。

人物 秦嬴、王子午

左传 秦嬴归于楚，楚司马子庚_{王子午}聘于秦，为夫人宁，礼也。

【秦嬴归于楚】正補秦嬴嫁到楚[，为楚共王夫人]。楚共王即位于成元年，去世于襄十三年，因此这里说"秦嬴归于楚"，是在追述过去之事，以引出下文楚司马聘秦之事。【秦嬴】正補秦女，嬴姓。秦桓公(宣十五·四·二·一)之女，秦景公(襄九·四·一)妹，楚共王(成二·四·四)夫人。

【司马】補见僖二十六·三。

【子庚】正補王子午。芈姓，名午，字庚。楚庄王(文十四·十一·一)之子。楚大夫，官至执政(继王子贞)。襄十二年已任司马，襄十五年已任令尹。襄二十一年卒。其名(午)、字(庚)相应，午为地支第七位，庚为天干第七位。

【聘】補见隐七·四·春秋。

【宁】補即"归宁"，见庄二十七·四。

○正補楚共王执政初期，秦嬴嫁到楚，成为楚共王夫人，到此时已经多年。依周礼，如果父母都健在，则出嫁女子亲自回母国省亲；如果父亲已去世而母亲仍健在，则出嫁女子自己不回母国，而由夫国派卿大夫代表出嫁女子到母国省亲。如今秦嬴应该是父亲已去世而母亲仍健在，因此楚派司马王子午到她的母国秦聘问，代表秦嬴省亲，这是合于礼制的。

襄公十三年·一

地理 鲁、晋见襄地理示意图 1。

人物 鲁襄公(襄元·〇)、孟献子(文十四·十二·三)

春秋 十有(又)三年,春,公鲁襄公至自晋。

左传 十三年,春,"公至自晋"。孟献子书劳于庙,礼也。

【书劳】正 补 在简策上记载功劳。"书劳"之前,应还有"饮至",参见隐五·一。

〇补 据昭四—昭五·九,鲁襄公以大路赐叔孙穆子,命司徒、司马、司空书之,其中"孟孙(孟孝伯)为司空,实书勋"。书勋,即书劳。孟氏世为鲁司空,常掌书劳之事。

襄公十三年·二

地理 鲁见襄地理示意图 1。鲁、邿(洙泗之间)见襄地理示意图 4。

春秋 夏,[我]取邿 shī。

【邿】正 杨 补 周时国,金文资料显示其国君称"子"。此时应在今山东微山西北。初封应在平阴县安城乡望口山村附近。后被齐所迫,春秋早中期已南迁至微山县西北(其地现已在南阳湖中),而其旧地则入于齐为邑。襄十三年为鲁所灭。平阴之邿参见襄十八·三·九。微山之邿参见《图集》26—27④3。

左传 夏,邿乱,分为三。[我]师救邿,遂取之。凡[《春秋》]书"取",言易也。用大师焉曰"灭",弗地曰"入"。

【弗地】正 虽然战胜,但并不占有土地。

襄公十三年·三

地理 晋见襄地理示意图 1。晋、绵上（靠近浍水）见襄地理示意图 2。

人物 知武子(宣十二·一·十四·三)、栾共子(成十七—成十八·三·一)、晋悼公(成十七·十·一·二)、范宣子(成十六·三·七)、中行献子(成十六·三·三·一)、韩宣子(襄七·六·一)、赵文子(成八·五·一)、栾桓子(成十六·三·春秋)、魏庄子(成十八·三·一)、周文王(僖五·八·一)

左传 〔一〕荀罃 yīng,知武子、士鲂 栾共子 卒。晋侯 晋悼公 蒐 sōu 于绵上以治兵。

【蒐】补 见僖二十七—僖二十八·三。

【绵上】杨 补 在今山西翼城西的小绵山。

【治兵】补 讲武,演习。

○补 据襄九·四·一,则襄九年时晋有四军,其将佐位次为:知武子将中军,范宣子佐之;中行献子将上军,韩宣子佐之;栾桓子将下军,栾共子佐之;赵文子将新军,魏庄子佐之。如今知武子、栾共子二人过世,职位出缺,故晋悼公治兵进行调整。

[晋侯]使士匄 范宣子 将中军。[士匄]辞曰:"伯游 中行献子 长 zhǎng。昔臣习于知 zhì 伯 知武子,是以佐之,非能贤也。[臣]请从伯游。"荀偃 中行献子 将中军,士匄佐之。

【使士匄将中军】杨 中军帅知武子过世,中军佐范宣子依次应递补。

【习于知伯】杨 与知武子相互了解,能密切合作。

【非能贤也】补 并不是因为具备[与中军佐职务相匹配的]贤德。能,堪,任。

[晋侯]使韩起 韩宣子 将上军。[韩起]辞以赵武 赵文子。[晋侯]又使栾

黶 yǎn, 栾桓子[将上军]。[栾黶]辞曰："臣不如韩起。韩起愿上赵武，君其听之。"[晋侯]使赵武将上军，韩起佐之；栾黶将下军，魏绛 魏庄子佐之。

【使韩起将上军】正 补 上军帅中行献子升任中军帅，上军佐韩宣子依次应递补。

【又使栾黶】正 补 赵文子本为新军帅，位第七，若升至上军帅，则位第三。晋悼公应该是认为这样做超擢太过，于是提出让位次下韩宣子一位的栾桓子（此时为下军帅）将上军。

新军无帅。晋侯难其人，使其什吏率其卒乘 shèng 官属以从于下军，礼也。

【新军无帅】正 补 新军帅赵文子升任上军帅，新军佐魏庄子升任下军佐，故新军帅佐皆出缺。

【什吏】杨 即十吏。军尉、司马、司空、舆尉、候奄及其副手一共十人。

【卒乘】补 步兵、车兵。

【官属】补 属官。

○ 补 此番调整之后，晋将佐位次为：中行献子将中军，范宣子佐之；赵文子将上军，韩宣子佐之；栾桓子将下军，魏庄子佐之。新军无将帅，从于下军。因此，下军规模与中军、上军之和相当，成为一支"超级下军"，这也为襄十四年伐秦时下军帅栾桓子公然违抗中军帅中行献子（参见襄十四·四·四）埋下伏笔。

晋国之民，是以大和，诸侯遂睦。

〔二〕君子曰：

"让，礼之主也。范宣子让，其下皆让，栾黶为汰 tài（泰），弗敢违也。晋国以平,数世赖之,刑善也夫! 一人刑善,百姓休和,可不务乎?《书》曰'一人有庆,兆民赖之,其宁惟永',其是之谓乎!

【栾黡为汰,弗敢违也】杨 补 栾桓子虽然骄横,也不敢违背。汰,骄横。

【赖之】杨 补 以之为利。

【刑善】正 杨 取法于善。刑,法。

【百姓休和】杨 补 百官族姓安定和睦。

【一人……惟永】正 杨 补 今本《尚书·吕刑》有此句,可译为"在上位者好善,亿万民众得利,国家的安宁可以久长"。一人,原指天子,此处未必拘泥原意,应是泛指在上位者。庆,善。赖,利。永,长。

"周之兴也,其《诗》曰'仪刑(型)文王周文王,万邦作孚',言刑善也。及其衰也,其《诗》曰'大夫不均,我从事独贤',言不让也。世之治也,君子尚能而让其下,小人农力以事其上,是以上下有礼,而谗慝 tè 黜远,由不争也,谓之'懿德'。及其乱也,君子称其功以加小人,小人伐其技以冯(凭)君子,是以上下无礼,乱虐并生,由争善也,谓之'昏德'。国家之敝,恒必由之。"

【仪刑文王,万邦作孚】正 杨 补《毛诗·大雅·文王》有此句,可译为"效法文王,万邦信任"。仪刑,近义词连用,都是效法的意思。孚,信。

【大夫……独贤】正 杨 补《毛诗·小雅·北山》有此句,本意是"大夫分配差事不公平,唯独我干的活最多"。贤,多。此处引诗者则把"贤"解释为"贤能",整句可译为"大夫水平不均衡,唯独我最贤能",自称贤能,则是"不让"。

【尚能】补 崇尚贤能。

【农力】杨 努力。

【称】杨夸。【加】正杨凌驾。

【伐】杨与上文"称"同义。【冯】正杨与上文"加"同义。

○补笔者对此次晋六卿领导班子调整的可能真相有详细分析，请见专著《虎变：晋国大族的兴盛与衰亡》(出版中，暂定书名)相关章节。

襄公十三年·四

地理楚、吴1见襄地理示意图1。楚、吴1、庸浦见襄地理示意图5。

人物楚共王(成二·四·四)、楚庄王(文十四·十一·一)、王子贞(成十五·五·一·一)、养由基(宣十二·一·十一)、王子午(襄十二·七)、王子党

春秋秋，九月庚辰十四日，楚子审楚共王卒。

左传【一】楚子楚共王疾，告大夫曰："不穀不德，少shào主社稷。生十年而丧先君楚庄王，未及习师保之教训，而应(膺)受多福。[不穀]是以不德，而亡师于鄢yān，以辱社稷，为大夫忧，其弘多矣。若以大夫之灵，[不穀]获保首领以殁mò于地，唯是春秋窀zhūn穸xī之事，所以从先君于祢mí庙者，请为'灵'若'厉'，大夫择焉。"[大夫]莫对。及[楚子]五命，[大夫]乃许。

【不穀】补见僖二十三—僖二十四·七。

【师保】杨古官制有太师、少师、太傅、少傅、太保、少保以教导太子。"师保"即这类官的统称。

【应受】杨补近义词连用，都是接受的意思。

【多福】正杨指君王大位。

【亡师于鄢】正指成十六年鄢陵之役中楚师战败。

【其弘多矣】|杨||补|［给大夫们带来的忧虑］恐怕是很多的。弘多，近义词连用，都是多的意思，参见襄三十一·一·二"谗慝弘多"。

【若以……择焉】|正||杨||补|如果托诸位大夫的福，我能保住首级得以寿终，在祭祀、安葬的事情上，能够接替先君成为父庙（祢庙）神主［而先君则迁入祖庙］，被继位君王以谥号相称，那我只求能有诸如"灵"或者"厉"的恶谥，由诸位大夫［在二者之间］选择一个。春秋，指时令祭祀之事。窀穸，墓穴，指丧葬之事。谥法，乱而不损曰"灵"，戮杀无辜曰"厉"。杜甫《八哀诗》"呜呼就窀穸"典出于此。

〖二〗秋，楚共 gōng 王卒。子囊 王子贞 谋谥。大夫曰："君 楚共王 有命矣。"子囊曰："君命以'共'，若之何毁之？赫赫楚国，而君临之，抚有蛮夷，奄征南海，以属 zhǔ 诸夏，而知其过，可不谓'共'乎？请谥之'共'。"大夫从之。

【共】|补|即恭。谥法，既过能改曰"恭"，执事坚固亦曰"恭"。

【赫赫】|补|显盛貌。

【抚有……诸夏】|杨||补|拥有蛮夷，大举征伐南方，以召集中原诸国。抚有，《尚书·金縢》作"敷佑"，铜器铭文作"匍有"，是"拥有"的意思。奄，大。南海见僖三—僖四·五。属，召集。

〖三·一〗吴侵楚，养由基奔命，子庚 王子午 以师继之。养叔 养由基 曰："吴乘我丧，谓我不能师也，必易我而不戒。子 王子午 为三覆以待我，我请诱之。"子庚从之。战于庸浦，［楚师］大败吴师，获公子党 王子党。

【奔命】|补|急行军奔赴战场。

【易】|杨|轻视。

【三覆】|正|三处伏兵。

【庸浦】|正||杨||补|在安徽无为南，长江北岸。楚地。参见《图集》29—30⑤9。

○[正]下启襄十四年向之会(襄十四·一)。

【三·二】君子以吴为不吊 dì。《诗》曰:"不吊 dì 昊天,乱靡有定。"

【不吊】[杨][补]不淑,不善。春秋时以伐丧为非礼,参见襄十九·二·五。

【不吊昊天,乱靡有定】见成七·二·二·一。

襄公十三年·五

[地理]鲁见襄地理示意图 1。鲁、防(东防)见襄地理示意图 4。

[人物]臧武仲(成十八·十·二)

[春秋]冬,[我]城防。

【防】[杨]东防,见隐九·五·春秋。

[左传]"冬,城防。"[《春秋》]书事,时也。于是将早城,臧武仲请俟毕农事,礼也。

【书事,时也】[补]参见桓十六·二。

【俟】[补]待。

襄公十三年·六

[地理]郑、楚见襄地理示意图 1。

[人物]良霄(襄十一·二·春秋)、石㚟(襄十一·二·五·一)、王子贞(成十五·五·一·一)、郑简公(襄七·八·二·二)

[左传]郑良霄、大(太)宰石㚟 chuò 犹在楚。石㚟言于子囊 王子贞曰:

"先王卜征五年,而岁习(袭)其祥,祥习(袭)则行;不习(袭),则增修德而改卜。今楚实不竞,行人何罪? 止郑一卿良霄,以除其逼,使[郑]睦而疾楚,以固于晋,焉用之? 使[伯有]归而废其使,怨其君郑简公以疾其大夫,而相牵引也,不犹愈乎?"楚人归之。

【郑良……在楚】正襄十一年二人出使楚,被楚人所执(参见襄十一·二·五·一),至今仍在楚。

【先王……则行】正杨补先王出征前要占卜五年,每年都重复吉兆,如此则出兵。习,因袭,重复。

【竞】杨强。

【行人】补外交使者。

【止郑……用之】正杨补扣留郑一个卿(良霄),正好除去了他[对郑君臣]的威逼,让[郑人]和睦而怨恨楚国,因而坚定服事晋,这对楚有什么好处? 良霄为人刚愎,足以逼郑君臣。

【使归……愈乎】正杨补[我建议您]让[良霄]回国而完不成使命,[使他]怨恨他的国君和其他卿大夫,从而[使得他们]互相牵制,不是更好吗? 愈,胜,更好。

襄公十四年·一

地理 鲁、晋、齐、宋、卫、郑、曹、吴(1或2)、楚、秦见襄地理示意图1。鲁、齐、宋、卫、曹、莒、邾、滕、薛、杞1、小邾见襄地理示意图4。鲁、晋、宋、卫、郑、曹、莒、邾、滕、薛、小邾、吴(1或2)、楚、向见襄地理示意图5。

人物 季武子(襄六·五·春秋)、子叔齐子、范宣子(成十六·三·七)、公孙虿(襄八·八·一·二)、公子务娄、戎子驹支、晋惠公(庄二十八·二·一)、晋悼公(成十七·十·一·二)、晋文公(庄二十八·二·一)、赵宣子(僖二十三—僖二十四·一·二)

春秋 十有(又)四年,春,王正月,季孙宿季武子、叔老子叔齐子会晋士匄范宣子、齐人、宋人、卫人、郑公孙虿chài、曹人、莒人、邾人、滕人、薛人、杞人、小邾人会吴于向。

【叔老】 正 补 子叔齐子。姬姓,子叔氏,名老,谥齐。子叔声伯(成元—成二·春秋)之子,叔肸(宣十七·二·春秋)之孙。鲁大夫,官至卿位。襄二十二年卒。

【向】 补 见襄十一·二·三·一。

○补 鲁有三个长期并存的、以始祖排行"叔"为氏的卿大夫氏族,一个是鲁"三桓"之一的叔孙氏,其始祖为鲁桓公之子僖叔(庄三十二·四·三),一个是叔仲氏,其始祖也是僖叔;一个是本段《春秋》出现的子叔氏,其始祖是鲁文公之子叔肸(宣十七·二·春秋)。《春秋》《左传》如此区别这三个氏族:

一、叔孙氏:其族长称谓,无论《春秋》还是《左传》,无论后面接名或接谥号,都称为"叔孙某",比如叔孙侨如(叔孙+名,成三·十·春秋)、叔孙得臣(叔孙+名,文元·二·四)、叔孙戴伯(叔孙+谥+排行,僖三—僖四·九)。《左传》中如果接敬称"子"则为"子叔孙"(定十·四·二)。

二、叔仲氏:其族长称谓,《春秋》中为"叔某",比如叔彭生

（叔＋名，文十一—文十一·春秋），《左传》中为"叔仲某"，比如叔仲惠伯（叔仲＋谥＋排行，文七·六·三）、叔仲带（叔仲＋名，襄三十一·三·二）。《左传》中如果接敬称"子"则为"叔仲子"（襄二十八·十二·一·三）。

三、叔氏：其族长称谓，《春秋》中，为"叔某"，比如叔老（叔＋名，襄十四·一·春秋）。《左传》中，如果接名则绝大多数为"叔某"，如叔辄（叔＋名，昭二十一·五·三），另有一例为"子叔某"，如子叔婴齐（子叔＋名，成十六·八·二）；如果接谥号为"子叔某"，如子叔齐子（子叔＋谥＋子，襄十四·一·三）；如果接敬称"子"则为"子叔子"（昭二·一·五·三）。

《春秋》来自鲁正史，所显示的应该是官方认定的氏称，《左传》记录了很多正史中没有提及的真实情况，所显示的应该是实际应用的氏称。我们可以看出，在官方称谓层面，叔孙氏与其他两家决然不混，而叔仲氏和子叔氏是混同的，都是"叔某"；在实际称谓层面，叔孙氏、叔仲氏、子叔氏三家都是互不混淆的。考虑到叔孙氏和叔仲氏大概是在同一代命氏立族，而子叔氏要到三代之后才命氏立族（因为始祖隔了三代），所以这三家氏称的形成可能经过了两步：第一步，是大概同时命氏立族的兄弟家族叔孙氏和叔仲氏经过友好协商确定一个互不混淆的方案，做到了叔孙氏和叔仲氏在官方和实际两个层面都不混淆；第二步，是子叔氏在命氏立族时，根据现有的叔孙氏、叔仲氏的氏称方案来确定自己的氏称方案，最终与叔孙氏在官方和实际两个层面都不混淆，而与叔仲氏则官方称谓混淆、实际称谓不混淆。

左传〔一〕十四年，春，吴告败于晋。会于向，为吴谋楚故也。

【吴告败于晋】正杨襄十三年吴被楚打败（参见襄十三·四·三·一）。晋、吴为盟国，因此吴告败于晋。

【二·一】范宣子数 shǔ 吴之不德也，以退吴人；执莒 jǔ 公子务娄，以其通楚使也。

○正 杨 补 襄十三年吴趁楚丧而伐之，范宣子以吴为不德，故数落吴人而遣之，终不为吴伐楚。此次集会地点远离吴而靠近晋，而且会上范宣子又严词训斥吴人，可能是晋人认为先前为了促使吴人牵制楚，笼络迁就吴人太过，因此这一次想要抓住吴王诸樊即位不到两年、吴人又战败有求于晋的机会，通过让吴人长途跋涉以及在会场上训斥吴人，来向吴王诸樊显示晋的霸主威严，从而使得晋吴关系向晋占主导地位的方向倾斜。然而晋召集诸侯的原定目的是谋划如何对付楚，不能全无成果，于是以莒人帮助楚使前往中原为由执莒公子务娄。莒人于襄十年、襄十二年两次伐晋盟国鲁，是其与楚通好的旁证。楚使经由莒应该是前往齐，因为齐一直有挑战晋霸主地位的志向，参见襄十六·一·二晋人以"通齐、楚之使"为由逮捕莒犁比公。因此，晋人此举还有敲打齐的意图。

【二·二】将执戎子驹支，范宣子亲数诸(之于)朝，曰："来！姜戎氏！昔秦人迫逐乃祖吾离于瓜州，乃祖吾离被(披)苫 shān 盖、蒙荆棘以来归我先君晋惠公。我先君惠公晋惠公有不腆之田，与女(汝)剖分而食之。今诸侯之事我寡君晋悼公不如昔者，盖言语漏泄，则职女(汝)之由。诘朝之事，尔无与 yù 焉！与 yù，将执女(汝)！"

【乃祖】补 你的祖先。

【瓜州】杨 补 位于秦国南部的秦岭山区，是姜戎(僖三十三·三·春秋)、陆浑戎(僖二十二·三·二)等戎人居地。参见《图集》22—23⑦4—⑦5"陆浑戎(允姓之戎)"所在地。

【被苫盖】正 杨 身披茅草编成的蔽体衣物。

【蒙荆棘】杨 补 头戴荆棘做的帽子。

【不腆】正 补 常见礼辞，可译为"不丰厚"。

【则职女之由】 正 杨 补 即"则职由女",可译为"应当是由于你"。职,当。李白《雪谗诗赠友人》"天维荡覆,职此之由"典出于此。

【诘朝之事】 正 补 指第二天早上的诸侯盟会。

［戎子驹支］对曰:

"昔秦人负恃其众,贪于土地,逐我诸戎。惠公晋惠公蠲 juān 其大德,谓我诸戎'是四岳太岳之裔胄也,毋是翦弃',赐我南鄙之田,狐狸所居,豺狼所嗥。我诸戎除翦其荆棘,驱其狐狸豺狼,以为先君不侵不叛之臣,至于今不贰。

【诸戎】 补 各部戎人。

【蠲】 正 明。

【四岳】 补 即太岳,参见隐十一·二·五。

【裔胄】 杨 补 近义词连用,都是远代子孙的意思。

【毋是翦弃】 杨 补 即"毋翦弃是",可以译为"不要翦除抛弃这些人"。

"昔文公晋文公与秦伐郑,秦人窃与郑盟,而舍 shè 戍焉,于是乎有殽 xiáo 之师。晋御其上,戎亢其下,秦师不复,我诸戎实然。譬如捕鹿,晋人角之,诸戎掎 jǐ 之,与晋踣 bó 之。戎何以不免［于罪］? 自是以来,晋之百役,与我诸戎相继于时,以从执政,犹殽志也,岂敢离逷 tì(逖)?

【昔文……戍焉】 正 见僖三十·三。

【殽之师】 正 见僖三十三·三。

【譬如……踣之】 正 杨 如果用捕鹿作比喻,那就是晋人在前面捉住鹿角,各部戎人在后面拖住鹿腿,和晋人一起扑倒它。掎,拖住。踣,扑倒。

【戎何以不免】 杨 补 戎人凭什么不能免［于罪责］?

【晋之……离逷】 正 杨 补 晋国多次战役,我各部戎人一个接一个地及时参加,来服从晋执政之臣,与当年支援殽之役时心意一样,怎敢违背? 从,追随。邈,远,违。

"今官之师旅,无乃实有所阙 quē,以携诸侯,而罪我诸戎! 我诸戎饮食衣服不与华同,贽 zhì 币不通,言语不达,何恶之能为? 不与 yù 于会,亦无瞢 mèng 焉!"

【官之师旅】补 晋各级官员。师旅参见成十八·三·一。

【以携诸侯】杨 补 使得诸侯离心。

【华】补 华夏诸侯。

【贽币】补 近义词连用,都是礼物的意思。

【瞢】正 闷。

[戎子驹支]赋《青蝇》而退。宣子范宣子辞焉,使[戎子驹支]即事于会,成恺 kǎi 悌 tì 也。

【赋《青蝇》而退】正 补《毛诗·小雅》有《青蝇》。戎子驹支取"岂弟君子,无信谗言""谗人罔极,交乱四国""谗人罔极,构我二人",讽喻范宣子。

【辞】补 谢,道歉。

【成恺悌也】正 补 对应诗中"岂弟君子,无信谗言",即成就了平易近人、不信谗言的美德。

○补 传世文献对读:《毛诗·小雅·青蝇》的原文,可扫码阅读。

〔三〕于是,子叔齐子为季武子介以会。自是晋人轻鲁币,而益敬其使。

【介】补 副手。

【币】补 财礼。

襄公十四年·二

地理 吴(1 或 2)见襄地理示意图1。

人物 吴王诸樊、王子札、曹宣公(宣十七·一)、曹成公(成十三·三·一)、公子欣时(成十三·三·一)

左传 吴子诸樊吴王诸樊既除丧,将立季札王子札。季札辞曰:"曹宣公之卒也,诸侯与曹人不义曹君曹成公,将立子臧公子欣时。子臧去之,遂弗为也,以成曹君。君子曰'能守节。'君,义嗣也,谁敢奸 gān 君? 有国,非吾节也。札王子札虽不才,愿附于子臧,以无失节。"[吴王诸樊]固立之。[季札]弃其室而耕,[吴王诸樊]乃舍之。

【吴子诸樊】正 补 吴王诸樊。姬姓,传世文献中所见名号有"遏"(《左传》经)、"谒"(《公羊传》经传、《穀梁传》经传)、"诸樊"(《左传》《史记》《世本》)。铜器铭文中所见名号"姑發者瓰"(六安戈铭文)、"姑发者反"(泰安剑铭文)、"姑发郰"(襄阳剑铭文)、"姑發聂反"(淮南剑铭文)、"姑發讟反"(榆社剑铭文)等,与"诸樊""遏/谒"都有音韵关系。吴王寿梦(成七·六·三)嫡长子。襄十三年即位,在位十三年。襄二十五年被巢牛臣射杀。

【除丧】正 补 吴王寿梦死于襄十二年秋九月,此时举行大祥祭,随后除丧服,着吉服。参见隐元·五。

【季札】正 补 王子札。姬姓,名札,排行季。吴王寿梦(成七·六·三)嫡子,吴王诸樊、吴王戴吴(襄二十八·九·九·一)、吴王夷末(襄二十九·九·春秋)同母弟。食采于延、州来。

【曹宣……守节。"】正 杨 曹宣公、曹成公、公子欣时之事见成十三·三、成十五·三、成十六·五、成十六·七。

【义嗣】正 杨 补 合乎法统的继承人。吴王诸樊为吴王寿梦嫡长子,依宗法当继承君位。

【奸】杨 犯。

○ 补 据昭二十七·二·五所引《公羊传》,谒(吴王诸樊)、余祭(吴王
戴吴)、夷昧(吴王夷末)与季子(王子札)是同母四兄弟,三位兄长认
为季子最为贤能,都想立季子为君,但又知道季子崇尚周礼,不会接
受,于是约定三人轮流为君,不传子而传弟,最终将君位传给季子。
本年长兄谒除丧之后,想要尝试直接传位给季子,不出所料被季子坚
决拒绝。

襄公十四年·三

春秋 二月乙未朔初一,日有食之。

【朔】见桓三·五·春秋。

【日有食之】见隐三·一·春秋。

襄公十四年·四

地理 鲁、晋、齐、宋、卫、郑、曹、秦见襄地理示意图 1。晋、宋、卫、郑、
曹、秦、棫林、泾水见襄地理示意图 2。鲁、齐、宋、卫、曹、莒、邾、滕、
薛、杞 1、小邾见襄地理示意图 4。

人物 叔孙穆子(成十六·六·二)、中行献子(成十六·三·三·
一)、北宫懿子(成十七·一·春秋)、公孙虿(襄八·八·一·二)、晋
悼公(成十七·十·一·二)、范宣子(成十六·三·七)、赵文子(成
八·五·一)、韩宣子(襄七·六·一)、栾桓子(成十六·三·春秋)、
魏庄子(成十八·三·一)、羊舌肸(襄十一·二·五·三)、左史、栾
鍼(成十三·一·五)、范献子、崔武子(宣十·三·春秋)、华阅(襄
九·一·一)、仲江、秦景公(襄九·四·一)、栾怀子、栾武子(宣十
二·一·四)、召康公(僖三—僖四·五)

春秋 夏,四月,叔孙豹叔孙穆子会晋荀偃中行献子、齐人、宋人、卫北宫
括北宫懿子、郑公孙虿、曹人、莒人、邾人、滕人、薛人、杞人、小
邾人伐秦。

左传 【一】夏,诸侯之大夫从晋侯晋悼公伐秦,以报栎lì之役也。晋侯待于竟(境),使六卿帅诸侯之师以进。

【栎之役】 正 见襄十一·二·六。

【六卿】 补 中行献子、范宣子、赵文子、韩宣子、栾桓子、魏庄子。

【二】及泾,[诸侯之师]不济。叔向羊舌肸见叔孙穆子,穆子叔孙穆子赋《匏páo有苦(枯)叶》。叔向退而具舟。鲁人、莒人先济。郑子蟜jiǎo,公孙虿见卫北宫懿子曰:"与人而不固,取恶莫甚焉。若社稷何?"懿子北宫懿子说(悦)。二子见诸侯之师而劝之济。

【及泾……具舟】 正 补 到了泾水岸边,[诸侯之师]不肯渡水。羊舌肸见叔孙穆子,叔孙穆子赋《匏有苦叶》。羊舌肸退出来后马上着手准备舟船。杜注认为叔孙穆子义取首章"深则厉,浅则揭",表示不论水深水浅,都决心渡水。《国语·鲁语下》中,羊舌肸对叔孙穆子赋诗的解释有所不同,详见下。

【泾】 杨 见成十三·一·八。诸侯军队渡过泾水的地点当在今陕西泾阳南。

【《匏有苦叶》】 正 补 《毛诗·邶风》有《匏有苦叶》,原文见下。

【与人而不固】 杨 补 亲附他人(指晋)而又不坚定。

○ 补 **传世文献对读**:《毛诗·邶风·匏有苦叶》的原文,可扫码阅读。

匏即匏瓜[*Largenaria siceraria var. depressa*(Ser.)Hara],又称瓢葫芦,葫芦科一年生攀援性草本植物,其果实幼嫩时可食,而成熟果(苦匏,苦即枯)则坚硬不可食用,故叔向曰"夫苦匏不材于人";但浮渡深水时,可将其系于腰间作为浮囊,故叔向曰"共(供)济而已"。

○ 补 **传世文献对读**:《国语·鲁语下》记载此次伐秦之事,可扫码阅读。

【三】［诸侯之师］济泾而次。秦人毒泾上流，师人多死。郑司马子蛴公孙虿帅郑师以进，师皆从之。

【司马】补见襄二·五·二。

【四】至于棫yù林，不获成焉。荀偃中行献子令曰："鸡鸣而驾，塞井夷灶，唯余马首是瞻！"栾黡yǎn,栾桓子曰："晋国之命，未是有也。余马首欲东。"［栾黡］乃归。

【棫林】正杨补在今陕西扶风东北三十里，古有秦穆公所建棫阳宫，棫林应在附近。秦地。参见《图集》22—23⑦5。《图集》标注不准确，本书示意图根据考证结果标注。

【不获成焉】补没能获得［秦同意］讲和［的预期效果］。

【唯余马首是瞻】补即"唯瞻余马首"，可译为"就看着我的马头行动"。

【未是有也】补即"未有是也"。

【余马首欲东】正杨补我的马头要向东。秦在西，晋在东。栾桓子意谓他将违抗中行献子的军令而回国。栾桓子本为骄横之人（参见襄十三·三·二以及本年下文），故不能忍受中行献子专权之言。

［晋］下军从之。［下军］左史谓魏庄子曰："不待中行伯中行献子乎？"庄子魏庄子曰："夫子中行献子命从帅。栾伯栾桓子，吾帅也，吾将从之。从帅，所以待夫子也。"

【左史】补晋内朝官，掌管随军记述。

【待】杨等待。

【夫子命从帅】补这应该是中行献子在出征时公布的总体要求。

【栾伯，吾帅也】正栾桓子为下军帅，魏庄子为下军佐，故魏庄子有此言。

伯游中行献子曰："吾令实过，悔之何及？多遗wèi秦禽（擒）。"乃命大还。晋人谓之"迁延之役"。

【多遗秦禽】杨 补 ［再进军］只会给秦师送去俘虏。多，只。遗，给予。

【大还】杨 全军撤回。

【迁延】杨 拖拉。

【五】栾鍼qián 曰："此役也，报栎之败也。役又无功，晋之耻也。吾有二位于戎路，敢不耻乎？"与士匄范献子驰秦师，［栾鍼］死焉。士匄反（返）。

【吾有二位于戎路】正 杨 戎路即戎车，为主帅所乘兵车。栾鍼为戎右，次于御戎，在戎车上居二位。御戎、戎右见《知识准备》"车马"。

【士匄】正 补 范献子。祁姓，范氏，出自士氏，名匄，谥献，排行叔。范宣子（成十六·三·七）之子。晋大夫，官至执政卿（继魏献子）。襄十四年奔秦，后自秦归于晋。襄十六年已任公族大夫，襄二十五年可能已任下军帅（卿职），昭五年已任下军帅（卿职），昭二十二年可能已任上军佐（卿职），昭二十八年可能已任中军佐（卿职），定元年任中军帅（卿职）。定八年至定十三年告老或去世。

栾黡栾桓子谓士匄范宣子曰："余弟栾鍼不欲往，而（尔）子范献子召之。余弟死，而（尔）子来，是而（尔）子杀余之弟也。［而子］弗逐［而子］，余亦将杀之！"士匄奔秦。

【六】于是，齐崔杼zhù，崔武子、宋华阅、仲江会伐秦。［《春秋》］不书，［三大夫］惰也。向之会亦如之。卫北宫括北宫懿子不书于向，书于伐秦，摄也。

【仲江】正 补 子姓，仲氏，名江。公孙师（文十八·四）之子，公子成（文二·六）（排行仲）之孙。宋大夫，官至卿位。

【不书，惰也】正 杨 补 齐、宋都是大国，《春秋》不按常例书齐卿崔武子、宋卿华阅、宋卿仲江三人名氏,而只书"齐人""宋人",是由于他们怠惰,比如不肯渡过泾水。

【向之会亦如之】|杨| 向之会《春秋》(襄十四·一·春秋)也只书"齐人""宋人",义例相同。

【卫北……摄也】|正||杨||补|《春秋》本年向之会条目不记载北宫懿子名氏,而伐秦条目记载,是因为[北宫懿子在伐秦中]积极参与。摄,整顿,佐助。

【七】秦伯秦景公问于士鞅范献子曰:"晋大夫其谁先亡?"

[士鞅]对曰:"其栾氏乎!"

秦伯曰:"以其汰 tài(泰)乎?"
【汰】|补|骄横。

[士鞅]对曰:"然。栾黡栾桓子汰(泰)虐已甚,犹可以免。其在盈栾怀子乎!"

【已甚】|杨||补|太过分。
【盈】|正||补|栾怀子。姬姓,栾氏,名盈,谥怀。栾桓子(成十六·三·春秋)之子,栾武子(宣十二·一·四)之孙,栾祁(襄二十一·五·二)所生。食采于曲沃。晋大夫,襄十六年已任公族大夫,襄十八年已任下军佐(卿职)。襄二十一年奔楚。襄二十二年自楚至齐。襄二十三年自齐入于晋曲沃,遂入于晋都作乱,兵败奔曲沃,同年为晋人所杀。

秦伯曰:"何故?"

[士鞅]对曰:"武子栾武子之德在民,如周人之思召公召康公焉,[民]爱其甘棠,况其子乎?栾黡死,盈之善未能及人,武子所施没

mò 矣，而魘栾桓子之怨实章（彰），将于是乎在。"

【如周……甘棠】正 补 栾武子的恩德留在民众中间，好像周人思念召公，就爱护他的甘棠树，[晋人既然思念栾武子，必然爱护与他有关的事物，]何况他的儿子呢？召康公曾在一棵甘棠树下听取诉讼，他死后，周人怀念他，作诗劝人不要砍伐那棵树。此诗即《毛诗·召南》之《甘棠》。

【甘棠】补 豆梨（*Pyrus calleryana* Decne.），蔷薇科落叶乔木。

【怨】补 一说为"恶"。

【将于是乎在】杨 补 即"将在是"，可译为"[祸难]将在此时[出现]"。

秦伯以为知言，为之请于晋而复之。

【复之】补 使范献子返国复职。襄十六年春范献子已为晋公族大夫，则其返晋在襄十六年春之前。

○正 下启襄二十一年晋灭栾氏（见襄二十一·五）。

○补 **传世文献对读**：《毛诗·召南·甘棠》的原文，可扫码阅读。

襄公十四年·五

地理 卫、齐、鲁见襄地理示意图 1。卫、齐、鲁、戚、鄄、邾（莱）、河泽见襄地理示意图 4。

人物 卫献公（成十四·五·一）、孙文子（成七·八·春秋）、宁惠子（成十四·一·三·一）、孙蒯（襄十·四·二）、太师、师曹、卫献公之嬖妾、蘧成子、子蟜、子伯、子皮、子展、子行、尹公佗、庾公差、公孙丁、公子鱄（成十四·五·二）、定姜（成十四·一·二）、卫定公（宣十八·一·春秋）、鲁襄公（襄元·○）、厚成叔、太叔文子、臧武仲（成十八·十·二）、右宰谷、子叔剽（襄元·五·春秋）

春秋 己未二十六日，卫侯卫献公出奔齐。

　　○杨 据襄二十·八宁惠子遗嘱，则诸侯史策记载此事之文本为"卫孙林父、宁殖出其君"。宁惠子又云"君入则掩之"。此处《春秋》作"卫侯出奔齐"，有可能是由于宁悼子遵其父遗嘱，于襄二十六年使卫献公归国复位，随后重新向诸侯发布通告，使鲁改史策之文。

左传【一】卫献公戒孙文子、宁 nìng 惠子食。[二子]皆服而朝。[公]日旰 gàn 不召[二子]，而射鸿于囿 yǒu。二子从之，[公]不释皮冠而与之言。二子怒。

【戒孙……而朝】正 杨 补 卫献公约请孙文子、宁惠子吃饭。两人都穿好朝服在朝廷上等待。两人所着朝服应为玄冠（黑而带赤色的礼帽），玄色缁布衣、白色生绢裳。戒，约期。

【日旰】正 杨 时间已晚。

【鸿】补 大雁。【囿】补 见庄十九—庄二十一·庄二十一·一。

【二子……子怒】正 杨 补 孙文子、宁惠子二人跟随到园林里，卫献公不脱皮帽就跟他们说话。二人发怒。皮冠，白鹿皮制成，田猎时戴。依礼，君见臣，臣若身穿朝服，君应脱去皮冠，昭十二·十一·二叙楚灵王免冠见然丹可为证。卫献公爽约让孙、宁二人苦等，又不脱帽就跟他们说话，因此二人发怒。

【二】孙文子如戚，孙蒯 kuǎi 入使。公卫献公饮 yìn 之孙蒯酒，使大（太）师歌《巧言》之卒章。大（太）师辞。师曹请为之。——初，公有嬖 bì 妾，使师曹诲之琴，师曹鞭之。公怒，鞭师曹三百。故师曹欲歌之以怒孙子孙蒯，以报公。——公使歌之，[师曹]遂诵之。

【戚】正 杨 见文元·三·春秋。此时为孙氏采邑。

【使大……卒章】正 补 《毛诗·小雅·巧言》末章"彼何人斯？居河之麋。无拳无勇，职为乱阶。'既微且尰，尔勇伊何？为犹将多，尔居徒几何？'"可译为"他是什么货色，住在河水岸边。无才又无勇，却成祸乱根源。'烂了小腿又肿脚,你的勇气怎不见? 诡计多端真可恶,多少党羽同作乱?'"卫献公用此章暗讽孙文子以河水边的戚邑为据点而作乱。【大师】杨 补 乐太师,卫内朝官,乐官总长。

【师曹】正 补 卫乐师,名曹。【师】杨 补 乐师,卫内朝官,乐太师属官。

【嬖妾】补 得宠之妾。

【诲】正 教。

【公使歌之,遂诵之】正 补 卫献公让[师曹]唱《巧言》之诗,[师曹唱完之后,]又朗诵了一遍。师曹想让孙蒯听清楚诗句,于是歌罢又诵。

【三】蒯孙蒯惧,告文子孙文子。文子曰:"君忌我矣。[我]弗先,必死。"[文子]并帑 nú(孥) 于戚,而入[于国]。

【并帑于戚,而入】正 杨 补 帑指家人。孙文子家人一部分在卫都帝丘,一部分在其采邑戚。孙文子将家人全部集中到戚邑以防事败遭诛杀,然后率私家军进入卫都作乱。

[文子]见蘧 qú 伯玉蘧成子,曰:"君卫献公之暴虐,子所知也。[吾]大惧社稷之倾覆,将若之何?"

【见蘧伯玉】杨 补 孙文子与蘧成子应该是路上偶然遇见,由于蘧成子已经见到孙文子所带军队,因此孙文子接下来不得不与之交谈解释。蘧成子为卫灵公臣、孔子之友,此时尚年少,必不在高位,孙文子在率军入城作乱之时没有专程上门拜访的时间和理由。【蘧伯玉】正 补 蘧成子。姬姓,蘧氏,名瑗,字玉,谥成,排行伯。蘧庄子之子。卫大夫,官至卿位。襄十四年自卫都出奔,后复入。襄二十六年自卫都出奔,后复入。其名(瑗)、字(玉)相应,瑗为玉名。《论语·卫灵公》:"子曰:'……君子哉蘧伯玉! 邦有道,则仕;邦无道,则可卷而怀之。'"可见此人善于明哲保身。据《大戴礼记·卫将军文子》,孔子认为:"外宽而内直,自设于隐栝之中,直己而不直于人,以善存,亡汲汲,盖蘧伯玉之行也。"据《史记·孔子世家》,"孔子之所严事:于周则老子；于卫，蘧伯玉；于齐，晏平仲；于楚，老莱子；于郑，子产；于鲁，孟公绰"，可知蘧成子是孔子尊为榜样的六位贤君子之一。

［蘧伯玉］对曰："君制其国，臣敢奸 gān(干)之？虽奸之，庸知愈乎？"

【虽奸之，庸知愈乎】正 杨 补 即使冒犯现任国君［，另立新君］，难道能确知比现任国君强么？奸，犯。庸，岂。愈，胜过。

［蘧伯玉］遂行，从近关出。

○补 **传世文献对读**：《论语·泰伯》："子曰：'……危邦不入，乱邦不居……。'"正可为蘧成子行为作注脚。
○补 李白《南奔书怀》"草草出近关"典出于此。

【四】公卫献公使子蛴 jiāo、子伯、子皮与孙子孙文子盟于丘宫，孙子皆杀之。四月己未二十六日，子展奔齐，公卫献公如鄄 juàn。［公］使子行请于孙子孙文子，孙子又杀之。

【子蛴、子伯、子皮】正 皆为卫公子。【丘宫】杨 当在卫都。
【子展】正 补 姬姓，字展。卫定公之子，卫献公(成十四·五·一)之弟。襄十四年奔齐。
【鄄】杨 见庄十四—庄十五·春秋。
【子行】正 卫公子。

［五·一］公卫献公出奔齐。孙氏追之，败公徒于河泽，鄄人执之。
【河泽】正 杨 补 泽名，又作"阿泽"，在今山东阳谷东。参见《图集》26—27③2—3。
【鄄人执之】正 卫献公徒众战败之后散亡，鄄人为卫献公捉拿逃散的公徒。鄄邑为卫献公出奔齐之前的临时栖居地，因此鄄人是站在卫献公一边的。

【五·二】初,尹公佗学射于庾公差 chā,庾公差学射于公孙丁。二子追公卫献公,公孙丁御公卫献公。子鱼庾公差曰:"射为背师公孙丁,不射为[孙氏]戮,射为礼乎!"射两鞙 qú 而还。尹公佗曰:"子为师,我则远矣。"乃反(返)之。公孙丁授公辔 pèi 而射之尹公佗,贯[尹公佗]臂。

【庾公差】正杨名差,字鱼。

【二子】正补尹公佗、庾公差,皆为孙文子党羽。

【公孙丁御公】正补公孙丁为卫献公驾车。

【鞙】参见《知识准备》"车马"。

【乃反之】正杨[尹公佗]回车再追[卫献公]。

【公孙……贯臂】正补公孙丁[本为卫献公驾车,此时欲射尹公佗,于是]将马缰交给卫献公[,使卫献公驾车],而自己则搭弓射箭,一箭射穿了[尹公佗的]手臂。辔参见《知识准备》"车马"。

【五·三】子鲜公子鱄从公。

【五·四】及竟(境),公卫献公使祝、宗告亡,且告无罪。定姜曰:"无神,何告? 若有,不可诬也。有罪,若何告无? 舍大臣,而与小臣谋,一罪也。先君卫定公有冢卿以为师保,而蔑之,二罪也。余定姜以巾栉 zhì 事先君卫定公,而暴妾使余,三罪也。告亡而已,无告无罪!"

【及竟……无罪】正补到了边境,卫献公使二人到国都宗庙向先君报告自己逃亡之事,同时报告自己没有罪过。【祝】补太祝,卫内朝官,掌祈神、祭社等。【宗】补宗人,卫内朝官,掌公室礼仪。

【诬】正欺。

【大臣】补执政之臣。

【冢卿】杨 补 居首位的卿,指孙文子、宁惠子。

【师保】补 见襄十三·四·一。

【余以……罪也】正 杨 补 我拿着毛巾梳子事奉先君,你却像对待婢妾一样粗暴地对待我,这是你的第三项罪过。定姜是卫定公夫人,因此是卫献公嫡母,虽非生母,卫献公仍然应当敬养。

○正 补 卫献公出奔,其生母敬姒跟随出奔(参见襄二十六·二·一·一),而其嫡母定姜则留在卫都。卫献公逃到国境线上时,让太祝、宗人到卫都内宗庙向先君报告出奔之事,定姜得知之后,前往阻止,因有上述言语。卫献公为太子之时,定姜便知其终将败亡,参见成十四·五·二。

【六·一】公鲁襄公使厚成叔吊于卫,曰:"寡君鲁襄公使瘠厚成叔,闻君卫献公不抚社稷,而越在他竟(境),若之何不吊? 以同盟之故,使瘠敢私于执事,曰:'有君卫献公不吊 dì,有臣孙文子不敏。君不赦宥 yòu,臣亦不帅职。[君臣之怨]增淫发泄,其若之何?'"

【厚成叔】正 杨 补 姬姓,厚氏,名瘠,谥成,排行叔。鲁孝公(哀二十四·三·一)之子惠伯之后。据《左传》,鲁又有郈氏,厚氏即郈氏。

【越】杨 补 逸,逃亡。

【不吊】杨 不善。

【不敏】正 补 不明达。

【赦宥】杨 补 赦免宽恕。

【帅职】杨 尽职。

【增淫发泄】杨 补 [卫侯与孙文子之间的嫌隙]不断增益累积,一朝发泄[,后果便非常严重,以至于驱逐国君]。增淫,积久。卫献公与孙文子之间嫌隙由来已久。成十四年卫定公死、卫献公初立之时,孙文子已将其家财转移到位于卫、晋边境的采邑戚,而且积极交结晋大夫(参见成十四·五·二)。

卫人使大(太)叔仪太叔文子对曰:"群臣不佞 nìng,得罪于寡君卫献公。寡君不以[群臣]即刑，而悼弃之，以为君鲁襄公忧。君不忘先君之好，辱吊群臣，又重 chóng 恤之。[群臣]敢拜君命之辱，重 chóng 拜大贶 kuàng。"

【大叔仪】正 杨 补太叔文子。姬姓，太叔氏，名仪，谥文。卫僖侯八世孙。卫大夫，官至卿位。

【不佞】杨不才。

【寡君……君忧】杨 补寡君不把[群臣]依刑律惩处，而是伤心地抛弃了群臣，从而使贵国君主担忧。即，就。

【辱吊群臣，又重恤之】正 杨 补[承蒙您]屈尊来慰问下臣们[失去了国君]，又哀怜下臣们[的不明达]。

【敢拜……大贶】正 杨 补谨敢拜谢贵国君主发令[慰问下臣们失去国君的]屈尊，再拜谢[贵国君主哀怜下臣们不明达的]大恩赐。

【六·二】厚孙厚成叔归，复命，语 yù 臧武仲曰："卫君卫献公其必归乎！有大(太)叔仪以守，有母弟鱄 zhuān，公子鱄以出，或抚其内，或营其外，能无归乎？"

【母弟】补同母弟，胞弟。

【七】齐人以郲 lái 寄卫侯卫献公。及其复也，[卫侯]以郲粮归。

【郲】正 杨应即莱，见宣七·二·春秋。此时已为齐邑。

【八】右宰谷[始]从[卫侯]而[后]逃归。卫人将杀之。[右宰谷]辞曰："余不说(悦)初矣。余狐裘而羔袖。"[卫人]乃赦之。

【右宰谷】正 补卫大夫，疑为右宰氏，名谷。襄二十七年被公孙免余所杀。【右宰】补见隐四·二·七·一。

【辞】补申辩。

【余不……羔袖】正 补我并不乐意做当初我做过的事情（指追随卫献公出奔）。我穿的是狐皮袄羊皮袖子。狐裘贵重比喻善，羔袖比喻恶。右宰谷以此比喻自己虽然曾跟随卫献公逃亡，但这些罪恶与自己从前的良善比起来，如同狐裘上的羔袖，是次要的。

【九】卫人立公孙剽 piào，子叔剽，孙林父 孙文子、宁殖 宁惠子相 xiàng 之，以听命于诸侯。

【卫人立公孙剽】 补 立为卫殇公。

【十】卫侯 卫献公在郲。臧纥 hé，臧武仲如齐，唁 yàn 卫侯。卫侯与之言，虐。[臧纥]退而告其人曰："卫侯其不得入矣：其言粪土也。亡而不变，何以复国？"子展、子鲜 公子鱄闻之，见臧纥，与之言，道。臧孙说(悦)，谓其人曰："卫君 卫献公必入。夫二子者，或挽之，或推之，[卫君]欲无入，得乎？"

【唁】 杨 补 慰问。

【粪土】 补 参见僖二十七—僖二十八·二十二·一。

【道】 正 顺道理。

【二子】 补 子展、公子鱄。

【挽】 杨 在前牵引。

○ 正 下启襄二十六年卫献公复归于卫（襄二十六·二）。

襄公十四年·六

地理 秦、晋见襄地理示意图 1。

人物 晋悼公（成十七·十·一·二）、知庄子朔、知悼子、知武子（宣十二·一·十四·三）、彘裘

左传 [诸侯之]师归自伐秦。晋侯 晋悼公舍新军，礼也。成国不过半天子之军。周为六军，诸侯之大者，三军可也。于是知 zhì 朔 知庄子朔生盈 知悼子而死，盈生六年而武子 知武子卒，彘 zhì 裘亦幼，

皆未可立也。新军无帅,故舍之。

【晋侯舍新军】杨 补晋悼公撤销新军[,恢复上、中、下三军旧制]。舍,放弃,撤销。

【成国】正大国。

【知朔】正 补知庄子朔。姬姓,知氏,出自荀氏,名朔,谥庄。知武子(宣十二·一·十四·三)之子。晋大夫。襄十四年前卒。

【盈】杨 补知悼子。姬姓,知氏,出自荀氏,名盈,字夙,谥悼,排行伯。知庄子朔之子。晋大夫,襄二十五年可能已任下军佐(卿职),昭五年已任下军佐。昭九年卒。

【彘裘】正 补祁姓,彘氏,出自范氏,名裘。彘共子(成十七—成十八·三·一)之子。

○补襄十三年知武子、彘共子卒,晋悼公蒐于绵上,进行人事调整,最终使中、上、下三军帅佐齐全,而新军帅佐则空缺,晋悼公于是使新军什吏率其卒乘官属从于下军。这样安排的真实用意,是建立一支主帅是与其他卿族不和的栾桓子、副帅是自己提拔上来的公忠体国的魏庄子、体量是上军中军之和的"超级下军",以制衡上军、中军。然而,本年诸侯伐秦之时,下军帅栾桓子公开挑战中军帅中行献子权威,擅自率领下军返回,而魏庄子又没有站出来阻止栾桓子的狂悖举动,导致晋师全军撤退,伐秦无功而返。此后,栾桓子又诬陷范献子,逼迫其出奔秦,从而与范氏结仇。也就是说,"超级下军"建立之后,其功效过于猛烈,已经有引发卿族内乱的危险。晋悼公在伐秦之后裁撤新军,表面原因是因为"新军无帅",而实际原因很可能是为了迅速恢复三军实力的均衡,限制下军帅栾桓子的权力。

襄公十四年·七

地理晋、卫见襄地理示意图 1。

人物师旷、晋悼公(成十七·十·一·二)、卫献公(成十四·五·一)

[左传] 师旷侍于晋侯晋悼公。

【师旷】[正][补] 晋乐太师,名旷,字野。其名(旷)、字(野)相应。《毛诗·小雅·何草不黄》:"率彼旷野。"【师】[补] 见桓二—桓三·一·二。

晋侯曰:"卫人出其君卫献公,不亦甚乎?"

[师旷] 对曰:

"或者其君实甚。

"良君将赏善而刑淫,养民如子,盖之如天,容之如地。民奉其君,爱之如父母,仰之如日月,敬之如神明,畏之如雷霆,其可出乎?

"夫君,神之主而民之望也。若[君]困民之主(性),匮神乏(之)祀,百姓绝望,社稷无主,将安用之? 弗去何为?

【神之主】[补] 祭神的主持者。

【困民之主】[杨][补]《新序·杂事》《说苑·君道》皆作"困民之性",与下文"勿使[民]失性""而弃天地之性"对应,疑是。"困民之性"可译为"使民众困苦,不得保持他们的天性"。

【匮神乏祀】[正][补] 一说"乏"字为"之"字之误,"匮神之祀"与上文"困民之主(性)"正相应,疑是。"匮神之祀"可译为"使神灵匮乏,不得享有他们的祭祀"。

【百姓绝望】百官家族断绝了希望。呼应上文"困民之主(性)"。

【社稷无主】土地神和五谷神没有了祭祀的主持人。呼应上文"匮神乏(之)祀"。

"天生民而立之君,使[君]司牧之,勿使[民]失性。有君而为之贰,使[贰]师保之,勿使[君]过度。

【司牧】 补 近义词连用,都是治理、管理的意思。

【为之贰】 补 为他设立陪贰。陪贰参见昭三十二·六·二。

【师保】 补 见襄十三·四·一。这里做动词,教导保育。

"是故天子有公,诸侯有卿,卿置侧室,大夫有贰宗,士有朋友,庶人、工、商、皂、隶、牧、圉 yǔ 皆有亲昵,以相辅佐也:善则赏之,过则匡之,患则救之,失则革之。

【是故……佐也】 杨 补 参见桓二—桓三·二·二。

【赏】 正 宣扬。

【匡】 正 正。

【革】 正 杨 更改。

○ 补 这句是为了说明,社会各阶层的"主子"都有陪贰辅佐他,这个"主子"可以是天子、诸侯、卿、大夫、士,甚至可以延展到庶人、工、商、皂、隶、牧、圉。比如说,对于某个庶人之家来说,当家的这位庶人就是他的亲人辅佐规劝的"主子"。

"自王以下,各有父兄子弟,以补察其政;史为书,瞽 gǔ 为诗;工诵箴谏,大夫规诲;士传言,庶人谤;商旅于市,百工献艺。故《夏书》曰:'遒 qiú 人以木铎 duó 徇于路,官师相规,工执艺事以谏。'正月孟春,于是乎有之,谏失常也。

【自王……其政】 自君王以下[的各级"主子"],都有父兄子弟来补救和察纠他的工作。这句一方面是承接上句"是故……佐也",因为在西周和春秋时期,公常常是天子的父兄子弟,卿常常是诸侯的父兄子弟,侧室是卿的父兄子弟,贰宗是大夫的父兄子弟,亲昵是各级贱民的父兄子弟;一方面又是在开启下文"史为……献艺",因为下句是在叙述父兄子弟之外补察君主政事的人。

【史为……献艺】这句是在叙述父兄子弟之外的、补察君主（王、诸侯）政事的其他各类人士，包括史、瞽、工、大夫、士、庶人、商、百工等。

【瞽】正 杨 补 原义指无眼珠而盲，这里指盲人乐师。古人认为目不明则耳聪，故乐师常用盲人。

【工】正 乐人。

【士传言】正 士［通过大夫］传话。

【商旅于市】正 杨 补 杜注认为，旅是动词，意为陈列，指商人在集市里陈列时尚货物以讽喻政事，比如齐国市场上踊贵屦贱之事（参见昭三·三·三·一）。杨注则认为商旅是主语，"商旅于市"承上省略一个动词，《汉书·贾山传》"庶人谤于道，商旅议于市"即是增一"议"字解此句，指商旅在市场里议论政事。笔者认为，杜注解释与下文"百工献艺"对应得更好，更为合理。

【百工献艺】正 补 百工呈献各种技艺［以讽喻政事］。即下文的"工执艺事以谏"。

【遒人……以谏】正 杨 补 此为逸《书》内容，可译为"宣令官手摇木铎在大路上巡行，官师规劝，工匠借呈献技艺进行劝谏"。遒人，宣令官。木铎，金口木舌之铎（铎参见昭二十·五·四·四），用于文教。官师，一官之长，地位不高。

【正月……常也】杨 诸侯大臣和谏官，遇事可谏。至于处于下位的官师、工等，则只有早春正月遒人巡行之时，才有进言机会。

"天之爱民甚矣，岂其使一人肆于民上，以从(纵)其淫，而弃天地之性？必不然矣。"

【而弃天地之性】补 民众的本性是由上天赋予，包含着天地的本性。暴君虐待残害民众，使民众丧失其本性，而民众的本性又包含着天地的本性，概括起来看就是暴君抛弃天地的本性。

○补 笔者对师旷这段言论的深意有详细分析，请见专著《虎变：晋国大族的兴盛与衰亡》（出版中，暂定书名）相关章节。

襄公十四年·八

地理 鲁见襄地理示意图 1。莒、鲁见襄地理示意图 4。

春秋 莒 jǔ 人侵我东鄙。

　○正 补 此次应是报复襄十二年季武子帅鲁军攻入莒邑郓（襄十二·一·春秋）。

襄公十四年·九

地理 楚、吴(1 或 2)见襄地理示意图 1。楚、吴(1 或 2)、棠见襄地理示意图 5。

人物 王子贞（成十五·五·一·一）、楚康王、王子宜谷

春秋 秋，楚公子贞 王子贞 帅师伐吴。

左传 秋，楚子 楚康王 为庸浦之役故，子囊 王子贞 师于棠以伐吴。吴人不出而[楚师]还。子囊殿，以吴为不能，而弗儆 jǐng。吴人自皋舟之隘要(腰)而击之，楚人不能相救。吴人败之，获楚公子宜谷 王子宜谷。

【楚子】补 楚康王。芈姓，熊氏，名昭，谥康。楚共王（成二·四·四）庶长子。襄十四年即位，在位十五年。襄二十八年卒。

【庸浦之役】正 见襄十三·四·三。

【棠】杨 补 在今江苏南京六合区北。楚邑。棠邑是南京地区已知最早的古城邑，其具体位置有争议：一说在六合区东北程桥镇一带，参见《图集》29—30④10，此地发现了多处商周时期大型聚落遗址以及春秋后期贵族墓葬；一说在六合区西北冶浦村，此地发现了西汉棠邑侯国故城遗址。本书采用《图集》说法，而在此提醒读者注意。

【儆】 补 加强戒备。

【皋舟之隘】 正 吴险厄之道。【要而击之】 杨 补 拦腰截击。

襄公十四年·十

地理 周、齐见襄地理示意图 1。周、刘、齐见襄地理示意图 3。

人物 周灵王（襄五·二）、刘定公、齐灵公（成十·三·春秋）、齐太公（僖三—僖四·五）

左传 王周灵王使刘定公赐齐侯齐灵公命，曰："昔伯舅大(太)公齐太公，右我先王，股肱周室，师保万民。［王室］世胙 zuò 大(太)师齐太公，以表东海。王室之不坏繄 yī，伯舅是赖。今余命女(汝)环齐灵公，兹(孳)率舅氏之典，纂 zuǎn 乃祖考，无忝 tiǎn 乃旧。敬之哉！无废朕命！"

【刘定公】 正 补 姬姓，刘氏，名夏，谥定。刘康公（宣十·八·春秋）之子。周王室大夫，襄十五年已任官师，后为周王室卿士。

【伯舅】 补 见僖八—僖九·三·二。

【右我先王】 杨 补 右，佐助。齐太公为周文王、周武王、周成王重臣。

【股肱】 补 股，大腿。肱，大臂。这里作动词，辅佐的意思。

【世胙大师，以表东海】 正 杨 补 ［周王室］世世代代报酬齐太公［的功劳］，将齐作为东方诸国的表率。胙，报酬。

【繄】 补 句末语气词，参见隐元·四·五·二"尔有母遗繄"。

【伯舅是赖】 正 补 即"赖伯舅"，可译为"都是仰仗伯舅"。赖，恃。

【兹率……乃旧】 正 杨 补 孜孜不倦地遵循异姓诸国［佐助周王室的］常法，继承你的祖先，不要玷辱你国的旧勋。兹，孜孜不倦。率，循。纂，继。乃，你的。祖，祖父。考，父亲。忝，辱。

〇 补 周灵王将娶齐女，故使刘定公赐齐灵公命。

襄公十四年·十一

[地理] 鲁、晋、宋、卫、郑、齐见襄地理示意图 1。鲁、晋、宋、卫、郑、莒、邾、戚见襄地理示意图 5。

[人物] 季武子（襄六·五·春秋）、范宣子（成十六·三·七）、华阅（襄九·一·一）、孙文子（成七·八·春秋）、公孙趸（襄八·八·一·二）、晋悼公（成十七·十·一·二）、中行献子（成十六·三·三·一）、卫殇公（襄元·五·春秋）、史佚（僖十五·八·一·七）、仲虺（宣十二·一·五）

[春秋] 冬，季孙宿季武子会晋士匄范宣子、宋华阅、卫孙林父孙文子、郑公孙趸chài、莒人、邾人于戚。

【戚】[补] 见文元·三·春秋。

[左传][一] 晋侯晋悼公问卫故于中行献子。[中行献子]对曰："不如因而定之。卫有君卫殇公矣，伐之，未可以得志，而勤诸侯。史佚有言曰：'因重 zhòng 而抚之。'仲虺 huī 有言曰：'亡者侮之，乱者取之。'推亡、固存，国之道也。君晋悼公其定卫以待时乎！"

【卫故】[正][杨][补] 卫逐君之事。故，事。

【不如因而定之】[补] 不如依据现状而安定它。指不讨伐孙文子、宁惠子逐君之罪，稳定卫殇公的政权。

【勤】[补] 使……劳顿。

【史】[补] 太史，见僖十五·八·一·七。

【因重而抚之】[正][杨][补] 依据[已有的]稳重，而[顺势]加以安抚。重，这里指卫殇公君位已定。

[二] 冬，会于戚，谋定卫也。范宣子假羽毛于齐而弗归，齐人始贰。

【羽毛】 正 杨 羽,鸟羽。"毛"又作"旄",牦牛尾。羽和旄都可用于装饰旌旗(桓十六—桓十七·一·一)。

【齐人始贰】 补 齐人开始有二心。

○ 补 下启襄十五年齐灵公伐鲁北鄙(襄十五·五)。

襄公十四年·十二

地理 楚(郢)、吴(1 或 2)见襄地理示意图 1。

人物 王子贞(成十五·五·一·一)、王子午(襄十二·七)、楚共王(成二·四·四)

左传 【一】 楚子囊 王子贞 还自伐吴,卒。[子囊]将死,遗言谓子庚 王子午:"必城郢 yǐng!"

【必城郢】 补 一定要修筑郢都外城墙(郭)。【郢】 补 见僖十二·二。襄十四年即楚康王元年,据《楚居》,此时楚都在为郢,与文十四年王子燮、斗克欲城之郢(樊郢或同宫之北)应非一处(参见文十四·十一)。

【二】 君子谓:"子囊 王子贞 忠。君 楚共王 薨,不忘增其名;将死,不忘卫社稷,可不谓忠乎? 忠,民之望也。《诗》曰'行归于周,万民所望',忠也。"

【君薨,不忘增其名】 正 指襄十三年王子贞建议楚共王谥号为"共"。

【行归于周,万民所望】 正 《毛诗·小雅·都人士》有此句,可译为"行动归结到忠信,这是广大民众所瞻望的"。周,忠信。

○ 补 昭二十三年王子贞之子囊瓦城郢(昭二十三·五),沈尹戌称其"必亡郢"。可与此处互参。

襄公十五年·一

地理 宋、鲁见襄地理示意图1。

人物 宋平公（成十五·三·春秋）、向戌（成十五·六·三）、孟献子（文十四·十二·三）

春秋 十有(又)五年，春，宋公宋平公使向戌来聘。二月己亥十一日，[我]及向戌盟于刘。

【聘】补见隐七·四·春秋。

【刘】正在鲁都城外。鲁地。

左传 十五年，春，宋向戌来聘，且寻盟。[向戌]见孟献子，尤其室，曰："子有令闻，而美其室，非所望也。"[献子]对曰："我在晋，吾兄为之。[吾]毁之重chóng劳，且不敢间jiàn。"

【寻盟】正重温襄十一年亳之盟（襄十一·二）。

【尤】补以……为异。

【令闻】杨好名声。

【毁之重劳，且不敢间】正杨补毁掉装潢将重复辛劳，而且我不敢否定[哥哥所做的事]。间，以……为非。

襄公十五年·二

地理 周、齐见襄地理示意图1。周、刘、单、齐见襄地理示意图3。

人物 刘定公（襄十四·十）、单靖公（襄十·八·二）、王后

春秋 刘夏刘定公逆王后于齐。

左传 官师刘定公从单靖公逆王后于齐。卿不行，非礼也。

【逆】补迎。

○正依礼制,周王娶后不亲迎,而使卿往迎,公监之。刘定公此时尚未为卿,故曰"非礼"。

襄公十五年·三

地理楚见襄地理示意图1。

人物王子午(襄十二·七)、王子罢戎(襄九·五·六)、芴(蒍)子冯、王子囊师(成十七·十一)、王子成(成六·九·一·一)、屈到、王子追舒、屈荡(宣十二·一·十一)、养由基(宣十二·一·十一)

左传【一】楚公子午王子午为令尹,公子罢 pí 戎王子罢戎为右尹,芴 wěi 子冯 píng 芴(蒍)子冯为大司马,公子囊 gāo 师王子囊师为右司马,公子成王子成为左司马,屈到为莫敖,公子追舒为箴尹,屈荡为连尹,养由基为宫厩尹,以靖国人。

【令尹】补见庄四·二·二。【右尹】补见成十六·三·四·二。
【芴子冯】正补芴(蒍)子冯。芈姓,芴(蒍)氏,又为仳氏,名子冯,芴艾猎(宣十一·二·二)之子。楚大夫,官至执政(继王子追舒)。襄十五年已任司马,襄二十二年任令尹。襄二十四年至襄二十五年间卒。【大司马】补即司马,见僖二十六·三。
【右司马】补见襄二·九。
【左司马】补楚外朝官,司马副手,职掌征兵、率军征伐。
【屈到】正补芈姓,屈氏,名到,字夕,屈荡(宣十二·一·十一)之子。楚大夫,襄十五年已任莫敖。【莫敖】补见桓十一·二。
【公子追舒】正补王子追舒。芈姓,名追舒,字南。楚庄王(文十四·十一·一)之子。楚大夫,官至执政(继王子午)。襄十五年已任箴尹,襄二十一年任令尹。襄二十二年被楚康王所杀。其名(追舒)、字(南)相应,舒为南方之国。【箴尹】补见宣四·五·五·二。

【连尹】补见宣十二・一・十四・三。

【宫厩尹】补楚内朝官,职掌宫厩马政。宫厩,楚公室马厩名。楚另有中厩尹(昭二十七・八・一)。

[二] 君子谓:"楚于是乎能官人。官人,国之急也。能官人,则民无觎 yú 心。《诗》云'嗟我怀人,置彼周行',能官人也。王及公、侯、伯、子、男、甸、采、卫、大夫,各居其列,所谓'周行'也。"

【官人】补任命官员。

【觎心】正觊觎以求侥幸之心。

【嗟我怀人,置彼周行】正 杨 补《毛诗・周南・卷耳》有此句,本意是"嗟叹我怀念着那个人,把装卷耳菜的筐放在道路旁"。根据《左传》上下文,则可译为"嗟叹我所怀念的贤人,要把他们全都安排在恰当的行列里"。行,列。周,遍。

【公、侯……采、卫】补公、侯、伯、子、男为周王室五等爵位,侯、甸、男、采、卫又为周代服制之名。五等爵参见《知识准备》。周代服制参见桓二—桓三・二・二。

襄公十五年・四

地理郑、宋、鲁见襄地理示意图 1。郑、宋、鲁、卞见襄地理示意图 3。

人物公孙夏(襄十・七・二・三)、良霄(襄十一・二・春秋)、公孙侨(襄八・三)、师茷、师慧、公孙黑、乐喜(襄六・二・二)、堵女父(襄十・七・二・二)、尉翩(襄十・七・二・三)、司齐(襄十・七・二・三)、司臣(襄十・七・二・二)、季武子(襄六・五・春秋)、师慧之相

左传[一] 郑尉氏、司氏之乱,其余盗在宋。郑人以子西公孙夏、伯有良霄、子产公孙侨之故,纳赂于宋,以马四十乘 shèng 与师茷 fá、师慧。三月,公孙黑为质焉。司城子罕乐喜以堵女父 fǔ、尉翩、司

齐<u>与之</u>，良<u>司臣</u>而逸之，托诸(之于)<u>季武子</u>，<u>武子</u>季武子置诸(之于)<u>卞</u>。郑人醢 hǎi 之三人也。

【郑尉氏、司氏之乱】正事见襄十·七。

【郑人……质焉】正补郑人因为公孙夏、良霄、公孙侨的缘故（指襄十年三人之父均死于尉氏、司氏之乱），送给宋人财货〔，希望获得尉氏、司氏在宋的余党〕，包括一百六十匹马以及师茷、师慧二位乐师。三月份又派公孙黑到宋国当人质。四马为乘。师见襄十一·二·五·四。【公孙黑】正杨补姬姓，名黑，字皙。公子骈(成十三·二)之子，郑穆公(僖三十·三·五)之孙。郑大夫。襄十五年为质于宋，襄二十九年前归于郑。昭元年自求列于卿位。昭二年自缢而死。其名(黑)、字(皙)相应，黑与皙(白)正相反。

【司城】补见文七·二·一。

【良司臣而逸之】正杨补乐喜以司臣为贤良〔，不应被杀〕，因而将他放走。

【卞】补见僖十七·三·春秋。

【醢】补参见庄十二—庄十三·三。

【之三人】正杨这三人，即堵女父、尉翩、司齐。

〔二〕<u>师慧</u>过宋朝，将私焉。

【宋朝】补宋国公宫内的朝堂。

【私】正小便。

○补师慧是盲人，应该是从朝堂上卿大夫们的声音分辨出来已经到了朝堂。

其相 xiàng 曰："朝也。"

【相】正杨盲人乐师的扶持者。

慧师慧曰："无人焉。"

相曰："朝也，何故无人？"

慧曰："必无人焉。若犹有人，岂其以千乘 shèng 之相易淫乐
yuè 之矇 mēng？必无人焉故也。"

【若犹……之矇】 正 杨 补 如果[宋朝廷]还有贤人，难道会用千乘
之国的国相去交换演奏靡靡之音的盲人[乐师]？这是责备宋不因公
孙夏等郑卿的请求而主动遣返堵女父等郑叛臣，而一定要等乐师马
匹等财货送到才遣返。矇，有眼珠而盲。

子罕乐喜闻之，固请而归之师慧。

襄公十五年·五

地理 齐、鲁、晋见襄地理示意图 1。齐、鲁、成见襄地理示意图 4。

人物 齐灵公（成十·三·春秋）、鲁襄公（襄元·〇）、季武子（襄六·
五·春秋）、叔孙穆子（成十六·六·二）

春秋 夏，齐侯齐灵公伐我北鄙，围成。公鲁襄公救成，至遇。

【成】 补 见桓六·三·春秋。
【遇】 正 杨 在今山东曲阜与宁阳之间。鲁地。

季孙宿季武子、叔孙豹叔孙穆子帅师城成郕 fú。

【郕】 补 见隐五·八·一。

左传 夏，齐侯齐灵公围成，[齐]贰于晋故也。于是乎[我]城成郕。
　　○正 杨 齐、鲁本皆为晋盟国。襄十四年戚之会，范宣子从齐人处借
羽旄而未归还，齐始有二心（参见襄十四·十一·二），因而今年不顾
盟约而伐鲁。

襄公十五年·六

春秋 秋,八月丁巳,日有食之。

　　【八月丁巳】正 杨 据杜预及王韬所推春秋历,应为"七月丁巳朔"。

　　【日有食之】补 见隐三·一·春秋。

襄公十五年·七

　　地理 鲁、晋、郑见襄地理示意图 1。邾、鲁、晋、莒、郑见襄地理示意图 5。

　　人物 晋悼公(成十七·十·一·二)、公孙夏(襄十·七·二·三)、公孙虿(襄八·八·一·二)

春秋 邾人伐我南鄙。

冬,十有(又)一月癸亥(九日),晋侯周(晋悼公)卒。

左传【一】 秋,"邾人伐我南鄙",[我]使告于晋。晋将为会,以讨邾、莒 jǔ。晋侯(晋悼公)有疾,乃止。

　　○正 补 邾也对晋有二心而服事齐,因此讨伐晋盟国鲁。莒于襄十二年、襄十四年曾讨伐鲁。因此鲁请晋为会,以讨伐邾、莒二国。

【二】 冬,晋悼公卒,遂不克会。郑公孙夏如晋奔丧,子蟜 jiǎo,公孙虿送葬。

　　【克】补 能。

　　○正 杨 此次晋悼公去世,郑国奔丧(吊唁)、送葬的都是卿。据昭三十·二·二游吉之言,"先王之制:诸侯之丧,士吊,大夫送葬"。实际上,诸侯国在应对霸主国君主的葬礼时,早已不行此先王之制。

　　○正 下启襄十六年溴梁之会(襄十六·一)。

襄公十五年·八

地理 宋见襄地理示意图 1。

人物 乐喜（襄六·二·二）、献玉者、玉人

左传 宋人或得玉，献诸（之于）子罕乐喜。子罕弗受。

【或】补 有人。

献玉者曰："[我]以[玉]示玉人，玉人以为宝也，故敢献之。"

【玉人】正 治玉匠人。

子罕曰："我以不贪为宝，尔以玉为宝。若[尔]以[玉]与我，皆丧宝也。不若人有其宝。"

[献玉者]稽 qǐ 首而告曰："小人怀璧，不可以越乡。纳此以请死也。"

【稽首】补 见僖五·二·二·一。

【璧】补 见桓元·一·春秋。

【越乡】补 穿越乡里。

【纳此以请死也】正 补 送玉[给您]以求免于一死。

子罕置诸（之于）其里，使玉人为之攻之。[献玉者]富，而后[子罕]使[献玉者]复其所。

【子罕置诸其里】杨 补 乐喜将献玉之人安置在自己所居住的里巷。

【攻】正 治。

○补 **传世文献对读**：《礼记·檀弓下》载乐喜哭介夫之事，亦可见乐喜之贤，可扫码阅读。

襄公十五年·九

地理 郑、晋见襄地理示意图 1。

人物 堵狗

左传 十二月，郑人夺堵狗之妻，而归诸(之于)范氏。

　○正 堵狗为堵女父族人，其妻为晋卿族范氏之女。郑人诛杀堵女父之后，恐堵狗依靠范氏作乱，因此夺其妻而归之于范氏，以断绝堵狗和范氏之间的姻亲关系。

襄公十六年·一

地理 鲁、晋、宋、卫、郑、曹、齐、楚见襄地理示意图1。鲁、宋、卫、曹、莒、邾、薛、杞1、小邾、齐见襄地理示意图4。鲁、晋、宋、卫、郑、曹、邾、薛、小邾、许、楚、溴梁、曲沃、温、棫林、函氏、湛阪、方城、溴水、湛水见襄地理示意图5。

人物 晋悼公（成十七·十·一·二）、鲁襄公（襄元·○）、晋平公、宋平公（成十五·三·春秋）、卫殇公（襄元·五·春秋）、郑简公（襄七·八·二·二）、曹成公（成十三·三·一）、莒犁比公（襄三·五·春秋）、邾宣公（成十八·七·春秋）、薛伯、杞孝公（襄九·五·春秋）、小邾穆公（襄七·三·春秋）、齐灵公（成十·三·春秋）、子叔齐子（襄十四·一·春秋）、中行献子（成十六·三·三·一）、宁惠子（成十四·一·三·一）、羊舌肸（襄十一·二·五·三）、张君臣、祁奚（成八·五·一）、韩襄、栾怀子（襄十四·四·七）、范献子（襄十四·四·五）、虞丘书、高厚（襄六·六·二·四）、叔孙穆子（成十六·六·二）、向戌（成十五·六·三）、公孙虿（襄八·八·一·二）、许灵公（成二·七·一·二）、王子格

春秋 十有（又）六年，春，王正月，葬晋悼公。

○正補 据隐元·五，诸侯五月而葬。晋悼公逾月而葬，于礼为速。

三月，公鲁襄公会晋侯晋平公、宋公宋平公、卫侯卫殇公、郑伯郑简公、曹伯曹成公、莒子莒犁比公、邾子邾宣公、薛伯、杞伯杞孝公、小邾子小邾穆公于溴jú梁。戊寅二十六日，大夫盟。

【晋侯】補 晋平公。姬姓，名彪，谥庄、平（据清华简二《系年》），简谥平。晋悼公（成十七·十·一·二）之子，晋悼夫人（襄二十三·二）所生。襄十六年即位，在位二十六年。昭十年卒。

【溴梁】杨補 溴水上的堤梁，当在今河南济源以北。周地。参见《图集》22—23⑩17。【溴】正杨補 水名，今名蟒河，源出于山西阳

城花野岭,向南流入河南济源境,在东南流经沁阳、孟州、温县,至武陟草亭附近汇入黄河。春秋时溴水参见《图集》22—23⑩17 至⑪17。

晋人执莒子莒犁比公、邾子邾宣公以归。

齐侯齐灵公伐我北鄙。

○ 正 此条《春秋》无对应《左传》。

夏,公鲁襄公至自会。

○ 正 此条《春秋》无对应《左传》。

五月甲子十三日,[我]地震。

○ 正 此条《春秋》无对应《左传》。

叔老子叔齐子会郑伯郑简公、晋荀偃中行献子、卫宁殖宁惠子、宋人伐许。

左传【一】十六年,春,葬晋悼公。平公晋平公即位。羊舌肸 xī 为傅,张君臣为中军司马,祁奚、韩襄、栾盈栾怀子、士鞅范献子为公族大夫,虞丘书为乘 shèng 马御。

【羊舌肸为傅】 杨 据《国语·晋语七》,则女齐曾向晋悼公举荐羊舌肸,称其"习于《春秋》",使晋悼公任命羊舌肸担任太子彪(即晋平公)之傅。如此,则羊舌肸自晋平公为太子之时便担任其傅。【傅】 补 太傅,见文五—文六·二。

【张君臣】 正 补 姬姓,张氏,名君臣。张老(成十八·三·一)之子。晋大夫,襄十六年已任中军司马。【中军司马】 补 见成十八·三·一。

【韩襄】 正 补 姬姓,韩氏,名襄。公族穆子(成十八·三·一)之子。

晋大夫,襄十六年已任公族大夫。【公族大夫】补见宣二·三·六·一。

【虞丘书】补虞丘氏,名书。晋大夫,襄十六年已任乘马御。【乘马御】补见成十八·三·一。

【二】[晋侯]改服、修官,烝 zhēng 于曲沃。[晋侯]警守而下,会于溴梁。命归侵田。以我故,[晋人]执邾宣公、莒 jǔ 犁比公,且曰"[邾、莒]通齐、楚之使"。

【改服】正补改服[较轻的]丧服。【修官】正任用贤能。

【烝】杨见桓五·四。【曲沃】补见隐五·二。

【警守而下】杨补[晋悼公]在国都布置守卫以后就南下。

【命归侵田】正补命令[诸侯]退回相互侵占的田地。

【以我……之使"】正补由于鲁[襄十五年请求晋讨伐邾、莒]的缘故,[晋人]在会上扣留了邾宣公、莒犁比公,而且说"[邾、莒]帮助齐、楚二国使节往来串通"。

【三】晋侯晋平公与诸侯宴于温。[晋侯]使诸大夫舞,曰:"歌诗必类。"齐高厚之诗不类。荀偃中行献子怒,且曰"诸侯有异志矣",使诸大夫盟高厚,高厚逃归。于是叔孙豹叔孙穆子、晋荀偃、宋向戌、卫宁殖宁惠子、郑公孙虿 chài、小邾之大夫盟曰:"同讨不庭。"

【宴】补参见文四·四。

【温】杨补见隐三·四·二。此时为晋邑。溴水流经温地。

【歌诗必类】杨唱诗必须要和舞蹈相称。

【高厚逃归】补据清华简二《系年》,则高厚是在诸侯迁许之师到达方城之时从军中逃归齐。

【不庭】杨见隐十·一·三·二。这里是沿用旧词,实指不服从盟主晋的诸侯,特指齐,与成十二·二·一"不庭"类似。

○补 齐代表高厚不见于上文《春秋》关于溴梁会盟参与者的记载,可能是因为晋人本来就是要在溴梁会盟上声讨齐与楚串通的罪行,因此不允许齐方代表高厚参与会议和盟誓。高厚受到如此羞辱,因此在温之会时故意歌诗不类,进一步激化了矛盾,最终从会场逃归。

【四】许男许灵公请迁于晋。诸侯遂迁许,许大夫不可。

【许男请迁于晋】杨 补 许旧都在今河南许昌东三十六里。成十五年,为逃避郑国逼迫,许灵公请楚迁许于叶,在河南叶县南稍西三十里。叶为楚地,许从此为楚属国。此次许灵公又请迁于晋,可能是不堪楚人役使,意欲远离楚而转服于晋。由于许大夫反对,迁许之事终不成。

○补 许灵公不见于上文《春秋》关于溴梁会盟参与者的记载,可能是在溴梁会盟之后才到会。

郑子蛴 jiǎo,公孙虿闻将伐许,遂相 xiàng 郑伯郑简公以从诸侯之师。

穆叔叔孙穆子从公鲁襄公[而归],齐子子叔齐子帅师会晋荀偃中行献子。[《春秋》]书曰"会郑伯",为夷故也。

【书曰……故也】正 杨 《春秋》先书"郑伯",是由于如此排列,方为平顺。郑简公为君,中行献子虽为各军主帅,但毕竟为晋臣,因此列在郑简公之后。夷,平。

夏,六月,[诸侯之师]次于棫 yù 林。庚寅九日,[诸侯之师]伐许,次于函氏。

【棫林】正 杨 补 在今河南叶县东北。许地。参见《图集》29—30③5。

【函氏】正 杨 补 在今河南叶县北。许地。参见《图集》29—30③5。

晋人归诸侯。

○ 补 晋人让诸侯回国[，准备单独伐楚]。

○ 补 通行本中，"晋人归诸侯"原在"许大夫不可"之后，"郑子蟜闻将伐许"之前。若依照通行本，则许大夫不可之后，晋人已使诸侯归国。而下文又言郑公孙虿相郑简公以从诸侯之师，似乎诸侯不愿离去而执意要跟随晋师伐许，于事理甚为迂曲。窃以为许大夫不可之后，诸侯之师于是跟随晋中行献子伐许，其间并无晋人归诸侯之事。诸侯次于函氏之后，晋人决计不再伐许，于是使诸侯归国。诸侯归国之后，晋师独自伐楚。如此安排，方为平顺合理。据上述理由，因而有此调整。

【五】晋荀偃中行献子、栾黡 yǎn，栾桓子帅师伐楚，以报宋杨梁之役。楚公子格王子格帅师，及晋师战于湛阪 bǎn，楚师败绩。晋师遂侵方城之外，复伐许而还。

【宋杨梁之役】正 见襄十二·四。

【湛阪】杨 补 在今河南平顶山北部、湛河以北的丘陵地带。楚地。参见《图集》29—30③5。【湛】正 杨 补 水名，今名湛河，源出于河南平顶山新华区马跑泉村西北的仝岭，由西向东流经平顶山，在叶县炼石店东南汇入北汝河。春秋时湛水参见《图集》29—30③5。

【方城之外】杨 补 方城内外参见僖二十七—僖二十八·十一"入居于申"。

襄公十六年·二

地理 齐、鲁、晋见襄地理示意图 1。齐、鲁、成见襄地理示意图 4。

人物 齐灵公（成十·三·春秋）、叔孙穆子（成十六·六·二）、孟孺子速、晋平公（襄十六·一·春秋）、中行献子（成十六·三·三·一）、范宣子（成十六·三·七）

春秋 秋,齐侯_{齐灵公}伐我北鄙,围成。

【成】 补 见桓六·三·春秋。此时为孟氏采邑。

［我］大雩 yú。

【雩】 补 见桓五·四·春秋。

○ 正 此条《春秋》无对应《左传》。

冬,叔孙豹_{叔孙穆子}如晋。

左传 【一】 秋,齐侯_{齐灵公}围成,孟孺子速微 yāo 之。齐侯曰:"是_{孟孺子速}好勇,去之以为之名。"速_{孟孺子速}遂塞海陉而还。

【孟孺子速】 正 补 后为孟庄子。姬姓,孟氏,名速,谥庄。孟献子(文十四·十二·三)之子。鲁大夫,官至卿位。襄二十三年卒。孺子参见僖十五·八·一·八。

【微之】 正 杨 遮拦截击之。

【是好……之名】 杨 补 此人喜欢勇敢,[我们]离开这里以使他成名。据襄十八·三·五,晏平仲谓齐灵公"固无勇",则此次齐灵公言论实为掩饰其胆怯欲退的真实意图。

【海陉】 正 杨 齐、鲁之间隘道。

【二】 冬,穆叔_{叔孙穆子}如晋聘,且言齐故。

【聘】 补 见隐七·四·春秋。

【且言齐故】 正 补 而且说到齐连年伐鲁之事。

晋人曰:"以寡君_{晋平公}之未禘 dì 祀,与民之未息,不然,不敢忘。"

【禘祀】 正 此应为晋悼公之吉禘,见闵二·二·春秋。

【民之未息】 正 补 指晋新近伐许、伐楚,民众疲敝。

穆叔曰："以齐人之朝夕释憾于敝邑之地,是以大请。敝邑之
急,朝 zhāo 不及夕,引领西望曰:'庶几乎!'比 bì 执事之间 xián,
恐无及也。"

【释憾】补释放愤恨。

【领】补颈。

【庶几乎!】正补差不多[可以来救援]了吧!

【比执事之间】杨补等到执事有空。比,及,等到。

[穆叔]见中行献子,赋《圻(qí,祈)父 fǔ》。献子中行献子曰:"偃中行献
子知罪矣。敢不从[鲁之]执事以同恤社稷,而使鲁及此!"

【见中……圻父》】正补《毛诗·小雅》有《祈父》。《祈父》作者责备
祈父不修其职,使自己困苦,而无处安居。叔孙穆子赋此诗,想要提
醒晋担负起盟主责任,出师救鲁。

【恤】补忧。

[穆叔]见范宣子,赋《鸿雁》之卒章。宣子范宣子曰:"匄范宣子在
此,敢使鲁无鸠乎?"

【见范……卒章】杜补《毛诗·小雅·鸿雁》(见文十三·五·二)
末章有"鸿雁于飞,哀鸣嗷嗷。维此哲人,谓我劬劳",可译为"鸿雁高
飞翔,哀鸣声凄凉。唯有明理人,说我辛苦忙"。叔孙穆子赋此诗,表
示鲁困苦,希望晋能体谅和救助。

【鸠】正杨安集。

○补**传世文献对读:**《毛诗·小雅·祈父》的原文,可扫码阅读。

襄公十七年·一

地理 邾见襄地理示意图 4。

人物 邾宣公（成十八·七·春秋）

春秋 十有（又）七年，春，王二月庚午二十三日，邾子牼 kēng，邾宣公卒。

襄公十七年·二

地理 宋、陈见襄地理示意图 1。

人物 庄朝、司徒卬

春秋 宋人伐陈。

左传 十七年，春，宋庄朝伐陈，获司徒卬 áng——[陈]卑宋也。

【庄朝】 补 庄氏，名朝。宋大夫。

【司徒卬】 正 补 名卬。陈大夫，任司徒。襄十七年被宋庄朝所获。

【司徒】 补 陈外朝官，职掌包括出征作战、征收赋税等。

【卑宋也】 正 杨 ［因为陈］轻视宋的缘故。

襄公十七年·三

地理 卫、曹、晋见襄地理示意图 1。卫、曹、晋、重丘（近大野泽）见襄地理示意图 3。

人物 石共子、孙蒯（襄十·四·二）、重丘人、卫献公（成十四·五·一）、孙文子（成七·八·春秋）

春秋 夏，卫石买石共子帅师伐曹。

【石买】 正 补 石共子。姬姓，石氏，名买，谥共。石成子（成元—成二·三)之子。卫大夫,官至卿位。襄十八年被晋人所执,后归于卫。襄十九年卒。

左传【一】卫孙蒯 kuǎi 田于曹隧,饮 yìn 马于重 chóng 丘,毁其瓶。重丘人闭门而询(诟)之,曰:"亲逐而〔尔〕君卫献公,尔父孙文子为厉。〔尔〕是之不忧,而何以田为?"

【田】补 打猎。【曹隧】杨 曹地。

【重丘】正 补 在今山东巨野西南。曹邑。参见《图集》26—27④2。

【瓶】补 汲水器具。

【询】正 杨 詈骂。

【亲逐而君,尔父为厉】正 补 亲自驱逐你的国君,你父亲是罪魁祸首。孙氏逐君之事在襄十四·五。厉,本义为恶鬼,此处引申指罪魁。

【是之不忧】补 即"不忧是",可译为"你不忧虑这个"。

【二】夏,卫石买石共子、孙蒯伐曹,取重丘。曹人诉于晋。

○正 下启襄十八年晋人执石共子(襄十八·二)。

襄公十七年·四

地理 齐、鲁、宋、陈见襄地理示意图 1。齐、鲁、宋、邾、桃、防(东防)、阳关见襄地理示意图 4。

人物 齐灵公(成十·三·春秋)、高厚(襄六·六·二·四)、华臣(襄九·一·一)、臧武仲(成十八·十·二)、孔纭(襄十·一·二·二)、臧畴、臧贾、臧坚、夙沙卫(襄二·三)、华阅(襄九·一·一)、华皋比、华吴、向戌(成十五·六·三)、宋平公(成十五·三·春秋)

春秋 秋,齐侯齐灵公伐我北鄙,围桃。高厚帅师伐我北鄙,围防。

【桃】杨 补 在今山东汶上南陶村。鲁邑,昭七年后为孟氏采邑。参见《图集》26—27④。

【防】补东防,见隐九·五·春秋。此时已为臧氏采邑。

九月,[我]大雩yú。

【雩】见桓五·四·春秋。
○正此条《春秋》无对应《左传》。

宋华臣出奔陈。

冬,邾人伐我南鄙。

左传【一·一】齐人以其未得志于我故,"秋,齐侯伐我北鄙,围桃";高厚围臧纥hé,臧武仲于防。[我]师自阳关逆臧孙臧武仲,[我师]至于旅松。邾zōu叔纥hé,孔纥、臧畴、臧贾帅甲三百,宵犯齐师,送之臧武仲[至旅松]而复。齐师去之。

【未得志于我】正补指襄十六年齐伐鲁,为逃避孟孺子速,未得胜而归。

【秋,齐……于防】杨齐分二军,一路由齐侯率领,围桃;另一路由高厚率领,围防。

【师自……去之】正杨补鲁师从阳关出发去迎接[被齐师围困在防邑的]臧武仲,到达[靠近防邑的]旅松。[驻守防邑的]孔纥、臧畴、臧贾率领三百甲士,夜里[从防邑]侵犯齐师[,突破封锁],把臧武仲送到[旅松鲁师营地],然后再杀回到防邑[继续坚守]。齐师[见臧武仲已经逃脱,于是解除包围,]从鲁撤军。

【阳关】正杨补在今山东泰安岱岳区阳关村。鲁邑。定七年前曾入于齐,定七年归于鲁。定八年阳虎以讙、阳关叛于齐。定九年归于鲁。参见《图集》26—27④4。

【旅松】正距防不远。鲁邑。

【臧畴】正补姬姓,臧氏,名畴。臧宣叔(宣十八·六·二)之子,臧武仲（成十八・十・二）兄弟。

【臧贾】正补姬姓，臧氏，名贾。臧宣叔嫡长子，臧武仲异母兄。臧武仲立为族长之后，臧贾自鲁出居于铸。襄十七年前曾归于鲁。襄二十三年前又回到铸。

【一・二】齐人获臧坚。齐侯齐灵公使夙沙卫唁 yàn 之，且曰"无死"。坚臧坚稽 qǐ 首曰："拜命之辱。抑君齐灵公赐不终，姑又使其刑臣夙沙卫礼于士臧坚。"[坚]以杙 yì 抉 jué 其伤而死。

【臧坚】正补姬姓，臧氏，名坚。臧武仲族人。襄十七年被齐人所俘，遂自杀而死。

【唁】杨补慰问。

【稽首】补见僖五・二・二・一。

【拜命之辱】补拜谢[国君]屈尊[发布]命令。

【抑君……于士】杨补然而君王一方面赐[我]不死，另一方面却又派一个刑余之臣来对一个士表示礼待。使刑臣命士，违背当时礼制，士以为耻。抑，转折连词，然而。刑臣，刑余之臣，相当于后世的宦官。

【杙】杨小木椎，一端锐而斜者。【抉】杨挖，剔。

【二】"冬，邾人伐我南鄙"，为齐故也。

○正补邾依附齐，齐伐鲁又未得志，于是邾为齐伐鲁。《春秋》书宋华臣出奔陈在前，邾人伐我南鄙在后，而《左传》则反之。可能《左传》因为邾人伐我南鄙在事理上承接齐人伐我北鄙而连贯叙述，而《春秋》所据为诸侯通告上所书时间（宋华臣之事）及事件发生时间（邾人伐我之事）。

【三・一】宋华阅卒。华臣弱皋比华皋比之室，使贼杀其宰华吴，贼六人以铍 pī 杀诸（之于）卢门合左师向戌之后。左师向戌惧，曰："老夫无罪。"贼曰："皋比私有讨于吴华吴。"[贼]遂幽其华吴妻，曰："畀 bì 余而（尔）大璧！"

【华臣】正华阅之弟。

【弱】正杨以……为弱而侵害之。

【皋比】正补华皋比。子姓,华氏,名皋比。华阅(襄九・一・一)之子。

【宰】补家宰,见隐四・二・七・一。【华吴】杨补子姓,华氏,名吴。华喜(成十五・六・一)之子,华父督(桓元—桓二・春秋)之子华季老之后。华氏家宰。襄十七年被华臣之徒所杀。

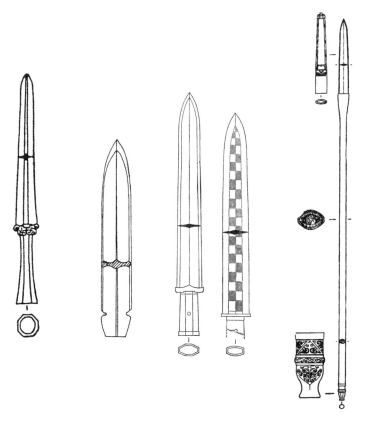

襄器物图 4.1 山东临淄齐国故城 M 1 出土铜铍头,春秋早期(《山东临淄齐国故城西周墓》,1988 年)

襄器物图 4.2 山东海阳嘴子前春秋墓 M 4 出土铜铍头,春秋中期(《海阳嘴子前》,2002 年)

襄器物图 4.3 山西太原金胜村晋国赵卿墓出土铍头,春秋晚期(《太原晋国赵卿墓》,1996 年)

襄器物图 4.4 湖北荆门包山楚国墓地 M 2 出土铍及铍鞘,战国中期(《包山楚墓》,1991 年)

【铍】[杨][补]长柄兵器,前端金属部分形似短剑,后有长柄。实质上是一种结合剑和矛的形制创造出来的兵器,从考古资料和文献记载来推测,大概起源于西周晚期,从春秋到战国早期逐渐发展、演变,在战国中晚期达到鼎盛,到西汉中期完全退出战场。考古发现春秋时期铍实例见襄器物图 4。

【卢门合左师之后】[补]向戌身后。【卢门】[补]见桓十四·四,向戌家所在地。【合】[正][补]在今山东滕州山亭区西北。宋邑,曾为向戌采邑。【左师】见僖九·三。

【畀余而大璧!】[正][补]给我你的大玉璧! 璧见桓元·一·春秋。

[三·二] 宋公宋平公闻之,曰:"臣华臣也不唯其宗室是暴,[且]大乱宋国之政,必逐之!"左师向戌曰:"臣也,亦卿也。大臣不顺,国之耻也,不如盖之。"乃舍之。左师为己短策,苟过华臣之门,必骋。

【臣也不唯其宗室是暴】[杨][补]即"臣也不唯暴其宗室",可译为"华臣不仅残暴地对待他的宗室"。华皋比、华吴皆为华臣宗族之人,故曰"其宗室"。

【左师……必骋】[正][杨][补]向戌给自己做了一根短马策,如果经过华臣家门,一定[用它帮助驾车人]策马快跑。之所以用短策而不是正常长度的策,是不想让外人看到自己在帮助策马而再生事端。骋,快跑。【策】[补]杆状打马用具。考古发现春秋时期策见襄器物图 5。

[三·三] 十一月甲午二十二日,国人逐瘈 zhì 狗。瘈狗入于华臣氏,国人从之。华臣惧,遂

襄器物图 5　陕西韩城梁带村芮国墓地 M18 出土策,春秋早期后段(《梁带村芮国墓地——二〇〇七年度发掘报告》,2010 年)

奔陈。

【瘠狗】 正 杨 补 疯狗。瘠，《说文》引作"猘"，疑为古文正字。

○ 补 国人追瘠狗，应该不是偶发事件，而是出于向戌的安排，所以这条"瘠狗"才会不偏不倚正好冲进华氏家门。向戌一方面向华臣示弱，一方面暗中监测华臣的精神状况，抓住时机利用"国人追瘠狗"吓跑华臣，既达到了为国除害的目的，又没有亲自出面，从而避免了"向氏借机削弱华氏"的嫌疑，可谓是老谋深算。参见公孙侨故意向公孙黑示弱，最终抓住机会将其逼死之事（昭元·二、昭元·四、昭二·二）。

襄公十七年·五

地理 宋见襄地理示意图1。

人物 皇国父、宋平公（成十五·三·春秋）、乐喜（襄六·二·二）

左传 宋皇国父 fǔ 为大（太）宰，为平公 宋平公 筑台，妨于农收。子罕 乐喜 请俟农功之毕，公 宋平公 弗许。筑者讴曰：

【皇国父】 补 子姓，皇氏，名或字国。宋大夫，襄十七年已任太宰。
【大宰】 补 见桓元—桓二·二。
【俟】 补 等待。
【讴】 补 见宣二·一·三。

"泽门之皙 皇国父，实兴我役。

【泽门之皙】 正 补 住在泽门的白皮肤［之人］。指皇国父，因其居于泽门，且皮肤白皙。【泽门】 正 宋都东城南门。

"邑中之黔 乐喜，实慰我心。"

【邑中之黔】 正 补 都邑中的黑皮肤［之人］。指乐喜，因其居于宋都城内,且皮肤较黑。

子罕闻之,亲执扑,以行筑者,而抶 chì 其不勉者,曰:"吾侪 chái 小人皆有阖庐以辟(避)燥湿寒暑。今君 宋平公 为一台,而不速成,何以为役?"讴者乃止。

【扑】 正 杨 竹鞭。

【行】 杨 巡行督察。

【抶】 杨 笞击。

【吾侪】 补 我等。

【阖庐】 正 杨 房舍。阖,木板门扇。

○ 补 杜甫《双燕》"应同避燥湿"典出于此。

或问其故。子罕曰:"宋国区区,而有诅有祝,祸之本也。"

【或】 补 有人。

【区区】 杨 小貌。

【诅】 杨 诅咒,指"泽门之皙,实兴我役"。

【祝】 杨 歌颂,指"邑中之黔,实慰我心"。

襄公十七年 · 六

地理 齐见襄地理示意图 1。

人物 晏桓子(宣十四·六·二·一)、晏平仲、晏氏之老

左传 齐晏桓子卒。

晏婴 晏平仲 粗缞 cuī(衰)斩,

【晏婴】 正 补 晏平仲。姜姓,晏氏,名婴,谥平,排行仲。晏桓子(宣

十四・六・二・一)之子。齐大夫,官至卿位。定十年卒(据《史记・齐太公世家》)。《论语・公冶长》:"子曰:'晏平仲善与人交,久而敬之。'"其人格魅力可以想见。据《大戴礼记・卫将军文子》,孔子认为:"其言曰,'君虽不量于臣,臣不可以不量于君,是故君择臣而任之,臣择君而事之,有道顺命,无道横命',晏平仲之行也。"据《史记・孔子世家》,"孔子之所严事:于周则老子;于卫,蘧伯玉;于齐,晏平仲;于楚,老莱子;于郑,子产;于鲁,孟公绰",可知晏平仲是孔子尊为榜样的六位贤君子之一。

【粗缞斩】［正］［杨］［补］［穿］斩衰丧服。苴麻布作丧服而不缝边,边缘如刀斩般不齐整,即斩衰,是古代五等丧服中最重一等。依丧服制度(详见下),父死,子为父服斩衰三年。杜注认为,斩衰所用为三升苴麻布。布以八十缕为一升,布幅宽二尺二寸,以三升(二百四十缕)织成,比最细的三十升布(二千四百缕)粗疏许多。斩,衣边不缝,如刀斩般不齐。《仪礼・丧服》作"斩衰裳"。

苴 jū 绖 dié、带、杖,

【苴】［正］［杨］大麻(见宣八・四)雄雌异株,雄为枲,雌为苴,枲麻细,苴麻粗。

○［正］［杨］［补］［戴］苴麻布缠头带、［系］苴麻布腰带、［拄］苴色(黯黑色)竹杖。《仪礼・丧服》作"苴绖、杖、绞带"。

菅 jiān 屦 jù,

○［正］［补］［穿］用菅草编织的草鞋。菅参见成九・十・二。屦见桓元—桓二・三・二。《仪礼・丧服》同。

食鬻(粥),

○［正］［杨］［补］喝粥。《仪礼・丧服》作"歠粥,朝一溢米,夕一溢米",即"喝粥,早上煮一把米,晚上煮一把米"。

居倚庐，

○|正||杨||补|住在服丧时搭建的临时草棚里。依礼制，初丧时，孝子倚木为庐，在中门外东墙下，以草夹障，不涂泥，向北开户。既葬之后，再加高于内涂泥，向西开户。《仪礼·丧服》同。

寝苫 shān，

○|正||杨||补|睡禾秆编成的席。《仪礼·丧服》同。

枕草。

○|正||杨||补|以草为枕。《仪礼·丧服》作"枕块"，即"以土块为枕"。

其老曰："非大夫之礼也。"[晏婴]曰："唯卿为大夫。"

【老】|杨|即家宰，参见隐四·二·七·一。

【非大夫之礼也】|正||杨||补|这不是大夫[丧礼]的礼数。家宰意思是说，晏平仲所遵循的是士丧礼，而不是大夫丧礼，与他的大夫身份不合。当时卿大夫丧礼已经比较简省，而士丧礼较为符合正礼规定，晏平仲认同正礼，因此他所行之礼与当时士丧礼相似。

【唯卿为大夫】|正||补|卿才是大夫[，我还够不上大夫的身份，所以行士丧礼]。晏平仲对于当时大夫丧礼实不认同，而又不愿直斥当时大夫失礼，于是有此辩解。

○|正||杨||补|**传世文献对读：**《孔子家语·曲礼子夏问》记此事与《左传》略同，而在"唯卿为大夫"之后有一段《左传》所无的孔子评论，可扫码阅读。

○|补|**丧服概述：**丧服是构建在宗法制基础上的丧礼制度，用特殊的服饰表示对死者的哀痛，又通过服饰的等级差异，反映亲疏远近的宗法思想。据《仪礼·丧服》，根据生者和死者的亲属关系，生者所服丧服分为五个等级，称为"五服"：斩衰、齐衰、大功、小功、缌麻。

一、**斩衰**：五服中最重一种，用最粗的生麻布制成，不缝边。子为父、父为长子服斩衰。妻妾为夫、未嫁女为父除服斩衰之外，还须梳丧髻，统称为"髺衰"。斩衰为三年(实际上是两周年)。

二、**齐衰**：次于斩衰，用熟麻布制成，缝边整齐。分为四等：(一)父卒为母、母为长子服齐衰三年；(二)父在为母、夫为妻服齐衰一年，用丧杖，称"杖期"；(三)男子为伯叔父母及兄弟、已嫁女为父母、媳妇为舅姑(公婆)、孙及孙女为祖父母服齐衰一年，不用丧杖，称"不杖期"；(四)为曾祖父服齐衰三月。

三、**大功**：次于齐衰，用熟麻布制成，比齐衰精细。男子为出嫁姊妹和姑母，以及为堂兄弟和未嫁堂姊妹，女子为丈夫的祖父母伯叔父母，以及为自己的兄弟服大功。大功为九个月。

四、**小功**：次于大功，比大功更精细。男子为从祖祖父、从祖祖母、从祖父、从祖母、再从兄弟、堂姊妹、外祖父母，女子为夫之姑母姊妹、为娣妇姒妇服小功。小功为五个月。

五、**缌麻**：五服中最轻的一种，比小功更精细。男子为族曾祖父、族曾祖母、族祖父、族祖母、族父、族母、族兄弟、外孙、外甥、婿、妻之父母、舅父服缌麻。缌麻为三个月。

襄公十八年·一

地理 鲁见襄地理示意图 1。白狄 2 见襄地理示意图 2。

春秋 十有(又)八年,春,白狄来。

【白狄】 补 见僖三十三·五·一·一。此处白狄,应该不是晋西白狄,而为鲜虞之类的晋东白狄,因后者距鲁较近。

左传 十八年,春,白狄始来。

○ 补 襄四年,无终戎首领嘉父派使者前往晋国,请求和解。晋悼公听从魏庄子意见,在魏庄子主持下推行"和戎"政策,双方不再争战,晋国利用戎狄贪图财货的特点,以购买的方式攫取戎狄土地。有学者认为,到襄十一年晋悼公赏赐魏庄子和戎之功时,晋国已经获得了白狄的大量土地,直接导致了白狄从晋国以西迁徙到晋国东北,并开始与太行山以东的诸侯国通好,这就是本年"白狄始来"的历史背景。

襄公十八年·二

地理 晋、卫、曹见襄地理示意图 1。晋、卫、曹、长子、纯留见襄地理示意图 2。

人物 石共子(襄十七·三·春秋)、孙蒯(襄十·四·二)

春秋 夏,晋人执卫行人石买石共子。

【行人】 补 卫外朝官,掌外交事务。
○ 正 晋人若以石共子为有罪,则应惩治其本罪,而不应趁石共子出使之时将其扣留。《春秋》称"行人",是表明对晋人的怪罪。

左传 夏,晋人执卫行人石买石共子于长子,执孙蒯 kuǎi 于纯留,为曹故也。

【长子】正 杨 补 在今山西长子丹朱镇孟家庄村西南已发现其遗址（详见下）。晋邑。参见《图集》22—23⑤9。

【纯留】正 杨 即留吁，现已为晋邑。参见宣十六·一·春秋。

○正 杨 襄十七年卫石共子、孙蒯伐曹，曹人诉于晋，于是今年晋人为曹扣留二人。杨注引章炳麟说指出，刘歆《遂初赋》曰："哀衰周之失权兮，数辱而莫扶。执孙蒯于屯留兮，救王师于途吾。"据刘歆说，似乎石共子、孙蒯去年伐曹时，周王室出师助曹，王师、曹师均被卫师所败。之后曹人向晋申诉，晋人为救王师而扣留孙、石二人。刘歆很可能依据的是《左传》古说，值得注意。

○补 **长子故城遗址**：城址平面呈长方形，南北长约两千米，东西宽约一千五百米。城址西部、西南部为墓葬区。

襄公十八年·三

地理 齐、鲁、晋、宋、卫、郑、曹见襄地理示意图1。晋、宋、卫、郑、曹、梗阳见襄地理示意图2。齐、鲁、宋、卫、曹、莒、邾、滕、薛、杞1、小邾、平阴、京兹、邿（近济水）、卢、棠、巫山、河水、济水、潍水、沂水见襄地理示意图4。

人物 鲁襄公（襄元·○）、晋平公（襄十六·一·春秋）、宋平公（成十五·三·春秋）、卫殇公（襄元·五·春秋）、郑简公（襄七·八·二·二）、曹成公（成十三·三·一）、莒犁比公（襄三·五·春秋）、邾悼公、滕成公（襄五·八·春秋）、薛伯、杞孝公（襄九·五·春秋）、小邾穆公（襄七·三·春秋）、中行献子（成十六·三·三·一）、晋厉公（成十·三·春秋）、梗阳之巫皋、齐灵公（成十·三·春秋）、夙沙卫（襄二·三）、范宣子（成十六·三·七）、析文子、晏平仲（襄十七·六）、师旷（襄十四·七）、邢侯、羊舌肸（襄十一·二·五·三）、殖绰、郭最、州绰、具丙、魏庄子（成十八·三·一）、栾怀子（襄十四·四·七）、赵文子（成八·五·一）、韩宣子（襄七·六·一）、范献子（襄十

四·四·五)、追喜、孟庄子(襄十六·二·一)、刘难、士庄伯(襄九·
二·二)、太子光(襄元·二·三)、郭荣

春秋 秋,齐师伐我北鄙。

冬,十月,公鲁襄公会晋侯晋平公、宋公宋平公、卫侯卫殇公、郑伯郑简
公、曹伯曹成公、莒子莒犁比公、邾子邾悼公、滕子滕成公、薛伯、杞伯杞
孝公、小邾子小邾穆公同围齐。

【邾子】 补 邾悼公。曹姓,名华,谥悼。邾宣公(成十八·七·春秋)
之子。襄十八年立,在位十五年。襄十九年被晋人所执,同年归于
邾。昭元年卒。
○ 正 杨 《春秋》书"同围"仅此一次,表明齐数行不义,诸侯同心俱
围之。

曹伯负刍曹成公卒于师。
○ 正 此条《春秋》无对应《左传》。

左传 〔一〕 秋,齐侯齐灵公伐我北鄙。

〔二〕 中行献子将伐齐,梦与厉公晋厉公讼,〔献子〕弗胜。公晋厉公
以戈击之中行献子,〔献子之〕首队(坠)于前。〔献子〕跪而戴之,奉之以
走,见梗阳之巫皋。他日,〔献子〕见诸(之于)道,与之梗阳之巫皋言,
同。巫梗阳之巫皋曰:"今兹主中行献子必死。若有事于东方,则可
以逞。"献子中行献子许诺。

【梦与厉公讼】 正 杨 补 成十八年栾武子、中行献子弑晋厉公(参见
成十七—成十八·二),因而今年有此梦中之讼。
【公以……巫皋】 正 杨 补 〔胜诉的〕晋厉公用戈砍击中行献子,〔献
子的〕头颅掉在了前面。〔献子〕跪下戴上头颅,捧着头颅逃跑,路上

见到了居住在梗阳的巫皋。【梗阳】正 杨 补在今山西清徐。先为祁氏邑,昭二十八年成为晋县。参见《图集》22—23④9。【巫】补见僖十一僖十一·三。

【他日……言,同】正 杨 补此后某日,[中行献子]在路上遇见巫皋,和她谈起[梦里的情况],[竟然和巫皋梦到的]一样。

【今兹主必死】杨今年您一定会死。中行献子死于周正明年二月。晋用夏正,故为本年十二月,仍合巫皋"今兹主必死"之预言。

【有事于东方】补在东方用兵。

【逞】杨得志。

○杨 补遍检《左传》,卿之家臣称卿为"主"(定八·七·三、哀四—哀五·三·二、哀二十·二·二·二),卿之属大夫称卿为"主"(襄二十三·六·一·三、昭二十八·五·一·二),本国之巫称卿为"主"(襄十八·三·二),本国之史称卿为"主"(昭三十二·六·二),一家之使称另一家之卿为"主"(定十四·二·三),同列之卿互称为"主"(襄十九·一·三),一家已出嫁之女称其为卿大夫之父为"主"(襄二十一·五·二),他国羁旅之臣称卿为"主"(哀二·二·四·五),他国之医称卿为"主"(昭元·八·二)。

【三】晋侯晋平公伐齐。[晋师]将济河,献子以朱丝系玉二瑴 jué,而祷曰:"齐环齐灵公怙 hù 恃其险,负其众庶,弃好背盟,陵虐神主。曾臣彪晋平公将率诸侯以讨焉,其官臣偃中行献子实先后之。[晋师]苟捷有功,无作神羞,官臣偃无敢复济。唯尔有神裁之!"[献子]沈(沉)玉而济。

【河】补见闵二·五·三。

【瑴】正一对玉。

【负其众庶】正 杨 补依靠着齐国人民众多。负,依。

【神主】正 补民众,这里应指被齐欺凌的国家(主要是鲁)的民众。

参见桓六·二·三"民者,神之主也"。

【曾臣】杨 补 诸侯对周王称臣,周王对河神称臣,因此诸侯对河神称"曾臣",亦即"陪臣"。陪臣参见僖十二—僖十三·二·一。

【官臣】杨 受天子之命能自置官吏以治家邑之臣。【先后】杨 赞佐。

【无作神羞】正 补 不给神灵带来羞耻。

【官臣偃无敢复济】正 补 我不敢再渡河回国。中行献子信巫皋之言,认为自己今年将死,故有此祷。

【沈玉而济】补 春秋时以宝物沉祭河神之事参见僖二十三—僖二十四·九·二。

【四】冬,十月,会于鲁济,寻溴 jú 梁之言,同伐齐。齐侯齐灵公御诸(之于)平阴,堑 qiàn 防门而守之,广里。夙沙卫曰:"不能战,莫如守险。"[齐侯]弗听。

【鲁济】补 见庄三十一—庄三十一·春秋。

【寻溴梁之言】正 补 重温襄十六年溴梁之会上的盟辞。当时诸侯盟曰"同讨不庭",而盟辞中的"不庭"正指齐。

【齐侯……广里】正 杨 补 齐灵公在平阴地区进行防御,在防门挖了壕沟而进行防守,[壕沟的]宽度有一里。堑,挖壕沟。

【平阴】正 杨 补 在今山东济南长清区孝里镇孝堂山南。齐邑。参见《图集》26—27③3。《图集》标注不准确,本书示意图依据《图志》标注。

【防门】正 杨 补 在上述平阴邑南。齐地。参见《图集》26—27③3。《图集》标注不准确,本书示意图由于地名拥挤,不再标注。

【不能战,莫如守险】正 杨 补 如果不能正面交战,没有比扼守[泰山]险要更好的办法了[,而不应在防门挖壕沟进行防御]。

【五】诸侯之士门焉,齐人多死。范宣子告析文子曰:"吾知子,敢匿情乎?鲁人、莒 jǔ 人皆请以车千乘 shèng 自其乡(向)入,[我]既许之矣。若入,君齐灵公必失国。子盍(何不)图之?"子家析文子以[宣子之言]告公齐灵公，公恐。晏婴晏平仲闻之曰："君固无勇，而又闻是，弗能久矣。"

【门焉】杨攻打城门。

【析文子】正补析氏，名归，字家，谥文。齐大夫。其名(归)、字(家)相应，家为人所归之所。

【知】杨补相知有交情。

【鲁人……失国】杨补鲁人、莒人都请求派一千乘兵车从各自方向攻入[齐]，我国已经答应了。如果[各路诸侯军队一起]攻入，贵国君主一定会失掉国家。根据范宣子向析文子的描述，鲁从其国都发兵一千乘向东北方向进攻临淄，莒从其国都发兵一千乘向西北方向进攻临淄。此外，诸侯军队在鲁济会合后从西向东攻破平阴并进攻临淄。则在范宣子描述中，诸侯共分三路伐齐。

【六】齐侯齐灵公登巫山以望晋师。晋人使司马斥山泽之险，虽所不至，必旆 pèi 而疏陈之；使乘车者左实右伪，以旆先，舆曳柴而从之。齐侯见之，畏其众也，乃脱归。

【巫山】正杨补山名，今名孝堂山，在山东济南长清区孝里镇。齐地，在上述平阴邑以北。参见《图集》26—27③3。《图集》标注不准确，本书示意图由于地名拥挤，不再标注。

【晋人……从之】正杨补晋人让司马排除山林河泽的险阻，即使[军队]到达不了的地方，也一定树起大旗而稀疏地布置军阵；让兵车左边安排真人而右边放上假人，以大旗作前导，兵车后面拖着木柴跟在后面[，以制造扬尘，如大军在行动，以迷惑敌人]。斥，开拓，排除。旆参见庄二十八·四·二。司马参见僖二十七—僖二十八·二十四·一。晋人在僖二十八年也曾曳柴扬尘以迷惑楚人(僖二十七—僖二十八·十七)。

【脱归】杨脱离[齐师]逃归。

【七】丙寅晦二十九日，齐师夜遁。师旷告晋侯晋平公曰："鸟乌之

声乐,齐师其遁。"邢伯邢侯告中行伯中行献子曰:"有班马之声,
齐师其遁。"叔向羊舌肸告晋侯曰:"城上有乌,齐师其遁。"

【晦】杨 阴历月末。此夜无月光,适合逃遁。

【师】补 见桓二—桓三·一·二。

【鸟乌之声乐】正 杨 "鸟乌"偏指"乌",即乌鸦。乌得空营,故其声
乐。庄二十八年谍报"楚幕有乌"(庄二十八·四·三),《孙子·行
军》云"乌集者虚也",可见先秦时人有以乌测敌营虚实之法。

【邢伯】正 补 邢侯。邢氏,名侯,排行伯。屈巫臣(宣十二·二·
一)之子,夏姬(宣九·八·一·一)所生。晋大夫。昭十四年被晋人
所杀。食采于邢。

【班马之声】杨 补 军队归国时战马的嘶鸣声。班,还。

[八] 十一月丁卯朔初一,[诸侯之师]入平阴,遂从齐师。夙沙卫连
大车以塞隧而殿。殖绰、郭最曰:"子夙沙卫殿国师,齐之辱也。
子姑先乎!"[殖绰、郭最]乃代之殿。卫夙沙卫杀马于隘以塞道。

【朔】补 见桓三·五·春秋。

【大车】补 辎重车。【隧】杨 山中小路。【殿】补 殿后。

【殖绰】补 齐力士。襄十八年曾被晋人所俘,襄十九年已归于齐。
可能在襄二十五年齐后庄公被杀后出奔卫,襄二十六年被孙文子之
徒所获。

【子殿国师,齐之辱也】正 补 您来为齐师殿后,这是齐国的耻辱。
春秋时军队撤退,殿后者一般是军中最为勇武之人。殖绰、郭最认
为,夙沙卫身为寺人(宦官)而殿齐师,这是暗示其他军士之勇尚不如
寺人,故曰"齐之辱也"。

【卫杀马于隘以塞道】正 杨 补 夙沙卫[恨殖绰、郭最轻视自己,
于是]杀死马匹堵住隘道[,使殖绰、郭最无法逃脱]。山东济南
长清区东南有马山,夙沙卫塞隘处即今马山与归德两镇交境上的
石门。

晋州绰及之，射殖绰，中肩，两矢夹脰 dòu，[州绰]曰："[尔]止，将为三军获；[尔]不止，[我]将取其衷！"

【州绰】补 晋力士。襄二十一年奔齐为臣。襄二十五年被崔武子之徒所杀。

【两矢夹脰】正 杨 补[殖绰左肩、右肩各中一箭，]两枝箭夹着脖颈。脰，脖颈。

【不止，将取其衷】正 杨 补[你如果]不停下，我将要射两箭的中心（即殖绰的脖颈）。衷，中心。

[殖绰]顾曰："[尔]为私誓！"

【为私誓】杨 补 你以个人名义发誓！殖绰想要投降，因而先要求州绰以个人名义发誓只俘虏他而不杀他。

州绰曰："有如日！"

【有如日！】正 补[我若杀你，必遭神谴，]有白日为证！

[州绰]乃弛弓，而自后缚之，其右具丙亦舍 shě 兵而缚郭最。[殖绰、郭最]皆衿 jīn 甲面缚，坐于中军之鼓下。

【舍】杨 放下。
【衿甲】正 不解甲。【面缚】补 见僖六—僖七·三。

【九】晋人欲逐归者，鲁、卫请攻险。己卯十三日，荀偃中行献子、士匄范宣子以中军克京兹。乙酉十九日，魏绛魏庄子、栾盈栾怀子以下军克邿 shī。赵武赵文子、韩起韩宣子以上军围卢，弗克。

【京兹】【邿】【卢】正 杨 补 皆为齐境内泰山险地。京兹，在今山东平阴东南、肥城市西。邿，本为国（襄十三·二·春秋），襄十三年前已为齐附庸国，在山东济南长清区五峰山镇附近。卢，见隐三·七。三地参见《图集》26—27③3。《图集》长清之邿、卢标注不准确，本书示意图依据考证成果标注。

【十】十二月戊戌二日，[诸侯之师]及秦周，伐雍门之荻(楸)。范鞅范献子门于雍门，其御追喜以戈杀犬于门中；孟庄子斩其櫄chūn，以为公琴。

【秦周】杨齐都临淄外围靠近雍门之地。

【雍门】正杨齐都西门。

【荻】正杨补即楸，见襄二·四·一·一。

【门于雍门】补攻打雍门。

【其御……门中】正补追喜杀犬行为，杜注认为目的是显示闲暇（晋人"好以暇"参见成十六·三·十五）。包山楚简 233 号："举祷宫后土，一羧；举祷行，一白犬、酒食；闵于大门，一白犬。"《左传》中解为"攻打城门"的"门"，清华简二《系年》正作"闵"。《风俗通义校注》："太史公记：'秦德公始杀狗磔邑四门，以御蛊菑'，今人杀白犬以血题门户，正月白犬血辟除不祥，取法于此也。"有学者提出，追喜杀犬可能是诸侯联军攻打城门时进行的一种祭祀/巫术活动，其目的可能是禳除兵革战乱带来的疫病。

【櫄】正补香椿(*Toona sinensis*)，楝科，香椿属，落叶乔木，嫩芽可供食用，木可制琴。

【公琴】杨鲁襄公用琴。参见襄十二·一"公盘"。一说即襄二·四·一·一之"颂琴"。

【十一】己亥三日，[诸侯之师]焚雍门及西郭、南郭。刘难、士弱士庄伯率诸侯之师焚申池之竹木。

【郭】补见《知识准备》"国野制"。

【刘难】正晋大夫。【申池】补见文十七—文十八·三·二。

【十二·一】壬寅六日，[诸侯之师]焚东郭、北郭。范鞅门于扬门。州绰门于东闾lú，左骖cān迫，还xuán于门中，[州绰]以枚数阖。

【扬门】正 杨 齐都西北门。

【东闾】正 齐都东门。

【左骖……数阖】杨 补 兵车左边的骖马因为拥挤,在门里盘旋不能前进,〔州绰在此期间〕把城门门扇上的门钉都数清楚了。枚,钟乳状门钉。阖,门扇。

〔十二·二〕齐侯齐灵公驾,将走邮棠。大(太)子太子光与郭荣扣马,曰:"〔诸侯之〕师速而疾,略也。〔诸侯之师〕将退矣,君齐灵公何惧焉!且社稷之主不可以轻,轻则失众。君必待之!"〔齐侯〕将犯之。大(太)子抽剑断鞅,〔齐侯〕乃止。

【邮棠】正 杨 即棠,见襄六·六·二·二。

【郭荣】正 齐大夫。【扣】杨 牵,持。

【师速而疾,略也】正 杨 补 诸侯军队行军迅速,攻击奋勇,这是要掠夺财物〔,而不是要打持久战〕。

【将犯之】杨 补 〔齐灵公〕打算〔驾马〕冲过太子光与郭荣而逃。犯,突,践踏。

【大子抽剑断鞅,乃止】杨 补 太子砍断马鞅,则居中两服马与车辀脱离,马车失去牵引,因此停下。鞅参见《知识准备》"车马"。

〔十三〕甲辰八日,〔诸侯之师〕东侵及潍,南及沂。

【潍】正 杨 补 水名,今名潍河,发源于山东省莒县箕屋山,北流经莒县、沂水县、五莲县,从五莲北部进入潍坊市,流经下属诸城市、高密市、安丘市、坊子区、寒亭区、昌邑市六市区,在昌邑市下营镇入渤海。春秋时潍水参见《图集》26—27④5 至②6。

【沂】正 杨 补 水名,今名沂河,源出今山东沂源牛角山北麓,北流过沂源县城后折向南,经沂水、沂南、临沂市区、蒙阴、平邑、郯城,至江苏邳州入新沂河,抵燕尾港入黄海。春秋时沂水参见《图集》26—27③4 至⑤4。

襄公十八年·四

地理 楚、郑、晋见襄地理示意图 1。郑、晋、齐、上棘、滑、胥靡、雍梁、
虫牢、梅山、鱼齿山、颍水、旃然水见襄地理示意图 3。

人物 王子午（襄十二·七）、公子嘉（襄八·八·一·二）、楚康王（襄
十四·九）、杨宜、楚共王（成二·四·四）、公孙虿（襄八·八·一·
二）、良霄（襄十一·二·春秋）、公孙黑肱（宣十四·三·二）、郑简公
（襄七·八·二·二）、公孙舍之（襄八·八·一·二）、公孙夏（襄
十·七·二·三）、芳（蒍）子冯（襄十五·三·一）、王子格（襄十六·
一·五）、师旷（襄十四·七）、董叔、羊舌肸（襄十一·二·五·三）

春秋 楚公子午_{王子午}帅师伐郑。

左传【一】郑子孔_{公子嘉}欲去诸大夫，将叛晋而起楚师以去之。［子孔］
使告子庚_{王子午}，子庚弗许。

楚子_{楚康王}闻之，使杨豚尹宜_{杨宜}告子庚曰：“国人谓不榖主社
稷而不出师，死不从礼。不榖即位，于今五年，师徒不出，人
其以不榖为自逸，而忘先君_{楚共王}之业矣。大夫_{王子午}图之，其
若之何？”

【杨豚尹宜】杨 补 杨宜。杨氏，名宜。楚大夫，任豚尹。
【不榖】补 见僖二十三—僖二十四·七。
【死不从礼】正 补 楚康王意谓，自己生时不能继承先君（楚共王）遗
志而有所作为，死后将不得按先君之礼安葬祭祀。参见襄十三·
四·一楚共王临终前自我贬损请求恶谥之事。

子庚叹曰：“君王_{楚康王}其谓午_{王子午}怀安乎！吾以利社稷也。”
见使者_{杨宜}，稽 qǐ 首而对曰：“诸侯方睦于晋，臣请尝之。若

可，君 _{楚康王} 而继之；不可，[臣]收师而退，可以无害，君亦无辱。"

【稽首】⟦补⟧僖五·二·二·一。

【尝】⟦正⟧试。

【而】⟦杨⟧乃。

[二]　子庚 _{王子午} 帅师治兵于汾。于是子蟜 _{jiǎo}、公孙虿、伯有 _{良霄}、子张 _{公孙黑肱} 从郑伯 _{郑简公} 伐齐，子孔 _{公子嘉}、子展 _{公孙舍之}、子西 _{公孙夏} 守。二子知子孔之谋，完守入保。子孔不敢会楚师。

【治兵】⟦补⟧讲武，演习。

【汾】⟦正⟧⟦杨⟧⟦补⟧楚地。《战国策·楚策一》"楚北有汾、陉之塞"，即此汾。一说在今河南许昌西南、颍水北岸，参见《图集》29—30③5；一说在今河南襄城东北汾陈村。本书示意图采用《图集》说法，而以此文提醒读者注意。

【二子】⟦正⟧公孙舍之、公孙夏。

[三]　楚师伐郑，次于鱼陵。

右师城上棘，遂涉颍 _{yǐng}，次于旃 _{zhān} 然。

【上棘】⟦杨⟧⟦补⟧在河南禹州西北。郑地。参见《图集》24—25④4。

【颍】⟦补⟧见宣十·十五。

【旃然】⟦正⟧⟦杨⟧⟦补⟧水名，今名枯河，源于河南荥阳白杨村旃然池，由西南向东北流入黄河，遇干旱易断流。春秋时旃然水参见《图集》24—25④4。

芌 _{wěi} 子冯 _{píng}、公子格 _{王子格} 率锐师侵费滑、胥靡、献于、雍梁，右回梅山，侵郑东北，至于虫牢而反_{（返）}。

【费滑】⟦杨⟧即滑，见庄十六·四·春秋。

【胥靡】正 杨 补 在今河南巩义西南。此时为郑邑。昭二十六年前地已入于周。参见《图集》24—25④3。

【献于】正 郑邑。

【雍梁】正 杨 补 在今河南禹州古城镇古城村已发现其遗址（详见下）。郑邑。参见《图集》24—25④4。

【梅山】正 杨 补 山名，在今河南郑州西南。郑地。参见《图集》24—25④4。

【虫牢】补 见成五·七·春秋。

子庚王子午门于纯门，信于城下而还。

【纯门】杨 见庄二十八·四·二。

【信】正 驻扎两夜。

［楚师］涉于鱼齿之下，甚雨及之，楚师多冻，役徒几尽。

【涉于鱼齿之下】正 杨 楚军渡过鱼齿山下的洈水（见僖三十三·九·二·一）。【鱼齿】正 杨 补 山名，在今河南平顶山西北。郑地。参见《图集》24—25⑤4。

【甚雨】杨 大雨。参见《庄子·天下》"沐甚雨，栉疾风"。

○杨 补 楚师伐郑，首先到达鱼陵。随后楚兵分三路：第一路右师应由右尹王子罢戎率领，城上棘，遂涉颍，次于旃然。第二路锐师由司马芳子冯、王子格率领，侵费滑、胥靡、献于、雍梁，右回梅山，侵郑东北，至于虫牢而反。第三路左师由令尹王子午率领，攻郑纯门，在城下驻扎两夜后回返。三路楚师完成任务后，回师到鱼齿山下，涉过洈水回国。

○补 **雍梁故城遗址：**城址周长一千四百米，始建于春秋时期，战国时期经过多次加固整修。

【四】晋人闻有楚师。

师旷曰："不害。吾骤歌北风，又歌南风，南风不竞，多死声。楚必无功。"

【师】⃞补 见桓二—桓三·一·二。

【骤】⃞杨 数，屡次。【北风】⃞杨 北方曲调。

【竞】⃞杨 强。

○⃞补 春秋时人相信可以根据乐律推测出兵吉凶，《周礼·大师》所谓"大师执同律以听军声而诏吉凶"是也。师旷歌风亦类此。

○⃞补 李白《避地司空原言怀》"南风昔不竞"、杜甫《最能行》"误竞南风疏北客"皆典出于此。

董叔曰："天道多在西北。南师不时，必无功。"

【董叔】⃞补 妣姓，董氏，排行叔。董狐（宣二·三·四·一）之后。晋史官。襄二十一年被范宣子所杀。

【天道多在西北】⃞杨⃞补 天道参见襄九·一·二，这里具体指岁星（木星）在天球上运行的轨道。此年木星经过十二星次的娵訾（参见襄九·五·五）。娵訾包括危、室、壁、奎四宿，位于二十八宿北方偏西的位置，故曰"天道多在西北"。

叔向羊舌肸曰："在其君之德也。"

襄公十九年·一

地理 晋、鲁、齐、曹、卫见襄地理示意图 1。晋、邾、鲁、齐、曹、卫、祝柯、漷水、沂水、泗水、河水见襄地理示意图 3。

人物 邾悼公(襄十八·三·春秋)、鲁襄公(襄元·〇)、季武子(襄六·五·春秋)、曹成公(成十三·三·一)、孙文子(成七·八·春秋)、晋平公(襄十六·一·春秋)、中行献子(成十六·三·三·一)、吴王寿梦(成七·六·三)、范宣子(成十六·三·七)、中行穆子、栾怀子(襄十四·四·七)、栾鲂、臧武仲(成十八·十·二)

春秋 十有(又)九年,春,王正月,诸侯盟于祝柯。晋人执邾子邾悼公。

【诸侯】 正 即襄十八年围齐之诸侯。

【祝柯】 正 杨 补 在今山东济南槐荫区古城村附近。齐邑。参见《图集》26—27③3。

公鲁襄公至自伐齐。

〇 正 此条《春秋》无对应《左传》。

[我]取邾田,自漷kuò水。

【漷水】 正 杨 补 水名,今名郭河,源出于今山东平邑界牌沟村附近,先西北流,再南流经枣庄山亭区,西南流经滕州南,在微山留庄镇沙堤村流入昭阳湖。春秋时漷水参见《图集》26—27④4 至⑤3。

季孙宿季武子如晋。

葬曹成公。

〇 正 此条《春秋》无对应《左传》。

夏,卫孙林父_{孙文子}帅师伐齐。

[左传]【一·一】十九年,春,诸侯还自沂上,盟于督扬,曰"大毋侵小"。[晋人]执邾悼公,以其伐我故。遂次于泗上,疆我田:取邾田,自漷水归之于我。

【沂上】补沂水岸边。沂水见襄十八·三·十三。

【督扬】正即祝柯。

【以其伐我故】正邾伐鲁见襄十七·四。

【泗上】杨泗水岸边。应在今山东曲阜东北。【泗】正补水名,今名泗河,源出今山东新泰南部太平顶西麓,西南流入泗水境后改向西行,至曲阜和兖州边境复折西南,于济宁东南鲁桥镇入京杭运河。春秋时泗水参见《图集》29—30①8至③10。

【疆我……于我】正补划定邾、鲁边界:鲁取得邾土田,漷水以北邾田归属鲁。

【一·二】晋侯_{晋平公}先归。公_{鲁襄公}享晋六卿于蒲圃,赐之三命之服;军尉、司马、司空、舆尉、候奄,皆受一命之服;贿荀偃_{中行献子}束锦、加璧、乘_{shèng}马,先吴寿梦_{吴王寿梦}之鼎。

【享】补见桓九—桓十·一·二。

【六卿】补中行献子、范宣子、赵文子、韩宣子、魏庄子、栾怀子。

【蒲圃】杨见襄四·三·一。

【三命之服】补三命见僖三十三·五·二·二。三命之服,即相当于晋三命规格的车服。

【军尉】补见闵二·七·二。【司马】补见僖二十七—僖二十八·二十四·一。【司空】补见庄二十五—庄二十六·二。【舆尉】补晋外朝官,管理军中舆人(僖二十五·三)。【候奄】补即候正,见成元—成二·十六。

【束锦】正补五匹锦。锦见闵二·五·四·二。

【加璧】杨补束锦之上加玉璧,故曰"加璧"。璧见桓元·一·

春秋。

【乘马】正 杨 四匹马。四马可牵引一乘车,故曰"乘马"。

【先吴寿梦之鼎】正 杨 锦、璧、马先于鼎,因鼎为重礼。春秋时送礼先轻后重,参见僖三十二—僖三十三·四。

○正 补 据成元—成二·十六,则鞌之役后,鲁成公赐三帅先路三命之服,赐司马、司空、舆帅、候正、亚旅一命之服。成二年赐服与本年有两处不同,一是本年赐卿无先路,二是本年赐一命之服有军尉而无亚旅。中行献子为晋中军元帅,故鲁特贿之。

【二】荀偃中行献子瘅 dān 疽 jū,生疡 yáng 于头。[晋师]济河,及著雍,[荀偃]病,目出。[晋]大夫先归者皆反(返)。士匄范宣子请见,[荀偃]弗内(纳);[士匄]请后,[荀偃]曰:"郑甥中行穆子可。"

【荀偃瘅疽,生疡于头】正 补 中行献子得了积劳导致的毒疮,生在头上。瘅,劳累造成的病。疽,恶性脓疮。疡,头创。

【河】补 见闵二·五·三。【著雍】杨 见襄十一·三·三。

【病】杨 补 病重。轻病为"疾",疾甚为"病"。

【士匄请见】正 中军帅中行献子病危,中军佐范宣子为其副手,故请入见以听取后事。

【请后】杨 [范宣子通过侍者]请问[中行氏]继承人。

【郑甥】正 补 中行穆子。姬姓,中行氏,出自荀氏,名吴,谥穆,排行伯。中行献子(成十六·三·三·一)之子。晋大夫,官至卿位。襄十九年可能已任下军帅(卿职),襄二十三年可能已任上军佐(卿职),襄二十五年可能已任上军帅(卿职),昭五年已任上军帅(卿职)。昭二十八年至昭二十九年可能已告老或去世。"郑甥"犹言"郑出",意谓郑女所生。

【三】二月甲寅十九日,[荀偃]卒,而视,不可含 hàn。

【卒,而视,不可含】正 杨 补 [中行献子]去世,但不闭眼,而且[嘴紧闭]不可含珠玉。"含"参见隐元·五·春秋。

宣子范宣子盥而抚之，曰："事吴中行穆子，敢不如事主中行献子！"[荀偃]犹视。

【盥而抚之】杨补[范宣子]洗手之后抚摸中行献子的身体。"盥"参见僖二十三—僖二十四·八·一。

栾怀子曰："其为未卒事于齐故也乎？"乃复抚之曰："主苟终，所不嗣事于齐者，有如河！"[荀偃]乃瞑，受含 hàn。

【主苟……如河】杨补您如果去世，[我们]不继续为制服齐而努力，[必遭神谴，]有河水为证！嗣，续。

宣子出，曰："吾浅之为丈夫也。"

【吾浅之为丈夫也】正杨补我没有视他为大丈夫，是看低了他。范宣子以为中行献子所忧为家事，不料其尸在得到国事将得以完成的保证后方才瞑目受含，故范宣子有此惭愧之言。

【四】晋栾鲂帅师从卫孙文子伐齐。

【栾鲂】正补姬姓，栾氏，名鲂。晋大夫。襄二十三年奔宋。
○正补《春秋》书季武子如晋在前，卫孙文子伐齐在后，而《左传》反之。可能《左传》因为上文栾怀子曰"嗣事于齐"，故先书伐齐之事以终其言。而《春秋》所据为事件发生时间（鲁国之事）及诸侯通告上所书时间（他国之事）。

【五】季武子如晋拜师。晋侯晋平公享之。

【季武子如晋拜师】正补季武子前往晋拜谢[去年]晋师[伐齐]。
【享】补见桓九—桓十·一·二。

范宣子为政，赋《黍苗》。

【范宣子为政】正杨补中行献子已死，范宣子由中军佐升任中军帅,主持国政。

【赋《黍苗》】⬜正 ⬜杨 ⬜补《毛诗·小雅》有《黍苗》。范宣子义取"芃芃黍苗,阴雨膏之",比喻晋平公为鲁国忧心操劳,如好雨滋润黍苗。"黍"见僖五·八·一。膏,润泽。

季武子兴,再拜稽 qǐ 首曰:"小国之仰大国也,如百谷之仰膏雨焉。若常膏 gào 之,其天下辑睦,岂唯敝邑?"[武子]赋《六月》。

【兴】⬜杨 古人跪坐于席上,起立曰"兴"。

【再拜稽首】⬜补 见僖五·二·二·一。

【仰】⬜补 望。

【其】⬜杨 将。【辑睦】⬜补 团结和睦。

【赋《六月》】⬜正 ⬜补《毛诗·小雅·六月》(见僖二十三—僖二十四·八·二)主旨是尹吉甫辅佐周宣王征伐。季武子赋此诗,应是比喻晋平公帅诸侯出征以匡王室。

○⬜补 **传世文献对读**:《毛诗·小雅·黍苗》的原文,可扫码阅读。

[六] 季武子以所得于齐之兵作林钟,而铭鲁功焉。臧武仲谓季孙季武子曰:

【兵】⬜补 兵器。这里指兵器的铜制部分。

【林钟】⬜正 ⬜杨 杜注认为此钟音律符合古律制中的"林钟"("六律"参见昭二十·八·三。),故称"林钟"。杨注则认为,《国语·周语下》"景王铸无射而为之大林",林是钟铭的意思,林钟是指带铭的钟。

"非礼也。

"夫铭,天子令德,诸侯言时、计功,大夫称伐。今称伐,则下等也;计功,则借人也;言时,则妨民多矣。何以为铭?

【天子令德】 正 补 天子[为天下垂范,故作铭]宣德[而不称功]。令,铭。

【诸侯言时、计功】 正 补 诸侯[作铭,则]言说得时[之举],计数有功[之行]。

【大夫称伐】 正 补 大夫[作铭,则]称其征伐[之劳]。

【借人】 正 补 借助他人(指晋人)[之力]。

"且夫大伐小,取其所得以作彝器,铭其功烈以示子孙,昭明德而惩无礼也。今将借人之力以救其死,若之何铭之? 小国幸于大国,而昭所获焉以怒之,亡之道也。"

【彝器】 正 杨 补 宗庙常用器。以铜器铭文观之,彝字为通名,从礼器至于食器皆曰"彝"。

【功烈】 补 近义词连用,都是功业的意思。

【惩】 补 戒。

【小国幸于大国】 杨 补 小国(鲁)侥幸[战胜]大国(齐)。

○ 正 下启本年鲁惧齐而城西郛(襄十九·八)。

襄公十九年·二

地理 齐、晋、鲁见襄地理示意图 1。齐、晋、鲁、谷、谷丘、高唐见襄地理示意图 3。

人物 齐灵公(成十·三·春秋)、范宣子(成十六·三·七)、颜懿姬、鬷声姬、太子光/齐后庄公(襄元·二·三)、仲子、戎子、公子牙、高厚(襄六·六·二·四)、夙沙卫(襄二·三)、崔武子(宣十·三·春秋)

春秋 秋,七月辛卯二十八日,齐侯环齐灵公卒。

○ 正 杨 齐灵公之卒,《春秋》在七月辛卯,而《左传》在五月壬辰。杜注认为，《春秋》所据为齐人讣告上所书时间，而《左传》所载为真实时间。杨注认为，《春秋》用周正，《左传》采用齐国史料，用夏正而未改。

晋士丐范宣子师师侵齐，至谷，闻齐侯齐灵公卒，乃还。

【谷】见庄七·四·春秋。

○正补《春秋》详细记叙范宣子听闻齐灵公去世而终止侵伐返回，是表达对范宣子遵守不伐国丧之礼的嘉许。参见下文《左传》，以及襄十四·一·二·一吴乘楚丧而伐之、范宣子以吴人为不德之事。

左传【一】齐侯齐灵公娶于鲁，曰颜懿姬，无子。其侄鬷 zōng 声姬生光太子光，[公]以为大（太）子。诸子仲子、戎子，戎子嬖 bì。

【颜懿姬】正补鲁颜氏女，姬姓，谥懿。齐灵公夫人。

【侄】补参见隐四·二·一·一。

【鬷声姬】正补鲁鬷氏女，姬姓，谥声。齐灵公（成十·三·春秋）妾，齐后庄公（襄元·二·三）之母。

【诸子】正国君子姓诸妾。

【仲子】正补齐灵公妾，公子牙之母。

【戎子】正补齐灵公妾。襄十九年被太子光所杀。

【嬖】补得宠。

【二】仲子生牙公子牙，属（嘱）诸（之于）戎子。戎子请以[牙]为大（太）子，[公]许之。

【牙】补公子牙。姜姓，名牙。齐灵公庶子，仲子所生。襄十九年被齐后庄公所执。

【属诸戎子】正杨把公子牙嘱托给戎子抚养。

仲子曰："不可。废常，不祥；间（干）诸侯，难 nán。光之立也，列于诸侯矣。今无故而废之，是专黜诸侯，而以难犯不祥也。

君齐灵公必悔之。"

【废常】 正 杨 废弃[无嫡则立庶长子的]常规。据襄三十一·三·五·一,诸侯立嗣,先立嫡长子,次则立其同母弟,次则立庶长子,庶子年龄相同则选贤者,两人贤德钧等则以占卜决之,此为常规。齐灵公嫡妻颜懿姬无子,而庶子中公子光最长,已立为太子。如今将废太子光而立公子牙,故曰"废常"。

【间诸侯】 杨 补 补 触犯诸侯,即下文所谓"专黜诸侯"。

【光之……侯矣】 正 杨 补 襄三年鸡泽之盟,襄五年戚之会及救陈,襄九年伐郑及戏之盟,襄十年柤之会,襄十一年伐郑,亳之会,以及萧鱼之会,太子光都代表齐参与,故曰"列于诸侯"。既常列于诸侯,则太子光已被诸侯视为齐灵公继承人。

【是专……祥也】 杨 补 这是专横而蔑视诸侯[对太子光的认可],致力于难成之事而触犯[废常之]不祥。

公齐灵公曰:"在我而已。"

[公]遂东大(太)子光,使高厚傅牙以为大(太)子,夙沙卫为少傅。

【遂东大子光】 正 补 齐灵公于是将太子光迁到齐东部居住[,并将其黜为公子]。东部远离中原诸侯,大概是为了防范太子光作乱。

【少傅】 杨 补 齐内朝官,太子傅副手,职掌辅导太子。此时高厚为太傅。

【三】 齐侯齐灵公疾,崔杼 zhù,崔武子微逆光太子光。[公]疾病,而[崔杼]立之太子光。光杀戎子,尸诸(之于)朝,非礼也。妇人无刑。虽有刑,不在朝、市。

【微】 杨 隐行。

【疾病】 杨 病危。

【尸诸朝】 杨 在朝堂上陈尸。

【妇人无刑】正补杜注、孔疏认为，妇人如有淫行，则幽闭于宫中；若犯死罪，则不得不杀，所谓"无刑"，是指妇人不受墨、劓、刖三刑。孔疏又引服虔说认为，所谓"妇人无刑"是指不专为妇人制刑，若犯恶，则从男子之刑。笔者认为，由于下文明言"虽有刑，不在朝、市"，则此处"妇人无刑"的意思应该是"妇人[原则上]不受刑罚惩处"。

【四】夏，五月壬辰晦二十九日，齐灵公卒。庄公太子光/齐后庄公即位。[庄公]执公子牙于句 gōu 渎 dòu 之丘。[庄公]以夙沙卫易己，卫夙沙卫奔高唐以叛。

【晦】补阴历月末。

【句渎之丘】正见桓十二·三·春秋。

【以夙沙卫易己】正杨补[齐后庄公]认为夙沙卫[曾出主意要]废掉自己。

【高唐】正杨补在今山东禹城伦镇堂子街、城子坡、小城子坡三村之间已发现其遗址（详见下）。齐邑，昭十年后曾为陈氏采邑。参见《图集》26—27③3。《图集》标注不准确，本书示意图依据《图志》标注。

○补下启本年齐后庄公围高唐（襄十九·七）。

○补**高唐故城遗址：**遗址先后为春秋时期齐国高唐邑、汉代高唐县县城。城址平面呈长方形，南北长一千一百米，东西宽八百米。城址内出土了春秋时期的遗物。

【五】晋士匄范宣子侵齐，及谷，闻丧而还，礼也。

襄公十九年·三

地理郑、晋、秦、周见襄地理示意图1。

人物公孙虿（襄八·八·一·二）、范宣子（成十六·三·七）、晋平

公(襄十六・一・春秋)、周灵王(襄五・二)

左传 于四月丁未+三日,郑公孙虿 chài 卒,赴(讣)于晋大夫。范宣子
言于晋侯晋平公,以其善于伐秦也。六月,晋侯请于王周灵王,王
追赐之公孙虿大路,使以行,礼也。

【以其善于伐秦也】正 补 因为公孙虿在襄十四年伐秦之役中表现
优异。

【大路】补 见桓元—桓二・三・二。

【使以行】正 杨 补 使[郑人]驾[大路车在葬礼上跟随柩车]而行。
依礼制,士以上下葬,柩车在前,道车、藁车从之,大夫以上更有遣车。

襄公十九年・四

地理 鲁见襄地理示意图1。

人物 孟献子(文十四・十二・三)

春秋 八月丙辰二+三日,仲孙蔑孟献子卒。

襄公十九年・五

地理 齐见襄地理示意图1。

人物 崔武子(宣十・三・春秋)、高厚(襄六・六・二・四)

春秋 齐杀其大夫高厚。

左传 秋,八月,齐崔杼 zhù,崔武子杀高厚于洒蓝,而兼其室。[《春秋》]
书曰"齐杀其大夫",[高厚]从君齐灵公于昏也。

【洒蓝】正 杨 齐地,在临淄城外。

【室】 杨 家产。

【书曰……昏也】 正 杨 补 据文六·四·三及文七·二·三,则《春秋》书国杀,又书被杀卿大夫之名氏,这表明高厚有罪于齐,因为高厚顺从齐灵公昏庸的命令。齐灵公废太子光而立公子牙,事属昏庸。高厚傅公子牙,故曰"从君于昏"。杜注认为,这是解释为何《春秋》不照实书崔武子杀高厚。笔者认为,也有可能是,齐人发给鲁的通告即是如此书写,而鲁《春秋》照书之不改。

襄公十九年·六

地理 郑、楚见襄地理示意图1。

人物 公子嘉(襄八·八·一·二)、然丹、子良、公孙舍之(襄八·八·一·二)、公孙夏(襄十·七·二·三)、子然(成十·三·二)、宋子、公子志、圭妫、郑僖公(成十·三·一)、郑简公(襄七·八·二·二)、公孙侨(襄八·三)

春秋 郑杀其大夫公子嘉。

左传 【一·一】郑子孔公子嘉之为政也专。国人患之,乃讨西宫之难与纯门之师。子孔当罪,以其甲及子革然丹、子良氏之甲守。甲辰十一日,子展公孙舍之、子西公孙夏率国人伐之,杀子孔,而分其室。[《春秋》]书曰"郑杀其大夫",[子孔]专也。

【专】 正 专权。

【讨】 补 追究。

【西宫之难】 正 补 见襄十·七。五族发难之时,公子嘉知而不告;三卿被杀之后,公子嘉当国,当时便有专权之举。

【纯门之师】 正 补 见襄十八·四。公子嘉欲叛晋而起楚师以去诸大夫,故有纯门之役。

【当罪】 补 被认定有罪。

【子革】正 杨 补 然丹。姬姓，然氏，名丹，字革。公子嘉（襄八·八·一·二）同母兄子然（成十·三·二）之子，郑穆公（僖三十·三·五）之孙。襄十九年奔楚，官至右尹。

【子良】杨 补 姬姓，字良。公子嘉异母弟公子志之子，郑穆公之孙。襄十九年奔楚。

【书曰……专也】正 补 据文六·四·三及文七·二·三，则《春秋》书国杀，又书被杀卿大夫之名氏，表明公子嘉有罪于郑，公子嘉之罪，是在执政期间独断专行。

〔一·二〕子然、子孔公子嘉，宋子之子也。士子孔公子志，圭妫 guī 之子也。圭妫之班亚宋子，而相亲也；二子孔亦相亲也。

【宋子】正 补 宋女，子姓。郑穆公妾，子然及公子嘉之母。

【士子孔】正 补 公子志。姬姓，名志，字孔。郑穆公之子，圭妫所生。郑大夫，任士官。襄八年卒。【士】补 大士，郑外朝官，掌司法断狱。

【圭妫】正 补 圭女，妫姓。郑穆公妾，公子志之母。

【二子孔】补 公子嘉（子孔）与公子志（士子孔）。

僖郑僖公之四年襄六年，子然卒。简郑简公之元年襄八年，士子孔公子志卒。司徒孔公子嘉实相 xiàng 子革然丹、子良之室，三室如一，故〔子革、子良氏〕及于难。

【司徒……如一】正 杨 补 公子嘉与子然是亲兄弟，关系亲近；公子嘉与公子志为同父异母兄弟，因母亲的关系也互相亲近。然丹为子然之子，公子嘉胞侄；子良为公子志之子，公子嘉侄。子然和公子志去世以后，公子嘉便一直相助晚辈然丹、子良治理其家，而然丹、子良也乐意攀附公子嘉（特别是在襄十年公子嘉成为首卿之后），因此三家关系密切如同一家。【司徒】补 见襄十·七·二·一。

〔二〕子革然丹、子良出奔楚。子革为〔楚〕右尹。郑人使子展当国,子西听政,立子产_{公孙侨}为卿。

【右尹】补见成十六·三·四·二。

【当国】补见襄二·五·二。

【听政】补即为政,见襄二·五·二。

襄公十九年·七

地理齐见襄地理示意图 1。齐、高唐见襄地理示意图 4。

人物齐灵公(成十·三·春秋)、庆封(成十八·二·一)、齐后庄公(襄元·二·三)、夙沙卫(襄二·三)、殖绰(襄十八·三·八)、工偻会

春秋冬,葬齐灵公。

○正此条《春秋》无对应《左传》。

左传齐庆封围高唐,弗克。冬,十一月,齐侯_{齐后庄公}围之。[公]见卫_{夙沙卫}在城上,[公]号 háo 之,[卫]乃下。[公]问守备焉,[卫]以无备告。[公]揖之,[卫]乃登。闻师将傅,[卫]食 sì 高唐人。殖绰、工偻会夜缒 zhuì 纳师,醢 hǎi 卫于军。

【揖之,乃登】正杨补[齐后庄公]向夙沙卫作揖,[夙沙卫]登上城墙回到城内。齐后庄公与夙沙卫应是隔着护城河对谈,故夙沙卫不害怕被擒。

【闻师将傅,食高唐人】杨补[夙沙卫]听说齐师将要迫近城墙发动进攻,[希望高唐人尽力防守,因此]让守城士卒饱餐一顿。"傅"见隐十一·二·三。

【殖绰……纳师】正补殖绰、工偻会在夜里垂下绳子,将齐后庄公的兵士引入高唐城中。杜注认为,二人正是趁夙沙卫召集守城士卒饱餐之时垂下绳子引入齐师。【工偻会】杨工偻氏,名会。疑为庄

十七年遂人工娄氏之后。

【醻】补 参见庄十二—庄十三·三。

襄公十九年·八

地理 鲁、晋、齐见襄地理示意图 1。鲁、晋、齐、柯、武城见襄地理示意图 3。

人物 叔孙穆子(成十六·六·二)、范宣子(成十六·三·七)、羊舌肸(襄十一·二·五·三)

春秋 [我]城西郛 fú。

【西郛】补 鲁都西部的郛墙。"郛"见隐五·八·一。

叔孙豹叔孙穆子会晋士匄范宣子于柯。

【柯】正 杨 补 在河南内黄西北。卫地。参见《图集》24—25②5。《图集》标注不准确,本书示意图依据《图志》标注。

[我]城武城。

【武城】正 杨 补 在今山东嘉祥阿城铺村以北已发现其遗址(详见下)。鲁邑,近齐。

○补 武城遗址:此处先后有春秋时期武城邑、汉金乡县城。

左传【一】"城西郛",惧齐也。

【二】齐及晋平,盟于大隧,故穆叔叔孙穆子会范宣子于柯。穆叔见叔向羊舌肸,赋《载驰》之四章。叔向曰:"肸 xī,羊舌肸 敢不承命!"穆叔曰:"齐犹未也,不可以不惧。"乃城武城。

【齐及晋平】补 齐与晋讲和修好。

【大隧】杨 在今山东高唐境。齐地。

【故穆叔会范宣子于柯】补 齐、晋讲和，鲁惧怕齐，因此与晋相会以求自固。

【赋《载驰》之四章】正 补《载驰》（全诗见闵二・五・四・二）第四章有"控于大邦，谁因谁极"，可译为"速速求告大国，谁能拯救危亡？"，叔孙穆子表示想要依靠大国（晋）来拯救鲁国被齐国威逼的危亡局面。

【肸敢不承命】正 补 肸怎敢不接受命令？羊舌肸预计齐不会因大隧之盟而服于晋，因此许诺一旦齐伐鲁，晋将尽救援之责。

襄公十九年・九

地理 卫见襄地理示意图 1。

人物 石共子（襄十七・三・春秋）、石悼子、孔成子（成十四・五・一）

左传 【一】卫石共 gōng 子卒，悼子石悼子不哀。

【悼子】正 补 石悼子。姬姓，石氏，名恶，谥悼。石共子（襄十七・三・春秋）之子。卫大夫，官至卿位。襄二十八年奔晋。

【二】孔成子曰："是谓蹷（蹶）其本，必不有其宗。"

【蹷】正 拔。

【有】杨 保有。

○正 下启襄二十八年石悼子出奔晋（襄二十八・三）。

○补 **传世文献对读：**《论语・八佾》："子曰：'居上不宽，为礼不敬，临丧不哀，吾何以观之哉？'"此为"临丧不哀"之例。

襄公二十年·一

地理 鲁见襄地理示意图1。鲁、莒、向见襄地理示意图4。

人物 孟庄子（襄十六·二·一）

春秋 二十年，春，王正月辛亥二十一日，仲孙速孟庄子会莒jǔ人盟于向。

【向】补 见隐二·二·春秋。此时为鲁邑。

左传 二十年，春，[我]及莒平。孟庄子会莒人盟于向，督扬之盟故也。

○正 杨 莒曾数次伐鲁，襄十九年诸侯在督扬结盟以促成两国和解。两国今年讲和，在向邑结盟以表示和好，自此后十五年不交兵。

襄公二十年·二

地理 鲁、晋、齐、宋、卫、郑、曹见襄地理示意图1。鲁、晋、齐、宋、卫、郑、曹、邾、滕、薛、小邾、澶渊见襄地理示意图3。鲁、齐、宋、卫、曹、莒、邾、滕、薛、杞1、小邾、澶渊见襄地理示意图4。

人物 鲁襄公（襄元·○）、晋平公（襄十六·一·春秋）、齐后庄公（襄元·二·三）、宋平公（成十五·三·春秋）、卫殇公（襄元·五·春秋）、郑简公（襄七·八·二·二）、曹武公、莒犁比公（襄三·五·春秋）、邾悼公（襄十八·三·春秋）、滕成公（襄五·八·春秋）、薛伯、杞孝公（襄九·五·春秋）、小邾穆公（襄七·三·春秋）

春秋 夏，六月庚申三日，公鲁襄公会晋侯晋平公、齐侯齐后庄公、宋公宋平公、卫侯卫殇公、郑伯郑简公、曹伯曹武公、莒子莒犁比公、邾子邾悼公、滕子滕成公、薛伯、杞伯杞孝公、小邾子小邾穆公盟于澶chán渊。

【曹伯】 补 曹武公。姬姓,名滕,谥武。曹成公(成十三·三·一)之子。襄十九年即位,在位二十七年。昭十四年卒。

【澶渊】 正 杨 补 在今河南濮阳西。本为卫地,此时已入于晋。参见《图集》24—25③5。

秋,公_{鲁襄公}至自会。

○ 正 此条《春秋》无对应《左传》。

左传 夏,“盟于澶渊”,齐成故也。

○ 正 补 襄十九年齐已与晋讲和,本年诸侯盟于澶渊,则是正式宣示齐与晋及晋盟国和解。

襄公二十年·三

地理 鲁见襄地理示意图1。鲁、邾见襄地理示意图4。

人物 孟庄子(襄十六·二·一)

春秋 仲孙速_{孟庄子}帅师伐邾。

左传 邾人骤至,[我]以诸侯之事,弗能报也。秋,孟庄子伐邾以报之。

【骤】 正 杨 数,屡次。襄十五年及襄十七年邾皆曾伐鲁。

【以诸……报也】 杨 [鲁]由于连年参与诸侯征伐盟会之事,不能出兵报复。

襄公二十年·四

地理 蔡、楚、陈、晋见襄地理示意图1。

人物 公子燮(襄八·三·春秋)、公子履、陈哀公(襄五·八·春秋)、公子黄(襄七·八·三)、庆虎(襄七·八·三)、庆寅(襄七·八·三)、蔡文公(宣十七·一·春秋)、蔡庄公(僖二十一·三·春秋)

春秋 蔡杀其大夫公子燮 xiè。蔡公子履出奔楚。

【公子履】正 补 姬姓,名履。蔡庄公(僖二十一·三·春秋)之子,公子燮(襄八·三·春秋)同母弟。襄二十年奔楚。

陈侯陈哀公之弟黄公子黄出奔楚。

左传【一】蔡公子燮欲以蔡之晋,蔡人杀之。公子履,其母弟也,故出奔楚。

【蔡公子燮欲以蔡之晋】正 杨 补 蔡公子燮想要让蔡服从晋。之,至,引申为服从。

【公子……奔楚】杨 补 公子履是公子燮的同母弟,因此逃亡到楚。公子履应未参与公子燮之谋,但因害怕被兄弟牵连,所以出逃到与晋对立的楚以免除嫌疑。【母弟】补 同母弟,胞弟。

【二】陈庆虎、庆寅畏公子黄之逼,诉诸(之于)楚曰:“与蔡司马公子燮同谋。”楚人以为讨,公子黄出奔楚。

【陈庆……之逼】正 补 襄七年庆虎、庆寅使公子黄至楚,又使楚人扣留公子黄(见襄七·八·三)。本年前公子黄已获释回国,并应有威逼庆虎、庆寅的言行。

【司马】补 见襄八·三。

【公子黄出奔楚】正 补 公子黄本未参与公子燮之谋,故奔楚以求申辩。

【三】初,蔡文侯蔡文公欲事晋,曰“先君蔡庄公与 yù 于践土之盟,晋

不可弃,且兄弟也",畏楚,不能行而卒。楚人使蔡无常,公子
燮求从先君以利蔡,不能而死。[《春秋》]书曰"蔡杀其大夫公子
燮",言[公子燮]不与民同欲也;"陈侯之弟黄出奔楚",言非其罪也。

【践土之盟】 正 见僖二十七—僖二十八。

【书曰……欲也】 正 杨 补 据文六・四・三及文七・二・三,则《春
秋》书国杀,又书被杀卿大夫之名氏,表明公子燮有罪于蔡,其罪在于
没有和民众的愿望一致。蔡文公之死距今已四十年。蔡靠近楚而距
晋遥远,而楚又日益强暴,蔡民众已经安于事奉楚,公子燮的主张和
民众意愿相违背,此其罪也。

【"陈侯……罪也"】 正 补 《春秋》书"陈侯之弟黄出奔楚",指出"陈侯
之弟",表明罪不在公子黄,而在其兄陈哀公,因其任用庆虎、庆寅。

【四】 公子黄将出奔,呼于国曰:"庆氏无道,求专陈国,暴蔑其
君陈哀公,而去其亲公子黄。五年不灭,是无天也。"

○ 正 下启襄二十三年陈杀二庆(襄二十三・五)。

襄公二十年・五

地理 鲁、齐见襄地理示意图 1。

人物 子叔齐子(襄十四・一・春秋)

春秋 叔老子叔齐子如齐。

左传 齐子子叔齐子初聘于齐,礼也。

【聘】 补 见隐七・四・春秋。

襄公二十年・六

春秋 冬,十月丙辰朔初一,日有食之。

【朔】 补 见桓三·五·春秋。

【日有食之】 补 见隐三·一·春秋。

襄公二十年·七

地理 鲁、宋见襄地理示意图 1。

人物 季武子(襄六·五·春秋)、向戌(成十五·六·三)、公子段、鲁襄公(襄元·〇)

春秋 季孙宿_{季武子}如宋。

左传【一】冬,季武子如宋,报向戌之聘也。褚 zhǔ 师段_{公子段}逆之以受享。[_{武子}]赋《常棣 dì》之七章以卒。宋人重 zhòng 赂之。

【向戌之聘】 正 在襄十五·一。

【褚师段逆之以受享】 正 杨 补 公子段迎接季武子[进入宋都,]接受[宋平公所设]享礼。享,见桓九—桓十·一·二。【褚师段】 正 补 公子段。子姓,名段,字石。宋共公(成三·一·春秋)之子。宋大夫,襄二十年已任褚师。【褚师】 杨 补 宋外朝官,职掌市场税收。郑(昭二·二·一)、卫(昭二十·五·一)亦有褚师。

【赋《常……以卒》】 正 杨 补 季武子赋《常棣》第七章以及最后一章。《毛诗·小雅·常棣》(见昭元·一·六·三)的第七章"妻子好合,如鼓瑟琴。兄弟既翕,和乐且湛",与第八章(卒章)"宜尔室家,乐尔妻帑。是究是图,亶其然乎",可译为"夫妻感情融洽,好似琴瑟和鸣。兄弟和睦相处,心情和乐欢欣"及"妥善经营家庭,妻子儿女欢乐。认真考虑思量,此理甚为显豁"。季武子赋此两章,表示鲁、宋为婚姻之国,应当和睦相处,使各乐家室。

【二】[_{季武子}]归,复命,公_{鲁襄公}享之。[_{武子}]赋《鱼丽》之卒章。公赋《南山有台》。武子_{季武子}去所,曰:"臣不堪也。"

【赋《鱼丽》之卒章】 正 补 《毛诗·小雅·鱼丽》末章为"物其有矣，维其时矣"，可译为"食物如此丰富，又都合乎时令"。季武子借此表示鲁襄公命其到宋聘问，时机得当。

【公赋《南山有台》】 正 补 《毛诗·小雅》有《南山有台》。鲁襄公取"乐只君子，邦家之基""乐只君子，邦家之光"，称赞季武子为国家重臣，不辱使命，为国增光。

【去所】 正 补 离开座席。

○ 补 **传世文献对读**：《毛诗·小雅·南山有台》的原文，可扫码阅读。

襄公二十年·八

地理 卫见襄地理示意图 1。

人物 宁惠子(成十四·一·三·一)、宁悼子、卫献公(成十四·五·一)、孙文子(成七·八·春秋)

左传 卫宁 nìng 惠子疾，召悼子 宁悼子 曰："吾得罪于君 卫献公，悔而无及也。名藏在诸侯之策，曰'孙林父 fǔ，孙文子、宁殖 宁惠子 出其君'。君入，则掩之。[尔]若能掩之，则吾子也。[尔]若不能，犹有鬼神，吾有馁 něi 而已，不来食矣。"悼子许诺，惠子 宁惠子 遂卒。

【悼子】 正 补 宁悼子。姬姓，宁氏，名喜，谥悼。宁惠子(成十四·一·三·一)之子。卫大夫，官至卿位。襄二十六年被晋人所执，后归于卫。襄二十七年被公孙免余所杀。

【吾得罪于君】 补 指襄十四年宁惠子与孙文子一起驱逐卫献公(参见襄十四·五)。

【君入，则掩之】 正 补 [若能让]国君复位，那么还可以掩盖我的罪过。

【犹有……食矣】｜正｜｜杨｜｜补｜如果真有鬼神的话，我［的鬼魂］宁可挨饿，也不来吃［你进献的祭品］。不来食，也就是不认宁悼子为子。犹，若。

○｜正｜下启襄二十六年卫献公归于卫（<u>襄二十六·二</u>）。

○｜补｜**传世文献对读：**《公羊传·襄公二十七年》叙宁惠子临终之言为："黜公者非吾意也，<u>孙氏</u>为之。我即死，女能固纳公乎？"录以备考。

襄公二十一年·一

地理 鲁、晋见襄地理示意图1。鲁、晋、邾见襄地理示意图3。

人物 鲁襄公（襄元·○）

春秋 二十有（又）一年，春，王正月，公鲁襄公如晋。

左传 二十一年，春，"公如晋"，拜师及取邾田也。

【拜师及取邾田也】 正 拜谢襄十八年晋伐齐（见襄十八·三），并拜谢取得邾田（见襄十九·一）。

襄公二十一年·二

地理 鲁见襄地理示意图1。邾、鲁、漆、闾丘见襄地理示意图4。

人物 庶其、季武子（襄六·五·春秋）、鲁襄公（襄元·○）、鲁襄公姑姊、臧武仲（成十八·十·二）

春秋 邾庶其以漆、闾 lú 丘来奔。

【庶其】 补 邾大夫，名庶其。襄二十一年奔鲁。

【漆】 正 杨 补 在今山东邹城东北。邾邑，襄二十一年入于鲁。参见《图集》26—27④4。

【闾丘】 正 杨 补 在今山东邹城东北。邾邑，襄二十一年入于鲁。参见《图集》26—27④4。

○ 补 本段《春秋》的微言大义参见昭三十一·三·二。

左传【一·一】 "邾庶其以漆、闾丘来奔。"季武子以公鲁襄公姑姊妻 qì 之，皆有赐于其从者。

【公姑姊】 杨 鲁襄公姑姊，即鲁宣公之女，鲁成公之姊。

【一·二】于是鲁多盗。季孙_{季武子}谓臧武仲曰:"子盍_(何不)诘盗?"

【诘】|正| |杨|治,禁。

武仲_{臧武仲}曰:"不可诘也,纥_{hé,臧武仲}又不能。"

季孙曰:"我有四封,而诘其盗,何故不可? 子为司寇,将盗是务去,若之何不能?"

【四封】|杨|四面边境。

【司寇】|补|见文十八·三·一。

【将盗是务去】|补|即"将务去盗"。

武仲曰:

"子召外盗_{庶其}而大礼焉,何以止吾盗? 子为正卿,而来外盗;使纥去之,将何以能?

"庶其窃邑于邾以来,子以姬氏妻之,而与之邑,其从者皆有赐焉。若大盗礼焉以君_{鲁襄公}之姑姊与其大邑,其次皂牧舆马,其小者衣裳_{cháng}剑带,是赏盗也。赏而去之,其或难焉。

【若大……大邑】|杨||补|如果大盗就用国君的姑姊以及[姑姊所居]大邑表示礼遇。该大邑有可能是姑姊陪嫁物。

【皂牧】|正|据昭七·二·一·二,皂、牧都是贱役,其间尚有六等,即舆、隶、僚、仆、台、圉。

"纥也闻之,在上位者,洒_(洗)濯_{zhuó}其心,壹以待人,轨度其信,可明征也,而后可以治人。夫上之所为,民之归也。上所不为,而民或为之,是以_[上]加刑罚焉,而_[民]莫敢不惩。若上之所为，而民亦为之，乃其所也，[上]又可禁[民]乎？《夏书》曰'念兹在兹，释兹在兹，名言兹在兹，允出兹在兹，惟帝念功'，将谓由己壹也。信由己壹，而后功可念也。"

【在上……治人】正 杨 补 在上位的人要洗涤自己的心，言行一致地对待他人，使他的诚信合于规范，而且[表现在行动上，从而]可以明白地征验，这样以后才可以治理别人。洒濯，洗涤。征，验。

【不惩】杨 补 不引以为戒。

【念兹……念功】正 杨 补 此为逸《书》，可译为"要顾念的在此，要放弃的在此，要号令要言说的在此，诚信出此在此。只有天帝才能记载这功劳"。兹，此，这里指当时的规范。

【将谓由己壹也】杨 补 大概说的是要由自身做起实现言行一致。将，殆。

○补 文十八年，莒太子仆弑其君父后带着宫中宝玉出奔至鲁，鲁宣公想要重赏莒太子仆，季文子派人将其驱逐出境，并派太史克向鲁宣公陈词劝谏（参见文十八·三）。如今邾大夫庶其带着城邑出奔至鲁，季文子之子季武子想要重赏他，臧武仲向季武子陈词劝谏。相比之下，季文子与季武子之间的德行差距一目了然。

> ○补 传世文献对读：《论语·颜渊》："季康子问政于孔子。孔子对曰：'政者，正也。子帅以正，孰敢不正？'"《论语·颜渊》："季康子患盗，问于孔子。孔子对曰：'苟子之不欲，虽赏之不窃。'"所言虽为季康子之事，而孔子之言则与臧武仲之言义正相合。

[二] 庶其非卿也，以地来，虽贱必书[于《春秋》]，重地也。

襄公二十一年·三

地理 齐、鲁、北燕见襄地理示意图 1。齐、鲁、谷丘见襄地理示意图 3。

人物 齐后庄公（襄元・二・三）、庆佐（成十八・二・一）、公子牙（襄十九・二・二）、公子买、公子鉏、叔孙还

左传 齐侯齐后庄公使庆佐为大夫，复讨公子牙之党，执公子买于句 gōu 渎 dòu 之丘。公子鉏来奔，叔孙还 xuán 奔燕。

【复讨公子牙之党】补 公子牙之事见襄十九・二。

【公子买】正 补 姜姓，名买，又名贾（二字繁体写法相近）。公子牙党羽。襄二十一年被齐后庄公使庆佐所执。襄二十八年归于齐。

【句渎之丘】补 即谷丘，见桓十二・三・春秋。

【公子鉏】正 补 哀五年奔鲁后为南郭且于。姜姓，哀五年奔鲁后为南郭氏，名且于，快读为鉏。襄二十一年奔鲁。襄二十八年归于齐。哀五年奔鲁，应是居于鲁都南郭，因以为氏。

【叔孙还】正 补 姜姓，叔孙氏，名还。齐公室之后。公子牙党羽。襄二十一年奔燕。襄二十八年归于齐。

【燕】补 应为北燕（见庄三十一庄三十一・一）。

襄公二十一年・四

地理 鲁、晋、楚见襄地理示意图1。

人物 鲁襄公（襄元・〇）、王子午（襄十二・七）、楚康王（襄十四・九）、芳（蒍）子冯（襄十五・三・一）、申叔豫、医、王子追舒（襄十五・三・一）

春秋 夏，公鲁襄公至自晋。

〇正 此条《春秋》无对应《左传》。

左传 夏，楚子庚王子午卒。楚子楚康王使蒍 wěi 子冯 píng，芳（蒍）子冯为令尹。［蒍子冯］访于申叔豫。叔豫申叔豫曰："国多宠而王楚康王弱，国不可为也。"［蒍子冯］遂以疾辞。方暑，［蒍氏］阙 jué 地，下冰而

床焉。[蒍子冯]重 zhòng 茧，衣 yì 裘，鲜 xiǎn 食而寝。楚子使医视
之。[医]复曰："[蒍子冯]瘠则甚矣，而血气未动。"[楚子]乃使子南
王子追舒为令尹。

【令尹】补 见庄四·二·二。

【申叔豫】正 补 姜姓，申叔氏，名豫。申叔时（宣十一·五·二）
之孙。

【宠】补 尊贵[之人]。【弱】补 年少。

【方暑……而寝】正 杨 补 时值大暑，蒍子冯派人挖地，放上冰块，
然后在上面放上床。然后他内穿厚丝绵袍，外罩裘衣，吃很少的东
西，睡在寒床之上。经过一段时间，蒍子冯形容消瘦（实为饥饿所
致），而且暑天穿着厚实（实为抵御床下寒气），给人罹患大病，气血虚
耗，畏冷体弱的假象。若不用寒床，则以蒍子冯气血未动之身而穿着
如此厚实，在夏日时节，必热不能耐，面红耳赤，露出马脚。

【医】补 楚内朝官，掌诊治疾病。

【瘠则……未动】正 杨 蒍子冯极瘦，但血气正常。医者暗示蒍子冯
装病。

○ 正 补 下启襄二十二年楚杀王子追舒、蒍子冯为令尹（襄二十二·
六）。

襄公二十一年·五

地理 晋、楚、周见襄地理示意图 1。晋、楚、周、辕辕见襄地理示意
图 5。

人物 栾怀子（襄十四·四·七）、栾桓子（成十六·三·春秋）、范宣
子（成十六·三·七）、范献子（襄十四·四·五）、栾祁、州宾、箕遗、
黄渊、嘉父、司空靖、邴豫、董叔、邴师、申书、羊舌虎、叔罴、羊舌赤（襄
三·四·一）、羊舌肸（襄十一·二·五·三）、籍偃、乐桓子、祁奚（成
八·五·一）、晋平公（襄十六·一·春秋）、鲧（僖三十三·五·一·
二）、夏禹（庄十一·二·二·二）、伊尹、商太甲、管叔鲜、蔡叔度、周

公旦(隐八・二)、周成王(僖二十五—僖二十六・四・二)、羊舌胖之母、羊舌虎之母、周灵王(襄五・二)、栾武子(宣十二・一・四)

[春秋] 秋,晋栾盈栾怀子出奔楚。

[左传][一] 栾桓子娶于范宣子,生怀子栾怀子。范鞅范献子以其亡也,怨栾氏,故与栾盈栾怀子为公族大夫而不相能。

【范鞅……栾氏】[正][补]范献子因为[在襄十四年被栾桓子所迫]出奔[秦]的缘故,怨恨栾氏。

【公族大夫】[补]见宣二・三・六・一。

【相能】[杨][补]即相得,和睦相处。能,得。

[二] 桓子栾桓子卒,栾祁与其老州宾通,几亡室矣。怀子栾怀子患之。祁栾祁惧其讨也,诉诸(之于)宣子范宣子曰:“盈栾怀子将为乱,以范氏为死桓主栾桓子而专政矣,曰:‘吾父栾桓子逐鞅范献子也,[范氏]不怒而以宠报之,又与吾栾怀子同官而专之,吾父死而[范氏]益富。[范氏]死吾父而专于国,有死而已,吾蔑从之矣!’其谋如是,惧害于主范宣子,吾栾祁不敢不言。”范鞅为之征。怀子好施,士多归之。宣子畏其多士也,信之。

【栾祁】[正][补]晋范氏女,祁姓。范宣子(成十六・三・七)之女,栾桓子(成十六・三・春秋)之妻,栾怀子(襄十四・四・七)之母。

【老】[杨][补]室老,即家宰,见襄十七・六。

【几亡室矣】[正][补]几乎到了要使栾家败亡的地步。

【盈将……政矣】[正][补]栾盈将要作乱,认为范氏蔑视死去的栾桓子并垄断晋政权。此处“死”字以及下文“死吾父”之“死”字用法见僖三十三・三・一。

【吾父……益富】[正][补]我父亲驱逐范鞅,范鞅返国后,范匄(范宣子)不[对他儿子表示]愤怒,反而宠信他[任命他做公族大夫],[范鞅]又与我同为公族大夫,而[他却]专任其事[将我这个同僚架空],我父亲死后[范氏]更加富有。

【蔑】补无。

【范鞅为之征】正杨补范献子为栾祁作证。征,证。

[三]怀子栾怀子为下卿,宣子范宣子使城著而遂逐之。秋,栾盈栾怀子出奔楚。宣子范宣子杀箕遗、黄渊、嘉父 fǔ、司空靖、邴 bǐng 豫、董叔、邴师、申书、羊舌虎、叔罴 pí,囚伯华羊舌赤、叔向羊舌肸、籍偃。

【怀子为下卿】正杨栾怀子此时任下军佐,位次第六,居下卿。

【著】正杨晋邑,疑即著雍,见襄十·一·三·三。

【箕遗】正补籍氏,名遗。晋大夫。襄二十一年被范宣子所杀。应为箕郑(文七·三·三)之后。

【司空】补见庄二十五—庄二十六·二。

【董叔】正杨补董氏,排行叔。晋大夫。范氏之婿,范献子曾辱之。襄二十一年被范宣子所杀。

【羊舌虎】正补姬姓,羊舌氏,名虎,排行叔。羊舌职(宣十五·五·一·二)之子,羊舌赤(襄三·四·一)、羊舌肸(襄十一·二·五·三)、羊舌鲋(昭十三·三·三)之弟。晋大夫。襄二十一年被范宣子所杀。

○正杨补**传世文献对读**:《国语·晋语八》叙栾怀子被逐之事,与《左传》大不相同,可扫码阅读。

据成十七·十·四·一所引上博简九《苦成家父》,则弑晋厉公是栾武子一手策划并最终实施的,与此处《国语》所叙相合。

○补**传世文献对读**:《国语·晋语八》又叙栾怀子家臣辛俞矢志追随主子、拒绝晋平公拉拢之事,为《左传》所无,可扫码阅读。

[四·一]人谓叔向羊舌肸曰:"子离(罹)于罪,其为不知(智)乎?"叔

向曰:"与其死亡若何?《诗》曰'优哉游哉,聊以卒岁',知(智)也。"

【子离……知乎】正 杨 补 您[因为不依附范氏而]遭受罪责,恐怕是不明智吧!

【与其死亡若何】正 补 比起身死或是逃亡来如何? 羊舌肸认为自己仅是被囚禁,比起上述被杀或逃亡的栾怀子党羽(包括其兄羊舌虎)已是幸运。

【《诗》曰……知也】杨 补 此为逸《诗》,可译为"悠闲逍遥,姑且这样度过岁月"。羊舌肸引此诗,表示自己在栾、范之争中采取逍遥态度,不介入争端,因此其兄被杀,而自己仅被囚禁,实为明智之举。

【四·二】乐王鲋鲋,乐桓子见叔向曰:"吾为子请!"叔向弗应。[乐王鲋]出,[叔向]不拜。

【乐王鲋】正 杨 补 乐桓子。子姓,乐氏,名王鲋,单名鲋,谥桓。晋大夫。

其人皆咎叔向。叔向曰:"[免我者]必祁大夫祁奚。"

【咎】补 责怪。

室老闻之,曰:"乐王鲋言于君晋平公,无不行,求赦吾子羊舌肸,吾子不许。祁大夫所不能也,而[吾子]曰必由之,何也?"

【室老】杨 补 即家宰,见襄十七·六。

叔向曰:"乐王鲋,从君者也,何能行? 祁大夫外举不弃雠,内举不失亲,其独遗我乎?《诗》曰:'有觉(梏)德行,四国顺之。'夫子祁奚,觉者也。"

【祁大……失亲】杨 见襄三·四。

【有觉德行,四国顺之】正 杨 补 《毛诗·大雅·抑》有此句,可译为

"有正直的德行,使四方国家归顺"。觉,正直貌。

【四·三】晋侯晋平公问叔向之罪于乐王鲋。[乐王鲋]对曰:"不弃其亲羊舌虎,其有焉。"

【其有焉】杨 补可能是有[罪]的。这是乐王鲋拉拢羊舌肸不成之后反过来落井下石。

于是祁奚老矣,闻之,乘驲 rì 而见宣子范宣子,曰:

【于是祁奚老矣】杨襄三年祁奚曾请老致仕,襄十六年又出为公族大夫,本年前已再次告老还家。

【驲】补见文十六·三·四。

"《诗》曰:'惠我无疆,子孙保之。'《书》曰:'圣有谟 mó 勋(训),明征定保。'夫谋而鲜 xiǎn 过、惠训不倦者,叔向有焉,社稷之固也,犹将十世宥 yòu 之,以劝能者。今壹不免其身,以弃社稷,不亦惑乎?

【惠我无疆,子孙保之】正 杨 补《毛诗·周颂·烈文》有此句,可译为"赐予我无边的恩惠,子子孙孙都要保有它",保有的对象是恩惠。这里祁奚引此诗的目的在于请求国家保护羊舌肸,所以应解读为"他赐予我们无边的恩惠,连他的子孙都要得到保护"。

【圣有谟勋,明征定保】正 杨 补此为逸《书》,可译为"圣明的人有谋略有训诲,应当加以明白征验和安定保护"。谟,谋略。勋,训诲。

【犹将十世宥之】杨 补他的十代子孙有罪尚且要宽恕。

"鲧殛 jí 而禹夏禹兴;伊尹放大(太)甲商太甲而相 xiàng 之,[大甲]卒无怨色;管管叔鲜、蔡蔡叔度为戮,周公周公旦右王周成王。若之何其以虎羊舌虎也[杀叔向而]弃社稷?

【鲧殛而禹兴】正 补鲧被诛杀而[其子]夏禹兴盛。祁奚用这个例子说明不应以父罪废其子。

【伊尹……怨色】 正 杨 ［商太甲荒淫，］伊尹将商太甲驱逐［到桐宫思过三年，等他悔改之后才让他复位，］而自己做国相，［商太甲］终无怨色。祁奚用这个例子说明不应以一怨妨大德。【伊尹】 杨 补 商初贤相，曾辅佐天乙(汤)灭夏建立商朝，又辅佐外丙、仲壬、太甲三任君主。【大甲】 正 补 商太甲。子姓，日名太甲。商太丁之子，商汤(庄十一·二·二·二)之孙。

【管、蔡……右王】 正 杨 补 管叔鲜、蔡叔度［作乱］被杀，［而他们的兄弟］周公旦则［平定叛乱，］辅佑周成王。管、蔡发动的叛乱史称"三监之乱"，详情见下。祁奚用这个例子说明兄弟罪不相及。【管】 补 管始封君。姬姓，管氏，名鲜，排行叔，封于管。周文王(僖五·八·一)之子，周武王(桓元—桓二·三·二)同母弟，太姒(定六·二·一)所生。三监之乱后被周公旦所杀。【蔡】 补 蔡始封君。姬姓，名度，排行叔，封于蔡。周文王之子，周武王、管叔鲜、周公旦(隐八·二)同母弟，太姒所生。三监之乱后被周公旦所流放。

○ 补 三监之乱：周武王灭商后，将商王畿分为邶、鄘、卫三区，封商纣之子武庚于商行都朝歌，而使管叔鲜、蔡叔度、霍叔处居于邶、鄘、卫三区，以监武庚，史称"三监"。周武王死后，其弟周公旦摄政，而奉周武王幼子诵为王。周公旦之兄管叔鲜、周公旦之弟蔡叔度以周公旦将不利于周成王，遂伙同武庚纠合东方商朝旧国奄(昭元·一·四·三)、蒲姑(庄八—庄九—庄十·二)及徐夷、淮夷(僖十二—僖十三·四)作乱，史称"三监之乱"。周公旦东征平定叛乱，杀武庚、管叔鲜，流放蔡叔度，废霍叔处为庶人。

"子为善，谁敢不勉？多杀何为？"

宣子说(悦)，与之祁奚乘 chéng，以言诸(之于)公晋平公而免之。［祁奚］不见叔向而归，叔向亦不告免焉而朝。

○ 补 **传世文献对读**：《春秋经传集解后序》所引《竹书纪年》叙伊尹、商太甲之事，与《左传》很不相同，可扫码阅读。
○ 补 **传世文献对读**：《论语·为政》：子曰："君子周而不比……"《论语·卫灵公》："子曰：'君子……群而不党。'"羊舌肸与祁奚的关系可谓"周而不比""群而不党"的典范。

【四·四】初，叔向之母妒（妒）叔虎羊舌虎之母美而不使。其子皆谏其母。其母曰："深山大泽，实生龙蛇。彼美，余惧其生龙蛇以祸女（汝）。女（汝），敝族也。国多大宠，不仁人间 jiàn 之，不亦难 nàn 乎？余何爱焉！"[叔向之母]使[叔虎之母]往视寝，生叔虎。[叔虎]美而有勇力，栾怀子嬖 bì 之，故羊舌氏之族及于难 nàn。

【不使】 杨 补 不派[她去羊舌职房中侍寝]。"使"字用法参见昭二十五·五·一·一"公若欲使余"。
【深山大泽，实生龙蛇】 补 杜甫《送孔巢父谢病归游江东兼呈李白》"深山大泽龙蛇远"典出于此。
【敝族】 正 补 衰坏的宗族。
【间】 补 钻空子。
【爱】 杨 惜。
【视寝】 补 同房。
【嬖】 补 宠信。

【五】栾盈栾怀子过于周，周西鄙掠之。[栾盈]辞于行人，曰："天子周灵王陪臣盈栾怀子，得罪于王周灵王之守臣，将逃罪。[盈]罪重 chóng 于郊甸，无所伏窜，敢布其死：昔陪臣书栾武子能输力于王室，王施惠焉。其子黡 yǎn，栾桓子不能保任其父栾武子之劳。大君周灵王若不弃书之力，亡臣栾怀子犹有所逃。若弃书之力，而思黡之罪,臣,戮余也,将归死于尉氏,不敢还矣。[盈]敢布四体,唯大君命焉!"

【掠】[正]劫掠财物。

【辞】[补]告。【行人】[正][杨][补]周外朝官,职掌接待宾客。据《周礼·秋官》记载,行人包括大行人、小行人,小行人"凡四方之使者,大客则摈,小客则受其币而听其辞"。

【陪臣】[补]见僖十二—僖十三·二·一。

【得罪于王之守臣】[杨][补]得罪了为周王守土之臣,也就是得罪了晋平公。"王之守臣"指诸侯,这里指晋平公。《礼记·玉藻》:"诸侯之于天子曰'某土之守臣某'。"

【罪重于郊甸】[正][补]又在王畿郊甸再次得罪。此为外交辞令,实指在郊甸遭到劫掠。据《周礼·载师》,则周王畿之内,自都城之外,由近及远,有近郊、远郊、次甸、次稍、次县、次都。郊甸在这里泛指国都郊区。

【敢布其死】[正][杨][补]谨敢冒死陈情。布,陈。

【陪臣书】[补]栾武子,栾怀子祖父。

【其子黡】[补]栾桓子,栾怀子父亲。

【保任】[杨][补]近义词连用,都是保持、保全的意思。

【尉氏】[杨][补]周外朝官,职掌刑狱。

【敢布……命焉】[杨][补][我]斗胆敢于伸展躯体,任凭大君处置。

王曰:"尤而效之,其又甚焉。"[王]使司徒禁掠栾氏者,归所取焉;使候出诸(之于)镮 huàn 辕。

【尤而效之】[正][杨][补]认为有错而又效仿。晋驱逐栾怀子,周灵王认为有错。若掠夺栾怀子财物,则是效仿过错。尤,过。

【使司……取焉】[正][补][周王]使司徒拘捕劫掠栾氏的贼人,[让他们]归还所夺取的[财物]。禁,拘。【司徒】[正][补]周外朝官,掌国都内外徒众(包括动用他们追捕盗贼),亦有率军征战之职。

【候】[正][补]周外朝官,职掌迎送宾客。

【轘辕】正 杨 补 关隘名，在今河南偃师、巩义、登封交界处的轩辕山。周地。参见《图集》24—25④3。

○ 补 笔者对晋人驱逐栾怀子的可能真相有详细分析，请见专著《虎变：晋国大族的兴盛与衰亡》(出版中，暂定书名)相关章节。

襄公二十一年·六

春秋 九月庚戌朔初一，日有食之。

　　【朔】补 见桓三·五·春秋。

　　【日有食之】补 见隐三·一·春秋。

冬十月庚辰朔初一，日有食之。

○ 杨 此日不应有日食，应是史官误记，或司天者误认。

襄公二十一年·七

　　地理 曹、鲁见襄地理示意图 1。

　　人物 曹武公(襄二十·二·春秋)

春秋 曹伯曹武公来朝。

　　【朝】见隐四·二·七·一。

左传 冬，曹武公来朝，始见也。

襄公二十一年·八

　　地理 鲁、晋、齐、宋、卫、郑、曹见襄地理示意图 1。鲁、齐、宋、卫、曹、莒、邾见襄地理示意图 4。

人物 鲁襄公（襄元·〇）、晋平公（襄十六·一·春秋）、齐后庄公（襄元·二·三）、宋平公（成十五·三·春秋）、卫殇公（襄元·五·春秋）、郑简公（襄七·八·二·二）、曹武公（襄二十·二·春秋）、莒犁比公（襄三·五·春秋）、邾悼公（襄十八·三·春秋）、栾怀子（襄十四·四·七）、羊舌肸（襄十一·二·五·三）、知起、中行喜、州绰（襄十八·三·八）、邢蒯、乐桓子（襄二十一·五·四·二）、范宣子（成十六·三·七）、殖绰（襄十八·三·八）、郭最（襄十八·三·八）

春秋 公鲁襄公会晋侯晋平公、齐侯齐后庄公、宋公宋平公、卫侯卫殇公、郑伯郑简公、曹伯曹武公、莒子莒犁比公、邾子邾悼公于商任rén。

> ○ 补 传世文献对读：《公羊传》在此条《春秋》之后还有一条："十有一月庚子，孔子生。"《穀梁传》亦有"庚子，孔子生"。鲁史《春秋》绝无书卿大夫出生之例，最尊周礼的孔子也不可能在《春秋》中逾越礼制推崇自己。因此这条《春秋》应该是《公》《穀》二传为尊孔子而增加。

左传【一·一】会于商任，锢栾氏栾怀子也。齐侯齐后庄公、卫侯卫殇公不敬。

【锢栾氏也】 正 禁锢栾怀子[，使诸侯不得接受他]。

【一·二】叔向羊舌肸曰："二君者必不免[于难]。会、朝，礼之经也。礼，政之舆也。政，身之守也。怠礼，失政。失政，不立。是以乱也。"

【二君】 补 齐后庄公、卫殇公。

【舆】 正 补 马车车厢，引申为载体。

○ 正 下启襄二十五年齐弑后庄公（襄二十五·一），襄二十六年卫弑殇公（襄二十六·二）。

○ 补 **传世文献对读**：《论语·八佾》："子曰：'居上不宽，为礼不敬，临丧不哀，吾何以观之哉？'"此为"为礼不敬"之例。

[二·一] 知 zhì 起、中行喜、州绰、邢蒯 kuǎi 出奔齐，皆栾氏 栾怀子 之党也。

乐王鲋 乐桓子 谓范宣子曰："盍（何不）反（返）州绰、邢蒯，勇士也。"

宣子 范宣子 曰："彼栾氏之勇也，余何获焉？"

王鲋 乐桓子 曰："子为彼栾氏，乃亦子之勇也。"
【子为……勇也】正 杨 补 您成为他们的栾氏，他们也就成为您的勇士了。乐桓子劝告范宣子像栾怀子一样善待州绰、邢蒯，则二人就能为范宣子所用。从下文看，范宣子没有采纳这条计策。

[二·二] 齐庄公 齐后庄公 朝，指殖绰、郭最曰："是寡人之雄也。"
【雄】正 杨 公鸡，喻其勇。

州绰曰："君 齐后庄公 以为雄，谁敢不雄？然臣不敏，平阴之役，先二子鸣。"
【然臣……子鸣】正 杨 补 然而下臣不机敏，在平阴之役中，[我]比他们两位可是先打鸣。指襄十八年平阴之役中，州绰俘获殖绰、郭最。《太平御览》引《尸子》："战如斗鸡，胜者先鸣。"齐后庄公以公鸡作比，所以州绰以公鸡斗胜而先鸣作比，说自己"先二子鸣"。

庄公为勇爵，殖绰、郭最欲与 yù 焉。州绰曰："东闾 lú 之役，臣左骖迫，还 xuán 于门中，识其枚数，其可以与 yù 于此乎？"

【勇爵】 正 为勇士设置的爵位。

【东闾……枚数】 正 见襄十八·三·十二·一。

公齐后庄公曰:"子为晋君晋平公也。"

[州绰]对曰:"臣为隶新。然二子者,譬于禽兽,臣食其肉而寝处其皮矣。"

【臣为隶新】 正 补 臣下是国君新来的仆役。

【二子】 补 殖绰、郭最。

○ 补 杜甫《遣兴五首》"忽看皮寝处"、《太子张舍人遗织成褥段》"寝处祸所婴"典出于此。

襄公二十二年·一

地理 鲁、晋见襄地理示意图1。

人物 鲁襄公(襄元·○)、臧武仲(成十八·十·二)、御叔、叔孙穆子(成十六·六·二)

春秋 二十二年,春,王正月,公鲁襄公至自会。

○正 此条《春秋》无对应《左传》。

左传 二十二年,春,臧武仲如晋。雨,[武仲]过御叔。御叔在其邑,将饮酒,曰:"焉用圣人! 我御叔将饮酒,而己臧武仲雨行,何以圣为?"

【二十……如晋】正 补 鲁襄公归国,鲁守卿遣臧武仲为公谢不敏。谢不敏之事参见襄二十六·七。

【御叔】正 补 姬姓,御氏,排行叔。疑为御孙(庄二十三—庄二十四·二)之后。鲁大夫。食采于御。【御】正 杨 在今山东郓城东十二里。鲁邑。

【圣人】正 补 通达先识之人。臧武仲足智多谋,因此时人称其为"圣人"。

穆叔叔孙穆子 闻之曰:"[己]不可使也,而傲使人臧武仲,国之蠹也。"令倍其赋。

【不可使也,而傲使人】正 补 [自己]不配出使,反而骄傲[地看待]出使之人。

【蠹】补《说文》:"蠹,木中虫。"后泛指害物之虫。

襄公二十二年·二

地理 晋、郑、楚见襄地理示意图1。

人物 公孙侨（襄八·三）、晋悼公（成十七·十·一·二）、郑简公（襄七·八·二·二）、公子骈（成十三·二）、公孙虿（襄八·八·一·二）、子侯、石孟、公孙夏（襄十·七·二·三）、晋平公（襄十六·一·春秋）

春秋 夏，四月。

左传 夏，晋人征朝于郑。郑人使少正公孙侨对曰：

【晋人征朝于郑】正 补 晋人派人来郑，使郑君朝于晋。"朝"见隐四·二·七·一。

【少正】正 补 郑外朝官，卿职，为政副手。

"在晋先君悼公晋悼公九年襄八年，我寡君郑简公于是即位。即位八月，而我先大夫子骈公子骈从寡君以朝于执事。执事不礼于寡君，寡君惧。因是行也，我二年襄九年六月朝于楚，晋是以有戏之役。楚人犹竞，而申礼于敝邑。敝邑欲从执事，而惧为大尤，曰'晋其谓我不共（恭）有礼'，是以不敢携贰于楚。

【执事】补 ［晋］执政。

【戏之役】正 杨 补 指襄九年晋率诸侯伐郑及之后的戏之盟（参见襄九·五）。

【楚人……敝邑】杨 补 楚还很强大，却对郑有礼。晋屡次伐郑，楚屡次救郑，此所谓"申礼于敝邑"。竞，强。

【大尤】杨 补 大错。

【携贰】补 离心离德。携，离心。贰，有二心。

"我四年襄十一年三月，先大夫子蟜 jiǎo，公孙虿又从寡君以观衅于楚，晋于是乎有萧鱼之役。［我］谓我敝邑，迩在晋国，譬诸（之如）草木，吾臭 xiù 味也，而何敢差池？楚亦不竞。寡君尽其土实,重 zhòng 之以宗器,以受齐(斋)盟,遂帅群臣随于执事,以会岁终。贰于楚者,子侯、石盂,[寡君]归而讨之。

【观衅于楚】 正 杨 到楚观察是否有[可利用的]衅隙。此为外交辞令,实指郑君臣朝于楚。

【萧鱼之役】 正 补 指襄十一年晋率诸侯伐郑及之后的萧鱼之会(襄十一·二)。

【譬诸草木,吾臭味也】 杨 补 拿草木做比方,[如果晋是草木,那么]郑就是[草木散发的]气味。参见襄八·八·二"今譬于草木,寡君在君,君之臭味也"。

【差池】 正 杨 不齐一。指郑时而从楚,时而从晋。

【竞】 补 强。

【土实】 正 杨 补 出自土地的物产。

【宗器】 补 见襄六·六·二·三。

【以受齐盟】 杨 补 接受盟誓。"齐盟"见成十一·七·一·二。

【遂帅……岁终】 杨 补 [我国君主]于是率领群臣跟随[贵国]执政,以参加年终的会见。据《周礼·天官·宰夫》,"岁终,则令群吏正岁会",可译为"年底,就命令官吏们总核考计一年的会计文书"。春秋时诸侯尊事霸主,亦有年终时至霸主国总结一年工作的做法。

【子侯、石盂】 杨 二人皆为郑大夫。

"溴 jú 梁之明年襄十七年,子蟜老矣,公孙夏从寡君以朝于君晋平公,见 xiàn 于尝酎 zhòu,与 yù 执燔 fán(膰)焉。

【见于尝酎】 正 杨 补 在用酎的尝祭上与国君见面。"尝"见桓五·四。酎,连酿三次的醇酒。

【与执燔焉】 正 杨 参与[祭祀,事毕后]分得祭肉。"执膰"参见成十三·一·三·二。

"间 jiàn 二年襄二十年,闻君将靖东夏,四月,[寡君]又朝以听事期。

【闻君将靖东夏】正 杨 补 听说晋君将要平定东方。指襄二十年澶渊之盟(参见襄二十·二)。东夏指齐。

【四月,又朝以听事期】正 杨 澶渊之盟在六月,郑简公四月便前往晋,以听取结盟日期。

"不朝之间,[敝邑]无岁不聘,无役不从。

【聘】补 见隐七·四·春秋。

"以大国政令之无常,[敝邑]国家罢(疲)病,不虞荐至,无日不惕,岂敢忘职? 大国若安定之,[寡君]其朝夕在[大国之]庭,何辱命焉? 若[大国]不恤其患,而以[敝邑之患]为口实,[敝邑]其无乃不堪任命,而翦为仇雠? 敝邑是惧,其敢忘君命? 委诸(之于)执事,执事实重 zhòng 图之。"

【不虞】杨 补 意料之外[的忧患]。虞,度。【荐】杨 屡。

【惕】正 惧。

【何辱命焉】杨 补 哪里还需要[大国]屈尊[发布征会的]命令?

【口实】杨 借口。

【翦】杨 弃。【仇雠】补 仇敌。雠,仇。

【敝邑是惧】补 即"敝邑惧是",可译为"我国害怕的就是这个"。"是"指代"[大国]不恤其患,而以[敝邑之患]为口实,[敝邑]其无乃不堪任命,而翦为仇雠"。

【其】杨 岂。

【委】杨 付。

襄公二十二年·三

地理 鲁、楚、齐、晋见襄地理示意图1。

人物 子叔齐子(襄十四·一·春秋)、栾怀子(襄十四·四·七)、晏平仲(襄十七·六)、齐后庄公(襄元·二·三)、陈文子

春秋 秋,七月辛酉十六日,叔老子叔齐子卒。

　　○正 此条《春秋》无对应《左传》。

左传 秋,栾盈栾怀子自楚适齐。

　　【适】补 往。

晏平仲言于齐侯齐后庄公曰:"商任之会,受命于晋。今纳栾氏,将安用之? 小所以事大,信也。失信,不立。君其图之。"[公]弗听。

　　【商任之会,受命于晋】正 补 商任之会(襄二十一·八)上,我国从晋接受[禁锢栾氏]之命。

[晏平仲]退告陈文子曰:"君人执信,臣人执共(恭)。忠、信、笃、敬,上下同之,天之道也。君自弃也,弗能久矣!"

　　【陈文子】杨 补 妫姓,陈氏,名须无,谥文。闵孟克之子,夷孟思之孙,陈敬仲(庄二十二·三·一)曾孙。襄二十五年崔武子弑齐后庄公之后曾出奔,襄二十八年已返齐。《论语·公冶长》:"[子张问曰:]'崔子弑齐君,陈文子有马十乘,弃而违之。至于他邦,则曰:"犹吾大夫崔子也。"违之。之一邦,则又曰:"犹吾大夫崔子也。"违之。何如?'子曰:'清矣。'曰:'仁矣乎?'曰:'未知,焉得仁?'"可见,孔子认为陈文子"清",而还没达到"仁"。

　　○正 下启襄二十五年齐弑后庄公(襄二十五·一)。

襄公二十二年·四

　　地理 郑见襄地理示意图 1。

　　人物 公孙黑肱(宣十四·三·二)、郑简公(襄七·八·二·二)

[左传]【一】九月，郑公孙黑肱有疾，归邑于公郑简公。[伯张]召室老、宗人立段印段，而使黜官、薄祭：祭以特羊，殷以少牢；[田]足以共(供)祀，尽归其余邑[于公]。[伯张]曰："吾闻之，生于乱世，贵而能贫，民无求焉，可以后亡。敬共(恭)事君郑简公与二三子。生在敬戒，不在富也。"己巳，伯张公孙黑肱卒。

【室老】[杨][补]即家宰，见襄十七·六。

【宗人】[杨][补]卿大夫家臣，掌宗族礼仪。

【段】[正][杨][补]印段。姬姓，印氏，名段，字石，谥献。公孙黑肱(宣十四·三·二)之子，公子睔之孙，郑穆公(僖三十·三·五)曾孙。郑大夫，官至卿位。襄二十二年公孙黑肱去世后继位为卿。昭十六年前已去世。

【黜官】[杨]减省家臣。

【祭以特羊，殷以少牢】[正][补]祭祀祖先时，四时常祭用一只羊(本应用少牢，即羊、豕各一只)，三年盛祭用少牢(本应用太牢，即牛、羊、豕各一只)。殷，盛。太牢、少牢参见桓六·七·一。

【足以……余邑】[补]留下足够供给祭祀的[土地]，把多余的田邑都归还[给公室]。这里所说的"邑"参见成元—成二·六·一。

【二三子】[补]诸位大夫。

【敬戒】[补]严肃认真[地做事]，警醒戒备[地处世]。

○[补]参见襄二十四·十"贵而知惧，惧而思降"。

【二】君子曰："善戒。《诗》曰'慎尔侯度，用戒不虞'，郑子张公孙黑肱其有焉。"

【慎尔侯度，用戒不虞】[正][杨][补]《毛诗·大雅·抑》有此句，而"慎"作"谨"。可译为"谨慎地使用你公侯的法度，以警戒意外之事"。虞，度。

襄公二十二年·五

[地理]鲁、晋、齐、宋、卫、郑、曹见襄地理示意图1。鲁、齐、宋、卫、曹、

莒、邾、薛、杞 1、小邾、沙随见襄地理示意图 4。

人物 鲁襄公（襄元·〇）、晋平公（襄十六·一·春秋）、齐后庄公（襄元·二·三）、宋平公（成十五·三·春秋）、卫殇公（襄元·五·春秋）、郑简公（襄七·八·二·二）、曹武公（襄二十·二·春秋）、莒犁比公（襄三·五·春秋）、邾悼公（襄十八·三·春秋）、薛伯、杞孝公（襄九·五·春秋）、小邾穆公（襄七·三·春秋）、栾怀子（襄十四·四·七）、晏平仲（襄十七·六）

春秋 冬，公鲁襄公会晋侯晋平公、齐侯齐后庄公、宋公宋平公、卫侯卫殇公、郑伯郑简公、曹伯曹武公、莒子莒犁比公、邾子邾悼公、薛伯、杞伯杞孝公、小邾子小邾穆公于沙随。

【沙随】杨 见成十六·四·春秋。

〇杨《公羊传》《穀梁传》于"邾子"之下有"滕子"，可能是《左传》脱漏。

公鲁襄公至自会。

〇正 此条《春秋》无对应《左传》。

左传 冬，会于沙随，复锢栾氏也。栾盈栾怀子犹在齐。晏子晏平仲曰："祸将作矣！齐将伐晋，不可以不惧。"

〇正 补 襄二十一年，诸侯会于商任，锢栾氏。晋人知栾怀子在齐，故再会诸侯以重申禁锢之令。下启襄二十三年齐伐晋（襄二十三·七）。

襄公二十二年·六

地理 楚见襄地理示意图 1。

人物 王子追舒（襄十五·三·一）、观起、楚康王（襄十四·九）、王孙

弃疾、芳（蒍）子冯（襄十五·三·一）、王子齮、屈建、申叔豫（襄二十一·四）

春秋 楚杀其大夫公子追舒王子追舒。

○正 补 据文六·四·三及文七·二·三，则《春秋》书国杀，又书被杀卿大夫之名氏，表明王子追舒有罪于楚。据下文《左传》，王子追舒之罪在于宠近小人，贪而多马，为国所患。

左传【－·－】楚观起有宠于令尹子南王子追舒，未益禄而有马数十乘shèng。楚人患之，王楚康王将讨焉。

【令尹】补 见庄四·二·二。

○杨 据《荀子·强国》，立大功之后，"士、大夫益爵，官人益秩，庶人益禄"。既言"未益禄"，则观起应是出身庶人而为官。观起身为庶人，又未有大功，只因有宠于王子追舒，便有马数十乘，则王子追舒之嚣张气焰可以想见。

子南王子追舒之子弃疾王孙弃疾为王御士，王楚康王每见之，必泣。

【御士】正 补 楚内朝官，职掌国君近卫。

【王每见之，必泣】补 楚康王每次见到王孙弃疾，都会对着他哭泣。据襄二十一·四，楚康王此时还年轻，一方面已经明白内政问题所在，下决心要杀王子追舒立威；另一方面又不能像年长君王那样很好地控制自己的情绪，知道王孙弃疾贤良，而又不得不杀他父亲，不禁伤感落泪。

弃疾曰："君三泣臣矣，敢问谁之罪也？"

王曰："令尹王子追舒之不能，尔所知也。国将讨焉，尔其居乎？"

【尔其居乎】⬛正⬛杨你会留下[臣事我]么？楚康王知王孙弃疾之贤，想要留用他，因有此问。

[弃疾]对曰："父戮子居，君焉用之？泄命重 zhòng 刑，臣亦不为。"

【泄命重刑】⬛补王孙弃疾意思是，自己如果向父亲泄露了君王的命令，也将被君王刑杀，这样将加重自己家族遭受的刑罚。

【一·二】王楚康王遂杀子南王子追舒于朝，轘 huàn 观起于四竟(境)。

【轘观起于四竟】⬛正⬛杨⬛补车裂观起，并把尸体碎块运到国内四面边境地区示众。

子南之臣谓弃疾王孙弃疾："请徙子王子追舒尸于朝。"

【请徙子尸于朝】⬛正⬛补请求[让我们]从朝廷上把主人的尸体搬出来。

[弃疾]曰："君臣有礼，唯二三子。"

【君臣有礼，唯二三子】⬛正⬛杨⬛补君臣之间保有礼，全靠各位了。王孙弃疾不同意家臣违背礼制，私自搬运其父之尸。从下文来看，陈尸三日后，被杀卿大夫家族向王请求，王许可后再搬运尸体，这可能是当时楚的礼制规定。

三日，弃疾请尸，王许之。

【三日，弃疾请尸】⬛杨《周礼·掌戮》："凡杀人者，踣诸市，肆之三日。"则陈尸不过三日。今已三日，故王孙弃疾请尸。

既葬，其徒曰："行乎？"

［弃疾］曰：“吾与 yù 杀吾父，行，将焉入？”

［其徒］曰：“然则臣王 楚康王乎？”

［弃疾］曰：“弃父事雠，吾弗忍也。”

［弃疾］遂缢而死。

【二】［王］复使蒍 wěi 子冯 píng，芳（蒍）子冯为令尹，公子齮 yǐ，王子齮为司马，屈建为莫敖。有宠于蒍子 芳（蒍）子冯者八人，皆无禄而多马。

【公子齮】　补　王子齮。芈姓，名齮。楚大夫，襄二十二年任司马。

【司马】　补　见僖二十六·三。

【屈建】　正　补　芈姓，屈氏，名建，字木。屈到（襄十五·三·一）之子，屈荡（宣十二·一·十一）之孙。楚大夫，官至执政（继芳（蒍）子冯）。襄二十二年任莫敖，襄二十五年已任令尹。襄二十八年卒。其名（建）、字（木）相应，建一义为树立，而木为所树立之物。

【莫敖】　补　见桓十一·二。

他日朝，［蒍子冯］与申叔豫言，［申叔］弗应而退。［蒍子］从之，［申叔］入于人中。［蒍子］又从之，［申叔］遂归。

［蒍子］退朝，见之 申叔豫，曰：“子三困我于朝，吾惧，不敢不见。吾过，子姑告我。何疾我也？”

【子三困我于朝】　杨　补　您在朝廷上三次使我困窘。一困，指申叔豫弗应而退；二困，指申叔豫入于人中；三困，指申叔豫遂归。困，使……困窘。

【疾】　杨　厌恶，嫌弃。

[申叔]对曰："吾不免[于难]是惧，何敢告子？"

【吾不免是惧】 补 即"吾惧不免"。

[蒍子]曰："何故？"

[申叔]对曰："昔观起有宠于子南_{王子追舒}，子南得罪，观起车裂。[吾]何故不惧？"

[蒍子]自御而归，不能当道。[蒍子]至，谓八人者曰："吾见申叔_{申叔豫}，夫子_{申叔豫}所谓生死而肉骨也。知我者如夫子则可；不然，请止。"[蒍子]辞八人者，而后王_{楚康王}安之。

【自御而归，不能当道】 正 杨 补 蒍（蒍）子冯自驾马车回家，[心情惶恐不在驾御，]车不能沿正道行驶。

【夫子……骨也】 正 补 申叔可以说是使死者复生，使白骨长肉啊。襄二十一年申叔豫劝蒍（蒍）子冯称病以避祸（襄二十一·四），本年又劝他去嬖宠以安身，故蒍（蒍）子冯有此感叹。

【请止】 正 补 绝交的委婉说法。

【辞】 补 辞绝。

襄公二十二年·七

地理 郑、晋见襄地理示意图1。

人物 游贩、路人妻、公孙舍之（襄八·八·一·二）、游良、游吉

左传 [一] 十二月，郑游贩 pàn 将归晋。未出[郑]竟（境），遭逆妻者，[子明]夺之_妻，以馆于邑。丁巳，其夫攻子明_{游贩}，杀之，以其妻行。

【十二月】 补 当为十一月，见下文"丁巳"注释。

【游眅】正 杨 补 姬姓，游氏，名眅，字明，谥昭。公孙虿（襄八·八·一·二）之子，公子偃（成三·一）（字游）之孙。郑大夫，官至卿位。襄十九年公孙虿去世后继位为卿。襄二十二年被郑人所杀。

【归】补 宋本、淳熙本、岳本"归"作"如"，与石经合，解为"前往"，可从。

【遭逆妻者】杨 补 遇到迎娶妻子的人。春秋时娶妻者（除周王、诸侯国君）须亲迎，参见隐二·五·春秋。

【丁巳】正 杨 据杜预及王韬所推春秋历，十二月无丁巳，最近之丁巳在十一月十四日。

﹝二﹞子展公孙舍之废良游良而立大（太）叔游吉，﹝子展﹞曰："国卿，君之贰也，民之主也，不可以苟。请舍子明之类。"﹝子展﹞求亡妻者，使复其所。﹝子展﹞使游氏勿怨，曰"无昭恶也"。

【良】正 补 游良。姬姓，游氏，名良。游眅之子。

【大叔】正 补 游吉。姬姓，游氏，名吉。公孙虿之子，游眅太叔。郑大夫，官至卿位。襄二十二年游眅被杀后继位为卿。襄二十六年已任令正，昭二十年任为政（卿职，继公孙侨）。定四年卒。

【贰】补 陪贰，副手。

【苟】杨 苟且，不慎。

【使游……恶也】正 补 游氏如果怨恨则会实施报复行动，引发冲突，如此则会进一步宣扬游昭子之恶。

○补 大（太）叔参见隐元·三·一。游眅死后，按常例应该由其嫡子游良继位。执政卿公孙舍之干涉游氏家政，动用太叔在族长继承方面可以挑战嫡子的权力，将太叔游吉立为游氏族长。纵观《左传》记载，游吉与其他郑卿族族长不同，不以字来称呼（比如本段的子展、子明），而是以一个怪异的"子大（太）叔"来称呼，可能是为了强调游吉身份的特殊性，平息族内族外对其继位的质疑。

襄公二十三年·一

春秋 二十有（又）三年，春，王二月癸酉朔初一，日有食之。

【朔】补 见桓三·五·春秋。

【日有食之】补 见隐三·一·春秋。

襄公二十三年·二

地理 晋见襄地理示意图1。杞1见襄地理示意图4。

人物 杞孝公（襄九·五·春秋）、晋悼夫人、晋平公（襄十六·一·春秋）

春秋 三月己巳二十八日，杞伯丐杞孝公卒。

左传 二十三年，春，杞孝公卒。晋悼夫人丧之。平公晋平公不彻乐，非礼也。礼，为邻国阙que。

【晋悼夫人丧之】杨 晋悼夫人为其兄杞孝公服丧。【晋悼夫人】正 杨 补 杞桓公（僖二十七·一·春秋）之女，杞孝公（襄九·五·春秋）之妹，晋悼公（成十七·十·一·二）夫人，晋平公（襄十六·一·春秋）之母。

【彻】正 补 撤去。

【阙】杨 即"彻乐"。

襄公二十三年·三

地理 鲁见襄地理示意图1。邾、鲁见襄地理示意图4。

人物 畀我

春秋 夏，邾畀bì我来奔。

【畀我】 正 补 邾大夫,名畀我。襄二十三年奔鲁。杜注认为畀我是襄二十一年来奔的邾庶其党羽。

襄公二十三年·四

地理 杞1见襄地理示意图4。

人物 杞孝公(襄九·五·春秋)

春秋 葬杞孝公。

襄公二十三年·五

地理 陈、楚见襄地理示意图1。

人物 庆虎(襄七·八·三)、庆寅(襄七·八·三)、陈哀公(襄五·八·春秋)、公子黄(襄七·八·三)、庆乐、屈建(襄二十二·六·二)

春秋 陈杀其大夫庆虎及庆寅。

○ 正 补 据文六·四·三及文七·二·三,则《春秋》书国杀,又书被杀卿大夫之名氏,则表明庆虎、庆寅有罪于陈。二庆之罪,在于专权、乱国、叛君。二庆专权、乱国之事见襄七·八·三、襄二十·四。二庆叛君之事见下文《左传》。

陈侯_{陈哀公}之弟黄_{公子黄}自楚归于陈。

左传 【一】陈侯_{陈哀公}如楚。公子黄诉二庆于楚,楚人召之_{二庆}。[二庆]使庆乐往,[楚人]杀之。庆氏以陈叛。

【公子……召之】 正 补 襄二十年庆虎、庆寅诬陷公子黄,公子黄奔楚以求自明(见襄二十·四)。今年公子黄借陈哀公如楚之机,向楚人控告庆虎、庆寅罪行。楚人综合公子黄和陈哀公提供的信息,相信了公子黄的控告,于是召二庆至楚问罪。

【二】夏,屈建从陈侯_{陈哀公}围陈。陈人城,版(板)队(坠)而[庆氏]杀
人。役人相命,各杀其长 zhǎng,遂杀庆虎、庆寅。楚人纳公
子黄。

【陈人城,版队而杀人】 杨 补 陈人修筑城墙,筑城夹板掉了下来,
[庆氏因此而]杀死了筑城的徒役。先秦时夯土筑城技术参见宣十
一·二·二。

【役人相命】 杨 补 徒役相互转告。命,告。

【三】君子谓庆氏:"不义,不可肆也。故《书》曰:'惟命不
于常。'"

【不义,不可肆也】 正 补 [行为]不合道义,[因此]不可放肆。君子
意谓,如庆虎、庆寅这等行不义之事的人,谨慎低调尚且难逃祸难,如
果还做出"版队而杀人"这种放肆之事,就一定会迅速灭亡。

【惟命不于常】 正 补 今本《尚书·康诰》(见定三—定四·五·四)
有此句,可译为"天命不是恒常不变的"。君子意谓,上天并不会固定
不变地保佑任何人,行为合于道义则存,不合道义则亡。

襄公二十三年·六

地理 晋、吴(1 或 2)、齐见襄地理示意图 1。晋(绛)、吴(1 或 2)、曲沃
见襄地理示意图 5。

人物 栾怀子(襄十四·四·七)、齐后庄公(襄元·二·三)、析文子
(襄十八·三·五)、胥午、魏献子、魏庄子(成十八·三·一)、赵同
(僖二十三—僖二十四·十三·二)、赵括(僖二十三—僖二十四·十
三·二)、知悼子(襄十四·六)、程郑(成十八·三·一)、晋平公(襄
十六·一·春秋)、乐桓子(襄二十一·五·四·二)、范宣子(成十
六·三·七)、范献子(襄十四·四·五)、斐豹、督戎、栾乐、栾鲂(襄

十九・一・四)

春秋 晋栾盈栾怀子复入于晋，入于曲沃。

【曲沃】补 见隐五・二。

○正 补 据成十八・四・一，则《春秋》书"复入"，表明栾怀子是以不正当方式回到晋国。此处《春秋》所谓"晋栾盈复入于晋"，即下文《左传》重点描述的栾怀子入于曲沃、再由曲沃进入晋都作乱之事。而《春秋》所书"入于曲沃"，则指栾怀子兵败之后奔曲沃，而非此前乘齐人之车入曲沃。

左传【一・一】晋将嫁女于吴，齐侯齐后庄公使析归父 fǔ，析文子媵 yìng 之，[析归父]以藩载栾盈栾怀子及其士，纳诸(之于)曲沃。

【齐侯使析归父媵之】正 补 齐后庄公[表面上]派析归父送媵女到晋国。媵婚制参见庄十九—庄二十一—庄二十一・春秋。

【藩】正 补 车舆四面有障蔽的马车，旁人看不到车舆内乘员的情况。用这种马车才能隐藏栾怀子而以媵女掩人耳目。

○正 杨 补 襄二十一年栾怀子自晋奔楚，襄二十二年自楚适齐。今年齐后庄公借送媵女至晋之机，将栾怀子及其党羽送回曲沃。从下文推测，则曲沃似为栾怀子采邑，胥午及曲沃人皆为其旧日部属。然曲沃有晋公室宗庙，不应整体赐予大夫为私邑，有可能封于栾氏者仅为曲沃一部分。

【一・二】栾盈夜见胥午而告之。

【胥午】正 补 姬姓，胥氏，名午。胥甲(文十二・五・二)之子。晋曲沃邑大夫。应为栾怀子旧日部属。

[胥午]对曰："不可。天之所废，谁能兴之？子必不免[于难]。吾非爱死也，知不集也。"

【爱】正惜。

【集】正成。

盈栾怀子曰："虽然，因子而死，吾无悔矣。我实不天，子无
咎焉。"

【我实不天，子无咎焉】杨［事若不成，］是我不［受］上天［保佑］，您
没有过错。

［午］许诺。

【一·三】［午］伏之，而觞曲沃人。

【伏之】正补藏匿栾怀子。

【觞】正补设酒款待。

乐作，午胥午言曰："今也得栾孺子栾怀子，何如？"

【栾孺子】正杨补孺子本为诸侯或卿大夫尚未嗣位的继承人。栾
怀子虽已嗣位，且曾为下卿，但旋即被逐，已无官职，故仍称"孺子"。

［众人］对曰："得主栾怀子而为之死，犹不死也。"皆叹，有泣者。

爵行，［午］又言。［众人］皆曰："得主，何贰之有？"

【爵行】杨补即"行爵"，举杯饮酒。参见哀十五—哀十六·二"行
爵食炙"。

【得主，何贰之有】杨补如果能得到［旧］主子，哪会有什么二心？

盈出，遍拜之。

【二·一】四月，栾盈栾怀子帅曲沃之甲，因魏献子，以昼入绛。

【魏献子】<u>正</u><u>补</u>姬姓，魏氏，名舒，谥献。魏庄子（<u>成十八·三·一</u>）之子。晋大夫，官至执政卿（继韩宣子）。襄二十三年可能已任下军帅（卿职），襄二十五年可能已任上军佐（卿职），昭五年已任上军佐（卿职），昭二十二年可能已任中军佐（卿职），昭二十八年任中军帅（卿职）。定元年卒。

【绛】<u>杨</u><u>补</u>晋都，见<u>成六·五·一·二</u>。

【二·二】初，<u>栾盈</u>_{栾怀子}<u>佐魏庄子</u>于下军，<u>献子</u>_{魏献子}私焉，故_{［栾盈］}因之。

○<u>补</u>当时晋有六卿，范宣子将中军，赵文子佐之；韩宣子将上军，中行穆子佐之；魏献子将下军，程郑佐之。此外，传统卿族还有知氏，因为知悼子年少，暂时没有加入卿官行列。下面具体讲述魏、赵、韩、中行、范、知六大传统卿族以及程郑对待栾氏的态度。

【献子私焉】<u>正</u><u>补</u>魏献子与栾怀子私下交好。

<u>赵氏以原</u>_{赵同}、<u>屏</u>_{赵括}之难怨栾氏。

○<u>正</u><u>杨</u><u>补</u>成八年赵庄姬诬陷赵同、赵括，而栾氏、郤氏为赵庄姬作证，赵同、赵括因此被杀（参见<u>成八·五</u>）。赵氏因此怨恨栾氏。

<u>韩</u>、赵方睦。

○<u>正</u><u>补</u>韩、赵两家和睦，由来已久。赵氏对韩献子有养育之恩；成八年赵庄姬之乱，韩献子拒绝出兵攻打赵氏，并言于晋景公，使立赵文子，并归还赵氏土田（参见<u>成八·五·二</u>）；襄十三年，韩宣子曾让官于赵文子（参见<u>襄十三·三·一</u>），此皆为韩、赵和睦之证。

<u>中行氏以伐秦之役怨栾氏</u>，而固与<u>范氏</u>和亲。

○<u>正</u><u>补</u>襄十四年晋伐秦，中行献子为中军元帅，而栾桓子不听命，导致晋师无功而返（参见<u>襄十四·四·四</u>）。中行氏因此怨恨栾氏。

襄九年前,中行献子曾让官于范宣子(参见襄九·四·一);襄十一年中行献子、范宣子共同请求讨伐偪阳,又一同请求班师(襄十一·一·二);襄十三年,范宣子曾让官于中行献子(参见襄十三·三·一),此皆为中行氏、范氏和亲之证。

知 zhì 悼子少 shào,而听于中行氏。

○ 正 杨 补 知悼子时年十六岁,故曰"少"。知氏、中行氏皆出自荀氏,同为晋大夫逝遨之后,两族此时关系和睦,故知悼子听于中行氏。

程郑嬖 bì 于公晋平公。

○ 正 补 程郑得到晋平公的宠信。程郑是晋平公宠臣,而晋平公想要除掉栾氏,因此程郑也不会帮助栾氏。晋平公实为驱逐栾怀子的幕后主使者,参见襄二十一·五·五栾怀子自言"得罪于王之守臣",襄二十一·五·三所引《国语·晋语八》,以及笔者在专著《虎变:晋国大族兴衰启示录》(待出版,暂定书名)中所作的详细分析。

唯魏氏及七舆大夫与之栾怀子。

○ 杨 补 只有魏氏和七舆大夫帮助栾氏。按照上文所述,赵氏、中行氏怨恨栾氏;韩氏与赵氏亲,范氏与中行氏亲;知悼子听命于中行氏,程郑听于想要灭掉栾氏的晋平公,因此这六家都不会帮助栾氏。七舆大夫见僖十一僖十一·四·二。

【三】乐王鲋 fù,乐桓子侍坐于范宣子。或告曰"栾氏至矣",宣子范宣子惧。桓子乐桓子曰:"奉君晋平公以走固宫,必无害也。且栾氏多怨,子为政;栾氏自外,子在位,其利多矣。[子]既有利权,又执民柄,将何惧焉? 栾氏所得,其唯魏氏乎,而可强取也。夫克乱在权,子无懈矣!"公晋平公有姻丧,王鲋 fù,乐桓子使宣子墨缞 cuī(衰)、冒、绖 dié、二妇人辇 niǎn 以如公,奉公以如固宫。

【固宫】正 补 据《国语·晋语八》，"范宣子以公入于襄公之宫"，则固宫又名为"襄公之宫"。可能其建筑高大坚固可供守备，故曰"固宫"。晋都新田遗址(成六·五·二)中的牛村古城与其他两城不同，是回字形的内外双城，内外城之间还有城壕，防御意味非常明显，有学者认为，牛村古城内的小城可能就是这里所说的"固宫"。

【民柄】正 补 治理民众的赏罚权柄。《韩非子》有"二柄"，"二柄者，刑、德也。……杀戮之谓刑，庆赏之谓德"(《韩非子·二柄》)。《国语》有"六柄"，即《管子》所谓"六秉"，"杀、生、贵、贱、贫、富，此六秉也"(《管子·小匡》)。《周礼》有"八柄"，"〔太宰〕以八柄诏王驭群臣：一曰爵，以驭其贵；二曰禄，以驭其富；三曰予，以驭其幸；四曰置，以驭其行；五曰生，以驭其福；六曰夺，以驭其贫；七曰废，以驭其罪；八曰诛，以驭其过"(《周礼·天官·冢宰》)。

【公有……固宫】正 杨 补 晋平公当时有姻亲的丧事(即杞孝公之丧)。乐桓子于是让范宣子穿上黑丧服、黑冒巾、黑腰绖，〔伪装成服丧的晋悼夫人侍御，〕和另两名妇人乘着人力车达到晋平公居所，然后奉晋平公前往固宫。晋人自殽之役后，丧服尚黑，参见僖三十三·三·一。乐桓子要使范宣子假扮成妇人，可能是为了利用春秋时期妇人出行应遮蔽面容的礼制规定(见成十七·四·一)，使得范宣子在路上不会被人认出。

【四】范鞅范献子逆魏舒魏献子，则〔魏氏〕成列、既乘 chéng，将逆栾氏矣。〔鞅〕趋进，曰："栾氏帅贼以入，鞅范献子之父范宣子与二三子在君晋平公所矣，使鞅逆吾子魏献子。鞅请骖乘 chéng。"〔鞅〕持带，遂超乘 chéng，右抚剑，左援带，命驱之出。仆请，鞅曰："之公！"

【成列、既乘】杨 补 〔魏氏的步兵〕已排成行列，车兵都已上车。

【二三子】正 诸位大夫。

【骖乘】补 见《知识准备》"车马"。

【持带，遂超乘】正 杨 补［范献子］抓住上车用的拉索，纵身跃上［魏献子的］车。"超乘"参见《知识准备》"车马"。

【仆】杨 驾车人。

【之公】补 到国君那里。之，至。

宣子逆诸（之于）阶，执其魏献子手，赂之以曲沃。

【赂之以曲沃】杨 补［范宣子］许诺将［栾怀子之邑］曲沃赐予魏献子。

【五】初，斐 fēi 豹，隶也，著于丹书。栾氏之力臣曰督戎，国人惧之。

【裴豹……丹书】正 杨 补 斐豹是一个［因犯罪而被没入官府的］奴隶，［他的罪过］被用红字记录在简牍上。

斐豹谓宣子范宣子曰："苟焚丹书，我杀督戎。"

宣子喜，曰："而（尔）杀之，所不请于君晋平公焚丹书者，有如日！"

【而杀……如日】正 补 如果你能杀了督戎，［我］不向国君请求焚毁丹书，［必遭神谴，］有白日为证！

乃出豹斐豹而闭之。督戎从之。［豹］逾隐，而待之。督戎逾入，豹自后击［督戎］而杀之。

【乃出豹而闭之】正 杨 让斐豹出宫，然后关闭宫门。

【逾隐，而待之】正 杨［斐豹］翻过矮墙，［在墙后埋伏］等着［督戎］。隐，矮墙。

【六】范氏之徒在台后。栾氏乘公门。宣子范宣子谓鞅范献子曰：

"矢及君屋,[尔]死之!"轵用剑以帅卒,栾氏退,[轵]摄车从之。

【乘】[正]登。

【矢及君屋,死之】[杨][补]箭射到国君的屋子了,[你]拼死一搏吧!

【摄车】[杨][补]即超乘,参见《知识准备》"车马"。

[轵]遇栾乐,[轵]曰:"乐_{栾乐},免之! 死,将讼女_(汝)于天!"乐射之_{范献子},不中。[乐]又注,则乘槐本而覆。或以戟钩之_{栾乐},[乐]断肘而死。栾鲂伤。

【栾乐】[正][补]姬姓,栾氏,名乐。栾怀子(襄十四·四·七)族人。襄二十三年被范献子之徒所杀。

【乐,免……于天】[正][杨][补]栾乐,放过我。[我如果]死了,将向上天起诉你。一说,免通勉,是"努力"的意思。此时范献子追击栾乐,这段话是激励栾乐与他作战,而并非要求栾乐放过他。如果这样理解,那么应该解释成"栾乐,[你]努力吧! [如果你力战而]死,我将为你向上天申诉[说明你是战死而非逃跑被杀]"。

【又注,则乘槐本而覆】[正][杨][补][栾乐]又搭箭在弓上,这时候[他的兵车车轮]压上[凸出地面的]槐树根而倾覆。

【七】栾盈_{栾怀子}奔曲沃,晋人围之。

襄公二十三年·七

[地理]齐、卫、晋、鲁见襄地理示意图1。齐、卫、晋、鲁、雍榆、朝歌、孟门、太行陉、荥庭、郫、东阳、少水见襄地理示意图3。

[人物]齐后庄公(襄元·二·三)、叔孙穆子(成十六·六·二)、谷荣、王孙挥、召扬、成秩、莒恒、申鲜虞、申傅挚、曹开、晏父戎、上之登、邢公、卢蒲癸、牢成、襄罢师、狼蘧疏、商子车、侯朝、桓跳、商子游、夏之御寇、崔如、烛庸之越、晏平仲(襄十七·六)、崔武子(宣十·三·春秋)、陈文子(襄二十二·三)、赵顷子、晏氂

春秋 秋,齐侯齐后庄公伐卫,遂伐晋。

八月,叔孙豹叔孙穆子帅师救晋,次于雍榆。

【雍榆】 正 杨 补 在今河南浚县翁城村。晋地。参见《图集》24—25③5。

左传 [一] "秋,齐侯伐卫。"先驱,谷荣御王孙挥,召扬为右;申驱,成秩御莒 jǔ 恒,申鲜虞之傅挚申傅挚为右;曹开御戎,晏父 fǔ 戎为右;贰广 guàng,上之登御邢公,卢蒲癸为右;启,牢成御襄罢 pí 师,狼蘧 qú 疏为右;肱 qū,商子车御侯朝,桓跳为右;大殿,商子游御夏之御寇,崔如为右,烛庸之越驷乘 chéng。

【先驱】 正 前锋。

【御】【为右】 补 见《知识准备》"车马"。

【申驱】 正 次前锋。

【申鲜虞】 补 申氏,名鲜虞。齐后庄公近臣。襄二十五年奔鲁。襄二十七年如楚,为右尹。

【傅挚】 正 补 申傅挚。申氏,名傅挚。申鲜虞之子。

【贰广】 正 齐后庄公戎车的副车。

【启】 正 左翼。

【肱】 正 右翼。

【大殿】 正 后军。

【驷乘】 补 见《知识准备》"车马"。

○ 补 先驱领军之车三人,谷荣(御)、王孙挥、召扬(右)。

申驱领军之车三人,成秩(御)、莒恒、申傅挚(右)。

国君戎车三人,曹开(御)、齐后庄公、晏父戎(右)。

贰广领军之车三人,上之登(御)、邢公、卢蒲癸(右)。

启领军之车三人,牢成(御)、襄罢师、狼蘧疏(右)。

肱领军之车三人,商子车(御)、侯朝、桓跳(右)。

大殿之车四人,商子游(御)、夏之御寇、崔如(右)、烛庸之越(驷乘)。

【二】［公］自卫将遂伐晋。

晏平仲曰："君恃勇力，以伐盟主。若不济，国之福也。不德而有功，忧必及君。"

【济】补成功。

○杨补**传世文献对读**：《晏子春秋·内篇·问上》记晏平仲谏言比《左传》更加详细，可扫码阅读。

崔杼 zhù，崔武子谏曰："不可。臣闻之，'小国间 jiàn 大国之败而毁焉，必受其咎'。君其图之！"［公］弗听。

【小国】补指齐，相对于晋为小国。【间】正杨钻……的空子。

【大国之败】杨指晋栾氏之乱。败，乱。

【咎】补灾祸。

陈文子见崔武子，曰："将如君何？"

武子崔武子曰："吾言于君，君弗听也。［君］以［晋］为盟主，而利其难 nàn。群臣若急，君于何有？子姑止之。"

【以为盟主，而利其难】杨补［把晋］当作盟主，却又以［晋］内乱为利。

【群臣若急，君于何有】正补群臣若是急了，国君又算得了什么？

【子姑止之】杨补您姑且等等看。止，待。之不是宾语，而是语助词。

文子陈文子退，告其人曰："崔子崔武子将死乎！谓君甚，而［己］又过之，不得其死。过君以义，犹自抑也，况以恶乎？"

【过君……恶乎】 正 杨 靠践行道义超越国君,尚且还要自我抑制,何况是作恶呢?

○ 补 下启襄二十七年齐灭崔氏(襄二十七·四)。

[三] 齐侯齐后庄公遂伐晋,取朝 zhāo 歌。

【朝歌】 正 杨 补 在河南省淇县。可能本为商晚期都城离宫,后来逐渐发展成为商纣时期陪都。商亡后,闵二年前为卫都,称为"沫"。襄二十三年已为晋邑,范昭子之时已为范氏核心城邑。参见《图集》24—25③5。

[齐师]为二队:入孟门,登大(太)行。

【为二……大行】 正 杨 齐师分为二队,一队由孟门进军,一队由太行进军,《史记·孙子吴起列传》"殷纣之国,左孟门,右太行"可证。

【孟门】 正 杨 补 隘道名,即白陉,为太行八陉(轵关陉、太行陉、白陉、滏口陉、井陉、飞狐陉、蒲阴陉、军都陉)之第三陉,在今河南辉县西,由薄壁镇南关山沿马疙当峡谷进入山西陵川。晋地。参见《图集》24—25③4。太行八陉参见襄地形示意图 2,可扫码阅读。

【大行】 杨 补 隘道名,即太行陉,为太行八陉之第二陉,在今河南沁阳北,由常平乡马鞍山沿太行道进入山西晋城。晋地。参见《图集》24—25③3"陉"。

[齐师]张武军于荧庭,戍郫 pí 邵,封少水,以报平阴之役,乃还。

【张武军于荧庭】 正 杨 补 在荧庭建壁垒以彰显武功。荧庭是齐师向西进军到达的最前端,距离晋都不过百里。武军参见宣十二·一·十六。【荧庭】 正 杨 补 在今山西翼城东南七十五里,晋邑。参见《图集》22—23⑩16。

【戍郫邵】 正 杨 齐师夺取了郫邵并派人戍守,其目的应该是为了防止齐师退兵时晋师追击。【郫邵】 杨 即郫,见文六·四·二,在轵关陉道(僖二十五·二·二)上。

【封少水】 正 杨 在少水收集晋师尸体合埋在一个大坟堆里,即宣十二·一·十六所谓"京观"。【少水】 杨 补 水名,今名沁河,源出山西沁源西北太岳山二郎神沟,南流经山西安泽、沁水、阳城、泽州,在河南济源折向东流经济源、沁阳、博爱、温县、武陟,在武陟南贾村注入黄河。春秋时少水参见《图集》22—23⑤9 至⑥10。

【平阴之役】 正 在襄十八·三·四。

赵胜赵顷子帅东阳之师以追之,获晏氂máo。

【赵胜】 正 杨 补 赵顷子。嬴姓,赵氏,名胜,谥顷。赵旃(宣十二·一·十·二)之子。晋邯郸邑大夫。食采于邯郸。

【东阳】 正 杨 补 太行山以东(东)、河水西北(阳)的地区,大致为今河北石家庄、邢台、邯郸一带。

【晏氂】 正 杨 补 姜姓,晏氏,名氂。晏平仲(襄十七·六)之子。襄二十三年被晋赵顷子所获。

【四】"八月,叔孙豹帅师救晋,次于雍榆",礼也。

○ 补 下启襄二十五年诸侯会于夷仪(襄二十五·一·八)。

○ 杨 传世文献对读:《国语·鲁语下》(引文见昭十三—昭十四·一)叙叔孙穆子救晋之细节,可参看。

襄公二十三年·八

地理 鲁、齐见襄地理示意图 1。鲁、邾、铸、齐、防(东防)见襄地理示意图 4。

人物 孟庄子(襄十六·二·一)、臧武仲(成十八·十·二)、季武子(襄六·五·春秋)、公鉏、季悼子、申丰、闵子马、鲁襄公(襄元·○)、孟孝伯、丰点、孟孺子秩、臧宣叔(宣十八·六·二)、铸女、臧贾(襄十七·四·一·一）、臧为、铸女之侄、穆姜（宣元·一·春秋）、外史、东门襄仲（僖二十五—僖二十六·春秋）、鲁文公（文元·〇）、叔孙宣伯（文十一·四·一）、子服惠伯

春秋　己卯_{十日}，仲孙速_{孟庄子}卒。

冬，十月乙亥_{七日}，臧孙纥_{hé}，_{臧武仲}出奔邾。

左传　[一·一] 季武子无適（嫡）子，公弥_{公鉏}长，而_[季孙]爱悼子_{季悼子}，欲立之。

【公弥】 正 补 公鉏。姬姓，季氏，名弥，字鉏。季武子（襄六·五·春秋）长庶子。季氏马正，后为公室左宰。其后为公鉏氏。其名"弥"可能通"鎅"，是"镰刀"之意，与其字"鉏"皆为农具，名、字相应。

【悼子】 正 补 季悼子。姬姓，季氏，名纥，谥悼。季武子庶子，公鉏之弟。鲁大夫。昭五年后、昭七年前卒。

[季孙]访于申丰，曰："弥_{公鉏}与纥_{hé，季悼子}，吾皆爱之，欲择才焉而立之。"申丰趋退，归，尽室将行。他日，[季孙]又访焉。_[申丰]对曰："其然，将具敝车而行。"_[季孙]乃止。

【申丰】 杨 补 申氏，名丰。季氏家臣。

【欲择才焉而立之】 杨 补 想要选择更有才能的那个立为继承人。据襄三十一·三·五·一，则国君选择继承人，有嫡子则立之，无则立长庶子，如果两个庶子年纪相当则立贤，两人贤能相当则用龟卜。卿大夫选择继承人的正礼应与此相同。庶子之间，年龄长幼为客观事实，没有操作空间；贤能程度则来自主观评价，有操作空间。季武子无嫡子，依礼应立庶长子公鉏。季武子爱季悼子，欲立之，因此想要跳过立长而以立贤为原则，所以说"欲择才焉而立之"。

［季孙］访于臧纥臧武仲。臧纥曰：“饮 yìn 我酒，吾为子立之。”

○补据下文《左传》，可知臧武仲本为庶子，且年幼于臧氏嫡子臧贾、臧为，因自幼长于公宫，受其姨祖母穆姜宠爱，故得立为臧氏族长，而臧贾、臧为则出居于母家。臧武仲认同并愿意帮助季武子废长立幼，可能与其自身经历有关。

【一·二】季氏饮 yìn 大夫酒，臧纥为客。

○正补季氏请大夫饮酒，臧武仲为上宾［，其他大夫为众宾］。

既献，臧孙臧武仲命北面重 chóng 席，新尊洁之。［臧孙］召悼子，降，逆之季悼子。

【尊】补先秦传世文献中所见之“尊”为酒器的共名，而考古发现的铜器铭文中的“尊”意义与“彝”类似，属于酒器、食器等类礼器的共名。以尊为某一类器物专名，始于北宋。而北宋时所谓为“尊”者，又与现代考古报告中作为专名的“尊”不同。如今考古报告称为“尊”的铜器，是一种宽口、腹部粗而鼓张、高圈足、形体较宽的盛酒器，其中最为著名的例子是商代四羊方尊。然而，此种器形铭文中又没有自名为“尊”的例子。这类器物在中原和关中地区流行于商代前期偏晚至西周中期，而在江淮地区直至春秋晚期仍有发现。此外，还有一类鸟兽形盛酒器亦称为“尊”。鸟兽形尊的定名亦始于宋人，而没有得到器物铭文的印证。

○正杨补向上宾献酒完毕后，臧武仲命令在面向北的位置铺多重席［为季悼子设尊位］；用新酒尊，又加以洗涤。臧武仲使人召季悼子，［季悼子来，臧武仲起身，］下阶，迎季悼子入座。臧武仲上述行为，是让季悼子作为季氏继承人首次登场。

大夫皆起。

○正杨大夫即众宾。上宾臧武仲起身，众宾自应随之起身。如此，则季悼子作为季武子继承人,已得到诸大夫公认。

及旅,而[臧孙]召公鉏,使与之齿。

○正 杨据《仪礼·乡饮酒礼》,主人献酬上宾、介、众宾以及歌诗完毕后,上宾酬主人,主人酬介,介酬众宾,众宾按长幼尊卑互相敬酒,同时排定席次,称"旅酬",简称"旅"。直到此时,臧武仲才召见公鉏,并使他与众宾按年龄大小排定席次(齿)。臧武仲此举是将公鉏作为季武子普通庶子对待。

季孙季武子失色。

[一·三] 季氏以公鉏为马正,[公鉏]愠而不出。闵子马见之,曰:"子无然。祸福无门,唯人所召。为人子者,患不孝,不患无所。[子]敬共(供)父命,何常之有?[子]若能孝敬,富倍季氏可也。[若]奸回不轨,祸倍下民可也。"

【马正】正 杨 补即家司马,卿大夫家臣,掌管卿大夫家族的军赋。
【愠】正怨怒。
【闵子马】正 补闵氏,字马。鲁大夫。
【祸福无门,唯人所召】正 杨 补这句话应该是当时习语,《荀子·大略》"祸与福邻,莫知其门",《淮南子·人间》"夫祸之来也,人自生之;福之来也,人自成之。祸与福同门,利与害为邻",意义相近。这句话是把祸、福比喻为两个比邻而居的人,把人生遭遇比喻为门,意思是,祸和福没有各自专用的门,(因此《淮南子》版本说它们共用一个门),人从同一个门里面既可以召来祸,也可以召来福。这个比喻的含义是,同样的人生境遇,结局可能是祸,也可能是福,这从境遇本身是判断不出来的,而是要看人在此境遇下的作为:作恶则召祸,行善则召福。闵子马意谓,公鉏目前面临的人生境遇(成为季氏家臣)并不必然意味着祸难,只要"敬共父命",在这境遇里也会得到福报。

【不患无所】正补不担心没有地位。

【敬共父命,何常之有】杨补[您只要]认真地做好父亲要求的事情,形势怎么会固定不变呢?

【奸回】杨补近义词连用,都是邪恶的意思。【不轨】杨不合法度。

公锄然之,敬共(供)朝夕,恪居官次。季孙喜,使饮 yìn 己酒,而以具往,尽舍旃(之焉)。故公锄氏富,又出为公鲁襄公左宰。

【敬共朝夕,恪居官次】杨补[对父亲]恭敬地早晚问安视膳,并严谨地做好本职工作。恪,谨。官次,官职。参见闵二·七·一所引周王世子"敬共朝夕"的细节。

【季孙……舍旃】正杨季武子很高兴,让[公锄]招待自己喝酒,带着饮宴器具去公锄家,[饮宴完毕后就]把器具放在了那里。

【又出为公左宰】正补[公锄]又出[季氏家而在鲁公室做官,]担任鲁襄公左宰。

【二·一】孟孙孟庄子恶 wù 臧孙臧武仲,季孙季武子爱之臧武仲。

【季孙爱之】正补臧武仲为季武子立季悼子,故季武子爱之。

孟氏之御骖丰点好 hào 羯 jié,孟孝伯也,曰:"从余言,必为孟孙。"[丰点]再三云,羯从之。

【御骖】正杨补卿大夫家臣,掌管养马和驾车。

【羯】正补孟孝伯。姬姓,孟氏,名羯,谥孝,排行伯。孟庄子(襄十六·二·一)庶子,孟孺子秩之弟。鲁大夫,官至卿位。任司空(卿职)。襄三十一年卒。

【孟孙】正补孟氏族长。鲁国季、孟、叔、臧、郈(厚)五氏族长都称为"某孙"。参见桓元—桓二·三·三。

【二·二】孟庄子疾。丰点谓公锄:"苟立羯,请仇臧氏。"

【苟立羯，请仇臧氏】 正 杨 补 如果[您能协助]立羯为孟氏继承人，[事成之后孟氏]将[与您共同]以臧氏为仇敌。臧武仲助季武子立季悼子，庶长子公鉏因此与臧氏结怨。

公鉏谓季孙季武子曰："孺子秩孟孺子秩固其所也。若羯立，则季氏信有力于臧氏矣。"[季孙]弗应。

【孺子……氏矣】 正 杨 补 孟孺子秩本就应该是孟氏继承人。如果[季氏能使]羯立[为孟氏新族长]，那么季氏就确实比臧氏更有势力。立季悼子是季武子本意，臧武仲仅顺势助成其事。至于孟氏，孟庄子已定孟孺子秩为继承人，若季武子能废孟孺子秩而立孟孝伯，则季氏势力明显大于臧氏。

【孺子秩】 杨 补 孟孺子秩。姬姓，孟氏，名秩。孟庄子之庶长子。襄二十二年奔邾。此处称"孺子"(参见僖十五·八·一·八)，说明当时已经被定为孟氏族长继承人。

【三】己卯十日，孟孙孟庄子卒。公鉏奉羯孟孝伯立于户侧。

【公鉏奉羯立于户侧】 正 杨 补 据《礼记·檀弓上》所举司寇惠子之丧案例可知，春秋时丧礼，死者尸体尚在室中，其继承人即在户侧南向站立，以待宾客来吊。又据《礼记·檀弓下》，"大夫之丧，庶子不受吊"。公鉏使孟孝伯立于户侧受吊，则是以孟孝伯为孟氏继承人。

季孙季武子至，入，哭而出，曰："秩孟孺子秩焉在?"

○ 补 季武子没想到公鉏竟敢出手干涉孟氏家政，他可能是以为孟孺子秩在里面守灵，于是没有多问，进入到灵堂，季武子进去之后，发现秩并不在里面。季武子这时候应该已经感觉到事情不对，但也不好在灵堂里发作，于是只能按礼仪哭完。

公鉏曰："羯在此矣。"

季孙曰:"孺子_{孟孺子秩}长 zhǎng。"

公鉏曰:"何长 zhǎng 之有? 唯其才也。且夫子_{孟庄子}之命也。"

【何长之有? 唯其才也】 正 杨 公鉏以季武子先前立季悼子之语"欲择才焉而立之"还报季武子。

○ 补 当听到公鉏这句"以其人之道还治其人之身"的话时,季武子恐怕才意识到,这么多年来,公鉏对季武子当年废黜他的怨恨从来就没有减弱过。然而季武子知道,如果现在他在孟氏家门口跟公鉏争辩起来的话,公鉏肯定会说,"如果你认为孟氏应该立年长的秩为继承人,那么当年你就应该立年长的我为继承人",这样只会让自己陷入更加不利的境地。而且公鉏已经成为公室大夫,不再是季氏族长季武子可以自由惩处的叛逆家臣。因此季武子也只能认栽离开。

[孟氏]遂立羯。秩奔邾。

【四】 臧孙_{臧武仲}入,哭,甚哀,多涕。

[臧孙]出,其御曰:"孟孙_{孟庄子}之恶 wù 子也,而哀如是。季孙_{季武子}若死,其若之何?"

臧孙曰:"季孙之爱我,疾疢 chèn 也。孟孙之恶 wù 我,药石也。美疢不如恶石:夫石犹生我;疢之美,其毒滋多。孟孙死,吾亡无日矣。"

【疾疢】 杨 补 近义词连用,都是疾病的意思。

【药石】 杨 药,治病用药物。石,治病用石针。

【五】 孟氏闭门,告于季孙_{季武子}曰:"臧氏将为乱,不使我葬。"季孙不信。臧孙_{臧武仲}闻之,戒。

【六】冬,十月,**孟氏**将辟 pì,藉 jiè 除于**臧氏**。**臧孙**臧武仲使正夫助之,除于东门,甲从己而视之。**孟氏**又告**季孙**季武子。**季孙**怒,命攻**臧氏**。乙亥七日,**臧纥**臧武仲斩鹿门之关以出,奔邾。

【辟】杨 开挖墓道。

【藉除于臧氏】正 补 向臧氏借挖墓道的役徒。藉,借。除,除徒,负责清理开挖等工作。臧氏为司寇,当时可能兼掌除徒。

【正夫】杨 补 鲁都城外郊区三乡中的常规役卒。相当于宋国的正徒(襄九·一·一)。

【甲从己而视之】正 补 [臧武仲让]甲士跟随自己[到工地]巡视。此举应该是为了防备孟氏。

【孟氏……臧氏】正 杨 补 孟氏又向季武子进谗言,内容应该是诬陷臧武仲将率甲士攻打孟氏,使其不得安葬孟庄子。季武子先前听到孟氏“臧氏将为乱”的谗言没有相信,但如今终被迷惑,所以发怒而命令攻打臧氏。

【鹿门】正 杨 鲁都南城东门。邾在鲁东南,故臧武仲从鹿门出。

【关】杨 门栓。

【七·一】初,**臧宣叔**娶于铸,[铸女]生贾臧贾及为臧为而死。[宣叔]继室以其侄,**穆姜**之姨子也,生纥臧武仲,长 zhǎng 于公宫。**姜氏**穆姜爱之臧武仲,故立之。**臧贾**、**臧为**出在铸。

【铸】正 杨 补 又名“祝”,周时国,任姓。始封君为黄帝之后。在今山东肥城南、大汶河北岸。臧宣叔娶于铸时(鲁宣公时期)犹在,春秋晚期被齐所灭。参见《图集》17—18②6、26—27④3。

【为】补 臧为。姬姓,臧氏,名为。臧宣叔(宣十八·六·二)嫡子,臧贾(襄十七·四·一·一)同母弟。鲁大夫,官至卿位。臧武仲立为族长之后,臧为自鲁出居于铸。襄二十三年归于鲁,成为臧氏族长。

【继室……子也】正 杨 补 [臧宣叔]续娶了铸女兄弟之女,[此女同时]是[鲁宣公夫人]穆姜姊妹之女。由此可见,此女之父为铸女兄弟,母为穆姜姊妹。

【姜氏……在铸】正补穆姜爱臧武仲,于是使臧氏立[庶子]臧武仲为[臧宣叔]继承人。臧贾、臧为[两位嫡子]则被送到[他们在]铸邑[的母家]。

○补臧武仲应该是在成四年臧宣叔去世之后被穆姜立为臧氏族长。从常理推算,穆姜把臧武仲带到公宫中抚养一定在成元年之前,也就是在鲁宣公时期。也就是说,穆姜在鲁宣公时期是一位强势干预卿族家政的"小君",在鲁成公时期也是一位强势干预卿族家政的"太后"。

[七·二] 臧武仲自邾使告臧贾,且致大蔡焉,曰:"纥不佞 nìng,失守宗祧 tiāo,敢告不吊 dì。纥之罪,不及不祀。子臧贾以大蔡纳请,其可。"

【大蔡】正补臧氏祖传大龟,参见文二·五·二·二。

【不佞】杨不才。

【宗祧】杨宗庙。

【不吊】杨不淑,不善。

【纥之罪,不及不祀】正补我的罪过,不至于[导致臧氏被灭族而]断绝宗祀。

【子以大蔡纳请,其可】正杨补您[向执政]进献大龟而请求[执政立您为臧氏新族长],也许是可以的。臧武仲希望臧贾以大龟赂鲁执政,请求成为臧氏新族长,接替自己供奉臧氏宗祀。据上文,则臧贾本为臧宣叔嫡长子,依礼制本来就应该是臧氏继承人。

贾曰:"是家之祸也,非子之过也。贾闻命矣。"[贾]再拜受龟。

[贾]使为以纳请,[为]遂自为也。

○正补[臧贾]使臧为[为己]进献[大龟]以请[立为臧氏新族长]。臧为[至鲁都之后,不为臧贾,而]最终为己请立。

○ 补 本段臧贾答辞表明,身为嫡长子的臧贾虽然被穆姜所黜,族长之位被庶子臧武仲占据,却并不怨恨臧武仲。很可能他认为臧武仲足智多谋,被时人视为"圣人",被穆姜选择担任臧氏族长亦有其合理性,而且他可能也认可臧武仲担任族长期间的成就。实际上,据襄十七·四·一·一,臧贾还曾参与从防邑救出臧武仲的战役。本年臧贾信任其弟臧为,让他代表自己办理请鲁执政立臧氏族长之事,却被臧为算计,从而再次错失成为族长的机会。《论语·里仁》:"观过,斯知仁矣。"臧贾之智计不如臧武仲、臧为,而其仁厚则远过之。

【七·三】臧孙臧武仲如防,使来告曰:"纥非能害也,知(智)不足也。非敢私请。苟守先祀,无废二勋,敢不辟(避)邑!"乃立臧为。

【防】 正 补 东防,见隐九·五·春秋。此时为臧氏采邑。

【非敢私请】 杨 补 [我]不敢为自己私利请求[,而是为臧氏请立新族长]。

【先祀】 补 对祖先的祭祀。

【二勋】 正 二位先人(臧文仲、臧宣叔)的勋劳。据哀二十四·一·一,哀二十四年晋人为伐齐而派人来请求鲁出兵时说:"昔臧文仲以楚师伐齐,取谷;宣叔以晋师伐齐,取汶阳。寡君欲徼福于周公,愿乞灵于臧氏。"这是臧文仲、臧宣叔勋劳的例证。

○ 正 补 臧武仲此番言辞看似谦恭,实为以边境重邑为资本而要挟执政。故《论语·宪问》载孔子对此事评论道:"臧武仲以防求为后于鲁,虽曰不要君,吾不信也。"

【八·一】臧纥臧武仲致防而奔齐。其人曰:"其盟我乎?"臧孙臧武仲曰:"无辞。"

【其人……无辞】 正 杨 补 随从臧武仲奔齐的人问:"[国内卿大夫]将要为我们盟会么?"臧武仲说:"盟辞不好写。"国内大夫为被驱逐之人结盟时,必然要确认被逐者的罪过(参见成十六·八·三)。臧武仲知道他唯一的罪过是废长（公锄）立幼（季悼子），但这本是帮助季武子实现愿望，因此季武子必然不敢提及这件事。除此之外，臧武仲没有其他确实罪过，故曰"无辞"。

【八·二】将盟臧氏，季孙季武子召外史掌恶臣，而问盟首焉。

【外史】正补鲁外朝官，职掌包括记录恶臣罪状及盟辞。

【掌恶臣】补咨询恶臣的掌故。

【问盟首】正杨杜注认为"盟首"是"盟辞首章"，整句于是解为"询问[过往恶臣]盟辞首章[写法]"。杨注引《左氏会笺》则认为"盟首"就是"盟辞"。

［外史］对曰："盟东门氏也，曰：'毋或如东门遂东门襄仲，不听公鲁文公命，杀适（嫡）立庶！'盟叔孙氏也，曰：'毋或如叔孙侨如叔孙宣伯，欲废国常，荡覆公室！'"

【盟东……立庶】杨补公孙归父（东门襄仲之子，东门氏族长）被驱逐之事见宣十八·六。盟辞中所述东门襄仲杀嫡立庶之事见文十七—文十八。

【盟叔……公室】杨补叔孙宣伯（叔孙氏族长）被驱逐见成十六·八。盟辞中所述叔孙宣伯之罪见成十六·三·十九·二及成十六·八。

季孙曰："臧孙之罪，皆不及此。"

孟椒子服惠伯曰："盍（何不）以其犯门斩关？"

【孟椒】正补子服惠伯。姬姓，子服氏，出自孟氏，名椒（后文《左传》又曰名湫，应以椒为正），谥惠，排行伯。子服孝伯之子，孟献子（文十四·十二·三）之孙。鲁大夫，疑官至卿位。

季孙用之。乃盟臧氏曰："毋或如臧孙纥_{臧武仲}，干国之纪，犯门斩关！"

【干】正 犯。

【八·三】臧孙闻之，曰："国有人焉！谁居_{jī}？其孟椒乎！"

【谁居】正 杨 是谁呢？居，语气助词，同"欤"。

襄公二十三年·九

地理 晋、宋见襄地理示意图 1。晋、宋、曲沃见襄地理示意图 2。

人物 栾怀子（襄十四·四·七）、栾鲂（襄十九·一·四）

春秋 晋人杀栾盈_{栾怀子}。

左传 晋人克栾盈_{栾怀子}于曲沃，尽杀栾氏之族党。栾鲂出奔宋。
〔《春秋》〕书曰"晋人杀栾盈"，不言大夫，言〔栾盈〕自外也。

【书曰……外也】正 补《春秋》书"晋人杀栾盈"，而非"晋人杀其大夫栾盈"，不称大夫，是因为栾怀子自国外进犯，已不是晋大夫。

襄公二十三年·十

地理 齐、晋见襄地理示意图 1。齐、莒、且于见襄地理示意图 4。

人物 齐后庄公（襄元·二·三）、杞殖、华还、莒犁比公（襄三·五·春秋）、杞殖之妻

春秋 齐侯_{齐后庄公}袭莒_{jǔ}。

左传【一】齐侯_{齐后庄公}还自晋，不入，遂袭莒。〔齐师〕门于且_{jū}于，〔齐

侯]伤股而退,明日[齐师]将复战,期于寿舒。杞殖、华还 xuán 载甲夜入且于之隧,宿于莒郊。

【门于且于】补攻打且于城门。【且于】正 杨 补在今山东莒县果庄乡后果庄村附近。莒邑。参见《图集》26—27④5。

【期于寿舒】杨约定齐师在寿舒集结。【寿舒】正 杨在今山东莒县境。莒地。

【杞殖】正 补杞氏,名殖,字梁。齐大夫。襄二十二年被莒人所杀。

【华还】正 补华氏,名还,字周。齐大夫。其名(还)、字(周)相应,"还"通旋,周旋之意。

【且于之隧】正 杨且于境内的隘道。

明日,[杞殖、华还]先遇莒子莒犁比公于蒲侯氏。莒子重 zhòng 赂之杞殖、华还,使无死,曰:"请有盟。"华周华还对曰:"贪货、弃命,亦君莒子所恶 wù 也。昏而受命,日未中而弃之,何以事君齐后庄公?"莒子亲鼓之,从而伐之,获杞梁杞殖。莒人行成。

【蒲侯氏】正 杨莒邑,靠近莒都。昭十四·六·二有莒大夫蒲余侯,疑蒲余侯即蒲侯。

【使无死】正 补[莒子]使[二人]不要[尽力]死[战]。

【昏而受命】杨[昨日]黄昏接受[齐侯的]命令而来。

【获】正 杨此为死获,即杞殖战死。

[二] 齐侯齐后庄公归,遇杞梁之妻于郊,使吊之。[杞梁之妻]辞曰:"殖杞殖之有罪,何辱命焉? 若[殖]免于罪,犹有先人之敝庐在,下妾不得与 yù 郊吊。"齐侯吊诸(之于)其室。

【遇杞梁之妻于郊】正 补据《礼记·檀弓下》(见下引文),则杞梁之妻当时已经迎接到了丈夫的灵柩,在郊外的路上走,正哭得很哀痛。又据《礼记·檀弓下》,"君遇柩于路,必使人吊之",则齐后庄公派人吊唁本身是合于礼制的。

【殡之有罪,何辱命焉】正 杨 补杞殖如果有罪,怎敢[使国君]屈尊[发布]命令[使人前来吊唁]?

【犹】杨则。

【下妾不得与郊吊】杨依礼,只有地位低下的人在郊外接受凭吊。杞殖为大夫,因此其妻拒绝齐后庄公使者在郊外吊唁,也是合于礼制的。

○正 杨 补**传世文献对读**:《礼记·檀弓下》有曾子陈述杞梁之妻知礼的记载,可扫码阅读。

《孟子·告子下》载淳于髡言曰"华周、杞梁之妻善哭其夫,而变国俗",可见战国时此事重点已在哭夫而不在与君论礼;《说苑·善说》引孟尝君言曰"昔华舟、杞梁战而死,其妻悲之,向城而哭,隅为之崩,城为之阤",则有夸言成分,不可视为史实。

襄公二十三年·十一

地理齐、鲁见襄地理示意图1。

人物齐后庄公(襄元·二·三)、臧武仲(成十八·十·二)、孔子(僖二十七—僖二十八·二十五·三)

左传【一】齐侯齐后庄公将为臧纥 hé,臧武仲田。臧孙臧武仲闻之,见齐侯。[齐侯]与之言伐晋,[臧孙]对曰:"多则多矣! 抑君齐后庄公似鼠。夫鼠昼伏夜动,不穴于寝庙,畏人故也。今君闻晋之乱而后作焉,宁将事之,非鼠如何?"[齐侯]乃弗与田。

【齐侯将为臧纥田】正齐后庄公将赐予臧武仲田邑。

【多则多矣】杨 补[君主的战功]诚然是很多了!

【抑】杨转折连词,然而。

【寝庙】补寝为寝室,庙为宗庙。古人前庙后寝。

【作】正起兵。

【宁将事之】补［一旦晋国内恢复］安宁，又准备事奉晋。

○正补臧武仲知道齐后庄公将有祸难，不想接受他赏赐的田邑，因此故意将齐君比作老鼠，以使齐后庄公愤怒而作罢。参见文二·五·二·二所引《孔子家语·颜回》"武仲在齐，齐将有祸，不受其田，以避其难，是智之难也"。

［二］仲尼孔子曰："知（智）之难也。有臧武仲之知（智），而不容于鲁国，抑有由也：作不顺而施不恕也。《夏书》曰'念兹在兹'，顺事、恕施也。"

【知之难也】正补［臧武仲能故意激怒齐后庄公以避祸，这种高明的手段是一般］智者都难［以做到］的。

【有臧武仲之知】正补有臧武仲这样的智计。

【抑】杨语首助词，无义。

【作不顺而施不恕也】正杨补孔子意谓，臧武仲帮助季武子废长（公锄）立幼（季悼子），是做事不顺；行事突兀而不体恤被废的公锄，是施事不恕。有嫡立嫡、无嫡立长为顺；己所不欲，勿施于人为恕。

【念兹在兹】正补此为逸《书》，可译为"要顾念的就在此"。

○补据襄二十三·八·七·三，臧武仲在出奔时仍然认为自己之所以不容于鲁，是"知不足也"。据襄二十三·八·七·二，被臧武仲夺去了族长之位的臧贾也认为，臧武仲出奔是"家之祸也，非子之过也"。由此可见，无论是臧武仲本人，还是臧贾这样的臧氏族人，都过分重视聪明智慧，而不重视顺事、恕施，这正是导致臧武仲出奔的根本原因。

襄公二十四年·一

地理 鲁、晋见襄地理示意图1。

人物 叔孙穆子(成十六·六·二)、范宣子(成十六·三·七)、臧文仲(庄十一·二·二·二)

春秋 二十有(又)四年,春,叔孙豹叔孙穆子如晋。

左传 二十四年,春,穆叔叔孙穆子如晋。

范宣子逆之,问焉,曰:"古人有言曰,'死而不朽',何谓也?"

穆叔叔孙穆子未对,宣子范宣子曰:"昔丐范宣子之祖,自虞以上为陶唐氏,在夏为御龙氏,在商为豕 shǐ 韦氏,在周为唐杜氏,晋主夏盟为范氏,其是之谓乎!"

【陶唐氏】补 见襄九·一·二,此处指唐尧及其担任方国君长的后代。

【御龙氏】正 补 其始祖为刘累,陶唐氏之后。详见昭二十九·四·二。

【豕韦氏】正 杨 补 豕韦,夏、商时国,在今河南滑县东南。其国君本为祝融之后,彭姓。夏孔甲时,刘累(祁姓)取代彭姓豕韦氏,成为豕韦君主(参见昭二十九·四·二),从此之后豕韦氏遂为刘累之后。商时其国君曾为商伯(商朝诸侯之长)。周时封其后人于杜(见文六·四·二)。参见《图集》9—10⑦13、13—14③9。

【唐杜氏】杨 补 "唐杜"即"杜",参见文六·四·二。

【晋主夏盟】正 杨 补 晋虽为诸侯,实为华夏盟主,因此可与虞、夏、商、周并列。揣摩范宣子所言,似乎在当时晋乃至于中原各诸侯国贵族内部流行的说法是,宗周覆灭之后,周朝已经是名存实亡,春秋时期是一个新时代,而这个时代的"无冕之王"是称霸后的晋。

○ 补 杜甫《重送刘十弟判官》"分源豕韦派"典出于此。

穆叔曰:"以豹(叔孙穆子)所闻,此之谓世禄,非不朽也。鲁有先大夫曰臧文仲,既没,其言立,其是之谓乎! 豹闻之,'大(太)上有立德,其次有立功,其次有立言',虽久不废,此之谓不朽。若夫保姓受氏,以守宗祊 bēng,世不绝祀,无国无之。〔此乃〕禄之大者,不可谓不朽。"

【世禄】 补 世代〔享受为君或卿大夫的〕爵禄。

【保姓受氏】 补 〔经历各个朝代,一直〕保有姓,并受赐氏。自虞至东周,范宣子先人一直保有祁姓不绝,而先后为陶唐氏、御龙氏、豕韦氏、唐杜氏、范氏。

【宗祊】 正 杨 宗庙。祊,宗庙之门。

○ 补 范宣子的"不朽"观念是当时的主流观念,是以祖先祭祀世代不绝、家族爵禄世代传承为"不朽",参见僖三十三·三·三"死且不朽"。而叔孙穆子所宣扬的"不朽"是春秋晚期开始出现的一种新的观念,是以个人品德、功绩、言论为后人世代铭记和传诵为"不朽",是把祭祀文化中的"不朽"转变成为一种完全人本主义的"不朽"。

○ 补 叔孙穆子没有参与季武子、孟孝伯驱逐臧武仲的行动,在第二年又在外交场合公开赞颂臧氏先人臧文仲为"不朽"。笔者认为,叔孙穆子可能并不认同季氏、孟氏驱逐臧武仲的行动。

○ 补 李白《雪谗诗赠友人》"立言补过,庶存不朽"典出于此。

襄公二十四年·二

地理 郑、晋、陈见襄地理示意图1。

人物 范宣子(成十六·三·七)、郑简公(襄七·八·二·二)、公孙

侨(襄八·三)、公孙夏(襄十·七·二·三)

|左传|【一】范宣子为政,诸侯之币重,郑人病之。二月,郑伯_{郑简公}如晋,子产_{公孙侨}寓书于子西_{公孙夏},以告宣子_{范宣子},曰:

【诸侯之币重】|杨||补|诸侯[至霸主晋朝聘时需交纳]的财礼负担很重。

【病之】|补|为此感到困苦。

【寓】|正||杨|寄,托。

"子_{范宣子}为晋国,四邻诸侯不闻令德,而闻重币,侨_{公孙侨}也惑之。

【为】|杨|治。

【令德】|补|善德。令,善。

"侨闻君子长 zhǎng 国、家者,非无贿之患,而无令名之难。夫诸侯之贿聚于公室,则诸侯贰。若吾子_{范宣子}赖之,则晋国贰。诸侯贰,则晋国坏。晋国贰,则子之家坏。何没没也![子]将焉用贿?

【长国、家】|补|领导国家和家族。

【非无……之难】|杨||补|即"非患无贿,而难无令名",可译为"不担心没有财贿,而担心没有好名声"。难,患,互文成义。

【夫诸……侯贰】|正||杨||补|[对其他]诸侯国[而言,如果]财富高度聚集在[该国]公室,则诸侯国内部将分裂。

【若吾……国贰】|正||杨||补|如果您以此为有利[而照做],那么晋内部将分裂。赖,以……为利。

【没没】|杨|犹言昧昧,不明白,糊涂。

"夫令名,德之舆也。德,国、家之基也。有基无坏,无亦是务乎！有德则乐，乐则能久。《诗》云'乐只君子，邦家之基'，有令德也夫！'上帝临女(汝)，无贰尔心'，有令名也夫！恕思以明德，则令名载[德]而行之，是以远至迩安。毋宁使人谓子'子实生我'，而谓'子浚 jùn 我以生'乎?

【舆】补马车车厢，引申为载体。

【无亦是务乎】杨补即"无亦务是乎"，可译为"不也应该致力于这些吗?"

【乐只君子，邦家之基】正杨补《毛诗·小雅·南山有台》(见襄二十·七·二)有此句，可译为"君子喜乐平和，实为国家根基"。君子之所以能如此，必然是有令德的缘故。只，语助词，无义。

【上帝临女，无贰尔心】正杨补《毛诗·大雅·大明》有此句，可译为"天帝监临你，你不要有二心"。君子畏惧上帝，没有二心，自然能成就令名。

【恕思以明德】杨补依据恕道思考[如何处理政事]以昭明美德。《尚书·周书·程典》"慎德必躬恕，恕以明德"，与此句义同。己所不欲、勿施于人为恕。晋必然不愿意向他国交纳重币，而要求他国向自己交纳重币，则是不恕。

【远至迩安】补远方[诸侯]来朝，邻近[诸侯]安心。

【毋宁】正杨宁可。毋，语首助词，无义。

【浚】正杨取，剥削。《国语·晋语九》"浚民之膏泽"，与此浚同义。

"象有齿以焚(偾)其身，贿也。"

【焚】正僵仆。

宣子说(悦)，乃轻币。

[二] 是行也，郑伯郑简公朝晋，为重币故，且请伐陈也。郑伯稽 qǐ 首，宣子范宣子辞。子西公孙夏相 xiàng，曰："以陈国之介恃大国

而陵虐于敝邑，寡君郑简公是以请请罪焉，敢不稽首？”

【朝】补见隐四·二·七·一。

【稽首】补见僖五·二·二·一。

【辞】补辞让不敢受郑简公稽首大礼。

【介恃】正杨仗恃。介，因。【大国】杨楚。

【寡君是以请请罪焉】杨我国君主因此请求请罪于陈。这是请求伐陈的委婉说法。

○正据襄二十五·四所载士庄伯的质疑来看，晋人最终没有同意郑简公的伐陈请求。

○正下启襄二十五年郑伐陈（襄二十五·二）。

襄公二十四年·三

地理鲁、齐、晋见襄地理示意图 1。

人物孟孝伯（襄二十三·八·二·一）

春秋仲孙羯 jié，孟孝伯帅师侵齐。

左传孟孝伯侵齐，晋故也。

○正襄二十三年齐伐晋，因此本年鲁为晋侵齐。

○正下启襄二十五年齐崔武子率师伐鲁北鄙（襄二十五·一·一）。

襄公二十四年·四

地理楚、吴（1 或 2）见襄地理示意图 1。

人物楚康王（襄十四·九）

春秋夏，楚子楚康王伐吴。

[左传] 夏,楚子_{楚康王}为舟师以伐吴,不为军政,无功而还。

　　○[正]下启本年吴召舒鸠叛楚(襄二十四·六)。

襄公二十四年·五

　　[地理]齐、鲁、晋、宋、卫、郑、曹、楚、蔡、陈见襄地理示意图1。齐、莒、鲁、宋、卫、曹、邾、滕、薛、杞1、小邾、夷仪、介根见襄地理示意图4。莒、鲁、晋、宋、卫、郑、曹、邾、滕、薛、小邾、楚、蔡、陈、许、棘泽见襄地理示意图5。

　　[人物]崔武子(宣十·三·春秋)、鲁襄公(襄元·○)、晋平公(襄十六·一·春秋)、宋平公(成十五·三·春秋)、卫殇公(襄元·五·春秋)、郑简公(襄七·八·二·二)、曹武公(襄二十·二·春秋)、莒犁比公(襄三·五·春秋)、邾悼公(襄十八·三·春秋)、滕成公(襄五·八·春秋)、薛伯、杞文公、小邾穆公(襄七·三·春秋)、楚康王(襄十四·九)、蔡景公(成二·七·一·二)、陈哀公(襄五·八·春秋)、许灵公(成二·七·一·二)、薳启强、陈文子(襄二十二·三)、陈桓子(庄二十二·三·四·三)、崔武子(宣十·三·春秋)、张骼、辅跞、宛射犬、游吉(襄二十二·七·二)

[春秋] 秋,七月甲子朔_{初一},日有食之,既。

　　○[补]参见桓三·五·春秋。
　　○[正]此条《春秋》无对应《左传》。

齐崔杼_{崔武子}帅师伐莒_{jǔ}。

[我]大水。

八月癸巳朔_{初一},日有食之。

○ 杨 此日不当有日食，为史官误记，或司天者误认。或以为本条《春秋》实为文十一年八月癸巳朔日食。

○ 正 此条《春秋》无对应《左传》。

公鲁襄公会晋侯晋平公、宋公宋平公、卫侯卫殇公、郑伯郑简公、曹伯曹武公、莒子莒犁比公、邾子邾悼公、滕子滕成公、薛伯、杞伯杞文公、小邾子小邾穆公于夷仪。

【杞伯】 补 杞文公。姒姓，名益姑，谥文。杞桓公（僖二十七·一·春秋）之子，杞孝公（襄九·五·春秋）之弟。襄二十四年即位，在位十四年。昭六年卒。

【夷仪】 补 见闵二·八·一。

冬，楚子楚康王、蔡侯蔡景公、陈侯陈哀公、许男许灵公伐郑。

公鲁襄公至自会。

○ 正 此条《春秋》无对应《左传》。

左传 【一·一】齐侯齐后庄公既伐晋而惧，将欲见楚子楚康王。楚子使蒍 wěi 启强如齐聘，且请期。齐社，蒐 sōu 军实，使客观之。

【蒍启强】 补 芈姓，蒍氏，名启强。楚大夫，昭七年已任太宰。

【聘】 补 见隐七·四·春秋。

【齐社，蒐军实】 正 补 齐国祭祀土地神，同时检阅兵员装备。参见庄二十三·三·春秋。

【一·二】陈文子曰："齐将有寇。吾闻之，'兵不戢 jí，必取其族'。"

【戢】 正 藏。

【二】秋,齐侯_{齐后庄公}闻将有晋师,使陈无宇_{陈桓子}从薳启强如楚,辞,且乞师。崔杼_{zhù,崔武子}帅师送之,遂伐莒_{jǔ},侵介根。

【辞】补解释[因有晋师,所以不得与楚康王相见]。

【介根】正杨补在今山东高密东南四十里。莒旧都,现为莒邑。参见《图集》26—27③6。

【三】会于夷仪,将以伐齐。水,不克。

【水】补发洪水。

【不克】杨未能成行。

○正襄二十三年齐后庄公伐晋(参见襄二十三·七·三),故本年晋会诸侯伐齐作为报复。

【四·一】冬,楚子_{楚康王}伐郑以救齐,门于东门,次于棘泽。诸侯还救郑。

【门于东门】杨攻打郑都东门。

【棘泽】杨补泽名,在今河南长葛东北、双洎河南岸。郑地。参见《图集》24—25④4。

【四·二】晋侯_{晋平公}使张骼、辅跞_{lì}致楚师,求御于郑。郑人卜宛射犬,吉。

【张骼】杨补姬姓,张氏,名骼。张趯(昭二—昭三·四)之子,张老(成十八·三·一)之孙。晋大夫。

【辅跞】补晋大夫。

【致楚师】杨向楚师挑战。

【求御于郑】正补请求郑国提供御者(驾车人)。战场为郑地,晋人以郑人知晓地形,故有此请。

【宛射犬】正杨补姬姓,宛氏,名射犬。郑公孙。郑大夫。食采于宛。【宛】杨补在今河南长葛增福庙乡附近。郑邑。参见《图集》

24—25④4。

<u>子大(太)叔</u>游吉戒之曰："大国之人不可与也。"

【大国之人不可与也】 正 杨 补 大国(晋)之人，不可与之平行抗礼。与，敌，当。游吉应是知晓宛射犬心高气傲，因此提前警告他。

[宛射犬]对曰："无有众寡，其上[御]一也。"

【无有众寡，其上一也】 杨 不管兵多兵少，[御者(驾车人)]地位在[车左、车右]之上都是一样的。

大(太)叔游吉曰："不然。部娄无松柏。"

【部娄无松柏】 正 杨 补 小土山上不可能长出松柏。游吉以此比喻小国不可与大国平等。杜甫《可叹》"高山之外皆培塿"典出于此。

二子在幄，坐射犬宛射犬于外。[二子]既食，而后食 sì 之宛射犬。[二子]使[射犬]御广 guàng 车而行，己皆乘乘 shèng 车。将及楚师，而后[二子]从之乘 chéng，皆踞转(繾) juàn 而鼓琴。近，[射犬]不告[二子]而驰之。[二子]皆取胄于橐 gāo 而胄，入垒，皆下，搏(捕)人以投，收禽(擒)挟囚。[射犬]弗待[二子]而出。[二子]皆超乘 chéng，抽弓而射。

【二子】 正 指张骼、辅跞。 【幄】 正 杨 军队所用之帐篷。

【广车】 正 补 挑战用的兵车。

【乘车】 正 补 平日所乘安车。

【将及……鼓琴】 正 补 将要达到楚师营垒时，然后[张骼、辅跞从乘车上下来，]登上宛射犬驾驭的广车，都蹲在车后衣物包上弹琴。转，车上衣物包。

【近，不告而驰之】 正 杨 补 靠近[楚师营垒]时，[宛射犬]不[跟张骼、辅跞]打招呼，就径自驾车疾驰而进。宛射犬这样做，应该是对张骼、辅跞二人不尊重自己怀恨在心,想要使二人措手不及而发生事故。

【皆取……而出】正杨补[张骼、辅跞二人]从装甲冑的袋子里拿出头盔戴上,进入楚师营垒,都下车,抓住面前楚人[向其他楚人]投掷,把楚兵俘虏捆好或者挟在腋下。[宛射犬又]不等待[张骼、辅跞],就径自驱车冲出营垒。宛射犬这样做,应该是想要使二人身陷敌营而被俘虏。一说,是张骼、辅跞"搏人以投",宛射犬"收禽挟囚,弗待而出"。

【超乘】补见《知识准备》"车马"。

既免,[二子]复踞转而鼓琴,曰:"公孙宛射犬!同乘shèng,兄弟也。胡再不谋?"

【胡再不谋?】正补为什么[驰入、出垒]两次都不打商量?

[射犬]对曰:"曩nǎng者[我]志入而已,今[我]则怯也。"

【曩者……怯也】杨补先前[不告而驰入]是因为一心想冲入敌营,如今[不等待而驰出]则是因为害怕[不能脱身]。这是宛射犬为自己的行为临时编造的理由,因此自相矛盾:志入敌营则必有勇,又怎么会在战友激战正酣时突然胆怯逃出?

[二子]皆笑,曰:"公孙之亟jí也。"

【亟】正急。
○正杨张骼、辅跞都笑,说明他们已经看出宛射犬言语自相矛盾。二人说宛射犬"急",是暗示其性急不能受屈。

【五】楚子楚康王自棘泽还,使薳启强帅师送陈无宇陈桓子。

襄公二十四年·六

地理吴(1或2)、楚见襄地理示意图1。吴(1或2)、楚、舒鸠见襄地理示意图 5。

人物 楚康王（襄十四·九）、沈尹寿、师祁犂、舒鸠子、芋（蔿）子冯（襄十五·三·一）

左传 【一】吴人为楚舟师之役故，召舒鸠人。舒鸠人叛楚。楚子_{楚康王}师于荒浦，使沈尹寿与师祁犂让之。舒鸠子敬逆二子，而告无之，且请受盟。

【舒鸠】 正 杨 补 周时国，子爵，偃姓。始封君为皋陶之后。在今安徽舒城。襄二十五年被楚所灭，定二年前复国。参见《图集》17—18④6、29—30⑤8。

【荒浦】 正 杨 补 在今安徽舒城东。舒鸠地。

【沈尹】 补 见宣十二·一·六。【让】 杨 责备。

【二】二子复命。王_{楚康王}欲伐之。蔿 wěi 子芋_{（蔿）子冯}曰："不可。彼告不叛，且请受盟，而[吾]又伐之，伐无罪也。[吾]姑归息民，以待其卒。[彼]卒而不贰，吾又何求？[彼]若犹叛我，[彼]无辞，[吾]有庸。"[楚师]乃还。

【以待其卒】 正 补 以等待事情的最终结果。卒，终。

【无辞，有庸】 正 杨 补 [舒鸠人将]无话可说，[我们再行讨伐就可以]获得成功。庸，功。

○ 正 下启襄二十五年楚灭舒鸠（襄二十五·三）。

襄公二十四年·七

地理 陈、楚见襄地理示意图 1。

人物 鍼宜咎

春秋 陈鍼 qián 宜咎出奔楚。

【鍼宜咎】 正 补 鍼氏,名宜咎。鍼子(隐八·四·二)八世孙。本为陈大夫,官至卿位。襄二十四年奔楚,昭四年已任箴尹。

左传 陈人复讨庆氏之党,"鍼宜咎出奔楚"。

【陈人复讨庆氏之党】 补 庆氏之难见襄七·八·三、襄二十·四、襄二十三·五。

襄公二十四年·八

地理 鲁、周、齐见襄地理示意图 1。鲁、周、齐、郏郦见襄地理示意图 3。

人物 叔孙穆子(成十六·六·二)、周灵王(襄五·二)

春秋 叔孙豹 叔孙穆子 如京师。

【京师】 补 见隐六·七。

左传【一】齐人城郏 jiá。

【郏】 正 补 东周王城所在地区,参见桓七·三·二。
○ 正 补 东周王城(参见庄十九—庄二十一庄二十一·八)位于谷水、雒水交汇之处。据《国语·周语下》及注,襄二十三年谷水、雒水相斗,谷水盛出于王城之西,南流合于雒水,毁王城西南,将及王宫。近年来在东周王城遗址进行的考古发掘已经发现了可能是由这场大洪水造成的冲积沟。齐叛晋之后,想要求取周王室支持,故为周王室修复郏地被水毁坏的城墙。

【二】穆叔 叔孙穆子 如周聘,且贺城。王 周灵王 嘉其有礼也,赐之大路。

【聘】补见隐七·四·春秋。

【大路】补见桓元—桓二·三·二。

○正下启昭四年叔孙穆子以大路车陪葬（昭四—昭五·九）。

襄公二十四年·九

地理鲁见襄地理示意图 1。

春秋[我]大饥。

襄公二十四年·十

地理晋、郑见襄地理示意图 1。

人物晋平公（襄十六·一·春秋）、程郑（成十八·三·一）、公孙挥、
鬷蔑

左传晋侯晋平公嬖 bì 程郑，使佐下军。郑行人公孙挥如晋聘，程郑
问焉，曰："敢问降阶何由？"子羽公孙挥不能对，归以语 yù 然明
鬷蔑。然明曰："是程郑将死矣。不然，将亡。贵而知惧，惧而
思降 jiàng，乃得其阶。下人而已，又何问焉？且夫既登而求
降阶者，知（智）人也，不在程郑。其有亡衅乎！不然，其有惑
疾，将死而忧也。"

【嬖】补宠信。

【使佐下军】正代栾桓子。此事应该发生在栾桓子出奔的襄二十一
年，此处是追述。

【行人】补见襄十一·二·春秋。

【公孙挥】正补姬姓，名挥，字羽。郑穆公（僖三十·三·五）之孙。
郑大夫，任行人。据鲁公子翚（隐四·二·春秋）、郑公子翚（成十
三·二）名字相应之例，疑其名本字应为"翚"。

【聘】补见隐七·四·春秋。

【敢问降阶何由】正 杨 补 谨敢请问怎样才能降级？

【然明】正 补 戳蔑。董姓，戳氏，名蔑，字明，一字然明。郑大夫。其名（蔑）、字（名）相应，蔑为目无精之意，与目明正相反。

【下人而已，又何问焉】正 杨 补 ［若要降级，无非就是为人处世］居于人下而已，又何必要询问［别人］？

【且夫……程郑】正 杨 补 而且那已经登上高位而寻求降级的人，是明智之人，而程郑不是这样的人。戳蔑意谓，程郑依靠主动博取晋平公宠信才得以升为卿官，不是有谦退知足之心的人，这种人在正常状态下是不会想到主动谋求降级的。

【其有……忧也】正 杨 补 恐怕是已经有了逃亡的事端了吧？不然的话，就是得了疑心病，因为将要死了而忧愁。戳蔑意谓，程郑主动向外国访客询问降级方法，既然不是出于本心常态，那就是出于心态失常。要么是因为牵扯进了罪祸之中，想要先降级离开高层然后伺机出逃；要么就是因为健康出了问题快死了而性情大变，开始疑神疑鬼、忧愁焦虑。

○正 补 下启襄二十五年程郑卒（襄二十五·八）。程郑本非智者，将死失常而言语谦退，正可与赵文子本为贤人，将死失常而言语苟且（昭元·一·七、昭元·三·三）对观。

○补 笔者对程郑的人生境遇有详细分析，请见专著《虎变：晋国大族的兴盛与衰亡》（出版中，暂定书名）相关章节。

襄公二十五年·一

地理 齐、鲁、晋、宋、卫、郑、曹见襄地理示意图1。齐、鲁、宋、卫、曹、莒、邾、滕、薛、杞1、小邾、夷仪、高唐、平阴、五鹿、弇中见襄地理示意图4。

人物 崔武子(宣十·三·春秋)、齐后庄公(襄元·二·三)、鲁襄公(襄元·〇)、晋平公(襄十六·一·春秋)、宋平公(成十五·三·春秋)、卫殇公(襄元·五·春秋)、郑简公(襄七·八·二·二)、曹武公(襄二十·二·春秋)、莒犁比公(襄三·五·春秋)、邾悼公(襄十八·三·春秋)、滕成公(襄五·八·春秋)、薛伯、杞文公(襄二十四·五·春秋)、小邾穆公(襄七·三·春秋)、孟孝伯(襄二十三·八·二·一)、孟公绰、棠公、东郭偃、棠姜、齐丁公、齐桓公(庄八—庄九—庄十·春秋)、陈文子(襄二十二·三)、贾举、州绰、邴师、公孙敖、封具、铎父、襄伊、偻堙、祝佗父、申蒯、申蒯之宰、甗蔑、晏平仲(襄十七·六)、卢蒲癸(襄二十三·七·一)、王何、叔孙宣伯(文十一·四·一)、叔孙还(襄二十一·三)、穆孟姬、齐灵公(成十·三·春秋)、齐景公、庆封(成十八·二·一)、太史、太史之弟、南史、闾丘婴、闾丘婴之妻、申鲜虞(襄二十三·七·一)、隰锄、羊舌肸(襄十一·二·五·三)、子服惠伯(襄二十三·八·八·二)、魏献子(襄二十三·六·二·一)、宛没、卫献公(成十四·五·一)

春秋 二十有(又)五年，春，齐崔杼 zhù，崔武子 帅师伐我北鄙。

夏，五月乙亥十七日，齐崔杼崔武子弑其君光齐后庄公。
○正 补 据宣四·三·一·二，臣弑君，《春秋》称臣之名氏，则表明崔武子有罪。

公鲁襄公会晋侯晋平公、宋公宋平公、卫侯卫殇公、郑伯郑简公、曹伯曹武公、莒子莒犁比公、邾子邾悼公、滕子滕成公、薛伯、杞伯杞文公、小邾子小邾穆公于夷仪。

【夷仪】补见闵二·八·一。

左传【一】二十五年,春,"齐崔杼帅师伐我北鄙",以报孝伯孟孝伯之师也。公鲁襄公患之,使告于晋。孟公绰曰:"崔子崔武子将有大志,不在病我,必速归,何患焉! 其来也不寇,使民不严,异于他日。"齐师徒归。

【孝伯之师】正指襄二十四年孟孝伯率鲁师为晋侵齐(襄二十四·三)。

【孟公绰】正杨补鲁大夫。据《论语·宪问》,"子曰:'孟公绰为赵、魏老则优,不可以为滕、薛大夫。'"又据《论语·宪问》,孔子认为有"公绰之不欲"是"成人"的目标之一。据《史记·孔子世家》,"孔子之所严事:于周则老子;于卫,蘧伯玉;于齐,晏平仲;于楚,老莱子;于郑,子产;于鲁,孟公绰",可知孟公绰是孔子尊为榜样的六位贤君子之一。

【病】补使……困苦。

【来也不寇】正补[齐师]前来而不为寇害。这可能是因为崔武子将行弑君之事,不愿与鲁结仇。

【使民不严】正补驱使[齐国]民众并不严厉。这可能是因为崔武子将行弑君之事,想要得到齐国民心。

【齐师徒归】正补齐师无功而返。徒,空。

【二·一】齐棠公之妻,东郭偃之姊也。东郭偃臣崔武子。棠公死,偃东郭偃御武子崔武子以吊焉。[武子]见棠姜而美之,使偃[为己]取(娶)之。偃曰:"男女辨姓。今君出自丁齐丁公,臣出自桓齐桓公,不可。"

【棠公】正齐棠邑大夫。【棠】正杨补齐邑。一说在今山东聊城堂邑镇,参见《图集》26—27③2。一说即襄六·六·二·二之棠。

【东郭偃】补姜姓,东郭氏,名偃。齐桓公(庄八—庄九—庄十·春秋)之后。崔武子家臣。襄二十七年被崔成、崔强所杀。

【御】 补 为……驾车。

【棠姜】 补 齐东郭氏女,姜姓,东郭偃之姊。本为棠公之妻,生棠无咎(襄二十七·四·一)。棠公死后,崔武子娶为妻,生崔明(襄二十七·四·一)。襄二十七年自缢而死。

【使偃取之】 正 补 [崔武子]使东郭偃[为自己]迎娶棠姜。

【男女辨姓……不可】 正 杨 补 男女[婚配,]姓要有区别。如今主君(崔氏)出自齐丁公,而臣子(东郭氏)出自齐桓公,[同为姜姓,故]不可[嫁娶]。【丁】 正 杨 补 齐丁公。姜姓,吕氏,名伋(一作及),号丁。齐太公(僖三—僖四·五)之子。齐丁公之子为齐乙公,齐乙公之子为齐癸公,皆用地支为号,此时尚无谥法。

武子<u>筮</u>shì 之,遇《困》☵之《大过》☴。史皆曰"吉"。[武子]示陈文子。文子_{陈文子}曰:

【筮】 补 见《知识准备》"筮"。

【《困》☵之《大过》☴】 正 杨 补 此筮例为本卦一爻变,得之卦,而主要以《周易》本卦变爻爻辞占之。《困》☵,本卦,《坎》☵下《兑》☱上。《困》☵六三阴爻变为九三阳爻,故《困》☵变为《大过》☴。《大过》☴,之卦,《巽》☴下《兑》☱上。主要以《困》六三爻辞占之。

【史皆曰"吉"】 正 杨 补 诸位[参与占筮的]史官都说"吉利"。杜注认为,史官这样说是阿谀奉承崔武子,因为陈文子下文分析已明言此筮为凶。杨注认为,史仅就《困》卦而言,《兑》为少女,《坎》为中男,以少女配中男,故曰"吉"。【史】 补 齐内朝官,太史属官,职掌包括占筮之事。

"夫从风,风陨,妻不可娶也。

【夫从风】 正 补 《坎》为中男,为夫。《巽》为风。《困》之《大过》,上卦《兑》不变,而下卦《坎》变为《巽》,故曰"夫从风"。

【风陨,妻不可娶也】 正 补 风刮起者终将陨落,丈夫从风则丈夫将陨落,会招致丈夫陨落的妻子是不可娶的。

"且其繇 zhòu 曰：'困于石，据于蒺 jí 梨（藜），入于其宫，不见其妻，凶。'

○ 正 此为《困》六三爻辞。

"'困于石'，往不济也；

○ 正 杨 补 "被石头所困"，这意味着前往不能渡河（成功）。济，本义为渡河，也可引申为成功。以《困》而言，下卦《坎》又为险，为水。礁石为水中险物，被礁石所困，则即使前往也不能过河（成功）。

"'据于蒺梨（藜）'，所恃伤也；

○ 正 补 "据守在蒺藜丛中"，这意味着所依靠的东西会伤到自己。以《困》而言，《坎》为险，《兑》为泽。据《尔雅·释草》："茨，蒺藜。"郭璞注曰："布地蔓生，细叶，子有三角，刺人。"蒺藜子实有尖刺，为草泽中险物，凭恃它则会受伤。

"'入于其宫，不见其妻，凶'，无所归也。"

○ 补 "进了屋，见不到妻子，凶险"，这意味着无所归宿。
○ 补 襄二十七年崔氏家乱，棠姜自缢，崔武子归家而不见其妻，亦自缢（襄二十七·四），是此筮之验。

崔子崔武子曰："〔棠姜〕嫠 lí 也，何害？先夫棠公当之矣。"遂取（娶）之。
【嫠】正 寡妇。
【先夫当之矣】正 〔棠姜〕前夫（棠公）已受上述凶兆而死。

庄公齐后庄公通焉，〔庄公〕骤如崔氏，以崔子之冠赐人。侍者曰"不可"，公齐后庄公曰："不为崔子，其无冠乎？"
【庄公通焉】杨 补 齐后庄公与棠姜通奸。
【骤】杨 屡。

【不为崔子，其无冠乎】⟨补⟩不用崔子［的帽子］，难道就没有帽子了？齐后庄公认为自己拿崔武子的帽子赐给别人，是宠爱崔武子的表现，崔武子应当感到荣幸。就算不用崔武子的帽子，也一定会有他人愿意送来他们的帽子以求宠幸。

【二·二】崔子因是，又以其_{齐后庄公}间 jiàn 伐晋也，曰"晋必将报"，欲弑公_{齐后庄公}以说于晋，而不获间 jiàn。公鞭侍人贾举，而又近之，_{［贾举］}乃为崔子间 jiàn 公。

【又以其间伐晋也】⟨正⟩⟨杨⟩⟨补⟩又因为齐后庄公趁晋内乱而伐晋（见襄二十三·七）。间，钻空子。
【欲弑公以说于晋】⟨补⟩想要杀了齐后庄公来向晋人解说。
【间】⟨杨⟩⟨补⟩空子，机会。
【侍人】⟨补⟩应即寺人，见僖二·四·二。
【间公】⟨正⟩⟨杨⟩寻找［刺杀］齐后庄公的机会。

【三·一】夏，五月，莒 jǔ 为且 jū 于之役故，莒子_{莒犁比公}朝于齐。甲戌_{十六日}，_{［庄公］}飨诸_{（之于）}北郭。崔子_{崔武子}称疾，不视事。

【且于之役】⟨正⟩见襄二十三·十。
【朝】⟨补⟩见隐四·二·七·一。
【飨】⟨补⟩见桓九—桓十·一·二。【郭】⟨补⟩见《知识准备》"国野制"。

乙亥_{十七日}，公_{齐后庄公}问崔子，遂从姜氏_{棠姜}。姜_{棠姜}入于室，与崔子自侧户出。公拊楹而歌。侍人贾举止众从者，而入，闭门。甲兴。公登台而请，_{［甲士］}弗许。_{［公］}请盟，_{［甲士］}弗许。_{［公］}请自刃于庙，_{［甲士］}勿许。_{［甲士］}皆曰："君_{齐后庄公}之臣杼_{崔武子}疾病，不能听命。_{［崔氏］}近于公宫，陪臣干掫 zōu 有淫者，不知二命。"公逾墙，_{［甲士］}又射之，中_{［公］}股，_{［公］}反队_{（坠）}，_{［甲士］}遂弑之。贾举、州绰、邴 bǐng 师、公孙敖、封具、铎 duó 父 fǔ、襄伊、偻堙 yīn 皆死。

【公问崔子】正 杨 补 齐后庄公[来到崔武子家准备]慰问崔武子[病况]。据下文甲士言"君之臣杼疾病,不能听命",可知齐后庄公未尝得见崔武子。

【公拊楹而歌】正 补 齐后庄公轻拍堂前大柱唱歌。齐后庄公此举目的应该是引诱棠姜出来。

【甲兴】杨 补 [崔氏的]甲士们一拥而起。

【请盟】杨 补 [齐后庄公]请求与崔武子结盟。此为缓兵之计。

【请自刃于庙】正 补 [齐后庄公]请求在齐先君宗庙自杀。齐先君宗庙在崔武子家外,此为脱身之计。

【疾病】杨 病重。

【陪臣】杨 补 甲士为崔武子之臣,崔武子为齐后庄公之臣,因此甲士对齐后庄公自称"陪臣"。参见僖十二—僖十三·二·一。

【干掫】正 杨 巡夜捕击。

【贾举……偻堙】正 补 八人皆为陪同前往崔氏的齐后庄公宠臣。其中,贾举可能是被崔氏灭口,也可能是在混战中被其他齐后庄公宠臣所杀。

祝佗父 fǔ 祭于高唐,至,复命,不说(脱)弁 biàn 而死于崔氏。

【祝佗父】补 齐太祝。名或字佗。【祝】补 太祝,齐内朝官,掌祝祷祈神。

【高唐】正 补 见襄十九·二·四。高唐有齐公室别庙。

【弁】正 杨 补 爵弁,祭服组成部分。

申蒯 kuǎi,侍渔者,退,谓其宰曰:"尔以帑 nú(孥)免,我将死。"其宰曰:"[我]免,是反子之义也。"与之皆(偕)死。

【侍渔者】正 杨 补 齐外朝官,职掌征收渔税。

【宰】补 家宰,卿大夫家务总管。

【帑】正 杨 指申蒯的妻儿,托其宰保护。

崔氏杀鬷 zōng 蔑于平阴。

【鬷蔑】正 杨 补 疑为齐后庄公之母鬷声姬族人。齐平阴大夫,齐后庄公党羽。襄二十五年被崔氏所杀。与郑鬷蔑(襄二十四·十)不是一人。

【平阴】杨 见襄十八·三·四。

{三·二} 晏子晏平仲立于崔氏之门外。

○正 补 当晏平仲站在崔氏门外时,里面的杀戮正在进行。

其人曰:"死乎?"

[晏子]曰:"独吾君也乎哉,吾死也?"

【独吾君也乎哉】补 是我一个人的国君么?

[其人]曰:"行乎?"

[晏子]曰:"吾罪也乎哉,吾亡也?"

○补《晏子春秋·内篇·杂上》作"独吾罪也乎哉,吾亡也?"多一"独"字,与上文"独吾君也乎哉"相对应。

[其人曰:]"归乎?"

[晏子]曰:"君死,安归?君民者,岂以陵民?社稷是主。臣君者,岂为其口实?社稷是养。故君为社稷死,[臣]则死之;[君]为社稷亡,[臣]则亡之。若[君]为己死,而为己亡,非其私昵,谁敢任之?且人崔武子有君齐后庄公而弑之,吾焉得死之,而焉得亡之?将庸何归?"

【安归】杨 归于何处?

【君民……是主】正杨补当民众君主的人，难道是用［他的地位］来凌驾于民众之上？［他应当做的是］主持国政。"社稷是主"，即"主社稷"。后"社稷是养"同。

【臣君……是养】正杨补当君主臣下的人，难道［只］是为了俸禄？［他们应该做的是］保养社稷。口实，口中食物，这里指俸禄。

【非其私昵，谁敢任之】正杨补不是他私人亲信，谁敢承担这样的任务？晏子意谓，为这样的君主去死，不仅要搭上性命，还要为后人所不齿，因此只有齐后庄公的私人亲信才会这样做。

【且人有君而弑之】杨补而且别人有君主而又弑杀了他。齐后庄公为崔武子所立（参见襄十九·二），故晏平仲曰"人有君"。

【将庸何归】杨补［我既不能为他死，也不能为他逃亡，但是我又能］回到哪里去呢？庸何，近义词连用，都是哪里的意思。晏平仲这是在解释为什么他站在门外不归家。

门启而［晏子］入，枕尸股而哭，兴，三踊而出。人谓崔子："必杀之！"崔子曰："［晏子，］民之望也。舍之，得民。"

【枕尸……而出】补把头枕在尸体大腿上哭泣，站起来，跳了三下就出去了。《晏子春秋·内篇·杂上》作"遂袒免，坐，枕君尸而哭，兴，三踊而出"（详见下引文），多出"遂袒免，坐"。"袒""免"和"三踊"都是五服之外的人吊丧的礼节，而且"坐"与后面的"兴"相对。《晏子春秋》的记载更加完整，而《左传》应该是抄《晏子春秋》而有所删节。"枕尸股而哭"参见僖二十七—僖二十八·二十三·二。"三踊而出"参见宣十八·六·三。

○补传世文献对读：《晏子春秋·内篇·杂上》叙此事与《左传》略同，不过在"门启而入"和"枕君尸而哭"之间多出一段崔杼与晏平仲的对话，而且描述晏子所行礼节更加完整。可扫码阅读。

【三·三】卢蒲癸奔晋，王何奔莒。

【卢蒲癸、王何】正二人皆为齐后庄公党羽。

○正下启襄二十八年卢蒲癸、王何杀庆舍（襄二十八·九）。

【四】叔孙宣伯之在齐也，叔孙还 xuán 纳其女穆孟姬于灵公齐灵公。[其女]嬖 bì，生景公齐景公。丁丑十九日，崔杼崔武子立[景公]而相 xiàng 之，庆封为左相。[公]盟国人于大（太）宫，曰："所不与崔、庆者——"晏子晏平仲仰天叹曰："——婴晏平仲所不唯忠于君、利社稷者是与，有如上帝！"乃歃 shà。辛巳二十三日，公齐景公与大夫及莒子莒犁比公盟。

【叔孙宣伯之在齐也】正参见成十六年叔孙宣伯自鲁奔齐（成十六·八·三）。

【其女】杨补穆孟姬。姬姓，谥穆，排行孟。叔孙宣伯（文十一·四·一）之女，齐灵公（成十·三·春秋）妾，齐景公（襄二十五·一·四）之母。

【嬖】补得宠。

【景公】杨补齐景公。姜姓，名杵臼，谥景。齐灵公之子，齐后庄公（襄元·二·三）之弟，穆孟姬所生。襄二十六年立，在位五十八年。哀五年卒。

【左相】补齐外朝官，卿职，副执政官。齐执政为右相，此时由崔武子担任。

【大宫】正补太宫，即太庙，始封君庙。在齐为齐太公庙。

【与】补从。

【婴所……上帝】补我如果不是只顺从忠于君主、利于国家的人，[必遭神谴，]有上帝为证！

【歃】补见隐七·七·一·二。

○补传世文献对读：《中庸》："子路问强。子曰：'……故君子和而不流，强哉矫！中立而不倚，强哉矫！国有道，不变塞焉，强哉矫！国无道，至死不变，强哉矫！'"晏平仲在此次内乱中的表现，可谓是"中立而不倚，强哉矫"的典型事例。

【五】大(太)史书曰:"崔杼崔武子弑其君齐后庄公。"崔子崔武子杀之。其弟嗣书而死者二人。其弟又书,[崔子]乃舍之。南史氏闻大(太)史尽死,执简以往。闻既书矣,乃还。

【大史】补太史,齐内朝官,职掌包括记事。

【崔杼弑其君】补据宣四·三·一·二,则鲁史《春秋》体例,臣弑君,若称臣之名,则臣有罪。齐史书体例应与鲁史类似,故崔武子欲以死逼迫史官更改。

【嗣书】正杨接着这样写。嗣,续。

【南史】补齐内朝官,太史副手,居于齐都南部,故称"南史"。

○补参见宣二年晋太史书"赵盾弑其君"之事(宣二·三·四·一)。

○补**传世文献对读**:《论语·泰伯》:"曾子曰:'……临大节而不可夺也——君子人与?君子人也。'"齐太史、南史即为"临大节而不可夺"者。

【六·一】闾lǘ丘婴以帷缚其妻而载之,与申鲜虞乘chéng而出。鲜虞申鲜虞推[闾丘婴之妻]而下之,曰:"君齐后庄公昏不能匡,危不能救,死不能死,而知匿其昵,其谁纳之?"

【闾丘婴】杨补闾丘氏,名婴。闾丘产之子。齐后庄公近臣。襄二十五年奔鲁。襄二十九年已归于齐。襄三十一年被公孙虿所杀。

【六·二】行及弇yǎn中,[申鲜虞]将舍shè。婴闾丘婴曰:"崔、庆其追我。"鲜虞曰:"一与一,谁能惧我?"[二人]遂舍,枕辔pèi而寝,食sì马而食。

【弇中】正杨补在今山东淄博临淄区西南的淄水谷地,长两百里,道路狭而险。汉代在其西南端置莱芜县之后改称"莱芜谷"。齐地。参见《图集》26—27③5,又见襄地形示意图3,可扫码阅读。

【一与一】正杨弇中道路狭窄,车不能并行,如果发生战斗,只能以一敌一。

【枕辔而寝】 正 补 枕着马缰睡觉。这是为了防止马匹走失。参见《知识准备》"车马"。

【食马而食】 杨 先喂马然后吃饭。这是为了防备万一敌人追来,马气力充沛便于逃走。

【六·三】[二子]驾而行。出奔中,[申鲜虞]谓婴曰:"速驱之!崔、庆之众,不可当也。"遂来奔。

○ 补 **传世文献对读**:《论语·公冶长》载崔杼弑齐后庄公之后,陈文子出奔之事,为《左传》所不载,可扫码阅读。

【七】崔氏侧庄公齐后庄公于北郭。丁亥二十九日,葬诸(之于)士孙之里,四翣 shà,不跸 bì,下车七乘 shèng,不以兵甲。

【侧】 杨 补 杨注认为通椁,指"椁周"。椁周是一种夏代流行的古葬制,就是在棺外再围一周烧土做成的砖作为椁,比内棺外椁的周代葬制要简陋。也有学者认为"侧"的意思是隐处棺柩,而不以正规殡礼处置。

【郭】 补 见《知识准备》"国野制"。

【丁亥,葬诸士孙之里】 正 杨 据隐元·五,诸侯五月而葬。此处齐后庄公死后十三日便葬,于礼为速。士孙为齐都里名。古人死后应葬在家族墓地,唯有凶死者葬在别处,以示惩罚。

【四翣】 正 杨 翣,丧葬礼器(详见下)。依礼,周王八翣,诸侯六翣,大夫四翣。此处用四翣,则是贬齐后庄公为大夫。

【不跸】 正 杨 跸,禁止通行,清除道路,并警戒非常。依礼,国君出殡应有此待遇。此不跸,则是贬损。

【下车七乘】 正 杨 下车,粗恶之车。齐依上公之礼,送葬应用好车九辆。此用七辆,又为恶车,则是贬损。

【不以兵甲】 正 杨 依礼,国君出殡,应当陈列军阵。此不用兵甲,亦是贬损。

○补 **翣之形制**：据传世文献记载，翣为长柄扇形，出殡时由人手持在行列之中起到遮蔽灵柩的作用，下葬时即用来作为棺饰。据传世文献及信阳楚墓一号墓遣策记载，翣可以用鸟羽、竹、木等多种材料制成。上述有机材质的翣还没有得到考古发现的证实。不过近年来，考古工作者在一些周朝墓葬的外棺顶部或四周发现了一种"山"字形或扇形铜薄片，有的后面还有木柄和木质横架遗迹。有学者认为，这种器物就是铜制的翣，本应有长柄，送葬时由人手持随行，下葬时放在椁内的外棺顶上，或者竖立／倚靠在外棺旁。也有学者认为，翣仍应该是羽扇，而上述山字形铜薄片可能是羽扇的铜羽座。考古发现的春秋时期铜翣／翣羽座实例见襄器物图6。

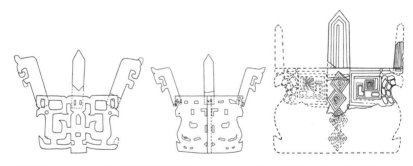

襄器物图6　陕西韩城梁带村芮国墓地 M18、M51 出土翣头，春秋早期后段（《梁带村芮国墓地——二○○七年度发掘报告》，2010年）

【八】**晋侯**晋平公济自泮 pàn，会于夷仪，伐齐，以报朝 zhāo 歌之役。齐人以**庄公**齐后庄公说，使隰 xí 锄请成。**庆封**如师，男女以班，赂**晋侯**以宗器、乐器，自六正、五吏、三十帅、三军之大夫、百官之正长、师旅及处守者皆有赂。**晋侯**许之，使**叔向**羊舌肸告于诸侯。公鲁襄公使子服惠伯对曰："君晋平公舍有罪，以靖小国,君之惠也。寡君_{鲁襄公}闻命矣。"

【晋侯济自泮】⟨补⟩晋平公率师从泮渡过河水。

【朝歌之役】⟨正⟩在襄二十三·七。

【齐人以庄公说】⟨杨⟩⟨补⟩齐人以庄公[来向晋人]解说。齐人的说辞内容大概是:齐后庄公不顾群臣反对而与晋为敌,而现在他已死去,新君将服从晋。

【隰锄】⟨正⟩⟨补⟩姜姓,隰氏,名锄。隰成子(僖九·二·三·二)曾孙。

【请成】⟨补⟩求和。

【男女以班】⟨杨⟩男女奴隶分列捆绑[,以示降服]。

【宗器】⟨补⟩见襄六·六·二·三。

【六正】⟨正⟩即六卿,中、上、下三军帅佐。

【五吏】⟨杨⟩即军尉、司马、司空、舆尉、候奄。

【三十帅】⟨杨⟩指师帅,为中大夫,每师二人,一正一副。一军有五师,晋三军十五师,因此有三十帅。

【三军之大夫】⟨杨⟩指三军中执掌其他事务的官员。

【百官之正长、师旅】⟨杨⟩正长为晋各部门主管者,师旅则为正长属官。正、师、旅参见成十八·三·一。

【处守者】⟨正⟩晋留守部队。

【九】晋侯_{晋平公}使魏舒_{魏献子}、宛没逆<u>卫侯</u>_{卫献公}[于齐],将使卫与之夷仪。崔子_{崔武子}止其_{卫献公}帑(孥),以求五鹿。

【晋侯……卫侯】⟨正⟩⟨补⟩襄十四年卫献公奔齐(襄十四·五)。今年晋平公自齐迎接卫献公,欲送其归国。

【崔子……五鹿】⟨正⟩崔武子扣留卫献公妻儿,希望[卫献公日后若能复辟为君,则以其妻儿作为筹码向卫]要求割让五鹿。【五鹿】⟨补⟩见僖二十三—僖二十四·二。

襄公二十五年·二

⟨地理⟩郑、陈、楚见襄地理示意图 1。

人物 公孙舍之（襄八·八·一·二）、陈哀公（襄五·八·春秋）、楚康王（襄十四·九）、公孙侨（襄八·三）、悼太子偃师、袁桓子（襄三·五·春秋）、贾获

春秋 六月壬子二十四日，郑公孙舍之帅师入陈。

左传 【一】初，陈侯陈哀公会楚子楚康王伐郑，当陈隧者，井堙yīn、木刊。郑人怨之。

【陈侯会楚子伐郑】正见襄二十四·五。

【当陈……木刊】正杨陈师经过的道路，水井被填，树木被砍伐。隧，道路。堙，塞。刊，除。

○补据襄二十五·四所述，此次伐郑发生在襄二十四年二月郑简公朝晋之后。

【二】六月，郑子展公孙舍之、子产公孙侨帅车七百乘 shèng 伐陈，宵突陈城，遂入之。

陈侯陈哀公扶其大（太）子偃师悼太子偃师奔墓，遇司马桓子袁桓子。[公]曰："载余！"[桓子]曰："[吾]将巡城。"

【大子偃师】补悼太子偃师。妫姓，名偃师，谥悼。陈哀公（襄五·八·春秋）之子，郑姬（昭八·二·一·一）所生。昭八年被公子招、公子过所杀。

【司马】正补陈外朝官，卿职，掌军政。

[公]遇贾获。[贾获]载其母、妻，下之，而授公陈哀公车。公曰："舍 shè 而（尔）母！"[贾获]辞曰："不祥。"[贾获]与其妻扶其母以奔墓，亦免。

【贾获】正陈大夫。

【下之】杨 让他的母亲和妻子下车。

【舍而母】杨 补 留下你母亲[一起乘车]。舍，置。

【不祥】正 补 陈哀公与贾获母亲同乘一车，是男女无别，有违礼制，因此不祥。

【三】子展公孙舍之命师无入公宫，与子产公孙侨亲御诸(之于)门。陈侯陈哀公使司马桓子袁桓子赂[郑人]以宗器。陈侯免 wèn(绕)社，使其众男女别而累 léi，以待于朝。子展公孙舍之执絷 zhí 而见，再拜稽 qǐ 首，承饮而进献[于陈侯]。子美公孙侨入，数俘而出。[郑]祝祓 fú[陈]社，[郑]司徒致民，[郑]司马致节，[郑]司空致地，乃还。

【御】杨 主，制。

【宗器】补 见襄六·六·二·三。

【免】补 见僖十五·八·一·六。

【拥社】正 补 抱着土地神的牌位。

【使其众男女别而累】正 补 [陈哀公]使他手下的男女分开排列、捆绑。累，拘系。

【子展……进献】正 杨 补 公孙舍之拿着绊马索进见[陈哀公]，再拜稽首，捧着酒杯[向陈哀公]献礼。这是外国臣子战胜时会见战败国君主的礼仪。参见鞌之战中韩献子见齐顷公(成元—成二·十一·二)。

【子美入，数俘而出】正 补 公孙侨进来，清点了俘虏人数就出去了。此举表示郑人并不准备把这些俘虏带回郑。

【祝祓社】正 杨 补 郑太祝为陈的土地神举行除灾去邪的仪式。郑师入陈，恐怕触怒陈之鬼神，因而有此举动。祓，古代除凶去垢的仪式。【祝】补 太祝，郑内朝官，掌祭祀、祷告、祓除等事。

【司徒……致地】正 杨 补 三司亦为郑官，之前召集陈人民、兵马，并驻其土地，此时郑司徒送还民众簿册，郑司马送还兵马符节，郑司空送还土地簿册。司徒见襄十·七·二·一。司马见襄二·五·

二。司空见襄十·七·二·一。

襄公二十五年·三

[地理] 鲁、卫、楚、齐、晋、吴(1 或 2)见襄地理示意图 1。鲁、卫、齐、晋、重丘(近夷仪)、夷仪见襄地理示意图 3。鲁、卫、楚、舒鸠、晋、吴(1 或 2)见襄地理示意图 5。

[人物] 鲁襄公(襄元·○)、卫献公(成十四·五·一)、屈建(襄二十二·六·二)、赵文子(成八·五·一)、叔孙穆子(成十六·六·二)、崔武子(宣十·三·春秋)、庆封(成十八·二·一)、芮(蒍)子冯(襄十五·三·一)、屈荡(宣十二·一·十一)、子强、息桓、子捷、子骈、子孟

[春秋] 秋,八月己巳,诸侯同盟于重 chóng 丘。

【八月己巳】[正] [杨]《左传》作"七月己巳"。据杜预与王韬所推春秋历,八月无己巳,最近之己巳为七月十二日。

【诸侯】[补] 指本年会于夷仪之诸侯。

【重丘】[正] [杨] [补] 在今山东聊城东、聊城茌平区西南。齐地。参见《图集》26—27③3。《图集》标注不准确,本书示意图依据《图志》标注。

公鲁襄公至自会。

○[正] 此条《春秋》无对应《左传》。

卫侯卫献公入于夷仪。

楚屈建帅师灭舒鸠。

○[正] [补]《春秋》书卫侯入于夷仪在前,楚灭舒鸠在后,而《左传》反之。可能《春秋》所据为诸侯通告上所书时间,而《左传》所据为事件

实际发生时间。

[左传]【一·一】秋，七月己巳_{十二日}，"同盟于重丘"，齐成故也。

【齐成故也】[补]所谓"齐成"，就是齐表示服从晋。

【一·二】赵文子为政，令薄诸侯之币而重其礼。穆叔_{叔孙穆子}见之。[文子]谓穆叔曰："自今以往，兵其少弭 mǐ 矣。齐崔_{崔武子}、庆_{庆封}新得政，将求善于诸侯。武_{赵文子}也知楚令尹_{屈建}。若敬行其礼，道之以文辞，以靖诸侯，兵可以弭。"

【币】[补]财礼。

【弭】[正]止。

【令尹】[补]见庄四·二·二。

○[正]下启襄二十七年宋之盟（襄二十七·三）。

【二·一】楚蒍 wěi 子冯 píng，芳（蒍）子冯卒。屈建为令尹，屈荡为莫敖。舒鸠人卒叛楚，令尹子木_{屈建}伐之。[楚师]及离城，吴人救之_{舒鸠}。子木_{屈建}遽以右师先，子强、息桓、子捷、子骈、子孟帅左师以退。吴人居其间七日。

【莫敖】[补]见桓十一·二。

【离城】[正][杨]在今安徽舒城西。舒鸠地。

【吴人居其间七日】[正]吴师处在楚左师与右师之间七天。

【二·二】子强曰："久将垫隘，隘乃禽（擒）也。不如速战。[我]请以其私卒诱之，[女四人]简师，陈以待我。我克则[女]进，[我]奔则[女]亦视之，乃可以免。不然，必为吴禽（擒）。"[四人]从之。

【垫隘】[正][杨]见成六·五·一·二。

【请以……待我】[正][杨][补][我]请率领[我们五人的]私家军队前去诱敌，[你们四位]简选精锐之师，布好军阵等待我。

【我克……以免】正 补 我如果战胜,则[你们]率师进攻;[如果我]奔回[楚左师营地],则你们视当时形势[采取行动],这样才可以免[于被俘]。

[二·三] 五人以其私卒先击吴师。吴师奔,登山以望,见楚师不继,复逐之楚师,傅诸其军。[楚]简师会之,吴师大败。[楚师]遂围舒鸠,舒鸠溃。八月,楚灭舒鸠。

【不继】补 没有后援。

【傅诸其军】杨 补 [吴师]迫近楚左师营地。诸,于。傅,近。

[三] 卫献公入于夷仪。

○正 下启本年卫献公自夷仪与宁悼子言(襄二十五·九)。

襄公二十五年·四

地理 郑、陈、晋、楚、鲁见襄地理示意图1。

人物 公孙夏(襄十·七·二·三)、公孙侨(襄八·三)、虞阏父、周武王(桓元—桓二·三·二)、虞舜(僖三十三·五·二·一)、太姬、胡公满、陈桓公(隐四·二·春秋)、郑庄公(隐元·四·春秋)、公子佗(隐六·四·二)、陈厉公(桓十一·四·春秋)、陈庄公(桓十五—桓十六·春秋)、陈宣公(庄四·三·春秋)、夏征舒(宣十·四·春秋)、陈成公(宣十一·五·一)、士庄伯(襄九·一·二)、郑武公(隐元·四·一)、周平王(隐元·五·春秋)、周桓王(隐四·二·七·一)、晋文公(庄二十八·二·一)、郑文公(庄十九—庄二十一—庄二十一·十一·二)、周襄王(僖五·五·春秋)、公孙舍之(襄八·八·一·二)、郑简公(襄七·八·二·二)、孔子(僖二十七—僖二十八·二十五·三)

春秋 冬,郑公孙夏帅师伐陈。

[左传]【一】郑子产_{公孙侨}献捷于晋，戎服将 jiàng 事。

【献捷】 [正] [补] 参见庄三十一—庄三十一·春秋。郑人未俘陈人以归，所以此次献捷为空献入陈之功，而不献俘。

【戎服将事】 [正] [补] 穿着军服执行公务。将，行。

晋人_{士庄伯}问陈之罪。[子产]对曰：

○[杨] [补] 襄二十五年郑曾请伐陈，晋未许之。本年郑径自伐陈，故晋问陈之罪。

"昔虞阏_è父_{fǔ}为周陶正，以服事我先王_{周武王}。我先王赖其利器用也，与其神明_{虞舜}之后也，庸以元女大_(太)姬_{太姬}配胡公_{胡公满}，而封诸_(之于)陈，以备三恪。则[陈乃]我周之自出，至于今是赖。

【虞阏父】 [正] [补] 虞氏，名号阏。虞舜（僖三十三·五·二·一）之后。

【陶正】 [补] 周外朝官，职掌陶器制造。

【庸】 [杨] 承接连词，乃。

【元女】 [正] 长女。

【大姬】 [补] 太姬。周王室女，姬姓。周武王（桓元—桓二·三·二）长女，胡公满夫人。

【胡公】 [正] [补] 胡公满。陈始封君。妫姓，名满，字不淫。虞阏父之子。

【以备三恪】 [正] [杨] [补] 以备齐三个可敬[的封国]。恪，敬。《礼记·乐记》："武王克殷反商，未及下车而封黄帝之后于蓟，封帝尧之后于祝，封帝舜之后于陈。下车而封夏后氏之后于杞，投殷之后于宋。"杨注同意《礼记·郊特牲》孔疏引古《春秋左氏》说，周封黄帝、尧、舜之后，谓之"三恪"。所以，"三恪"是指蓟、祝、陈。杜注、孔疏则认为，周得天下，封夏、商二王之后，又封舜，谓之"三恪"，所以"三恪"应该是指陈、杞、宋。

【则我……是赖】正 补 因此[陈]出自我们周,至今还依靠周。"我周之自出"即"出自我周"。

"桓公_{陈桓公}之乱,蔡人欲立其出,我先君庄公_{郑庄公}奉五父_{仇,公子佗}而立之,蔡人杀之_{公子佗},我又与蔡人奉戴厉公_{陈厉公}。至于庄_{陈庄公}、宣_{陈宣公},皆我之自立。夏氏_{夏征舒}之乱,成公_{陈成公}播荡,又我之自入。君所知也。

【桓公……厉公】正 补 鲁桓公五年陈桓公去世后陈发生内乱,蔡人试图拥立蔡女所生的公子跃。郑庄公拥立了公子佗,蔡人杀了公子佗,郑庄公又与蔡人一起拥立了公子跃,就是陈厉公。公子佗之立见桓五·一,被蔡人所杀见桓六·六·春秋。蔡人立公子跃/陈厉公原因参见庄二十二·三·四·二。

【至于……自立】补 至于陈庄公、陈宣公,都是依靠我国立为国君的。"皆我之自立"即"皆自我立"。

【夏氏……自入】正 杨 补 陈夏征舒之乱时,陈成公流离失所,又是从我国回国的。播荡,流离失所。"我之自入",即"自我入"。陈夏征舒之乱见宣十·四、宣十一·五。陈成公之立应在宣十一年。

"今陈忘周之大德,蔑我大惠,弃我姻亲,介恃楚众,以冯_(凭)陵我敝邑,不可亿逞,我是以有往年之告。[我]未获成命,则有我东门之役,[敝邑]当陈隧者,井堙 yīn 木刊。敝邑大惧不竞而耻大_(太)姬,天诱其衷,启敝邑之心。陈知其罪,授手于我。用敢献功。"

【弃我姻亲】补 抛弃和我国的姻亲关系。郑、陈异姓,本为婚姻之国,隐八年郑公子忽(后为郑昭公)娶妇妫于陈,即为一证。

【介恃】杨 仗恃。介,因。

【冯陵】补 侵犯。

【亿逞】杨满足。

【往年之告】正指襄二十四年郑简公请求晋伐陈（襄二十四·二·二）。

【东门之役】正指襄二十四年陈从楚伐郑（襄二十四·五）。

【竞】杨强。

【天诱……之心】正补老天开眼，开启了我国[攻打陈]的心志。天诱其衷参见僖二十七—僖二十八·二十三·二。

【授手于我】补把手交给我们，指陈人被打败接受郑人惩罚。

【用】补因。

晋人士庄伯曰："何故侵小？"

[子产]对曰："先王之命，唯罪所在，各致其辟 bì。且昔天子之地一圻 qí，列国一同，自是以衰 cuī。今大国多数圻矣，若无侵小，何以至焉？"

【先王……其辟】正杨补根据先王的命令，[不论是否是小国，]只要是罪过所在，就要分别给予刑罚。辟，刑。

【一圻】正方千里。

【一同】杨方百里。

【衰】正差降。

晋人士庄伯曰："何故戎服？"

[子产]对曰："我先君武郑武公、庄郑庄公，为平周平王、桓周桓王卿士。城濮之役，文公晋文公布命，曰'各复旧职'，命我文公郑文公戎服辅王周襄王，以授楚捷——不敢废王命故也。"

【卿士】补见隐三·四·一。

【授】补受。

○|正||杨||补|郑武公为周平王卿士。郑庄公先为周平王卿士，后为周桓王卿士。桓五年周桓王夺郑庄公政后，郑伯不再担任周王室卿士。僖二十八年城濮之役后，晋文公命"各复旧职"，郑文公名义上重新行使周王室卿士职能，着戎服辅佐周襄王接受晋文公献城濮之捷。公孙侨称，自己如今着戎服献捷，是由于不敢废弃周王(实为晋文公)当年"各复旧职"之命的缘故。

<u>士庄伯</u>不能诘，复于<u>赵文子</u>。<u>文子</u>赵文子曰："其辞顺。犯顺，不祥。"乃受之。

〖二〗 冬，十月，<u>子展</u>公孙舍之相 xiàng <u>郑伯</u>郑简公如晋，拜陈之功。

【拜陈之功】|正|拜谢〔晋接受郑进献〕入陈之功。

〖三〗<u>子西</u>公孙夏复伐陈。陈及郑平。

○|正|前次伐陈，只是迫使陈暂时屈服。因此本年再次讨伐，以使得双方正式讲和修好。

〖四〗<u>仲尼</u>孔子曰："《志》有之：'言以足志，文以足言。'不言，谁知其志？言之无文，行而不远。晋为伯，郑入陈，非文辞不为功。慎辞也！"

【足】|正|成。

襄公二十五年·五

|地理|楚见襄地理示意图1。

|人物|芳(蒍)掩、屈建(襄二十二·六·二)

|左传|楚芳 wěi 掩芳(蒍)掩为司马。<u>子木</u>屈建使庀 pǐ 赋，数甲兵。

【芳掩】正补 芳(蒍)掩。芈姓,芳(蒍)氏,名掩。芳(蒍)子冯(襄十五·三·一)之子。楚大夫,襄二十五年任司马。襄三十年被王子围所杀。【司马】补 见僖二十六·三。

【庀】正 治。【赋】补 军赋,军需物资。

甲午十月八日,芳掩书土田:

○ 杨 补 十月八日,芳掩记载楚国境内土田状况[,并统计出总数]。

度 duó 山林,

○ 正 补 度量山林物产[,并统计出总数]。

鸠薮 sǒu 泽,

【鸠】正补 聚。一说读为究,度也。【薮泽】正补 多草的湖泽。

○ 正 补 聚计水泽物产[,并统计出总数]。

辨京陵,

【辨】正 别。【京】正补 高山。【陵】正 大阜。

○ 正 杨 补 测量区别各种高地[,并统计出总数]。

表淳卤,

【表】杨 树木为标识。【淳卤】正杨 盐碱地。

○ 正 杨 补 标出盐碱地[,并统计出总数]。

数疆(强)潦 lǎo,

【数】正 计。【强潦】杨 土性刚硬,容易积水的土地。

○ 正 杨 补 历数板结地[,并统计出总数]。

规偃(堰)豬 zhū(潴),

【规】杨规划。【偃豬】正杨蓄水池塘。偃，挡水坝。豬，水停聚之处。

○正杨补规划蓄水池塘［，并统计出总数］。

町 tǐng 原防，

【町】杨划分为小块田地。【原防】正杨堤防间的狭小土地。

○正杨补在堤防间划分小块耕地［，并统计出总数］。

牧隰 xí 皋，

【牧】杨补放牧，这里作动词，是"规划成牧场"的意思。

【隰】正下湿之地。【皋】杨水边淤地。

○正杨补将低洼水草地规划为牧场［，并统计出总数］。

井衍沃。

【井】正补井田，这里作动词，是"规划成井田"的意思。

【衍沃】正补平整肥沃的土地。

○正补将肥沃土地规划成井田［，并统计出总数］。

量入修赋：

○正补［根据上述对国土资源的调查和统计］计量收入，从而修治军赋之法。

赋车、籍马，

【赋】【籍】正补都是征收军赋的意思。

○正补制定用于制造战车、养护马匹的军赋征收制度。

赋车兵、徒兵、甲楯(盾)之数。

○正杨补制定用于制造修整车卒装备、步卒装备、甲胄盾牌的军赋征收制度。

既成，以授子木_{屈建}，礼也。

襄公二十五年·六

地理 吴 2、楚见襄地理示意图 1。吴 2、楚、巢见襄地理示意图 5。

人物 吴王诸樊(襄十四·二)、牛臣

春秋 十有(又)二月，吴子遏_{吴王诸樊}伐楚，门于巢，卒。

【门于巢】补攻打巢邑城门。【巢】杨见文十二·三·春秋。

左传 十二月，吴子诸樊_{吴王诸樊}伐楚，以报舟师之役。[吴师]门于巢。
巢牛臣曰："吴王_{吴王诸樊}勇而轻，若启之，将亲门。我获射之，
[吴王]必殪 yì。是君也死，疆其少安！"[巢人]从之。吴子_{吴王诸樊}
门焉，牛臣隐于短墙以射之，[吴子]卒。

【舟师之役】正在襄二十四·四。

【若启之，将亲门】正杨补如果打开城门，[吴王]将亲自带头攻入
城中。

【殪】正死。

○补据昭二十七·二·五所引《公羊传》，谒(吴王诸樊)、余祭(吴王
戴吴)、夷昧(吴王夷末)与季子(王子札)是同母四兄弟，三位兄长认
为季子最为贤能，都想立季子为君，但又知道季子崇尚周礼不会接
受，于是约定三人轮流为君，不传子而传弟，最终将君位传给季子。
襄十四年长兄谒即位除丧之后，尝试过直接传位给季子，但被季子坚
决拒绝(参见襄十四·二)。据昭二十七·二·五所引《公羊传》，季
子诸兄此后即决定要按照原计划执行，并且都轻视死亡勇往直前，想
要速死以加快传位给季子，也就是说，本段所言"吴王勇而轻"，可能
是刻意为之。

襄公二十五年·七

地理 楚见襄地理示意图1。楚、舒鸠见襄地理示意图5。

人物 楚康王（襄十四·九）、屈建（襄二十二·六·二）、芳（蒍）子冯（襄十五·三·一）、芳（蒍）掩（襄二十五·五）

左传 楚子楚康王以灭舒鸠赏子木屈建。[子木]辞曰："先大夫芳wěi子芳（蒍）子冯之功也。"[楚子]以与芳掩芳（蒍）掩。

【先大夫芳子之功也】正 襄二十四年楚康王将伐舒鸠，芳（蒍）子冯请退兵以等待时机，楚康王从之，本年终灭舒鸠，而芳（蒍）子冯已去世，故屈建曰"先大夫芳子之功也"。

【以与芳掩】正 补 [楚康王]把赏赐给了[芳（蒍）子冯的儿子]芳（蒍）掩。

襄公二十五年·八

地理 晋、郑见襄地理示意图1。

人物 程郑（成十八·三·一）、公孙侨（襄八·三）、然蔑（襄二十四·十）、游吉（襄二十二·七·二）

左传 【一】晋程郑卒，子产公孙侨始知然明然蔑，问为政焉。[然明]对曰："视民如子。见不仁者，诛之，如鹰鹯zhān之逐鸟雀也。"子产喜，以语yù子大（太）叔游吉，且曰："他日吾见蔑然蔑之面而已，今吾见其心矣。"

【晋程……然明】正 补 襄二十四年然蔑曾预言程郑不久将死。本年程郑果然去世，然蔑的才能开始得到郑卿公孙侨的赏识。

【蔑之面】杨 然蔑面貌丑陋，参见昭二十八·五·一·三。

【二】子大(太)叔游吉问政于子产公孙侨。子产曰："政如农功。日夜思之,思其始而成其终;朝夕而行之,行无越思,如农之有畔 pàn,其过鲜 xiǎn 矣。"

【行无越思】正 杨 补 行动不逾越思虑。即施行已经思虑成熟的政策,不在计划外轻举妄动。

【畔】杨 田埂。

襄公二十五年·九

地理 卫见襄地理示意图 1。卫、夷仪见襄地理示意图 3。

人物 卫献公(成十四·五·一)、宁悼子(襄二十·八)、太叔文子(襄十四·五·六·一)

左传【一】卫献公自夷仪使与宁 nìng 喜宁悼子言,宁喜许之。

【卫鲜……喜言】正 补 卫献公从夷仪派使者与宁喜讨论[归国复位的可能性]。

【二】大(太)叔文子太叔文子闻之,曰:

"乌乎!《诗》所谓'我躬不说 yuè(阅),遑恤我后'者,宁子宁悼子可谓不恤其后矣。将可乎哉? 殆必不可。

【我躬不说,遑恤我后】正 杨《毛诗·邶风·谷风》及《毛诗·小雅·小弁》有此句,而"说"作"阅"。可译为"我自身都不一定能被人容纳,哪里来得及顾念我的后人"。说,通阅,容。遑,暇。恤,顾念。

【殆】杨 传疑之词。

"君子之行,思其终也,思其复也。《书》曰:'慎始而敬终,终以不困。'《诗》曰:'夙夜匪解(懈),以事一人。'今宁子视君不如弈棋,其何以免[于难]乎? 弈者举棋不定,不胜其耦,而况置君卫殇公而弗定乎? [宁子]必不免[于难]矣。

【思其终也,思其复也】 正 补 要思考[如何安排才]能有[好]结果,要思考[如何安排才]能再次如此做。

【慎始……不困】 正 补 此为卫逸《书》。可译为"慎重地对待开始,严肃认真地对待结束,结果就不会窘迫"。太叔文子引此《书》,意谓宁悼子应该仔细思量使卫献公归国复位之事。

【夙夜匪解,以事一人】 正 杨 补 见文三·四·二。太叔文子引此《诗》,意谓宁悼子应一心一意事奉卫殇公。

【耦】 杨 对手。

○ 补 参见<u>襄二十五·八</u>公孙侨所言"日夜思之,思其始而成其终"。

"九世之卿族,一举而灭之,可哀也哉!"

【九世之卿族】 正 宁氏出自卫武公,至宁悼子时已九世。

○ 补 下启襄二十七年卫杀宁悼子(<u>襄二十七·三</u>)。

地理 秦、晋见襄地理示意图1。

人物 韩宣子(襄七·六·一)、后子(成十三·一·四)、秦景公(襄九·四·一)、羊舌肸(襄十一·二·五·三)、子员(襄四·二·二)、子朱、晋平公(襄十六·一·春秋)、师旷(襄十四·七)

左传 [一] 会于夷仪之岁襄二十四年,齐人城郏 jiá。其五月,秦、晋为成。晋韩起韩宣子如秦莅盟,秦伯车后子如晋莅盟。成而不结。

【会于……城郏】正 事见襄二十四·八。

【为成】补 讲和。

【莅盟】补 见隐七·七·一·二。

【成而不结】正 补 虽然达成和约但并不稳固。

[二·一] 二十六年,春,秦伯秦景公之弟鍼 qián,后子如晋修成。叔向羊舌肸命召行人子员 yún。行人子朱曰:"朱行人子朱也当御。"三云,叔向不应。子朱怒,曰:"班爵同,何以黜朱于朝?"抚剑从之羊舌肸。叔向曰:"秦、晋不和久矣!今日之事,幸而集,晋国赖之;不集,三军暴 pù(曝)骨。子员道二国之言无私,子常易之。奸以事君者,吾所能御也!"拂衣从之。人救之。

【修成】正 补 修治[业已存在的]和好[关系]。

【行人】补 见宣十二·一·八。

【子朱】补 晋行人,名朱。

【当御】杨 当职,当班。御,进。

【黜】正 杨 退,不用。

【抚】杨 持。

【集】正 成。

【赖之】补 以之为利。

【子员……易之】 杨 补 子员代表晋与秦人交涉，或向晋执政转述秦人之言，都没有私心私见，而你却常常违背原意。

【御】 杨 抵抗。

【拂衣】 杨 振衣。

【二·二】 平公晋平公曰："晋其庶乎！吾臣之所争者大。"

【晋其庶乎】 正 补 晋差不多［能大治］了吧！

师旷曰："公室惧卑。臣不心竞而力争，不务德而争善，私欲已侈，［公室］能无卑乎？"

【师】 补 见桓二—桓三·一·二。

襄公二十六年·二

地理 卫、齐、晋见襄地理示意图1。卫、齐、晋、戚、围见襄地理示意图3。

人物 宁悼子（襄二十·八）、卫殇公（襄元·五·春秋）、孙文子（成七·八·春秋）、卫献公（成十四·五·一）、公子鱄（成十四·五·二）、敬姒（成十四·五·一）、蘧成子（襄十四·五·三）、右宰谷（襄十四·五·八）、宁惠子（成十四·一·三·一）、孙嘉、孙襄、太子角、太叔文子（襄十四·五·六·一）、殖绰（襄十八·三·八）、孙蒯（襄十·四·二）、雍锄

春秋 二十有（又）六年，春，王二月辛卯七日，卫宁喜宁悼子弑其君剽piāo，卫殇公。

卫孙林父孙文子入于戚以叛。

【戚】 补 见文元·三·春秋。

甲午二月十日，卫侯衎 kàn，卫献公复归于卫。

[左传]【一·一】卫献公使子鲜公子鱄为复，[子鲜]辞。敬姒 sì 强命之。[子鲜]对曰："君卫献公无信，臣惧不免[于难]。"敬姒曰："虽然，以吾故也。"[子鲜]许诺。

【为复】[正][为自己]谋求[返国]复位。

【辞】[正][补]辞让不受命。

【敬姒】[正]卫献公及公子鱄之生母。

○[补]下启襄二十七年公子鱄出奔晋（襄二十七·三）。

【一·二】初，献公卫献公使与宁 nìng 喜宁悼子言。宁喜曰："必子鲜在。不然，必败。"故公卫献公使子鲜。

○[正][补]公子鱄在卫素有贤名，国人信之，故宁悼子有此要求。参见成十四·五·二及襄十四·五·六·二。

○[补]**传世文献对读**：《公羊传·襄公二十七年》叙此事，与《左传》不同，可扫码阅读。

【二·一】子鲜公子鱄不获命于敬姒，以公命与宁喜宁悼子言，曰："[寡人]苟反（返），政由宁氏，祭则寡人卫献公。"

【子鲜不获命于敬姒】[杨][补]公子鱄从敬姒处只获得了一定要为卫献公前去卫的要求，而没有获得具体使命。

【二·二】宁喜告蘧 qú 伯玉蘧成子。伯玉蘧成子曰："瑗 yuàn，蘧成子不得闻君卫献公之出，敢闻其入？"[伯玉]遂行，从近关出。

【瑗不……其入】[正][杨][补]我没有听闻国君的出走，又怎敢听闻国君的进入？襄十四年孙氏驱逐卫献公时，蘧成子赶在事发之前从近关离开(襄十四·五·三),故曰"瑗不得闻君之出"。《论语·卫灵公》:"子曰:'……君子哉蘧伯玉! 邦有道,则仕;邦无道,则可卷而怀之。'"蘧成子两次从近关出走,或即孔子所谓"卷而怀之"之事。

【二·三】[宁喜]告右宰谷。

右宰谷曰:"不可。[宁氏]获罪于两君,天下谁畜之?"
【获罪于两君】正 补 宁惠子襄十四年逐卫献公而立卫殇公,已获罪于卫献公。如今若废卫殇公而使卫献公复位,则又将获罪于卫殇公。
【畜】正 容。

悼子宁悼子曰:"吾受命于先人宁惠子,不可以贰。"
【吾受命于先人】正 补 指襄二十年宁惠子临终要求其子宁悼子使卫献公复位(襄二十·八)。

○补 传世文献对读:《论语·子路》:"子曰:'言必信,行必果,硁硁然小人哉。'"宁悼子受其父死前遗嘱挟持,虽然心知迎回卫献公有大风险,却以流俗的"言必信,行必果"以及孝道观念来为自己辩解,最终导致家族灭亡的下场。

谷右宰谷曰:"我请使焉而观之。"[谷]遂见公卫献公于夷仪。
【夷仪】补 见闵二·八·一。

[谷]反(返),曰:"君淹恤在外十二年矣,而无忧色,亦无宽言,犹夫fú人也。[子]若不已,死无日矣。"
【淹恤】杨 补 留于忧患,即流亡。淹,留。恤,忧。一说,"淹恤"即"淹息",是同义并列结构,就是"滞留"的意思。
【犹夫人也】正 杨 补 还是那样一个人。夫,那。

【若不已】正 杨 补[您]如果不停止[复辟计划]。

悼子曰:"子鲜在。"

右宰谷曰:"子鲜在,何益? [彼]多而能亡,于我何为?"

【多而能亡,于我何为】正 杨 补[公子鱄]至多能[自己]逃亡,对我们来说有什么益处? 而,则。

○补下启襄二十七年公子鱄出奔晋(襄二十七·三·一·三)。

悼子曰:"虽然,不可以已。"

〚三〛孙文子在戚,孙嘉聘于齐,孙襄居守。二月庚寅六日,宁喜宁悼子、右宰谷伐孙氏,不克,伯国孙襄伤。宁子宁悼子出舍 shè 于郊。伯国死,孙氏夜哭。国人召宁子,宁子复攻孙氏,克之。辛卯七日,[宁子]杀子叔卫殇公及大(太)子角。《春秋》书曰"宁喜弑其君剽",言罪之在宁氏也。

【孙嘉】正 补姬姓,孙氏,名嘉。孙文子(成七·八·春秋)之子,孙襄之弟。【聘】补见隐七·四·春秋。

【孙襄居守】杨孙襄留守卫国都城的孙氏之家。【孙襄】正 补姬姓,孙氏,名襄,字国,排行伯。孙文子之子。襄二十六年被宁悼子之徒所杀。

【宁子出舍于郊】正 补宁悼子出国都住到了郊外。宁悼子此举,大概是见伐孙氏不利,准备出奔。

【子叔】正 杨即卫殇公。卫殇公之父为子叔黑背,其后为子叔氏,因此称卫殇公为"子叔"。

【大子角】补太子角。姬姓,名角。卫殇公(襄元·五·春秋)之子。襄二十六年被宁悼子之徒所杀。

【书曰……宁氏】正 补据宣四·三·一·二,《春秋》书"宁喜弑其君剽"，书臣之名氏，是表明宁悼子有罪。《左传》可能是担心有人会认为宁悼子是奉父命帮助卫献公复辟，因此无罪，所以特别指出。

> ○补 **传世文献对读**：《中庸》："君子居易以俟命，小人行险以徼幸。"宁悼子在首轮攻打孙氏不利之后，很可能是意识到先前蘧伯玉、右宰谷的劝谏确有道理，因此准备改正错误，出奔保命。如果宁悼子能就此罢手，宁氏尚能存留。然而孙襄去世后，宁悼子再次攻打孙氏得胜，这使得宁悼子的小人本性再次发作，他相信此次胜利是"天助我也"，决定"行险以徼幸"，而宁氏从此注定灭亡结局。

【四】孙林父 fǔ，孙文子 以戚如晋。[《春秋》]书曰"入于戚以叛"，罪孙氏也。臣之禄，君实有之。义则进，否则奉身而退。专禄以周旋，戮也。

【孙林父以戚如晋】 正 补 孙文子带着戚邑投奔晋。城邑非玉帛，不可携带。戚本在卫、晋边界，所谓"以戚如晋"，应指孙文子将戚邑户口簿册献予晋人，表示归顺。

【专禄以周旋，戮也】 正 补 专擅[地霸占国家给的]俸禄（指采邑），用[它作为资本]来和人打交道，[这是应受]诛戮的。

【五】甲午二月十日，卫侯 卫献公 入。——[《春秋》]书曰"复归"，国纳之也。——大夫逆于竟(境)者，[公]执其手而与之言。[大夫]道逆者，[公]自车揖之。[大夫]逆于门者，[公]颔之而已。

【颔】 杨 点头。

> ○补 **传世文献对读**：《礼记·檀弓下》记载卫献公返国之事，可扫码阅读。

【六】公_{卫献公}至，使让大_(太)叔文子曰："寡人淹恤在外，二三子皆使寡人朝夕闻卫国之言，吾子_{太叔文子}独不在寡人。古人有言曰：'非所怨，勿怨。'寡人怨矣。"〔大叔文子〕对曰："臣知罪矣。臣不佞 nìng，不能负羁绁 xiè 以从扞牧圉 yǔ，臣之罪一也。有出者_{卫献公}，有居者_{卫殇公}，臣不能贰，通外内之言以事君_{卫献公}，臣之罪二也。有二罪，〔臣〕敢忘其死？"〔大叔文子〕乃行，从近关出。公使止之。

【让】补责备。

【淹恤】补见襄二十六·二·二·三。

【二三子】正诸位大夫。

【不在】正不存问。

【不佞】补不才。

【不能……牧圉】杨 补不能背着马络头、马缰绳跟随〔您，为您〕守护牛马。也就是说未能跟随卫献公流亡。"羁绁"参见僖二十三—僖二十四·九·二。

○补庄十四年郑厉公复辟之后也曾抱怨叔父原繁不通风报信（庄十四·二·二），可参看。

【七】卫人侵戚东鄙。孙氏诉于晋，晋戍茅氏。殖绰伐茅氏，杀晋戍三百人。孙蒯 kuǎi 追之，弗敢击。文子_{孙文子}曰："厉之不如！"〔蒯〕遂从卫师，败之圉，雍鉏获殖绰。〔孙氏〕复诉于晋。

【茅氏】正 补卫地，此时属晋，位于戚东鄙。

【殖绰】正齐勇士，当时出奔在卫。

【厉之不如】正 杨 补晋戍三百人被殖绰所杀，按当时说法，都会变成厉鬼来报复殖绰。如今孙蒯怕死不敢攻击殖绰，孙文子骂他的勇气还不如这些厉鬼。

【圉】正 杨 补在今河南濮阳东北。卫地。参见《图集》24—25③6。

【雍鉏】正孙氏家臣。

○ 正 下启本年晋讨卫（襄二十六·六）。

襄公二十六年·三

地理 郑、陈见襄地理示意图1。

人物 郑简公（襄七·八·二·二）、公孙舍之（襄八·八·一·二）、
公孙侨（襄八·三）、公孙挥（襄二十四·十）

左传 [一] 郑伯郑简公赏入陈之功，三月甲寅朔初一，享子展公孙舍之，赐
之先路三命之服，先八邑；赐子产公孙侨次路再命之服，先六
邑。子产辞邑，曰："自上以下，降杀以两，礼也。臣之位在
四，且子展之功也。臣不敢及赏礼，请辞邑。"公郑简公固予之，
[子产]乃受三邑。

【入陈之功】 正 郑侵陈见襄二十五·二。

【朔】 补 见桓三·五·春秋。

【享】 补 见桓九—桓十·一·二。

【赐之……八邑】 正 杨 补 "先路"见成元—成二·十六。"三命"见
僖三十三·五·二·二。先路三命之服轻于城邑，所以路、服在先，
八邑在后。春秋时送礼先轻后重，参见僖三十二—僖三十三·四。
这里所说的"邑"参见成元—成二·六·一。

【次路】 补 次于先路的马车。

【降杀以两】 杨 补 职位每降一级，礼数（如赐邑数目）减二。降杀，
递减。

【臣之……辞邑】 正 补 臣下的位次在第四[，最多接受二邑]，而且
[此次]都是[主帅]子展的功劳。[因此]臣下不敢接受赏礼，请求辞
让不受邑。据襄二十七·三·二·十一，郑卿位次为公孙舍之、良
霄、公孙夏、公孙侨。

【乃受三邑】 正 补 若按照"降杀以两"的礼制，则公孙侨应能得二
邑。公孙侨又谦退，因此请求不受邑。郑简公坚持要赐予公孙侨采

邑,公孙侨便接受少于六邑、多于二邑的三邑。

【二】公孙挥曰:"子产_{公孙侨}其将知政矣！让不失礼。"

○补 公孙侨陈述自己在六卿中排第四,按照"降杀以两"的礼制最多只能得到两个邑,表明了他遵守六卿的等级排序;说此次都是首卿公孙舍之的功劳所以不敢接受赏邑,表明了他敬重上级领导;最后接受三个邑,比他依据礼制应该接受的两个邑多了一个,表明了他尊崇国君,服从国君想要重赏自己的意志。守等级、尊上级、尊国君都是周礼的基本原则,公孙侨此举向自己的同僚清楚地表明了他尊崇周礼的政治信仰,"守礼能臣"的形象日益明朗化。

○补 下启襄三十年郑罕虎授公孙侨政(襄三十·十三)。

○补 **传世文献对读**:《论语·公冶长》:"子谓子产'有君子之道四焉：其行己也恭,其事上也敬,其养民也惠,其使民也义。'"此为"其行己也恭,其事上也敬"之例。

襄公二十六年·四

地理 晋、鲁、卫见襄地理示意图 1。

人物 晋平公(襄十六·一·春秋)、中行穆子(襄十九·一·二)、鲁襄公(襄元·○)

春秋 夏,晋侯_{晋平公}使荀吴_{中行穆子}来聘。

【聘】补 见隐七·四·春秋。

左传 晋人为孙氏故,召诸侯,将以讨卫也。夏,中行穆子来聘,召公_{鲁襄}公也。

○补 下启本年鲁襄公会诸侯于澶渊(襄二十六·六)。

襄公二十六年·五

地理 楚、秦、吴2、郑见襄地理示意图1。楚、吴2、郑、雩娄、方城见襄地理示意图5。

人物 楚康王(襄十四·九)、皇颉、穿封戌、王子围、伯州犁(成十五·七·一·一)、印堇父、游吉(襄二十二·七·二)、公孙侨(襄八·三)

左传【一】 楚子楚康王、秦人侵吴,及雩yú娄,闻吴有备而还。〔楚子、秦人〕遂侵郑。五月,至于城麇jūn。郑皇颉jié戍之,〔皇颉〕出,与楚师战,败。穿封戌囚皇颉,公子围王子围与之争之。〔二人〕正于伯州犁lí。

【雩娄】 正 杨 补 在今河南固始东南的南古城村。楚地。参见《图集》29—30⑤7。

【城麇】 补 郑邑。

【皇颉】 正 补 子姓,皇氏,名颉。郑大夫。襄二十六年被楚人所执。

【穿封戌】 补 穿封氏,名戌,字皇。楚大夫,襄二十六年已任方城之外县尹,昭八年已任陈县公。昭十三年前卒。

【公子围】 正 补 王子围,后为楚灵王。芈姓,熊氏,名围,即位后改名虔,谥灵。楚共王(成二·四·四)庶子,楚康王(襄十四·九)之弟。即君位前为楚大夫,官至执政(继屈建)。襄二十八年已任令尹。昭二年弑郏敖即位,在位十二年。昭十三年自缢而死。

伯州犁曰:"请问于囚皇颉。"乃立囚。

伯州犁曰:"所争,君子皇颉也,其何不知?"

〔伯州犁〕上其手,曰:"夫子为王子围,寡君楚康王之贵介弟也。"

【上其手】 补 抬高手〔指示王子围〕。

【贵介】正 杨 地位高贵。介，大。

［伯州犁］下其手，曰："此子为穿封戌，方城外之县尹也。谁获子?"

【方城外】补 见僖二十七—僖二十八·十一"入居于申"。

囚曰："颉皇颉遇王子王子围，弱焉。"

【弱焉】杨 抵挡而不胜。就是被王子围所抓获的意思。

戌穿封戌怒，抽戈逐王子围，弗及。楚人以皇颉归。

【二】印堇jǐn父fǔ与皇颉jié戌城麇，楚人囚之印堇父，以献于秦。郑人取货于印氏以请之，子大（太）叔游吉为令正，以为请。子产公孙侨曰："［子］不获［印堇父］。受楚之功，而取货于郑，不可谓国，秦不其然。若曰'拜君秦康公之勤郑国。微君之惠，楚师其犹在敝邑之城下'，其可。"［子大叔］弗从，遂行。秦人不予［印堇父］。［子大叔］更币，从子产，而后获之。

【印堇父】正 补 姬姓，印氏，名或字堇。郑大夫。襄二十六年被楚人所囚，献于秦。后归于郑。

【令正】正 补 郑外朝官，职掌外交辞令以应对宾客。

【受楚……其然】正 杨 补 ［秦］接受了楚进献的俘虏，却［利用俘虏］向郑索取财物，不能说是［合于］大国［的体统］，秦不会这样做。晋、楚是当时天下最强大的两国，楚向秦献俘，是尊崇秦，对秦来说是大名。从郑取得财货，对秦来说是小利。秦如果以接受财货为唯一理由释放印堇父，那就是贪小利而弃大名，这是秦这样的大国不可能做出的事。

【若曰……其可】正 杨 补 如果说"拜谢贵国君主为郑国而勤劳。如果不是贵国君主的恩惠，楚军恐怕还在我国城下"，这才可以［得到印堇父〕。此役,郑未尝与秦直接交战。公孙侨的意思是,郑应该做出感谢秦恩惠的姿态,说楚退师是秦所促成,这样就和楚献俘于秦一样,能达到尊崇秦的效果。秦明里受郑尊崇,暗里又接受郑财货,自然愿意归还印堇父。

【更币】正 补 更换财礼,也就是再派一批使者带着财礼前往秦。

襄公二十六年·六

地理 鲁、晋、郑、宋、曹、卫、楚见襄地理示意图1。鲁、晋、郑、宋、曹、卫、戚、懿氏、澶渊见襄地理示意图3。

人物 鲁襄公(襄元·○)、良霄(襄十一·二·春秋)、宋平公(成十五·三·春秋)、太子痤、宁悼子(襄二十·八)、赵文子(成八·五·一)、向戌(成十五·六·三)、卫献公(成十四·五·一)、北宫成子、女齐、士庄伯(襄九·一·二)、齐景公(襄二十五·一·四)、郑简公(襄七·八·二·二)、晋平公(襄十六·一·春秋)、国景子(成十八·二·一)、公孙舍之(襄八·八·一·二)、羊舌肸(襄十一·二·五·三)、晏平仲(襄十七·六)、芮司徒、弃、共姬(成八·四·一)、公子佐、惠墙伊戾

春秋 公鲁襄公会晋人、郑良霄、宋人、曹人于澶 chán 渊。

【澶渊】补 见襄二十·二·春秋。

秋,宋公宋平公杀其世子痤 cuó,太子痤。

【世子痤】补 太子痤。子姓,名痤。宋平公(成十五·三·春秋)之子。襄二十六年被惠墙伊戾所谮杀。

○正《春秋》点明"宋公杀其世子痤",是表明对父子相残的厌恶。

晋人执卫宁喜宁悼子。

○补《春秋》书宋公弑太子痤在前,晋人执宁喜在后,而《左传》则反

之。可能《春秋》所据为诸侯通告上所书时间,而《左传》为叙事平顺,先叙澶渊之会及其后续之事完毕,再叙宋国之事。

| 左传 |【一·一】六月,公鲁襄公会晋赵武赵文子、宋向戌、郑良霄、曹人于澶 chán 渊,以讨卫。[诸侯之师]疆戚田,取卫西鄙懿氏[邑]六十以与孙氏。赵武赵文子不书[于《春秋》],尊公也。向戌不书[名氏],后也。郑先宋,不失所也。

【疆戚田】|正||补| 戚在晋、卫边境。孙文子以戚叛于晋,于是晋人纠合诸侯重新划定晋、卫疆界。

【懿氏】|正||杨||补| 在今河南内黄东南。卫邑,戚西北。参见《图集》24—25③5。

【赵武不书,尊公也】|杨|《春秋》书"晋人"而不书"晋赵武",是表明对鲁襄公的尊重。

【向戌不书,后也】|正||杨|《春秋》书"宋人",不书"宋向戌",是因为向戌晚到。

【郑先宋,不失所也】|正||杨|《春秋》先书"郑良霄"后书"宋人",是因为郑良霄如期到达。

于是卫侯卫献公会之。晋人执宁 nìng 喜宁悼子、北宫遗北宫成子,使女 rǔ 齐以[二子]先归。卫侯如晋,晋人执[卫侯]而囚之于士弱士庄伯氏。

【北宫遗】|正||杨||补| 北宫成子。姬姓,北宫氏,名遗,谥成。北宫懿子(成十七·一·春秋)之子。襄二十六年被晋人所执。

【女齐】|正||杨||补| 女(叔)氏,名齐,字侯,排行叔。晋大夫,襄二十九年已任司马,襄三十年已任太保。

【士弱氏】|正||杨||补| 这里指士庄伯家。士庄伯为晋大理,主管刑狱。

【一·二】秋,七月,齐侯齐景公、郑伯郑简公为卫侯卫献公故如晋,晋侯晋平公兼享之。

【享】补见桓九—桓十・一・二。

晋侯赋《嘉乐》。

○正杨补晋平公所赋《嘉乐》，对应《毛诗・大雅・假乐》（见文三・五・三・二）。晋平公应是取"假乐君子，显显令德，宜民宜人，受禄于天"，用以称赞齐景公、郑简公。

国景子相 xiàng 齐侯，赋《蓼 lù 萧》。

○正杨补《毛诗・小雅》有《蓼萧》。国景子取"既见君子，孔燕岂弟。宜兄宜弟"诸句，指出晋、卫为兄弟之国，希望晋能释放卫献公，与卫国重新修好。

子展公孙舍之相郑伯，赋《缁 zī 衣》。

○正杨补《毛诗・郑风》有《缁衣》。公孙舍之取"适子之馆兮，还，予授子之粲兮"，表示齐、郑国君亲自前来，希望晋平公能够答应他们的请求，释放卫献公。

叔向羊舌肸命晋侯拜二君，曰："寡君晋平公敢拜齐君齐景公之安我先君之宗祧 tiāo 也，敢拜郑君郑简公之不贰也。"

【宗祧】正宗庙。

○正杨补齐、郑二君赋诗，意在恳请晋平公释放卫献公。晋平公不愿释放卫献公，因此羊舌肸故意误解诗义，而使晋平公按误解义拜谢。齐景公所赋《蓼萧》有"既见君子，我心写兮。燕笑语兮，是以有誉处兮"，可解为称赞晋平公有声誉而处于君位，因此使宗庙安宁。故晋平公答曰"敢拜齐君之安我先君之宗祧也"。郑简公所赋《缁衣》，可解为郑简公（予）希望经常向晋平公（子）进献衣服，表明郑简公忠于晋平公没有二心。故晋平公答曰"敢拜郑君之不贰也"。

国子国景子使晏平仲私于叔向，曰："晋君晋平公宣其明德于诸侯，恤其患而补其阙què，正其违而治其烦，所以为盟主也。今为臣执君，若之何？"

【恤】补忧。

【违】杨补违礼［行为］。

【为臣执君】正指晋为孙文子而扣留卫献公。

叔向告赵文子，文子赵文子以告晋侯。晋侯言卫侯之罪，使叔向告二君。

国子赋《辔pèi之柔矣》。

○正补此为逸诗，片段见于《逸周书·太子晋解》，曰"马之刚矣，辔之柔矣。马亦不刚，辔亦不柔。志气麃麃，取与不疑"。国景子取"马之刚矣，辔之柔矣"，希望晋平公行宽政以安定诸侯，如同驾车人用柔软缰绳驾驭刚烈骏马。"辔"参见《知识准备》"车马"。

子展赋《将仲子兮》。

○正杨补《毛诗·郑风》有《将仲子》，应即此处的《将仲子兮》。公孙舍之取"人之多言，亦可畏也"，表示卫献公虽然有罪，诸侯仍将传言晋为臣子而扣留国君。

晋侯乃许归卫侯。

叔向曰："郑七穆，罕氏其后亡者也：子展俭而壹。"

【七穆】正郑穆公十一子，至此时尚有后代且当政的有七族，称为"七穆"。就本年而言，则此七族族长为公孙舍之（其后为罕氏）、公孙夏（其后为驷氏）、公孙侨（其后为国氏）、良霄（良氏）、游吉（游氏）、公孙段（其后为丰氏）、印段（印氏）。

【壹】正用心专一。

○补公孙舍之之后，罕虎、罕婴齐、罕达相继担任当国，终春秋之世，罕氏为郑卿之首，此为羊舌肸预言之验。

> ○补**传世文献对读**：《毛诗·小雅·蓼萧》《毛诗·郑风·缁衣》《毛诗·郑风·将仲子》的原文，可扫码阅读。

【二·一】初，宋芮司徒生女子，赤而毛，弃诸(之于)堤下。共 gōng 姬之妾取以入，名之曰"弃"。[弃]长 zhǎng 而美。平公宋平公入夕，共姬与之食。公宋平公见弃也，而视之，尤。姬共姬纳诸(之于)御，嬖 bì，生佐公子佐，[佐]恶而婉。

【芮司徒】杨补杨注认为芮为氏，司徒为官职。然而，遍检《左传》，除此处疑似之外，看不到"氏"+"官职"的用法，而只有"官职"+"名或字"，比如司徒孔(襄十九·六·一·二)、大司马孔父(隐三·六·一·一)、司空无骇(隐二·三)。有学者认为，"芮司徒"应为官职名，类似于齐之锐司徒、辟司徒(成元—成二·十二·二)。

【女子】补弃。名弃。芮司徒之女，宋平公(成十五·三·春秋)妾，宋元公之母。

【共姬】杨补宋共公夫人，宋平公之母。

【平公入夕】杨补宋平公夕时入[而问共姬安]。

【尤】杨补异，绝美。

【姬纳……而婉】正杨补共姬把弃送进公宫作[宋平公]侍妾，[弃]得宠，生了公子佐，[公子佐]相貌丑陋而性情和顺。【佐】正补公子佐、太子佐，后为宋元公。子姓，名佐，谥元。宋平公之子，弃所生。昭十一年即位，在位十五年。昭二十五年卒。

大(太)子痤 cuó，美而很，合左师向戌畏而恶 wù 之。寺人惠墙伊戾为大(太)子内师而无宠[于太子]。

【美而很】正补 相貌美好，而性情执拗。很，执拗不听从。

【寺人】杨补 宋内朝官，相当于后世的宦官。

【惠墙伊戾】正补 宋寺人。惠墙氏，名伊戾。襄二十六年后被宋平公所烹杀。

【大子内师】正补 宋内朝官，太子宫内寺人总管。

○补 **传世文献对读**：周始祖后稷之名亦为弃，《史记·周本纪》载其出生之事，可扫码阅读。

○补 **古文字新证**："弃（棄）"字字形演变情况如襄字形图 1 所示。商代甲骨文"弃（棄）"字从廾（两手）奉箕弃子。商以后字形演变情况在此不再详述。总之，从古文字学证据看，"弃子"应为"弃"之造字本义。

1 商.後下 21.14《甲》	2 周晚.散盤《金》	3 戰.中山王嚳鼎《金》	4 戰.楚.信 1.18《楚》	5 戰.楚.清二.繫 135
6 秦.睡 28.16《篆》	7 西漢.縱橫家書 39《篆》	8 西漢.倉頡篇 34《篆》	9 東漢.北海相景君銘《篆》	10 東漢.曹全碑《篆》

襄字形图 1（《说文新证》，2014 年）

[二·二] 秋，楚客聘于晋，过宋。大(太)子太子痤知之，请野享之。公宋平公使[大子]往。伊戾惠墙伊戾请从之。

【聘】补 见隐七·四·春秋。

【大子知之，请野享之】杨补 太子痤与楚客旧相识，于是请求在国都郊外招待他。知，相识。

公曰："夫fú不恶wù女(汝)乎？"

【夫】 正 杨 彼，指太子痤。

[伊戾]对曰："小人之事君子也，恶 wù 之不敢远，好 hào 之不敢近。敬以待命，敢有贰心乎？纵有共(供)其外，莫共(供)其内，臣请往也。"

【纵有……其内】 正 杨 补 即使有人在外面伺候[太子痤]，也没有人在里面伺候。伊戾是太子内师，主管内事，因而编了这个理由。

[公]遣之。

[伊戾]至，则欿(坎)，用牲，加书，征之，而骋告公，曰："大(太)子将为乱，既与楚客盟矣。"

【至，则……征之】 正 杨 补 [惠墙伊戾]到达以后，就挖坑，放入祭牲，在祭牲上放上[伪造的、太子痤与楚客的]盟书，并自行查验无误。参见僖二十五·三秦人伪造与楚人盟誓现场。

公曰："为我子，又何求？"
【子】 杨 嗣子。

[伊戾]对曰："[太子]欲速。"

公使视之，则信有焉。[公]问诸(之于)夫人弃与左师向戌，则皆曰"固闻之"。公囚大(太)子。
【夫人】 正 补 弃此时不应为夫人，此盖事后追书之辞。
【固】 杨 确实。

大(太)子曰"唯佐公子佐也能免我"，召[佐]而使[佐]请[于公]，曰："[子]日中不来，吾知死矣。"左师闻之，聒而与之公子佐语。过期，[大子]乃缢而死。佐为大(太)子。

【召而使请】杨 补 [太子痤]召请[公子佐]，使[他为自己向宋平公]请命。

【聒】杨 絮语不休。

公徐闻其太子痤无罪也，乃亨(烹)伊戾。

○补**传世文献对读**：《论语·阳货》："子曰：'唯女子与小人为难养也，近之则不孙，远之则怨。'"寺人惠墙伊戾因无宠而生怨，进而设计陷害太子痤，为"远之则怨"。

【二·三】左师向戌见夫人弃之步马者，问之。[步马者]对曰："君夫人氏也。"左师曰："谁为君夫人？余胡弗知？"圉yǔ人归，以告夫人。夫人使馈之锦与马，先之以玉，曰："君之妾弃使某献。"左师改命曰"君夫人"，而后再拜稽qǐ首受之。

【步马者】正 杨 补 疑即圉人，职掌养马，包括遛马(步马)。

【谁为……弗知】正 补 谁是君夫人？我为什么不知道？弃以御妾而至君夫人，其出身低微，向戌鄙视她，而且希望她重视自己，因此故作此问以试探弃的态度。

【夫人……以玉】正 补 锦见闵二·五·四·二。夫人派人先送轻礼(玉)，然后送上重礼(锦与马)。春秋时送礼先轻后重，参见僖三十二—僖三十三·四。

【左师……夫人"】杨 补 向戌把命辞[中的"君之妾弃"]改为"君夫人"。弃尊向戌，向戌得偿所愿，亦尊弃为夫人。

【再拜稽首】补 见僖五·二·二·一。

襄公二十六年·七

地理 郑、晋见襄地理示意图1。

人物 郑简公（襄七・八・二・二）、公孙夏（襄十・七・二・三）

左传【一】郑伯郑简公归自晋，使子西公孙夏如晋聘，辞曰："寡君郑简公来烦执事，惧不免于戾，使夏公孙夏谢不敏。"

【聘】补 见隐七・四・春秋。

【戾】正 罪。

【不敏】补 不审慎恰当。

【二】君子曰："善事大国。"

襄公二十六年・八

地理 楚、蔡、郑、晋、宋见襄地理示意图 1。楚、蔡、郑、晋、宋、申见襄地理示意图 5。

人物 伍参（宣十二・一・六）、子朝、伍举、声子、王子牟、向戌（成十五・六・三）、屈建（襄二十二・六・二）、斗克（僖二十五・三）、析公、申骊（成八・二・一・一）、雍子、鱼石（成十五・六・春秋）、王子壬夫（成十六・三・四・二）、王子侧（宣十二・一・六）、屈巫臣（宣十二・二・一）、夏姬（宣九・八・一・一）、屈狐庸（成七・六・三）、斗椒（僖二十七—僖二十八・十一）、苗贲皇（宣十七・一・六）、栾武子（宣十二・一・四）、范文子（宣十七・一・八）、中行献子（成十六・三・三・一）、郤锜（成八・五・一）、郤昭子（成二・四・五）、王子婴齐（宣十一・二・一）、王子壬夫（成十六・三・四・二）、楚共王（成二・四・四）、羊舌肸（襄十一・二・五・三）、楚康王（襄十四・九）、椒鸣

左传【一】初，楚伍参cān与蔡大（太）师子朝子朝友，其子伍举与声子相善也。伍举娶于王子牟。王子牟为申公而亡，楚人曰："伍举实送之。"伍举奔郑，将遂奔晋。声子将如晋，遇之伍举于郑

郊。[二人]班荆相与食，而言复故。声子曰："子行也！吾必复子。"

【大师】补太师，蔡内朝官。

【子朝】杨补姬姓，字朝。蔡文公（宣十七·一·春秋）之子，蔡景公（成二·四·一）之弟。蔡太师。

【伍举】正补伍氏，又为椒氏，名举。伍参（宣十二·一·六）之子。襄二十六年前奔郑，遂奔晋。襄二十六年归于楚。食采于椒（见庄十八—庄十九·一·二"湫"）。

【声子】正补姬姓，名归生，字家，谥声。子朝之子，蔡文公之孙。其名（归生）、字（家）相应，家为人回归、生活之所。

【伍举娶于王子牟】补一般认为伍氏出自楚王族，芈姓。此处明言伍举娶于楚王族成员王子牟，依据春秋时"同姓不婚"的礼俗，可知伍氏芈姓说可能性不大。【王子牟】补芈姓，名牟。楚大夫，襄二十六年已任申县公。襄二十六年前出奔。

【申】补见隐元·四·一。

【班荆……复故】正杨拔草铺在地上［，以代坐席］，一起吃东西，而谈起［使伍举］返国复职之事。班，布。荆，草名。故，事。

○杨补**传世文献对读**：《国语·楚语上》描述伍举与声子会面交谈较详，可扫码阅读。

[二] 及宋向戌将平晋、楚，声子通使于晋。[声子]还如楚，令尹子木屈建与之语，问晋故焉，且曰："晋大夫与楚孰贤？"

【将平晋、楚】补将斡旋调停，促使晋、楚讲和。

【令尹】补见庄四·二·二。

【故】杜事。

[声子]对曰："晋卿不如楚，其大夫则贤，皆卿材也。[晋大夫]如

杞、梓 zǐ、皮、革，自楚往也。虽楚有材，晋实用之。”

【杞】正 补 枸杞(*Lycium chinense* Mill.)，茄科灌木，嫩叶及果可食用，干可做手杖。

【梓】正 补 黄花楸(*Catalpa ovata* G. Don)，紫葳科落叶乔木，是重要木材来源。

○补 杜甫《毒热寄简崔评事十六弟》“楚材择杞梓”典出于此。

子木曰：“夫独无族、姻乎？”

【夫独无族、姻乎】正 杨 补 他们[晋人]没有族人和姻亲[可以任用]么？

[声子]对曰：

“虽有，而用楚材实多。

“归生 声子 闻之，善为国者，赏不僭 jiàn 而刑不滥。赏僭，则惧及淫人；刑滥，则惧及善人。若不幸而过，宁僭无滥：与其失善，宁其利淫。无善人，则国从之[受祸]：《诗》曰‘人之云亡，邦国殄 tiǎn 瘁’，无善人之谓也。故《夏书》曰‘与其杀不辜，宁失不经’，惧失善也；《商颂》有之曰‘不僭不滥，不敢怠皇(遑)。命于下国，封建厥福’，此汤 商汤 所以获天福也。

【僭】杨 过度而不当。

【人之云亡，邦国殄瘁】补 见文六·三·二。

【与其……不经】正 杨 补 此为逸《书》，可译为“与其杀害无辜，宁可错放不守正法之人”。不辜，无辜。不经，不守正法之人。

【不僭……厥福】正 杨 补 《毛诗·商颂·殷武》有此句，而“皇”作“遑”，可译为“不过分不滥用，不敢懈怠偷闲。向下国发布命令，大大地建立他们的福禄"。皇，暇。封，大。厥，其。

"古之治民者，劝赏而畏刑，恤民不倦。赏以春夏，刑以秋冬。是以将赏，〔君〕为之加膳，加膳则饫 yù 赐，此以知其劝赏也；将刑，〔君〕为之不举，不举则彻乐，此以知其畏刑也；〔君〕夙兴夜寐，朝夕临政，此以知其恤民也。三者，礼之大节也。有礼无败。今楚多淫刑，其大夫逃死于四方，而为之谋主，以害楚国，不可救疗，所谓不能也。

【恤】杨忧。

【加膳则饫赐】正 杨 加膳则菜肴多，因而可以把大量剩余食物赐给臣下饱餐。饫，饱。

【不举】杨 见庄十九—庄二十一—庄二十一·六。

【彻】正撤去。

【三者】补劝赏、畏刑、恤民。

【淫刑】补滥用的刑罚。

【所谓不能也】正补〔这就是〕所谓不能〔任用人才〕啊。

○杨补 **传世文献对读**：据《国语·楚语上》，声子论析公之前，先论王孙启之事，可扫码阅读。

"子仪斗克之乱，析公奔晋。晋人置诸（之于）戎车之殿，以为谋主。绕角之役，晋将遁矣，析公曰：'楚师轻窕，易震荡也。若多鼓钧（均）声，以夜军之，楚师必遁。'晋人从之，楚师宵溃。晋遂侵蔡；袭沈，获其君；败申、息之师于桑隧，获申丽 lí，申骊而还。郑于是不敢南面。楚失华夏，则析公之为也。

【子仪之乱，析公奔晋】正见文十四·十一。【析公】补名臣。楚大夫，文十四年已任析县公。文十四年奔晋。

【戎车之殿】杨晋主帅栾武子所乘兵车的后部。

【绕角之役】杨 见成六·九·一·一。

【轻窕】补 见成十六·三·七。

【震荡】补 动摇。

【军】补 攻击。

【侵蔡……而还】正 见成八·二。

【郑于是不敢南面】杨 补 郑从此不敢向着南方［的楚表示顺服］。

"雍子之父兄谮 zèn 雍子，君与大夫不善是也，雍子奔晋。晋人与之鄐 chù，以为谋主。彭城之役，晋、楚遇于靡角之谷。晋将遁矣，雍子发命于军曰：'归老幼，反（返）孤疾，二人役，归一人，简兵，蒐 sōu 乘 shèng，秣 mò 马，蓐 rù 食，师陈，焚次，明日将战。'［晋人］行归者，而逸楚囚。楚师宵溃。晋降彭城而归诸（之于）宋，以鱼石归。楚失东夷，子辛 王子壬夫 死之，则雍子之为也。

【雍子】补 楚人，成十八年前奔晋，为晋大夫。昭十四年被邢侯所杀。食采于鄐。

【谮】补 诬陷，中伤。

【不善是】杨 不能妥善调解合济此事。善，解，济。

【鄐】正 杨 在今河南温县附近。晋邑。

【彭城之役】正 见成十八·十。

【归老……将战】正 杨 补 让年老年幼、孤儿病人回去，兄弟二人从军、回去一人，精选徒兵，检阅车乘，喂饱马匹，让士兵饱餐，军队摆开阵势，烧掉宿营帐篷，明天将要作战。

【行归者，而逸楚囚】正 杨 补 让老幼孤疾者启程，并［故意］放跑楚俘虏［以散布消息］。

【晋降……石归】正 见襄元·二。

【楚失东夷，子辛死之】正 补 楚东部小国及陈见楚不能救彭城，皆叛。襄五年，楚人讨陈叛故，杀令尹王子壬夫(参见襄五·七)。

○补 **传世文献对读:**《国语·楚语上》所叙雍子之事,为鄢陵之役,而非彭城之役,详见下。

“子反王子侧与子灵屈巫臣争夏姬,而雍(壅)害其事,子灵奔晋。晋人与之邢,以为谋主。[子灵]扞御北狄,通吴于晋,教吴叛楚,教之乘车、射御、驱侵,使其子狐庸屈狐庸为吴行人焉。吴于是伐巢、取驾、克棘、入州来。楚罢(疲)于奔命,至今为患,则子灵之为也。

【子反……谋主】 正 杨 补 屈巫臣奔晋之事见成二·四。据成二·四,屈巫臣先是劝阻王子侧娶夏姬,然后出奔与夏姬会合并最终逃到晋,王子侧并没有迫害屈巫臣,反而是屈巫臣算计了王子侧。另据成二·四·六、成七·六·二,王子侧要求禁锢屈巫臣以及杀屈巫臣族人两事都发生在屈巫臣出奔之后,而并非屈巫臣出奔的原因。然而,清华简二《系年》(引文见成七·六)却明确记载了王子侧与屈巫臣争夏姬、迫使屈巫臣奔晋之事,与此处《左传》相合。

【捍御……州来】 正 补 屈巫臣抵御北狄之事不见于他处《左传》,而屈巫臣通吴以及吴伐巢、取驾、入州来之事则见于成七·六。**【棘】** 正 杨 补 在今河南永城酂城镇东北。楚邑。

“若敖之乱,伯贲 fén,斗椒之子贲皇苗贲皇奔晋。晋人与之苗,以为谋主。鄢 yān 陵之役,楚晨压晋军而陈。晋将遁矣,苗贲皇曰:‘楚师之良,在其中军王族而已。若[吾]塞井夷灶,成陈(阵)以当之,栾栾武子、范范文子易行 háng 以诱之,中行中行献子、二郤 xì,郤锜、郤昭子必克二穆王子婴齐、王子壬夫。吾乃四萃于其王族,必大败之。’晋人从之,楚师大败,王楚共王夷 yí(痍)、[楚]师熸 jiān,子反死之。郑叛、吴兴,楚失诸侯,则苗贲皇之为也。”

【若敖之乱】 正 见宣四·五。

【鄢陵……死之】 正 杨 见成十六·三。夷,伤。熸,火灭,这里指楚军士气不振。【楚师……败之】 正 杨 补 楚师的精锐在他们中军的王族而已。如果填井平灶,摆开阵势迎战,命令[中军帅]栾书、[中军佐]范燮所率军队改易行军方式以引诱楚师,这样的话,[上军佐]荀偃、[上军帅]郤锜、[新军佐]郤至必然能够击败王子婴齐[所率左师]以及王子壬夫[所率右师]。[在击败楚左师、右师之后,]晋中、上、下、新四军再集中攻击楚中军王族,必然能够击败楚师。二王子皆为楚穆王之子,故称"二穆"。成十六·三记述苗贲皇之言较此处简略。

○ 杨 补 传世文献对读:《国语·楚语上》叙雍子在鄢陵之役时献计策之事,疑与苗贲皇献计本为一事,而流传为二事,可扫码阅读。

子木曰:"是皆然矣。"

声子曰:"今又有甚于此者。椒举伍举娶于申公子牟王子牟,子牟得戾而亡,君大夫谓椒举:'女(汝)实遣之!'[椒举]惧而奔郑,引领南望,曰'庶几赦余',[君大夫]亦弗图也。今[椒举]在晋矣。晋人将与之县,以比叔向羊舌肸。彼伍举若谋害楚国,岂不为患?"

【戾】 杨 罪。
【领】 补 颈。
【庶几赦余】 补 差不多可以赦免我。
【晋人……叔向】 杨 补 晋人将要封给椒举一个县,以比照[上大夫]叔向[的待遇]。

【三】 子木屈建惧,言诸(之于)王楚康王,益其伍举禄爵而复之。声子使椒鸣逆之。

【复之】补 使伍举返国复职。

【椒鸣】正 杨 补 椒氏,出自伍氏,名鸣。伍举(襄二十六·八·一)之子,伍奢(昭十九·二)之弟。食采于椒。

襄公二十六年·九

地理 楚、蔡、陈、郑见襄地理示意图 1。许、楚、蔡、陈、郑、氾、洧水、汝水见襄地理示意图 5。

人物 许灵公(成二·七·一·二)、楚康王(襄十四·九)、蔡景公(成二·七·一·二)、陈哀公(襄五·八·春秋)、公孙侨(襄八·三)、公孙舍之(襄八·八·一·二)

春秋 八月壬午初一,许男宁许灵公卒于楚。

冬,楚子楚康王、蔡侯蔡景公、陈侯陈哀公伐郑。

葬许灵公。

○补 **许灵公墓(疑似)**:2002 年在河南叶县旧县古墓群中发现一座长方形土坑竖穴大墓(M4),出土随葬器物 638 件,包括铜礼器 27 件。根据墓葬地理位置、器物年代以及出土铜戈铭文"许公宁用戈",学者推断墓主人很可能就是许灵公。

左传【一】许灵公如楚,请伐郑,曰:"师不兴,孤不归矣。"八月,〔许灵公〕卒于楚。楚子楚康王曰:"不伐郑,何以求诸侯?"

【孤】补 称孤之例在桓十二—桓十三·二·二。许灵公对楚以小国自居,故自称"孤"。

○补 郑、许两国有宿怨,郑一直想要吞并许,而许则长期服于楚以求存。襄十六年溴梁之会期间,许灵公认为晋强楚弱,曾提出将许都迁往晋境内以求生存,然而最后由于国内卿大夫反对而没有成功(襄十六·一·四),因此许在溴梁之会后依然服楚。本年晋、楚即将讲和,许灵公担心晋楚休战之后,如果郑再兴师讨伐许,楚可能不会为了许这个小国而破坏和约、再开战端,这样许就将处于非常危险的境地。因此许灵公在楚"要赖不走",强烈要求楚在讲和前夕讨伐郑,释放出楚宁愿破坏休战大局也要保护麾下小国的政治信号。而楚康王也担心在讲和之后,楚集团的诸侯国会认为自己将得不到楚的武力保护,或是将不再受到楚的武力威胁,从而转投晋集团。因此,楚康王打算利用许灵公的请求,在讲和前向楚集团各诸侯国发出明确的政治信号:楚为了保护受到威胁的楚集团成员国,或者为了惩戒有二心的楚集团成员国,将不惜破坏和平协议而动武;即使在讲和之后,楚仍然是集团各成员国值得依靠、同时也必须敬畏的盟主。

〔二〕冬,十月,楚子楚康王伐郑。郑人将御之。子产公孙侨曰:"晋、楚将平,诸侯将和,楚王楚康王是故昧于一来。不如使〔楚王〕逞而归,〔晋、楚〕乃易成也。夫小人之性,衅于勇、啬于祸、以足其性而求名焉者,非国家之利也。若何从之?"子展公孙舍之说(悦),不御寇。

【御】补抵抗。

【晋、楚……一来】正补晋、楚将要讲和,诸侯将要和解,楚康王因此出于贪冒来这么一趟。昧,贪冒。如上所述,楚康王所图谋的是要确保晋、楚讲和之后,楚联盟各成员国仍然依靠和敬畏楚,而不会叛楚服晋。

【不如……成也】正补不如让〔楚王〕得志然后回去,〔这样晋、楚〕才容易讲和。

【小人】杨此处指主张抵御楚师的主战派郑大夫。

【衅于勇】杨补寻找事端以求逞其血气之勇。衅,事端。

【啬于祸】正 杨 补贪图祸乱[以求有所得]。啬,贪。

[三] 十二月乙酉五日,[楚师]入南里,堕 huī 其城。[楚师]涉于乐氏,门于师之梁。县(悬)门发,[楚]获九[郑]人焉。[楚师]涉于汜 fán 而归,而后葬许灵公。

【南里】补见宣三·八·二·二。

【堕】补毁。

【涉于乐氏】正 杨 补乐氏在今河南新郑境,为洧水(见成十七·一·三)渡口。楚师从南渡向北。

【门于师之梁】正 补攻打郑都师之梁门。【师之梁】补见襄九·五·一。

【县门发,获九人焉】杨 补内城闸门落下,[楚人]俘虏了九个[被挡在城外的郑]人。

【涉于汜而归】正 补汜城下即为汝水(见成十五—成十六·二),楚师从北向南渡过汝水回国。【汜】杨见僖二十四·二·五。

襄公二十六年·十

地理卫、晋见襄地理示意图 1。

人物卫姬、卫献公(成十四·五·一)、晋平公(襄十六·一·春秋)

左传卫人归卫姬于晋,[晋]乃释卫侯卫献公。君子是以知平公晋平公之失政也。

【卫姬】补卫女,姬姓。晋平公(襄十六·一·春秋)妾。襄二十六年归于晋。

【君子……政也】正 杨 补晋先前已经答应释放卫献公,却又要在卫人归女以取悦晋平公之后方才执行,这不符合霸主大国的体统。而且春秋时男女同姓不婚,卫为姬姓,晋平公不应娶同姓之女。君子因此知道此时晋平公的霸政已有所阙失。

襄公二十六年·十一

[地理] 晋、周见襄地理示意图1。

[人物] 韩宣子(襄七·六·一)、周灵王(襄五·二)

[左传][一] 晋韩宣子聘于周。王[周灵王]使请事。[宣子]对曰:"晋士起[韩宣子]将归时事于宰旅,无他事矣。"

【聘】[补]见隐七·四·春秋。

【请事】[正][杨]根据春秋时朝聘礼仪,宾客刚进入周王畿边境时,周王使士请事,问宾客为何而来。及朝聘礼毕,周王又使摈者(接待宾客者)请事于庙门之次。此处是摈者请事。

【晋士】[正][补]据《礼记·曲礼》"列国之大夫入天子之国曰某士",韩宣子在晋为卿,对周灵王自称"晋士",是"辞不失旧"的表现。

【归时事于宰旅】[正][补]向宰旅奉献职贡。时事,四时贡职。宰旅,周内朝官,冢宰所属下士一级官员。此处是外交辞令,不敢直言奉献给周王,以表示对周王室的尊敬,亦是"辞不失旧"的表现。

[二] 王[周灵王]闻之,曰:"韩氏其昌阜 fù 于晋乎!辞不失旧。"

【昌阜】[杨]昌盛。阜,盛。

○[补]自本年之后,韩氏作为晋卿族一直保持了发展壮大的态势,前453年与赵氏、魏氏三分晋国,入战国而为韩国,此为周灵王预言之验。

襄公二十六年—襄公二十七年(襄公二十七年·一)

[地理] 齐、晋、卫、鲁、宋见襄地理示意图 1。齐、卫、鲁、宋、廪丘、羊角、高鱼见襄地理示意图 4。

[人物] 乌余、范宣子(成十六·三·七)、赵文子(成八·五·一)、晋平公(襄十六·一·春秋)、胥梁带

[左传][一] 齐人城郏 jiá 之岁_{襄二十四年}，其夏，齐乌余以廪 lǐn 丘奔晋。[乌余]袭卫羊角，取之。[乌余]遂袭我高鱼。有大雨，[乌余]自其窦入，介于其库，以登其城，克而取之。[乌余]又取邑于宋。于是范宣子卒，诸侯弗能治也。

【乌余】[正][补]乌氏，名余。本为齐大夫。襄二十四年奔晋。襄二十七年被晋胥梁带所执。

【廪丘】[正][杨][补]在今山东郓城水堡乡。本为卫邑，襄二十四年前入于齐，为乌余采邑。襄二十四年地入于晋。襄二十七年地入于齐。哀二十四年地入于晋。参见《图集》26—27④2。

【羊角】[正][杨][补]在今山东郓城西南。本为卫邑。襄二十四年后被乌余所取。襄二十七年地复入于卫。参见《图集》26—27④2。《图集》标注不准确，本书示意图依据《图志》标注。

【高鱼】[正][杨][补]在今山东郓城高楼村附近。羊角以东。本为鲁邑。襄二十四年后被乌余所取。襄二十七年地复入于鲁。参见《图集》26—27④2。

【窦】[正][杨][补]城墙排水洞，大雨时开启以排出城内积水。

【介于其库】[正][杨][补][乌余]取出高鱼城内武器库里的甲胄武装[自己的士兵]。

[二] 及赵文子为政，乃卒治之。文子_{赵文子}言于晋侯_{晋平公}曰："晋为盟主，诸侯或相侵也，则讨而使归其地。今乌余之邑，皆讨类也，[晋]而贪之，是无以为盟主也。请归之。"

【及赵文子为政】在襄二十五年,参见襄二十五·三·一·二。

【皆讨类也】正补都属于应该被讨伐的范畴。

【而】补如。

公晋平公曰:"诺。孰可使也?"

[文子]对曰:"胥梁带能无用师。"

【胥梁带】正杨补姬姓,胥氏,名梁带。胥午(襄二十三·六·一·二)之子。晋大夫。

晋侯使[胥梁带]往。

〔三〕二十七年,春,胥梁带使诸丧邑者具车徒以受地,必周;使乌余具车徒以受封。乌余以其众出。[胥梁带]使诸侯伪效乌余之封者,而遂执之,尽获之。[胥梁带]皆取其邑,而归诸侯。诸侯是以睦于晋。

【胥梁……受封】正补胥梁带让丧失城邑的各国卿大夫准备好车兵步兵来接受失地,务必保密;又让乌余准备车兵、土兵以接受封地。周,密。

【使诸……获之】正补胥梁带让诸侯假装把土地献给乌余作为封地,然后一举抓获乌余,全部俘虏了乌余的同伙。

襄公二十七年·二

地理齐、鲁见襄地理示意图1。

人物齐景公(襄二十五·一·四)、庆封(成十八·二·一)、孟孝伯(襄二十三·八·二·一)、叔孙穆子(成十六·六·二)

[春秋] 二十有(又)七年,春,齐侯_{齐景公}使庆封来聘。

【聘】[补] 见隐七・四・春秋。

○[正] 齐景公于襄二十六年即位,本年使庆封来聘,其主要目的应是为了通报嗣君即位。

[左传] 【一】齐庆封来聘,其车美。孟孙_{孟孝伯}谓叔孙_{叔孙穆子}曰:"庆季_{庆封}之车,不亦美乎!"叔孙曰:"豹_{叔孙穆子}闻之,'服美不称 chèn,必以恶终。'美车何为?"

【服美不称,必以恶终】[杨] 车服的美好[和拥有者]不相称,必定会有坏结局。参见僖二十四・三。

○[正] 下启襄二十八年庆封奔鲁,献美车于季武子(襄二十八・九)。

【二】叔孙_{叔孙穆子}与庆封食,[庆封]不敬。[叔孙]为[庆封]赋《相鼠》,[庆封]亦不知也。

【食】[杨] 便宴。

【为赋《相鼠》,亦不知也】[正][补]《毛诗・鄘风》有《相鼠》。叔孙穆子以"人而无仪""人而无止""人而无礼"来指出庆封失礼,而庆封并无接受批评、自我贬责的答词,浑然不觉自己有何过错。

○[补] **传世文献对读**:《毛诗・鄘风・相鼠》的原文,可扫码阅读。

襄公二十七年・三

[地理] 鲁、晋、楚、蔡、卫、陈、郑、曹、宋、齐、秦见襄地理示意图 1。鲁、晋、蔡、卫、陈、郑、许、曹、宋、齐、邾、滕、垂陇、河水见襄地理示意图 3。

[人物] 叔孙穆子(成十六・六・二)、赵文子(成八・五・一)、屈建(襄

二十二・六・二)、声子(襄二十六・八・一)、石悼子(襄十九・九・一)、孔奂、良霄(襄十一・二・春秋)、宁悼子(襄二十・八)、卫献公(成十四・五・一)、公子鱄(成十四・五・二)、公孙免余、公孙无地、公孙臣、右宰谷(襄十四・五・八)、太叔文子(襄十四・五・六・一)、向戌(成十五・六・三)、韩宣子(襄七・六・一)、陈文子(襄二十二・三)、羊舌肸(襄十一・二・五・三)、孔子(僖二十七—僖二十八・二十五・三)、庆封(成十八・二・一)、知悼子(襄十四・六)、郏悼公(襄十八・三・春秋)、王子黑肱、滕成公(襄五・八・春秋)、楚康王(襄十四・九)、秦景公(襄九・四・一)、晋平公(襄十六・一・春秋)、伯州犁(成十五・七・一・一)、季武子(襄六・五・春秋)、鲁襄公(襄元・○)、宋平公(成十五・三・春秋)、范武子(僖二十七—僖二十八・二十四・二)、郑简公(襄七・八・二・二)、公孙舍之(襄八・八・一・二)、公孙夏(襄十・七・二・三)、公孙侨(襄八・三)、游吉(襄二十二・七・二)、印段(襄二十二・四・一)、公孙段、乐喜(襄六・二・二)

春秋 夏,叔孙豹叔孙穆子会晋赵武赵文子、楚屈建、蔡公孙归生声子、卫石恶石悼子、陈孔奂 huàn、郑良霄、许人、曹人于宋。

【孔奂】 补 妫姓,孔氏,名奂。孔宁(文十六—文十七・五)之后。陈大夫,官至卿位。昭八年被楚人所杀。

○ 正 补 此为第二次弭兵之盟,第一次弭兵之盟参见成十二・二・一。此次会盟,国君或大夫到场的诸侯国共有晋、楚、齐、秦、鲁、卫、陈、蔡、郑、许、曹、邾、滕,加上地主宋,共十四国。其中齐、秦不交相见,邾、滕分别为齐、宋属国,故齐、秦、邾、滕四国不与盟。此会为结盟而举行,四国既不与盟,故亦不序于会,不见于《春秋》。宋为地主,故虽见于《春秋》,而不序于会。据《左传》,则秋七月四日诸侯方才到齐,故会应在秋。《春秋》书"夏",应是依据鲁卿叔孙穆子出发日期。此外,据襄二十八・八・一"宋之盟,君实亲辱",则此次会盟,郑简公也亲自前往。

○补本年晋楚缔结弭兵之盟后,定四年晋曾率诸侯联军伐楚,但晋人在半途就退出了伐楚行动,真正攻破郢都的是吴(定三—定四)。哀四年楚人曾陈兵晋楚边境地区,要求晋人交出蛮子赤,然而晋人满足了楚人要求,双方并未交战,而且楚人在与晋人交涉时声称"晋、楚有盟,好恶同之",也就是说,楚人认为第二次弭兵之盟仍然有效(哀四·二)。因此可以认为,第二次弭兵之盟后,晋楚在春秋时期再无正面交战,盟誓基本得到了遵守。

卫杀其大夫宁喜宁悼子。

○正补据文六·四·三及文七·二·三,则《春秋》书国杀,又书被杀卿大夫之名氏,表明宁悼子有罪于卫。据下文《左传》,卫献公支持公孙免余杀宁悼子的原因是宁悼子专权。杜注认为,从礼法来看,宁悼子之死罪在于弑卫殇公。虽然卫献公并不是因为弑君之罪而杀宁悼子,但专权本够不上死罪,《春秋》如此书写的依据应该是基于弑君之罪。据下文《左传》,右宰谷亦被杀,非卿,故不书于《春秋》。

卫侯卫献公之弟鱄zhuān,公子鱄出奔晋。

○正补据襄二十·四,则《春秋》书"卫侯之弟鱄",表明公子鱄出奔晋,罪不在公子鱄,而在其兄卫献公。卫献公之罪在于在外流亡时迫使公子鱄与宁悼子约定使宁氏专政,而复辟后又背信而杀宁悼子,从而迫使重视名节的公子鱄出奔。

秋,七月辛巳五日,豹叔孙穆子及诸侯之大夫盟于宋。

○正补以上四事顺序,《春秋》是宋之会、宋之盟二事在一头一尾,卫杀宁悼子、公子鱄出奔在中间;《左传》则是卫杀宁悼子、公子鱄出奔在前,宋之会、宋之盟在后。之所以会如此,应该是《春秋》以诸侯通告上所书时间为准,而《左传》为叙述平顺,先叙卫事,再叙宋之会、盟事。

○补 **出土文献对读**：据清华简二《系年》，则盟辞中有"弭天下之甲兵"。

左传【一·一】卫宁 nìng 喜_{宁悼子}专，公_{卫献公}患之。公孙免余请杀之。公曰："微宁子_{宁悼子}，[吾]不及此。吾与之言矣。事未可知，只成恶名，止也。"[_{免余}]对曰："臣杀之，君勿与 yù 知。"[_{免余}]乃与公孙无地、公孙臣谋，使攻宁氏，弗克，[_{无地、臣}]皆死。公曰："臣_{公孙臣}也无罪，父子死余矣！"

【公孙免余】 正 补 姬姓，名免余。卫大夫，襄二十七年杀宁悼子及右宰谷之后任少师。卫献公党羽。

【微宁子，不及此】 正 补 如果没有宁子的话，[我]不可能到这地步。指襄二十六年宁悼子弑卫殇公而迎卫献公复位。

【吾与之言矣】 正 补 [况且]我跟他是有言在先的。据襄二十六·二·二·一，卫献公许诺复位后"政由宁氏，祭则寡人"。如此，则宁悼子专权，并未违约。

【公孙无地】 正 补 姬姓，名无地。卫大夫，卫献公党羽。襄二十七年攻宁氏不克而死。

【公孙臣】 正 补 姬姓，名臣。卫大夫，卫献公党羽。襄二十七年攻宁氏不克而死。

【父子死余矣】 正 杨 父子为我而死。襄十四年卫献公出奔时，公孙臣之父（某位公子）被孙氏所杀。参见襄十四·五·四。

【一·二】夏，免余_{公孙免余}复攻宁氏，杀宁喜及右宰谷，尸诸(_{之于})朝。石恶_{石悼子}将会宋之盟，受命而出，衣 yì 其尸，枕之股而哭之。[_{石恶}]欲敛以亡，惧不免[_{于难}]，且曰"受[君]命矣"，乃行。

【衣其尸】 补 [石悼子]为宁悼子的尸体穿上衣服。

【枕之股而哭之】 补 见僖二十七—僖二十八·二十三·二。

【欲敛以亡】杨 补 ［石悼子］想要［把宁悼子］收敛入棺之后逃亡。衣宁悼子之尸已是小敛，因此这里所指为大敛，即将尸体装入棺材。参见隐元·五。

○正 下启襄二十八年石悼子出奔晋（襄二十八·三）。

【一·三】子鲜公子鱄曰："逐我者孙文子出，纳我者宁悼子死。赏罚无章，何以沮［恶］劝［善］？君卫献公失其信，而国无刑，不亦难乎！且鱄公子鱄实使之。"遂出奔晋。公卫献公使止之，不可。［子鲜］及河，［公］又使止之，［子鲜］止使者而盟于河。

【沮劝】正 杨 补 阻止［恶行］而勉励［善行］。沮，止。劝，勉。
【君失其信，而国无刑】正 补 国君丧失他的信用，而国家没有［合于礼义的］刑罚。据襄二十六·二·二·一，卫献公使公子鱄与宁悼子商谈归国复辟条件，约定"苟反，政由宁氏，祭则寡人"。据此约定，则宁悼子专权，并未违约。而卫献公复位之后，又以宁悼子专权为患，放任公孙免余将其杀死。卫献公言而无信，故曰"君失其信"。国君不能以正当理由刑杀宁悼子，而以亲信刺杀之，故曰"而国无刑"。
【且鱄实使之】正 补 而且是我自己使这些事情发生的。指襄二十六年公子鱄代表卫献公与宁悼子接触，使卫献公得以返国复位。
【河】补 见冈二·五·三。

［子鲜］托于木门，不乡（向）卫国而坐。木门大夫劝之仕，［子鲜］不可，曰："［吾］仕而废其事，罪也；［吾］从之，昭吾所以出也。［吾］将谁诉乎？吾不可以立于人之朝矣。"［子鲜］终身不仕。［子鲜卒，］公丧之如税 suì 服终身。

【托】杨 寄居。
【木门】正 杨 在今河北河间西北三里。晋邑。
【仕而……出也】正 杨 补 做官如果［不尽力而为］导致政事荒废，是罪过；如果［尽力而为］依从职责，［必定会有所成就，］那又彰显了我出奔的原因［是因为卫侯昏乱，不能任用贤人］。

【公丧之如税服终身】 正 补 ［公子鱄去世后，］卫献公为他服缌服直到自己去世。税服，即缌服，布细而疏，不在五服（见襄十七·六）之列，无明确月数规定。依礼制，周王、诸侯绝旁期，不为兄弟服丧。应是公子鱄去世后，卫献公痛悯公子鱄，因此特地为公子鱄服缌服，不久之后卫献公自己也去世了，去世时还未除服。

○ 补 **传世文献对读**：《公羊传·襄公二十七年》叙公子鱄出奔细节，"公子鱄挈其妻子而去之。将济于河，携其妻子而与之盟，曰：'苟有履卫地、食卫粟者，昧雉彼视'"，可译为"公子鱄带着妻子儿女离开卫国。将要渡过河水之时，公子鱄牵着他的妻子儿女和他们盟誓，说：'如果有谁再踏上卫国的土地、再吃卫国的粮食，下场就像这只被杀的野鸡一样。'"侯马盟书（参见成六·五·二）中亦有"昧雉彼视"之语，说明《公羊传》所载盟辞应该非常接近于实录。

○ 补 **传世文献对读**：《中庸》："子路问强。子曰：'……故君子和而不流，强哉矫！中立而不倚，强哉矫！国有道，不变塞焉，强哉矫！国无道，至死不变，强哉矫！'"公子鱄至死守节的表现，可谓是"国无道，至死不变，强哉矫"的典型事例。

【一·四】 公卫献公与 **免余**公孙免余邑六十。［免余］辞曰："唯卿备百邑，臣六十矣。下有上禄，乱也，臣弗敢闻。且宁子宁悼子唯多邑，故死。臣惧死之速及也。"公固与之，［免余］受其半，以为少师。公使［免余］为卿。［免余］辞曰："大(太)叔仪太叔文子不贰，能赞大事，君卫献公其命之。"［公］乃使文子太叔文子为卿。

【邑】 补 参见成元—成二·六·一。

【少师】 补 卫内朝官，太师副手。

【赞】 正 杨 佐，助。

【二·一】宋向戌善于赵文子，又善于令尹子木屈建，欲弭 mǐ 诸侯之兵以为名。

【令尹】|补|见庄四·二·二。

【弭】|补|止，息。

○|正||杨||补|第二次弭兵意向实起于晋执政卿赵文子，见襄二十五·三·一·二。此事酝酿已久，各国多有听闻，参见襄二十六·九·二郑公孙侨之言。本年向戌见时机成熟，于是想要在晋、楚之间斡旋成就此事，以获得息兵安民的美名。

○|补|笔者对于晋楚弭兵的深层次原因有详细分析，请见专著《不服周：楚国的奋斗与沉沦》（出版中，暂定书名）相关章节。

[向戌]如晋，告赵孟赵文子。赵孟谋于诸大夫。韩宣子曰："兵，民之残也，财用之蠹 dù，小国之大灾也。将或弭之，虽曰不可，[我]必将许之。[我]弗许，楚将许之，以召诸侯，则我失为盟主矣。"晋人许之。

【蠹】|正|害物之虫。

【虽曰不可，必将许之】|正||补|虽说[知道战争]不可以[长期止息]，[如今也]必须表示同意参与。

[向戌]如楚，楚亦许之。

[向戌]如齐，齐人难之。陈文子曰："晋、楚许之，我焉得已？且人曰'弭兵'，而我弗许，则固携吾民矣，将焉用之？"齐人许之。

【携】|补|使……离心离德。

[向戌]告于秦，秦亦许之。

○ 补 晋、楚、齐、秦为当时诸侯之大者，四大国既许之，则弭兵大势已定。

［向戌］皆告于小国，为会于宋。

【二·二】五月甲辰二十七日，晋赵武赵文子至于宋。

丙午二十九日，郑良霄至。

六月丁未朔初一，宋人享赵文子，叔向羊舌肸为介。司马置折俎zǔ，礼也。仲尼孔子使举是礼也，以为多文辞。

【享】 补 见桓九—桓十·一·二。

【介】 杨 主宾赵文子的副手。

【司马置折俎，礼也】 正 补 司马见隐三·六·一·一。据《周礼·大司马》，司马主管会同荐羞之事。据宣十六·四·二，诸侯享卿，依礼当用折俎，故曰"礼也"。

【仲尼……文辞】 正 杨 孔子（当时不超过七岁）后来看到了这次享礼的记载，认为宾主答对文辞太多。

戊申二日，叔孙豹叔孙穆子、齐庆封、陈须无陈文子、卫石恶石悼子至。

甲寅八日，晋荀盈知悼子从赵武赵文子至。

丙辰十日，邾悼公至。

壬戌十六日，楚公子黑肱王子黑肱先至，成言于晋。

【公子黑肱】 补 王子黑肱。芈姓，名黑肱，字皙。楚共王（成二·四·四）庶子，楚康王（襄十四·九）、楚灵王（襄二十六·五·一）、王子比(昭元·九·春秋)之弟。楚大夫,官至执政(继蒍罢)。昭元年已任宫厩尹。昭元年奔郑。昭十三年归于楚,任令尹,同年自杀而死。其名(黑肱)、字(皙)相应,皙为白,与黑正相反。

○[正][补]十六日,王子黑肱先[于令尹屈建]到达,与晋方就[双方盟誓]言辞[内容]达成[初步]协议。

丁卯二十一日,宋向戌如陈,从子木屈建成言于楚。

○[正][补]楚令尹屈建当时在陈。二十一日,[在王子黑肱成言于晋的基础上,]向戌前往陈,与屈建[为首的楚方]就[双方盟誓]言辞[内容]达成[进一步]协议。

戊辰二十二日,滕成公至。

子木谓向戌:"请晋、楚之从交相见也。"庚午二十四日,向戌复于赵孟赵文子。赵孟曰:"晋、楚、齐、秦,匹也。晋之不能于齐,犹楚之不能于秦也。楚君楚康王若能使秦君秦景公辱于敝邑,寡君晋平公敢不固请于齐?"壬申二十六日,左师向戌复言于子木。子木使驲rì谒yè诸王楚康王。王曰:"释齐、秦,他国请相见也。"

【子木……见也】[正][杨][补]晋、楚各有盟国,先前晋、楚对峙之时,晋盟国若去楚访问(卿大夫聘问或君主朝见),则被视为叛晋;楚盟国若去晋访问,则被视为叛楚。屈建对向戌提出,让尊晋为盟主的诸侯国到楚访问,尊楚为盟主的诸侯国到晋访问,促进两大阵营的和解。

【晋、楚、齐、秦,匹也】[杨]晋、楚、齐、秦,[地位]相匹敌。

【晋之……秦也】[正][杨][补]晋不能[指使]齐,犹如楚不能[指使]秦。当时齐名义上奉晋为盟主,然而由于齐实力虽不如晋、但仍属于同一档次的大国,晋实际上无法像指使其他联盟内小国一样指使齐。楚、秦关系也与晋、齐关系类似。

【楚君……于齐】⸢补⸣楚君主如果能使秦君主屈尊前来我国,我国君主怎敢不向齐坚决请求[让齐君主前往楚]?

【左师】⸢补⸣见僖九·三。

【驷】⸢补⸣见文十六·三·四。

○⸢补⸣从本段描述可知,此次晋楚议和,晋方最高决策者是赵文子,而楚方最高决策者是楚康王,晋君权已旁落于卿族,而楚君权仍很强盛,由此可见一斑。

秋,七月戊寅_{二日},<u>左师</u>至。是夜也,<u>赵孟</u>及<u>子晳</u>_{王子黑肱}盟,以齐言。

【赵孟及子晳盟,以齐言】⸢正⸣⸢补⸣在先前"成言于晋""成言于楚",并就"晋、楚之从交相见"达成共识的基础上,赵文子和王子黑肱代表晋、楚双方先结盟,以统一盟书措辞,约定到全体盟誓时不得再有争论。

庚辰_{四日},<u>子木</u>至自陈。陈<u>孔奂</u>、蔡<u>公孙归生</u>_{声子}至。曹、许之大夫皆至。

【二·三】[诸侯]以藩为军,晋、楚各处其偏。<u>伯夙</u>_{知悼子}谓<u>赵孟</u>_{赵文子}曰:"楚氛甚恶,惧难 nàn。"<u>赵孟</u>曰:"吾左还 xuán,入于宋,[楚]若我何?"

【以藩……其偏】⸢正⸣⸢杨⸣⸢补⸣[各国]用藩篱构筑军队驻地[界限,不筑营垒,表示不互相猜忌],晋师和楚师分别驻扎在营地两头。

【左还】⸢杨⸣转折向左行军。

【宋】⸢补⸣宋都城。

【二·四】辛巳_{五日},将盟于宋西门之外。楚人衷甲。

【衷甲】 正 补 内穿甲衣。

伯州犁曰："合诸侯之师，以为不信，无乃不可乎？夫诸侯望信于楚，是以来服。若[楚]不信，是弃其所以服诸侯也。"固请释甲。

子木屈建曰："晋、楚无信久矣，事利而已。苟得志焉，焉用有信？"

【事利而已】 杨 补 从事于[对己方]有利[的行动]罢了。

大(太)宰伯州犁退，告人曰："令尹屈建将死矣，不及三年。[令尹]求逞志而弃信，志将逞乎？志以发言，言以出信，信以立志，参(三)以定之。信亡，何以及三？"

【大宰】 补 见成九—成十·二。

【志以……定之】 正 补 志，志向。内心的志向有所趋向，才会相应地发出言语，所以说"志以发言"。想与他人讲诚信，必须通过言语表达和宣誓，此时言语就成了表达诚信的手段，所以说"言以出信"。为人处世讲诚信，自己的志向才能立得住，所以说"信以立志"。志、言、信三者统一，形成相互支撑的关系，然后才能安身。又据襄二十五·四·四："《志》有之：'言以足志。'"可见志与言的完整关系应为：志以发言，言以足志。

【信亡，何以及三】 正 补 诚信没了，怎么可能[活]到三[年]？失信则志不立，失志则死不久。

○ 正 下启襄二十八年屈建卒（襄二十八·十二·二）。

赵孟赵文子患楚衷甲，以告叔向羊舌肸。叔向曰：

"何害也？匹夫一为不信，犹不可，单(殫)毙其死。若合诸侯之卿，以为不信，必不捷矣。食言者不病，非子之患也。夫以信召人，而以僭 jiàn 济之，必莫之与也，安能害我？

【单毙其死】正 杨 不得寿终。单，尽。毙，仆倒。

【食言者不病】杨 补 说话不算数的人不能［让人］困苦。病，困苦，这里是使动用法。

【僭】杨 不信。【济】正 成。

【必莫之与也】杨 补 即"必莫与之也"，可译为"必然无人亲附"。

"且吾因宋以守，病，则夫能致死。［吾］与宋致死，虽倍楚可也，子何惧焉？

【且吾……致死】杨 补 而且我们（晋）依靠［地主、弭兵之盟发起者］宋来防守，［一旦楚人挑起］麻烦，宋师一定能拼死［抗击］。夫，指宋师。

【与宋……可也】正 补 ［我们］与宋人一起拼死抗击，即使［认为我方力量］超过楚方一倍也是可以的。

"又不及是。［楚］曰弭兵以召诸侯，而称兵以害我，吾庸多矣，非所患也。"

【称】正 举。

【庸】正 功。

○ 杨 补 传世文献对读：《国语·晋语八》亦载此事，羊舌肸以"忠""信"立论，与《左传》有所不同，可扫码阅读。

【二·五】季武子使谓叔孙 叔孙穆子以公 鲁襄公 命，曰"视邾、滕"。既而齐人请邾，宋人请滕，［邾、滕］皆不与 yù 盟。叔孙曰："邾、滕，人之私也。我，列国也，何故视之？宋、卫，吾匹也。"［我］乃盟。故［《春秋》］不书其族，言违［公］命也。

【视邾、滕】 [正] [补] ［盟会中要争取降低鲁的地位,使］与邾、滕相当。邾、滕小国,其承担的贡赋轻。季武子担心弭兵之盟后,鲁既要服于晋又要服于楚,如果按目前的中等国规格交纳双倍贡赋,则将难以承担,因此对叔孙穆子有此要求。若是他人出使,那季武子直接说是自己的意思发令即可;但当时六卿中资历最老的叔孙穆子并不顺服季武子(参见季武子驱逐臧武仲之后叔孙穆子在晋国公开赞扬臧氏先人功绩,见襄二十四·一),季武子有所忌惮,担心告诉他这是自己的意思会不被听从,因此假托鲁襄公之命,希望叔孙穆子因尊敬公命而照办。

【既而……与盟】 [正] [杨] 后来齐人请以邾［为属国］,宋人请以滕［为属国］,［邾、滕二国］因此都不独立参加盟会。

【人之私】 [杨] [补] 他国的私属［,不是独立国家］。

【故不……命也】 [正] [杨] [补] 因此《春秋》书“豹及诸侯之大夫盟于宋”,去叔孙豹之族氏“叔孙”,意思是他违背了鲁襄公的命令。据《左传》,则“视邾、滕”实为执政卿季武子之命,并非鲁襄公之命。杜注、孔疏认为,季武子既然假借鲁襄公之命来告知叔孙穆子,叔孙穆子即使判断出此命并非来自鲁襄公,也应该想到,季氏专权,国君微弱,国家已经很少发出“公命”,如今既有“公命”,无论真假,都应该遵照“公命”执行,以大顺之道尊崇弱命之君,这才是正确的做法。然而,叔孙穆子却计较命令的是非真假,根据自己的判断选择不遵“公命”,成就了小的正确,却忘记了大的尊君之义,因此《春秋》仍旧以“违背公命”为由,去叔孙豹之族氏以示贬责。叔孙穆子知道季武子假托公命便不执行,与叔仲惠伯知道东门襄仲假托公命仍然执行(文十七—文十八·七)形成鲜明对比。

○ [补] 季武子既然要降低鲁地位,则鲁不应有三军。这为叔孙穆子去世后、昭五年鲁废中军(昭四—昭五·十·二)埋下了伏笔。

【二·六】晋、楚争先。

【争先】 [正] [补] 争先歃血。从下文晋、楚争执之言判断,先歃血者为盟主。

晋人赵文子曰：“晋固为诸侯盟主，未有先晋者也。”

楚人曰：“子赵文子言晋、楚匹也。若晋常先，是楚弱也。且晋、楚狎xiá主诸侯之盟也久矣，岂专在晋？”

【子言晋、楚匹也】补参见襄二十七·三·二·二赵文子所言“晋、楚、齐、秦，匹也”。

【且晋……久矣】正补而且晋、楚更替主持诸侯盟会已经很久了。陈、蔡、郑、许时而南面服楚，时而北面服晋，成二年楚王子婴齐为蜀之盟，中原诸国大夫皆在，故楚人有此言。狎，更。

叔向羊舌肸谓赵孟赵文子曰：“诸侯归晋之德只，非归其尸盟也。子务德，无争先。且诸侯盟，小国固必有尸盟者。楚为晋细，不亦可乎？”

【只】杨语末助词，无义。

【尸】正主。

乃先楚人。

○补于是让楚人先歃血。

[《春秋》]书先晋，晋有信也。

○补《春秋》书“……晋赵武、楚屈建……”，序晋于楚上，是为了表明晋有信用。

○杨补**传世文献对读：**《国语·晋语八》载羊舌肸劝赵文子之言，与《左传》有所不同，可扫码阅读。

[二·七] 壬午六日，宋公宋平公兼享晋、楚之大夫，赵孟赵文子为客。子木屈建与之言，[赵孟]弗能对；[赵孟]使叔向羊舌肸侍言焉，子木

亦不能对也。

【享】⃞补 见桓九—桓十·一·二。

【客】⃞正 ⃞杨 上宾。

【二·八】乙酉九日，宋公宋平公及诸侯之大夫盟于蒙门之外。子木屈建问于赵孟赵文子曰："范武子之德何如？"[赵孟]对曰："夫子之家事治，言于晋国无隐情，其祝、史陈信于鬼神无愧辞。"

【蒙门】⃞正 ⃞杨 宋都东北门。

【夫子……愧辞】⃞正 ⃞补 他的家事治理得井井有条，在晋[朝廷上]说话没有隐瞒，他的家祝、家史向鬼神陈辞[时以]诚信[为本]，没有有愧于心的谀辞。范武子教子有方（参见成二·五），可作为"夫子之家事治"的例证。"其祝、史陈信于鬼神无愧辞"，参见季梁关于如何才是陈信于鬼神的表述（桓六·二·三），以及鲁庄公关于对鬼神讲诚信的表述（庄八—庄九—庄十·九·二）。

【祝】⃞补 见成十七·二。

【史】⃞补 家史，卿大夫家臣，职掌包括祭祀之事。

○⃞补 **传世文献对读**：《国语·晋语八》载赵文子向羊舌肸称赞范武子之言，可扫码阅读。

【二·九】子木屈建归以[赵孟之言]语yù王楚康王。王曰："尚矣哉！[范武子]能歆 xīn 神、人，宜其光辅五君以为盟主也。"子木又语yù王曰："宜晋之伯也！有叔向羊舌肸以佐其卿，楚无以当之，不可与争。"

【尚】⃞正 ⃞杨 崇，高。

【歆】⃞补 见僖十一—僖十一·三。

【五君】⃞正 晋文公、晋襄公、晋灵公、晋成公、晋景公。

【二·十】晋荀盈知悼子遂如楚莅盟。

【莅盟】补见隐七·七·一·二。

【二·十一】郑伯郑简公享赵孟赵文子于垂陇，子展公孙舍之、伯有良霄、子西公孙夏、子产公孙侨、子大（太）叔游吉、二子石印段、公孙段从。赵孟曰："七子从君郑简公，以宠武赵文子也。请皆赋，以卒君贶kuàng，武亦以观七子之志。"

【郑伯享赵孟于垂陇】正 补赵文子一行自宋归晋，途经郑，郑简公设享礼款待。【垂陇】补见文二·三·春秋。

【宠】杨尊贵。

【请皆赋，以卒君贶】杨请诸位都赋诗，以完成贵国君主〔对我〕的恩赐。

○补古文字新证：印段、公孙段皆名段、字石，根据春秋时人名、字相应的通例，可知"段"字字义应与石有关。《说文》石部："碫，厉石也。《春秋传》曰：郑公孙碫字子石。"则许慎所见古本《左传》"段"作"碫"，为磨砺石头之意。然而，"段"字本义也与石有关。从段字字形演变情况看（襄字形图2），金文"段"字从石、从殳，二短横象碎石，整体象手持锤在厂中捶石之形。之后字形演变情况在此不再详述。总之，从古文字学证据看，"段"之造字本义为"捶石"。此二人之名究竟为"段"或"碫"，疑不能明。

1 周中.段簋《金》	2 周中.段金糦簋《金》	3 戰.晋.八年相邦鈹《集成》	4 戰.晋.璽彙2945	5 戰.秦.璽彙3128
6 秦陶1352《秦》	7 秦.阿房宮遺址瓦《秦》	8 西漢.武威簡.服傳4《篆》	9 東漢.景北海碑陰《篆》	

襄字形图2《《说文新证》，2014年）

子展赋《草虫》。赵孟曰:"善哉! 民之主也。抑武也不足以当之。"

【子展赋《草虫》】 正 补 《毛诗·召南》有《草虫》。公孙舍之取"未见君子,忧心忡忡。亦既见止,亦既觏止,我心则降",比赵文子为诗中君子,表示自己为郑国担忧,但见到君子赵文子之后则变得安宁愉悦。

【善哉! 民之主也】 补 好啊! [这诗中描写的君子真是]民众的好主子。

【抑】 杨 补 转折连词,然而。

伯有赋《鹑之贲 bēn 贲》。赵孟曰:"床第 zǐ 之言不逾阈,况在野乎? 非使人之所得闻也。"

【伯有赋《鹑之贲贲》】 正 补 《毛诗·鄘风》有《鹑之奔奔》。良霄取"人之无良,我以为兄""人之无良,我以为君",抱怨公孙舍之与郑简公无良,因此赵文子事后说良霄"诬其上而公怨之"。

【床第……闻也】 正 杨 补 男女枕边的私房话不应该越过门坎传到屋外,何况是举行享礼的野外呢? 这不是[我这个]使者应该听到的。据毛诗《序》,本诗为刺卫宣姜淫乱而作,赵文子此时不愿使场面过于难堪,便取这层意思,称良霄所赋诗为"床第之言"敷衍过去,并且委婉地告诫良霄这些话很不合适,不要再说下去了。第,床板。阈,门槛。

○ 补 当时郑卿有六名,按排位次序为公孙舍之、良霄、公孙夏、公孙侨、游吉、印段。公孙段是候补卿,直到襄三十年才被正式任命为卿官(参见襄三十·十三·二·一)。在这中间,是良霄兄长的有公孙舍之、公孙夏、公孙侨、公孙段。笔者认为,良霄回国之后,如同石㒱所预料的那样傲慢无礼,欺凌同僚(参见襄十三·六),到本年时,他与其他五卿关系已经非常紧张。在这样的背景下,公孙段作为候补卿出席活动,很可能是首卿公孙舍之牵头做的安排,目的是向良霄示威,表明其他五卿已经在为除掉良霄之后的六卿领导班子作准备。

这也许就是触发良霄在公开场合向霸主国执政卿赵文子"告状"的原因,他的目的是暴露郑高层内部争端,怂恿晋人干涉郑内政。

子西赋《黍苗》之四章。赵孟曰:"寡君晋平公在,武何能焉?"

【子西赋《黍苗》之四章】正 补《毛诗·小雅·黍苗》(见襄十九·一·五)第四章为"肃肃谢功,召伯营之。烈烈征师,召伯成之"。公孙夏赋此章,是将赵文子比作召伯。黍见僖五·八·一。

子产赋《隰 xí 桑》。赵孟曰:"武请受其卒章。"

【子产赋《隰桑》】正 补《毛诗·小雅》有《隰桑》。公孙侨取"既见君子,其乐如何",表示见到君子,十分欢乐,情投意合。

【武请受其卒章】正 补赵武子取卒章"心乎爱矣,遐不谓矣?中心藏之,何日忘之",表示不敢认为自己真是公孙侨所称赞的君子,但是会将公孙侨对自己的嘉许当成鼓励和规诲珍藏在心,不敢忘记。

子大(太)叔赋《野有蔓草》。赵孟曰:"吾子游吉之惠也。"

【子大叔赋《野有蔓草》】正 杨《毛诗·郑风》有《野有蔓草》。游吉取"邂逅相遇,适我愿兮",表示很高兴与赵文子初次见面。

印段赋《蟋蟀》。赵孟曰:"善哉!保家之主也。吾有望矣。"

【印段赋《蟋蟀》】正 补《毛诗·唐风》有《蟋蟀》。印段取"无已大康,职思其居。好乐无荒,良士瞿瞿",表示要心怀戒惧遵行礼义。

【吾有望矣】补 我有指望了。赵文子意谓,郑有印氏这样尊礼行义的卿族,将可以和平安定,自己作为霸主国执政卿则可以指望管控诸侯的事务将不会太繁重。

公孙段赋《桑扈》。赵孟曰:"'匪交(骄)匪敖(傲)',福将焉往?若保是言也,欲辞福禄,得乎?"

【公孙段赋《桑扈》】 正 补 《毛诗·小雅》有《桑扈》。公孙段取"君子乐胥,受天之祜""君子乐胥,万邦之屏",赞颂赵文子是和乐君子,承受天福,是邦国屏障。【公孙段】 杨 补 姬姓,名段,字石,谥景,排行伯。公子平(襄七·八·二·一)之子,郑穆公(僖三十·三·五)之孙。郑大夫,官至卿位。襄二十九年名已见于《春秋》(参见襄二十九·八·春秋),襄三十年正式升为卿。昭七年卒。

【匪交……得乎?"】 正 补 赵文子则取卒章"匪交匪敖"(彼交匪敖),表示自己要谦虚谨慎,才能保有福禄。

○ 杨 印段、公孙段二人皆字"(子)石",若称字则无以区别,故称名氏。

○ 补 **传世文献对读**:《毛诗·召南·草虫》《毛诗·鄘风·鹑之奔奔》《毛诗·小雅·隰桑》《毛诗·郑风·野有蔓草》《毛诗·唐风·蟋蟀》《毛诗·小雅·桑扈》的原文,可扫码阅读。

卒享,文子赵文子告叔向羊舌肸曰:"伯有将为戮矣。诗以言志。[伯有]志诬其上郑简公,而公怨之,以为宾荣,其能久乎? 幸而后亡。"

【志诬……后亡】 正 补 [伯有]心意在于诬蔑他的主上,并公开地表达自己的怨恨,作为在宾客面前的光荣,他能长久吗? 要幸运才能逃亡[而免死]。

叔向曰:"然。[伯有]已侈。所谓不及五稔 rěn 者,夫 fú 子伯有之谓矣。"

【已】 杨 太。【侈】 补 自多以陵人。

【五稔】 杨 五年。参见僖二·五·二。

○ 正 下启襄三十年郑杀良霄(襄三十·九)。

文子曰："其余皆数世之主也。子展其后亡者也,在上不忘降。印氏其次也,乐而不荒。乐以安民,不淫以使之,[印氏]后亡,不亦可乎?"

【在上不忘降】正 补 处在上位而不忘降抑。指公孙舍之所赋《草虫》中的"我心则降"。参见郑大夫罕蔑论"贵而知惧,惧而思降"(襄二十四·十)。

【乐而不荒】正 补 欢乐而不荒淫。指印段所赋《蟋蟀》中的"好乐无荒"。

【淫】补 过度。

[二·十二] 宋左师向戌请赏,曰"请免死之邑"。公宋平公与之邑六十。[左师]以示子罕乐喜。

【请免死之邑】正 杨 补 弭兵之事体大,情况复杂,若不成而得罪大国,则向戌罪不容于死。今幸而有成,得免于死罪,故称赐邑为"免死之邑"。这里所说的"邑"参见成元—成二·六·一。

【以示子罕】杨 [向戌]把[赐邑的相关文书]给执政卿乐喜看。

子罕曰："凡诸侯小国,晋、楚所以兵威之,畏[大国]而后上下慈和,慈和而后能安靖其国家,以事大国,所以存也。[大国]无威则[小国]骄,骄则乱生,乱生必灭,所以亡也。天生五材,民并用之,废一不可,谁能去兵? 兵之设久矣,所以威不轨而昭文德也。圣人以[兵]兴,乱人以[兵]废。废兴、存亡、昏明之术,皆兵之由也,而子求去之,不亦诬乎? 以诬道蔽诸侯,罪莫大焉。[子]纵无大讨,而又求赏,无厌之甚也。"[子罕]削而投之。左师辞邑。

【天生……去兵】正 补 五材,指金、木、水、火、土。乐喜意谓,天生五材,废一不可;武力为治国重器之一,亦不可废去。

【废兴……由也】杨 补 一个国家衰废或兴起、存续或灭亡、昏乱或昌明所采用的方法,都来自武力。比如,武王兴兵伐商,此乃周兴起之术;商纣穷兵黩武,此乃商灭亡之术。

【诬】 杨 欺诈。

【蔽】 杨 蔽塞,使…不通明。

【削而投之】 正 杨 〔乐喜把简上文字〕削去然后扔在地上。春秋时人书于竹简或木牍,误书则以刀削去字迹。

向氏欲攻司城乐喜。左师曰:"我将亡,夫子乐喜存我,德莫大焉,又可攻乎?"

【司城】 补 见文七·二·一。

君子曰:"'彼己之子,邦之司直',乐喜之谓乎!'何以恤我,我其收之',向成之谓乎!"

【彼己之子,邦之司直】 正 杨 补 《毛诗·郑风·羔裘》有此句,而"己"作"其"。可译为"那位人物,是国家主持正义的人"。己,语助词,无义。司,主。

【何以恤我,我其收之】 正 杨 补 《毛诗·周颂·维天之命》有"假以溢我,我其收之",此处疑为其变文,可译为"拿什么赐给我,我将要收好它"。

襄公二十七年·四

地理 齐、鲁见襄地理示意图 1。齐、鲁、崔见襄地理示意图 4。

人物 崔武子(宣十·三·春秋)、崔成、崔强、棠姜(襄二十五·一·二·一)、崔明、棠无咎、东郭偃(襄二十五·一·二·一)、庆封(成十八·二·一)、卢蒲嫳

左传 【一】齐崔杼 zhù,崔武子生成崔成及强崔强而寡。〔崔子〕娶东郭姜棠姜,生明崔明。东郭姜以孤入,曰棠无咎,〔棠无咎〕与东郭偃相

ᵡⁱᵃⁿᵍ 崔氏。

【娶东郭姜】杨崔杼娶棠姜之事见襄二十五·一·二。

【孤】杨棠姜与前夫棠公之子。因其父已死,故称"孤"。

【东郭偃】正东郭姜之弟,棠无咎之舅。

〖二〗崔成有疾而[崔子]废之,而立明崔明。成崔成请老于崔,崔子崔武子许之。偃东郭偃与无咎棠无咎弗予,曰:"崔,宗邑也。必在宗主。"

【崔成……立明】正补崔成为崔武子嫡长子,依礼应为崔氏第一顺位继承人。崔强为崔武子嫡子,崔成之弟,依礼应为崔氏第二顺位继承人。崔武子爱棠姜及其所生之子崔明,故因崔成有恶疾而废之,并跳过崔强,而立其爱子崔明。

【老】补告老。【崔】补见僖二十七—僖二十八·十四·一。

【宗邑】正补有祖先宗庙的采邑。

【宗主】正补这里指未来大宗之主(即族长),指崔明。

成与强怒,将杀之。[成、强]告庆封曰:"夫子崔武子之身,亦子所知也:唯无咎与偃是从,父兄莫得进矣。[吾]大恐[无咎与偃]害夫子,敢以告。"庆封曰:"子姑退,吾图之。"

[庆封]告卢蒲嫳 ᵖⁱᵉ。卢蒲嫳曰:"彼崔武子,君之雠也。天或者将弃彼矣。彼实家乱,子何病焉!崔之薄,庆之厚也。"他日,[成、强]又告[庆封]。庆封曰:"苟利夫子,必去之!难 ⁿàⁿ,吾助女(汝)。"

【卢蒲嫳】正补姜姓,卢蒲氏,名嫳。卢蒲癸(襄二十三·七·一)之弟。庆封属大夫。襄二十八年被放逐至齐北境。昭三年被公孙灶放逐至北燕。

【彼,君之仇也】杨补他,是国君的仇人。襄二十五年崔武子弑齐后庄公。现任国君齐景公为齐后庄公之弟，因此崔武子对于齐景公有杀兄之仇。

【病】⬜补 忧虑。

【三】九月庚辰〔五日〕，崔成、崔强杀东郭偃、棠无咎于崔氏之朝。崔子〔崔武子〕怒而出，其众皆逃。〔崔子〕求人使驾，不得。〔崔子〕使圉〔yǔ〕人驾、寺人御而出，且曰："崔氏有福，止余犹可！"

【圉人驾、寺人御】⬜正 ⬜杨 ⬜补 养马人套车，寺人驾车。寺人见僖二·四·二。

【崔氏有福，止余犹可】⬜正 ⬜补 崔氏〔如果想保〕有福佑〔在齐长存〕，〔让祸难全部〕停止在我身上都可以！ 崔武子想要引入庆封剿灭崔成、崔强，靠自己终止祸乱。

〔崔子〕遂见庆封。庆封曰："崔、庆一也。是何敢然？ 请为子讨之。"〔庆封〕使卢蒲嫳帅甲以攻崔氏。崔氏堞其宫而守之，弗克。〔卢蒲嫳〕使国人助之，遂灭崔氏，杀成〔崔成〕与强〔崔强〕，而尽俘其家。其妻〔棠姜〕缢。

【堞其宫】⬜正 ⬜杨 在崔氏宫室外墙上加筑矮墙。

嫳〔卢蒲嫳〕复命于崔子，且御而归之。〔崔子〕至，则无归矣，〔崔子〕乃缢。崔明夜辟〔避〕诸大墓。

【四】辛巳〔六日〕，崔明来奔。庆封当国。

【当国】⬜正 ⬜补 摄政官，代君行政。

襄公二十七年·五

⬜地理 楚、晋见襄地理示意图 1。

人物 蒍罢、晋平公（襄十六·一·春秋）、羊舌肸（襄十一·二·五·三）

左传【一】楚蒍 wěi 罢 pí 如晋莅盟。晋侯晋平公享之。［蒍罢］将出，赋《既醉》。

【蒍罢】 正 补 《毛诗·大雅》有《既醉》，原文见下。芈姓，蒍氏，名罢，字荡。楚大夫，官至执政（继王子围）。昭五年已任令尹。

【莅盟】 补 见隐七·七·一·二。

【享】 补 见桓九—桓十·一·二。

【将出，赋《既醉》】 正 蒍罢取"君子万年，介尔景福"，"君子万年，介尔昭明"，称晋平公为长寿君子。

○ 补 **传世文献对读：**《毛诗·大雅·既醉》的原文，可扫码阅读。

【二】叔向羊舌肸曰："蒍氏之有后于楚国也，宜哉！承君命，不忘敏。子荡蒍罢将知政矣。敏以事君，必能养民，政其焉往？"

【敏】 补 审慎恰当。

【政其焉往】 正 补 政权还能往别的地方去吗？

○ 补 下启昭元年蒍罢为令尹（昭元·九·四）。

襄公二十七年·六

地理 齐、鲁、楚见襄地理示意图1。

人物 申鲜虞（襄二十三·七·一）、齐后庄公（襄元·二·三）

左传 崔氏之乱，申鲜虞来奔。［申鲜虞］仆赁 lìn 于野，以丧庄公齐后庄公。冬，楚人召之，［鲜虞］遂如楚，为右尹。

【崔氏……来奔】 正 见襄二十五·一。

【仆赁于野,以丧庄公】 正 杨 补 ［申鲜虞］在郊外雇佣了仆人,为齐后庄公服丧。

【右尹】 补 见成十六・三・四・二。

襄公二十七年・七

春秋 冬,十有(又)二月乙亥朔初一,日有食之。

【十有二月】 正 《左传》作"十一月"。据杜预所推春秋历,本次日食应发生在十一月初一,《春秋》误。

【朔】 补 见桓三・五・春秋。

【日有食之】 补 见隐三・一・春秋。

左传 十一月乙亥朔,"日有食之"。辰在申,司历过也,再失闰矣。

【辰在……闰矣】 正 杨 当时北斗七星斗柄指申,相当于周历九月。而《左传》记载为十一月,相差二月。《左传》作者认为,这是由于历法官的过错,两次应该置闰月而没有置闰月,因此造成两个月的误差。

【司历】 补 鲁外朝官,职掌历法。

襄公二十八年·一

地理 鲁、宋、郑见襄地理示意图1。

人物 梓慎

春秋 二十有(又)八年,春,[我]无冰。

左传 【一】 二十八年,"春,无冰"。

【二】 梓 zǐ 慎曰:

【梓慎】 正 补 梓氏,名慎。鲁掌卜大夫。

"今兹宋、郑其饥乎?

【今兹】 正 今年。

"岁在星纪,而淫于玄枵 xiāo。

【淫】 杨 过。

○ 正 杨 补 岁星纪年法参见襄九·五·五。岁星公转周期实为十一又百分之八十六年,而古人误以为十二年整。既以为十二年,所以根据木星的运行把周天分为十二星次,认为岁星一年运行一星次。由于岁星运行实际速度快于理论速度,因此每八十四年误差累积会超过百分之九十八年,约等于一个星次。据梓慎推算,本年岁星应在星纪。而观测所得,实在下一星次玄枵。此句是为下文"玄枵,虚中也;枵,耗名也"铺垫。

"以有时灾,阴不堪阳。

○ 正 杨 补 发生了天时不正的灾害,阴不能战胜阳。时灾,指本年春无冰。古人以寒冷为阴,温暖为阳。冬季应有冰而无冰,应寒而暖,故曰"阴不堪阳"。之所以会如此,是因为阳气出地,地气发泄。此句是解释下文"土虚"。

"蛇乘龙。龙,宋、郑之星也。宋、郑必饥:玄枵,虚中也;枵,耗名也。土虚而民耗,不饥何为?"

○ 正 杨 补 岁星为木,木位在东,东方七宿为青龙,因此岁星亦以龙为名。玄枵当北方玄武七宿之女、虚、危三宿,虚、危两宿,古以为蛇。龙(岁星)运行过快,到了虚、危两宿下方,龙在下而蛇在上,故曰"蛇乘龙"。

根据这个学说,岁星(龙)本位在东方,且东方青龙七宿之房、心二宿对应宋,角、亢二宿对应郑,故曰"龙,宋、郑之星也"。

岁星(龙)为天之贵神,如今被虚、危两宿(蛇)所乘,势屈,不再能保佑其对应的国家,故知宋、郑必有灾祸。之所以认定这个灾祸是饥荒,是基于前面对"时灾"的分析,以及后面对"玄枵"的分析。地气发泄,气候应寒而暖,而土地本身则虚耗,故曰"土虚"。玄枵所在天区包括女、虚、危三宿,虚宿在中间,故曰"玄枵,虚中也"。"枵"的本意为虚耗,故曰"枵,耗名也"。总之,时灾和天象都预示着土地虚空而民众损耗,也就是饥荒,故曰"宋、郑必饥"。

○ 杨 补 **分野学说:**古人认为天上星宿(桓五·四)与地上列国有一种对应关系,可以通过观测天象变化预言相应列国吉凶,这种星占学说称为"分野"学说。在"分野"学说中,十二次(星次参见襄九·五·五)及二十八宿分野是最重要的分野模式。《晋书·天文志》所载星次、星宿与列国对应关系如下表所示:

星　　次	星次包含星宿	列国对应星宿	列国
星纪(斗十二度至女七度)	斗、牛、女	斗、牛、女	吴、越
娵訾(女八度至危十六度)	女、虚、危	虚、危	齐

续　表

星　次	星次包含星宿	列国对应星宿	列国
豕韦（危十七度至奎四度）	危、室、壁、奎	室、壁	卫
降娄（奎五度至胃六度）	奎、娄、胃	奎、娄、胃	鲁
大梁（胃七度至毕十一度）	胃、昴、毕	昴、毕	赵
实沈（毕十二度至井十五度）	毕、觜、参、井	觜、参	魏（晋）
鹑首（井十六度至柳八度）	井、鬼、柳	井、鬼	秦
鹑火（柳九度至张十六度）	柳、星、张	柳、星、张	周
鹑尾（张十七度至轸十一度）	张、翼、轸	翼、轸	楚
寿星（轸十二度至氐四度）	轸、角、亢、氐	角、亢、氐	郑
大火（氐五度至尾九度）	氐、房、心、尾	房、心	宋
析木（尾十度至斗十一度）	尾、箕、斗	尾、箕	燕

襄公二十八年·二

[地理]齐、陈、蔡、北燕、晋见襄地理示意图1。齐、杞见襄地理示意图4。陈、蔡、胡、沈、晋见襄地理示意图5。

[人物]齐景公（襄二十五·一·四）、陈哀公（襄五·八·春秋）、蔡景公（成二·七·一·二）、燕懿公、杞文公（襄二十四·五·春秋）、胡子髡、沈子、庆封（成十八·二·一）、陈文子（襄二十二·三）

[左传]【一】夏，齐侯齐景公、陈侯陈哀公、蔡侯蔡景公、北燕伯燕懿公、杞伯杞文公、胡子胡子髡、沈子、白狄朝于晋，宋之盟故也。

【北燕伯】[杨][补]燕懿公。姬姓，谥懿。

【胡】 杨 补 周时国,《左传》记载为归姓,出土简帛及金文材料证明实应为媿姓,子爵。始封君按传统说法为虞舜乐正夔之后,实应为北方媿姓狄人之后。在今安徽阜阳。昭十一年楚迁胡于荆。昭十三年楚平王复其国。定十五年被楚所灭。参见《图集》29—30④7。一说阜阳胡国是舞阳胡国(哀六·八·三)在春秋初年被郑国所灭后迁徙而来。

【白狄】 补 见僖三十三·五·一·一。不知是晋西或晋东白狄。

【朝】 补 见隐四·二·七·一。

○正 补 陈、蔡、胡、沈本为楚联盟成员。襄二十七年宋之盟约定"晋、楚之从交相见",因此四国君主朝于晋。齐虽然名义上是晋联盟成员,但经常挑战晋的盟主地位,在襄二十四年甚至一度与楚结盟(襄二十四·五),而北燕、杞应该是齐属国;白狄长期是晋边患。总而言之,齐、北燕、杞、白狄虽非楚联盟成员,其朝晋之举亦与宋之盟弭兵修好之宗旨相合,故《左传》总论曰"宋之盟故也"。

【二】 齐侯齐景公将行,庆封曰:"我不与 yù 盟,何为于晋?"陈文子曰:"先事后贿,礼也。小事大,未获事焉,从之如志,礼也。[我]虽不与 yù 盟,敢叛晋乎? 重 chóng 丘之盟,未可忘也。子其劝行!"

【我不与盟】 杨 补 据襄二十七·三·春秋,则宋之盟,齐、秦二国与会而未与盟。

【先事后贿】 杨 补 先[考虑]事奉[大国],后[考虑盟会所需花费的]财货。

【小事……如志】 正 杨 补 小[国]事奉大[国],[即使之前]没有得到事奉[的机会](指没有参加宋之盟),[如今还是要]按照[大国的]志向顺从它。宋之会时,赵文子说晋、楚、齐、秦匹敌(襄二十七·三·二·二),是说四国都大致在同一档次,相对于其他诸侯国为大国。此处陈文子之言则说明,四大国内部尚有分别,齐相对于晋则为小国。

【重丘之盟】正见襄二十五·三。

襄公二十八年·三

地理卫、晋见襄地理示意图1。

人物石悼子（襄十九·九·一）、石圃

春秋夏，卫石恶石悼子出奔晋。

左传卫人讨宁 ning 氏之党，故"石恶出奔晋"。卫人立其从子圃石
圃以守石氏之祀，礼也。

【卫人……奔晋】补襄二十七年宁悼子被杀，石悼子想要为他收敛，
可证石悼子为宁悼子党羽。

【卫人……礼也】正石悼子先人石碏有大功于卫，且石悼子虽为宁
悼子党羽，本身并无大恶，其罪不及绝祀，故卫人立其从子为"礼也"。

【从子】杨兄弟之子。

【圃】补石圃。姬姓，石氏，名圃。石悼子（襄十九·九·一）兄弟之
子。卫大夫，官至卿位。哀十八年被卫出公所逐出奔。

襄公二十八年·四

地理鲁见襄地理示意图1。邾、鲁见襄地理示意图4。

人物邾悼公（襄十八·三·春秋）

春秋邾子邾悼公来朝。

【朝】补见隐四·二·七·一。

左传邾悼公来朝，时事也。

【时事】正 杨 四时朝聘之事，与宋之盟无关。

襄公二十八年·五

地理 鲁见襄地理示意图1。

春秋 秋，八月，［我］大雩 yú。

【雩】补 见桓五·四·春秋。

左传 "秋，八月，大雩"，旱也。

襄公二十八年·六

地理 蔡、晋、郑见襄地理示意图1。

人物 蔡景公（成二·七·一·二）、郑简公（襄七·八·二·二）、公孙侨（襄八·三）、公孙舍之（襄八·八·一·二）

左传 ［一］蔡侯蔡景公归自晋，入于郑。郑伯郑简公享之，［蔡侯］不敬。

【享】补 见桓九—桓十·一·二。

［二］子产公孙侨曰：

"蔡侯其不免［于难］乎？

"日［蔡侯］其过此也，君郑简公使子展公孙舍之迁 wàng 劳于东门之外，而［蔡侯］傲。吾曰'犹将更之'。今［蔡侯］还，受享而惰，乃其心也。［蔡侯］君小国，事大国，而惰傲以为己心，将得死乎？

【日其过此也】杨 补 往日［蔡景公］经过我国［前往晋］时。

【迁】补 往。【劳】补 慰劳。

【更】杨改。

【君小国】杨做小国的君主。

"[蔡侯]若不免，必由其子：其为君也，淫而不父。侨_{公孙侨}闻之，如是者，恒有子祸。"

【淫而不父】正 补淫乱而不像父亲。据襄三十·五，蔡景公与其儿媳（太子班之妻）通奸。

○正下启襄三十年蔡太子班弑其父蔡景公（襄三十·五）。

> ○补传世文献对读：《论语·八佾》："子曰：'居上不宽，为礼不敬，临丧不哀，吾何以观之哉?'"此为"为礼不敬"之例。

襄公二十八年·七

地理鲁、晋、楚见襄地理示意图1。

人物孟孝伯（襄二十三·八·二·一）

春秋仲孙羯_{孟孝伯}如晋。

左传孟孝伯如晋，告将为宋之盟故如楚也。

○正 补襄二十七年宋之盟约定"晋、楚之从交相见"。鲁为晋同盟国，所以先告知晋，然后至楚朝见。

襄公二十八年·八

地理蔡、晋、郑、楚、周见襄地理示意图1。蔡、晋、郑、楚、周、汉水见襄地理示意图5。

人物蔡景公（成二·七·一·二）、郑简公（襄七·八·二·二）、游

吉(襄二十二・七・二)、楚康王(襄十四・九)、公孙舍之(襄八・
八・一・二)、裨灶、周灵王(襄五・二)、公孙侨(襄八・三)

|左传|【一】蔡侯蔡景公之如晋也，郑伯郑简公使游吉如楚。

○|补|襄二十七年宋之盟，约定"晋、楚之从交相见"。蔡为楚属国，因
此至晋朝见。郑为楚属国，因此至楚朝见。

及汉，楚人还之，曰："宋之盟，君郑简公实亲辱。今吾子游吉来，
寡君楚康王谓吾子姑还，吾将使驲rì奔问诸(之于)晋而以告。"

【汉】|补|见桓六・二・二。
【楚人还之】|杨|楚人让游吉回去。
【宋之盟，君实亲辱】|正||杨||补|宋之盟，国君是亲自屈尊[参与的]。
【寡君……以告】|正||补|我国君王说您姑且回去，我国将要派传车奔
赴晋询问[郑伯是否应该亲自来朝]之后再告诉[您]。【驲】|补|见文
十六・三・四。
○|补|据上文，本年前往晋朝见晋平公的是齐、陈、蔡、北燕、杞、胡、沈
国君主，而郑只派卿官前往楚朝见楚康王，楚人认为受到了轻视，因
而有此要求。

子大(太)叔游吉曰："宋之盟，君楚康王命将利小国，而亦使安定
其社稷，镇抚其民人，以礼承天之休。此君之宪令，而小国之
望也。寡君郑简公是故使吉游吉奉其皮币，以岁之不易，聘于下
执事。今执事有命曰：'女(汝)，游吉何与yù政令之有？必使而
(尔)君郑简公弃而(尔)封守，跋涉山川，蒙犯霜露，以逞君楚康王
心。'小国将君是望，敢不唯命是听？无乃非盟载之言，以阙
quē君德，而执事有不利焉，小国是惧。不然，[小国]其何劳之
敢惮？"

【休】|杨|赐。

【宪令】正法令。宪,法。

【皮币】正杨聘问时礼物。皮为狐貉之皮,币为缯帛之货。

【以岁之不易】正杨补因为近年[政事]不易[,多有患难]。杜注认为,这里说的"岁之不易"就是指上文梓慎预言的郑地饥荒。杨注引杨树达观点认为,从襄三・三"以岁之不易,不虞之不戒,寡君愿与一二兄弟相见"、昭四・一・二"以岁之不易,寡人愿结欢于二三君"等句例看,"以岁之不易"是句首套话,应该在"寡君是故使吉奉其皮币"之前,这里可能有传写倒错。

【女何与政令之有】杨补你怎能参与[宣达]郑的政令?

【小国……是听】补即"小国将望君,敢不听命"。

【盟载】杨载,载书,即盟书。盟载同义。

【小国是惧】杨补即"小国惧是",可译为"小国就害怕这些"。"是"指代的是上文"无乃非盟载之言,以阙君德,而执事有不利焉"。

【不然,其何劳之敢惮】正杨补"其何劳之敢惮"即"其敢惮劳"。可译为"如果不是这样,[我国君主]哪里敢害怕什么疲劳[而不亲自前来]?"

[二・一] 子大(太)叔游吉归,复命,告子展公孙舍之曰:"楚子楚康王将死矣! 不修其政德,而贪昧于诸侯,以逞其愿,欲久,得乎?《周易》有之,在《复》☷☳之《颐》☶☳,曰'迷复,凶',其楚子之谓乎! 欲复其愿,而弃其本,复归无所,是谓'迷复',能无凶乎? 君郑简公其往也,送葬而归,以快楚心。楚不几jī十年,未能恤诸侯也,吾乃休吾民矣。"

【《复》☷☳之《颐》☶☳】正补此为引用《周易》筮例来表达观点、阐明事理。本筮例为本卦一爻变得之卦,主要以《周易》本卦变爻爻辞占之。《复》☷☳,本卦,《震》☳下《坤》☷上。《复》☷☳上六阴爻变为上九阳爻,故《复》☷☳变为《颐》☶☳。《颐》☶☳,之卦,《震》☳下《艮》☶上。主要以《复》上六爻辞占之。

【迷复,凶】正补《复》上六爻辞。可译为"迷失了回去的路,凶险"。

复,往回走。

【欲复……凶乎】正 杨 ［楚王］想回到他的愿望上,却抛弃了根本,［因此想］回归却找不到归宿,这就是所谓的"迷复",能够没有凶险吗? 游吉意谓,楚康王想实现使郑简公亲自前来朝见的愿望,但其手段全不顾道理,抛弃了大国之德的根本,就像路人迷失了方向找不到归宿一样,必然凶险。

【楚不……民矣】正 杨 补 楚没有将近十年工夫,不能心忧诸侯［,与晋争霸］,我国可以使民众得到休息了。几,近。《复》上六爻辞有"至于十年,不克征",游吉之言应是以此爻辞为依据。

○孔 下启本年楚康王卒(襄二十八·十二)。至昭四年楚灵王合诸侯于申,距今八年,为游吉"楚不几十年,未能恤诸侯也"之验。

【二·二】裨 pí 灶曰:"今兹周王周灵王及楚子皆将死。岁弃其次,而旅于明年之次,以害鸟、帑 nú。周、楚恶之。"

【裨灶】正 补 裨氏,名灶。郑大夫。

【今兹】补 今年。

○正 补 依照"分野"学说(见襄二十八·一·二),岁星所在星次的星宿对应地上的国家有福。今年岁星越过今年应在的星次(星纪)而向北运行到了明年应在的星次(玄枵),因此祸害被冲到南方。南方为朱鸟七宿(井、鬼、柳、星、张、翼、轸),鸟尾称为"帑"。属于鸟身(鸟)的鹑火(柳、星、张三宿)为周分野,属于鸟尾(帑)的鹑尾(翼、轸两宿)为楚分野,因此周灵王、楚康王将受祸。都是针对岁星过次进行分析,梓慎预言宋、郑饥,而裨灶则预言周灵王、楚康王将死。

○补 下启本年周灵王崩,楚康王卒(襄二十八·十二)。

【三】九月,郑游吉如晋,告将朝于楚,以从宋之盟。

【朝】补 见隐四·二·七·一。

【四】子产公孙侨相 xiàng 郑伯郑简公以如楚。［郑人］舍 shè 不为坛。

【舍不为坛】正 杨 补 古代国君至他国,在国都郊外立帷宫,设旌门,以准备接受东道主郊劳,称为"舍"。此外,宾客国需在帷宫内自行清除野草,整理出一块坦坪,坪内积土为坛,以作为接受东道主郊劳之所,称为"为坛"。此次公孙侨相郑简公如楚,在郊外不除草而舍(草舍),且不为坛,故外仆疑之。

外仆言曰:"昔先大夫相 xiàng 先君适四国,未尝不为坛。自是至今,亦皆循之。今子草舍,无乃不可乎?"

【外仆】补 见僖三十三·九·一。
【四国】杨 四方各国。

子产曰:

"大适小,则为坛。小适大,苟舍而已,焉用坛?

【大适小】杨 大〔国君臣〕到小〔国〕。

"侨公孙侨闻之,大适小有五美:宥 yòu 其小国罪戾,赦其过失,救其灾患,赏其德刑,教其不及。小国不困,怀服如归。是故〔大国〕作坛以昭其功,宣告后人,无怠于德。

【宥】补 宽恕。
【怀服如归】补 怀思归服如同回家一样。

"小适大有五恶:说其罪戾,请其不足,行其政事,共(供)其职贡,从其时命。不然,则重 zhòng 其小国币帛,以贺其大国福而吊其大国凶,皆小国之祸也。〔小国〕焉用作坛以昭其祸? 所以告子孙,无昭祸焉可也。"

【说其……时命】正 杨 补 〔小国〕解释说明小国的罪过,请求小国所不足的东西,〔请求大国出面帮助〕推行小国的政事,供应小国〔应交纳]的贡赋,服从小国[收到的]时不时到来的命令。

【币帛】杨财礼。

【所以……可也】正补这些就是应该告诉子孙的东西,[主旨是]不要宣扬祸患就可以了。

○补公孙侨要求使团不堆筑土坛,用的公开理由是"小国前往大国都是恶事,不要张扬"。然而,考虑到当时晋楚这两个武力争霸近一百年的大国刚刚讲和,楚先前又对郑只派游吉到访而非常不满,此次公孙侨陪郑简公前来带有很明显的"认错赔罪"性质。笔者认为,公孙侨这样做的真实理由是:一方面向不满郑先前行为的楚示弱,表明郑绝没有因为长期尊奉晋为霸主而蔑视楚,绝不敢认为自己是可以在土坛上接受楚慰劳的"正常国家";另一方面向老盟主晋示弱,表明郑绝不敢把到楚朝见当做一件光荣的事加以宣扬。在晋楚刚刚讲和、是否能够持久还不明朗的形势下,这样向晋、楚两个大国都"认怂"最符合郑国的国家利益,也有利于维护来之不易的和平局面。公孙侨的决定虽然突破了具体的礼制规定,却高度符合"礼之用,和为贵"的周礼基本精神,他善于审时度势、突破成规、灵活处置的才能在这件事上得到了充分的体现。

襄公二十八年・九

地理齐、鲁、吴 2、越见襄地理示意图 1。齐、鲁、莱(近潍水)见襄地理示意图 4。鲁、吴 2、越、朱方见襄地理示意图 5。

人物庆封(成十八・二・一)、庆舍、卢蒲嫳(襄二十七・四・二)、卢蒲癸(襄二十三・七・一)、王何(襄二十五・一・三・三)、公孙灶、公孙虿、析文子(襄十八・三・五)、晏平仲(襄十七・六)、北郭佐、陈文子(襄二十二・三)、陈桓子(庄二十二・三・四・三)、庆嗣、卢蒲姜、齐太公(僖三—僖四・五)、麻婴、庆奊、齐景公(襄二十五・一・四)、鲍文子(成十七・四・三・一)、季武子(襄六・五・春秋)、展庄

叔、叔孙穆子(成十六·六·二)、王子句余、子服惠伯(襄二十三·八·八·二)

春秋 冬,齐庆封来奔。

左传【一】齐庆封好田而耆(嗜)酒,［庆封］与庆舍政,［己］则以其内实迁于卢蒲嫳 piè 氏,易内而饮酒。数日,国迁朝焉。

【田】杨 打猎。

【与庆舍政】正 补 庆封将具体政事托付给庆舍［,自己则保留当国(摄政)身份］。【庆舍】正 补 姜姓,庆氏,名舍,字之。庆封(成十八·二·一)之子。齐大夫。襄二十八年被卢蒲癸、王何所杀。

【内实】正 妻妾和家中财物。

【易内】杨 补 换妻。

【数日,国迁朝焉】正 补 几天以后,齐国［大夫］朝见［庆封］的地方就迁到了［卢蒲嫳家］。庆封当国摄政,因此诸大夫每天先朝见庆封,再往公宫朝见齐景公。庆封迁于卢蒲嫳家,故诸大夫亦改为至卢蒲嫳家朝见庆封。

［庆氏］使诸亡人得贼者以告,而反(返)之,故反(返)卢蒲癸。癸卢蒲嫳臣子之庆舍,有宠,［子之］妻 qì 之。庆舍之士谓卢蒲癸曰:"男女辨姓,子不辟(避)宗,何也?"［癸］曰:"宗不余辟(避),余独焉辟(避)之?赋诗断章,余取所求焉,恶 wū 识宗?"

【使诸……反之】正 补 襄二十五年崔武子弑齐后庄公,庄公之党多有出奔在外者。襄二十七年庆氏趁崔氏家乱灭崔氏。此后,庆氏告知诸流亡之人,若能获得崔氏余党消息告诉庆氏,则可以将功赎罪,返回齐。

【故反卢蒲癸】补 卢蒲癸为齐后庄公党羽,襄二十五年齐后庄公被崔武子所弑后奔晋(参见襄二十五·一·三·三)。庆氏发布上述告示后,卢蒲癸告发崔氏余党有功,因此得以返回齐。

【妻之】正［庆舍］把女儿嫁给卢蒲癸。

【男女……何也】正 补男女不同姓［方能结婚］，您娶妻却不避同宗，这是为什么？古礼同姓不婚，而庆氏和卢蒲氏皆为姜姓，为同宗。

【宗不……辟之】正 杨 补同宗不避开我，我又如何独独能避开同宗？卢蒲癸意谓，同宗的庆舍主动希望将女儿嫁给自己。焉，如何。

【赋诗……识宗】正 杨 补就像人们赋诗断章取义一样，我取得需要的就是了，哪里知道什么同宗［不婚的禁忌］？恶，何。春秋时在外交场合常以赋诗进行交流，赋者取一段诗句（往往是首章）表达意思，并且未必用诗句的原意；而听者还可能选取另一段作为他所接受的诗句，并且也未必用诗句的原意。参见襄二十七·三·二·十一郑享赵文子赋诗情况。

癸言王何［于庆舍］而反(返)之。二人皆嬖bì，［庆舍］使执寝戈，而先后之。

【癸言王何而反之】正 补王何亦为齐后庄公党羽，襄二十五年齐后庄公被崔武子所弑后奔莒（参见襄二十五·一·三·三）。卢蒲癸返齐之后，又向庆舍进言而使王何返齐。

【嬖】补得宠。

【寝戈】正近身兵杖。

【而先后之】杨二人皆为庆舍近身侍卫，或在庆舍前，或在庆舍后。○补襄二十五年崔武子弑齐后庄公之后，崔武子为右相，庆封为左相。襄二十七年，崔氏家乱，庆氏又因势利导，最终导致崔氏覆灭，庆氏专权。崔氏覆灭之后，庆氏告知流亡在外的齐后庄公党羽，表示如果他们能告发崔武子余党，则可以回国。庆封当年并不是弑君的罪魁祸首，而且现在又做出一副清算崔武子、为齐后庄公报仇的姿态，所以敢于重用齐后庄公党羽卢蒲癸和王何，更何况卢蒲癸还是自己心腹卢蒲嫳的亲戚。卢蒲癸回国之后，做出一副尽心尽力事奉庆封的样子,而且还不顾礼制禁忌而娶庆舍之女为妻,在获得庆封充分信任之后又召回了齐后庄公党羽王何。

然而,庆封完全没有想到的是,卢蒲癸、王何回国的真正目的是要灭庆氏、为齐后庄公报仇。他们知道庆封其实是崔武子弑君的帮凶,如今崔武子已死,报仇的矛头就指向了弑君之乱的最大受益者庆封。因此,卢蒲癸所有不顾廉耻事奉庆封的作为,都只是他们复仇行动的一部分。昭四年楚灵王杀庆封时,逼迫庆封自陈罪状,说他"弑其君,弱其孤,以盟其大夫"(昭四・三・六・二),可见在庆封出奔至吴后,他参与弑君的罪状已经公诸天下。

【二】公膳,日双鸡。饔 yōng 人窃更之以鹜 wù。御者知之,则去其肉,而以其洎 jì 馈。子雅公孙灶、子尾公孙虿怒。庆封告卢蒲嫳 piè。卢蒲嫳曰:"譬之如禽兽,吾寝处之矣。"

【公膳】正 杨 卿大夫工作餐,由朝廷提供伙食。

【饔人】补 见僖十七—僖十八・二。

【鹜】正 杨 家鸭。野鸭为凫。从上下文判断,在当时的食物体系中,鸭的地位应该比鸡低,相应的市场价格也应该比鸡便宜。

【御者】正 进献饭食之人。

【洎】正 补 肉汤。

【子雅】正 杨 补 公孙灶。姜姓,名灶,字雅。公子坚(字栾)之子,齐惠公(僖十七—僖十八・一)之孙。齐大夫,官至卿位。昭三年卒。其后为栾氏。

【子尾】正 杨 补 公孙虿。姜姓,名虿,字尾。公子祁(字高)之子,齐惠公之孙。齐大夫,官至卿位。昭八年卒。其后为高氏。其名(虿)、字(尾)相应,虿(蝎子)之毒萃于其尾。

【譬之……之矣】正 补 如果用禽兽做比喻,[子雅、子尾若是禽兽,那么]我将在[他们的皮]上面睡觉居处。参见襄二十一・八・二・二。

○正 补 饔人为何要将鸡换成鸭,而御者为何在得知此事后将肉去掉、只进献肉汤,颇费思量。杜注认为,饔人和御者是一伙的,他们都是灭庆氏党的成员,这样做的目的都是为了降低公膳的档次,从而让卿大夫怨恨庆氏。然而,如果真是这样的话,为何饔人和御者之间没有任何协同,而是御者在知道饔人行为后自行"加戏"?笔者认为,饔人是腐败专横的庆氏手下一个同样腐败的属官,他将鸡换成鸭,是真的想要从公膳食材采办经费中克扣钱财以中饱私囊。正因为如此,所以饔人是"窃更之",而且在烹调时一定进行了掩饰,想让卿大夫们不容易吃出区别。而御者则确实是灭庆氏党的成员,他发现了饔人偷工减料的伎俩之后,就将鸭肉去掉只进献肉汤,这样做是为了把饔人极力想掩饰的事情挑明,因为鸡肉鸭肉放很重的调料可能会吃不出差别,但有肉还是没肉则是非常明显的。当公孙灶、公孙虿等卿大夫质问御者为何"鸡肉汤"里面没有鸡肉时,御者就可以解释说,他发现同事饔人将鸡换成了鸭,担心卿大夫们吃出来的话,饔人要受责罚,因此将肉弃去,想要帮助同事蒙混过关。御者并不怕卿大夫们去调查,因为他说的本来就是实情;他也不怕饔人怪罪,因为他声称这样做是为了帮助饔人。这样一来,御者本身不受责罚,还将庆氏属官克扣公膳的事实暴露了出来,从而达到了激化栾氏(公孙灶之族)、高氏(公孙虿之族)与执政庆氏之间矛盾的目的。根据襄二十八·九·七所述,栾氏、高氏应该在此后加入灭庆氏党中。

[庆封]使析归父 忺,析文子[以杀子雅、子尾之谋]告晏平仲。平仲曰:"婴 晏平仲之众不足用也,知(智)无能谋也。[婴]言弗敢出,有盟可也。"子家 析文子曰:"子之言云,又焉用盟?"

【使析归父告晏平仲】 正 补 庆封让析文子[把攻杀公孙灶、公孙虿的谋划]告诉晏平仲[,希望得到晏氏支持]。

【有盟】 补 举行盟誓。有,为。

[子家又以杀子雅、子尾之谋]告北郭子车 北郭佐。 子车曰:"人各有以事

君,非佐_{北郭佐}之所能也。"

【北郭子车】 正 补 北郭佐。北郭氏,名佐,字车。齐大夫。

[三] 陈文子谓桓子_{陈桓子}曰:"祸将作矣！吾其何得?"
○ 补 陈文子为陈桓子之父。

[桓子]对曰:"得庆氏之木百车于庄。"

【庄】 正《尔雅·释宫》:"[道]五达为康,六达为庄。""庄"是齐都内一条可以通往六个地方的大道。齐都内还有一条称为"康"的大道,可以通往五个地方。《史记·孟子荀卿列传》中的"康庄之衢"即指这两条大道,成语"康庄大道"源出于此。康庄大道相关考古发现参见隐三·七·春秋"齐都临淄遗址"。

○ 杨 补 此为隐喻。陈桓子认为庆氏必败,而陈氏可趁机得人得权。在此之后,陈氏也加入了灭庆氏党。此外,从襄二十八·九·七所述推断,鲍氏在此前后也加入了灭庆氏党。

文子_{陈文子}曰:"可慎守也已！"

【四】 卢蒲癸、王何卜攻庆氏。[二人]示子之_{庆舍}兆,曰:"或卜攻仇,敢献其兆。"子之曰:"克,见血。"

【卜】【兆】 补 见《知识准备》"卜"。
【克】 补 胜。

【五·一】 冬,十月,庆封田于莱,陈无宇_{陈桓子}从。丙辰_{十七日},文子_{陈文子}使召之_{陈桓子}。[无宇]请曰:"无宇_{陈桓子}之母疾病,请归。"庆季_{庆封}卜之,示之_{陈桓子}兆,[无宇]曰"死",奉龟而泣。[庆季]乃使[无宇]归。

【莱】 杨 补 在山东昌邑东南。齐地。参见《图集》26—27③6。

【疾病】补病危。

【庆季……而泣】正 杨 补庆封占卜，把龟甲给陈桓子看。〔陈桓子〕说"是死的兆象"，捧着龟甲哭泣。陈桓子为求脱身，不惜谎称龟甲兆象预示他的母亲将病死。

【五·二】庆嗣闻之，曰："祸将作矣！"〔子息〕谓子家庆封："速归！祸作必于尝，归，犹可及也。"子家弗听，亦无悛 quān 志。子息庆嗣曰："亡矣！幸而获在吴、越。"

【庆嗣】正 补姜姓，庆氏，名嗣，字息。庆封（成十八·二·一）族人。

【尝】正 杨 补见桓五·四。尝为秋祭，可能齐用夏正，鲁用周正，齐之秋为鲁之冬，故《左传》书"冬十月"。

【悛】正 杨悔改。

【幸而获在吴、越】补能逃亡到吴、越就算万幸。

○补下启庆封本年奔鲁，后奔吴（襄二十八·九·九·一）。

【五·三】陈无宇济水，而戕 qiāng 舟发梁。

【济水】杨自莱至临淄，需要渡过潍水、㴭水、淄水。

【戕舟发梁】正 杨 补破坏渡船，拆毁桥梁〔，以阻碍庆封回到齐都〕。戕，破坏。发，撤去。

○补陈桓子"戕舟发梁"的举动证明，陈氏此时已经加入灭庆氏党。

【六】卢蒲姜谓癸卢蒲癸曰："有事而不告我，必不捷矣。"癸告之。姜卢蒲姜曰："夫子庆舍愎 bì，莫之止，将不出。我请止之。"癸曰："诺。"

【卢蒲姜】正 补齐庆氏女，姜姓。庆舍之女，卢蒲癸（襄二十三·七·一）之妻。

【愎】补乖戾，固执。

【莫之止,将不出】補如果没人阻拦他,[他]反倒不会出来。意思是需要有人劝阻庆舍,才能激他出来。

[七]十一月乙亥七日,尝于大(太)公齐太公之庙,庆舍莅事。卢蒲姜告之,且止之。[庆舍]弗听,曰"谁敢者",遂如公。

【庆舍莅事】正補庆舍莅临[主持]祭礼。

【卢蒲姜告之,且止之】補庆舍已经确定要莅临主持祭礼,此时,庆舍之女卢蒲姜将灭庆氏党之阴谋告知庆舍,明显不是为了用"激将法"促使庆舍参与,而是像祭仲之女雍姬一样(桓十五·四·一),是真想要劝阻其父参与,从而挽救其父生命。不过,由于古代妇女有婚后从夫的大义,卢蒲姜夹在丈夫卢蒲癸、父亲庆舍之间左右为难,因此她告知庆舍的言语应该比较含糊,并没有将卢蒲癸供出(因此卢蒲癸仍然执寝戈),而只是对父亲庆舍说"此次有危险,不要前去"。然而,刚愎自用的庆舍果然像卢蒲姜所预料的那样,得知阴谋之后并没有害怕,反而坚定了要出席的决心,卢蒲姜救父之谋最终失败。

【遂如公】正補[庆舍]于是到了齐公宫。举行尝祭的齐太公庙在公宫之内。

麻婴为尸,庆奊 xié 为上献。卢蒲癸、王何执寝戈。庆氏以其甲环公宫。

【为尸】正杨補商、周时期举行祭祀先祖的仪式时,以活人代表先人,称"为尸",这位活人称为"尸"。神尸和神主牌位一样,都是祭祀时人们所尊事的对象。

【庆奊】補姜姓,庆氏,名奊,字绳。襄二十八年被卢蒲癸、王何所杀。其名(奊)、字(绳)相应,奊为头斜之意。头斜为名,绳直为字,意义相反。

【上献】正杨補即上宾,祭祀时首席献礼者。

【庆氏以其甲环公宫】補庆舍虽然没有被其女卢蒲姜劝住,但也提高了警惕，因此派出甲士围住公宫，防止外人趁机攻入。

<u>陈氏</u>、<u>鲍氏</u>之围 yǔ 人为优。<u>庆氏</u>之马善惊，﹝庆氏之﹞士皆释甲、束马，而饮酒，且观优，至于鱼里。<u>栾</u>、<u>高</u>、<u>陈</u>、<u>鲍</u>之徒介<u>庆氏</u>之甲。

【围人】补 见襄二十七・四・三。

【为优】正 杨 补 作为俳优﹝表演节目﹞。俳优，表演戏剧曲艺之人。

【善】杨 喜。

【束马】正 杨 补 用绳约束马匹，使其不惊跳逃逸。

【且观优，至于鱼里】正 杨 补 鱼里为齐都临淄城内里名，在公宫之外。陈氏、鲍氏的围人可能是一边表演一边向鱼里移动，引诱庆氏甲士离开公宫外围，直到鱼里。

【栾、高】补 指公孙灶、公孙虿的家族。【介】补 穿戴﹝甲胄﹞。

<u>子尾</u>公孙虿抽桷 jué，击扉三。<u>卢蒲癸</u>自后刺子之庆舍，<u>王何</u>以戈击之庆舍，解其左肩。﹝子之﹞犹援庙桷，动于甍 méng，以俎 zǔ、壶投，杀人而后死。﹝卢蒲癸、王何﹞遂杀<u>庆绳</u>庆舆、<u>麻婴</u>。公齐景公惧，<u>鲍国</u>鲍文子曰："群臣为君故也。"<u>陈须无</u>陈文子以公归，税（脱）服而如内宫。

【桷】杨 椽子。

【击扉三】正 补 在门扇上敲了三下。这是灭庆氏党发动攻击的暗号。

【庙桷】杨 补 庙宇屋顶的椽子。

【动于甍】杨 补 震动了屋脊。

【俎】补 见隐五・一。

【税服】杨 脱去祭服。

【八・一】<u>庆封</u>归，遇告乱者。丁亥十九日，﹝庆封﹞伐西门，弗克。﹝庆封]还伐北门,克之。[庆封]入,伐内宫,弗克。[庆封]反(返),陈于岳,请战,弗许,遂来奔。

【岳】 杨 齐都临淄城内大街名称。

○ 补 **传世文献对读**:据《史记·齐太公世家》,"初,庆封已杀崔杼,益骄,嗜酒好猎,不听政令。庆舍用政,已有内郤。田文子(即陈文子)谓桓子(即陈桓子)曰:'乱将作。'田、鲍、高、栾氏相与谋庆氏。庆舍发甲围庆封宫,四家徒共击破之。庆封还,不得入,奔鲁"。据《史记》所叙,则庆封、庆舍内讧,四家乘机击破庆氏,与《左传》大不相同,在此录以备考。

【八·二】 [庆封]献车于季武子,美泽可以鉴。展庄叔见之,曰:"车甚泽,人必瘁,宜其亡也。"

【美泽可以鉴】 正 杨 补 马车为木制,表面有漆。庆封所献马车,漆皮平整光亮,可以照见人影。鉴参见庄十九—庄二十一—庄二十一·十一·二,这里作动词。

【展庄叔】 正 补 姬姓,展氏,谥庄,排行叔。鲁大夫。

【车甚泽,人必瘁】 杨 一说"人"指民众,"瘁"解为憔悴,则整句可译为"车非常光亮,[庆封平日聚敛必甚,受其剥削之]民众必然憔悴"。一说"人"指庆封,"瘁"解为毁坏,则整句可译为"车非常光亮,庆封必然会毁坏"。

【八·三】 叔孙穆子食 sì 庆封,庆封汜(泛)祭。穆子 叔孙穆子 不说(悦),使工为之诵《茅鸱 chī》,[庆封]亦不知。

【食】 杨 便宴。

【庆封汜祭】 杨 补 庆封先遍祭诸神。古代饮食必先祭祀。叔孙穆子宴庆封,泛祭不是庆封应行的礼节,显示庆封不知礼。

【工】 正 乐师。【《茅鸱》】 正 逸诗,主旨应为讽刺不敬之人。

○杨 参见襄二十七·二·二叔孙穆子为庆封赋《相鼠》之事。

【九·一】既而齐人来让，[庆封]奔吴。吴句 gōu 余 吴王戴吴 予之朱方，聚其族焉而居之，富于其旧。

【让】杨 责备。

【句余】正 杨 补 吴王戴吴。姬姓，传世文献中所见名号为"余祭"（《左传》经、《公羊传》《史记》）、戴吴（《左传》）、句余（《左传》）。铜器铭文中所见名号可分为两类：一类音韵与"戴吴"有关，一类音韵与"句余"有关。吴王寿梦（成七·六·三）嫡子，吴王诸樊（襄十四·二）同母弟。襄二十六年立，在位四年。襄二十九年被阍人所弒（据《左传》）。一说襄二十六年立，在位十七年。昭十一年去世（据《吴越春秋》《史记·十二诸侯年表》《史记·吴世家》）。

【朱方】正 杨 补 在今江苏镇江丹徒镇。本为古国，此时已为吴邑。参见《图集》29—30④11。有学者认为朱方是西周早期都城之一，参见闵元·四·一·二"西周时期吴国都城地望"。

【九·二】子服惠伯谓叔孙 叔孙穆子 曰："天殆富淫人，庆封又富矣。"穆子 叔孙穆子 曰："善人富谓之赏，淫人富谓之殃。天其殃之也，其将聚而歼旃（之焉）?"

【天其……歼旃】正 杨 补 上天恐怕是要降祸给他，恐怕是要[通过让庆封富裕把他的族人]聚集起来然后全部杀尽吧? 歼，尽。

○正 下启昭四年楚灵王克朱方，杀庆封而尽灭其族（昭四·三）。

襄公二十八年·十

地理 周见襄地理示意图 1。

人物 周灵王（襄五·二）

左传 癸巳 十一月二十五日，天王 周灵王 崩。未来赴（讣），亦未书[于《春秋》]，礼也。

○补 此事在《春秋》中实有记载,见襄二十八·十二·春秋。

襄公二十八年·十一

地理 齐、鲁、北燕见襄地理示意图 1。齐、鲁、谷丘、邶殿见襄地理示意图 4。

人物 公子锄(襄二十一·三)、叔孙还(襄二十一·三)、公子买(襄二十一·三)、晏平仲(襄十七·六)、公孙虿(襄八·八·一·二)、北郭佐(襄二十八·九·二)、公孙灶(襄二十八·九·二)、齐景公(襄二十五·一·四)、卢蒲嫳(襄二十七·四·二)、崔武子(宣十·三·春秋)、叔孙穆子(成十六·六·二)、周武王(桓元—桓二·三·二)、齐后庄公(襄元·二·三)

左传 【一】 崔氏之乱,丧群公子。故锄公子锄在鲁,叔孙还 xuán 在燕,贾公子买在句 gōu 渎 dòu 之丘。及庆氏亡,[公]皆召之,具其器用,而反(返)其邑焉。

【崔氏……之丘】 正 杨 齐后庄公即位后,襄二十一年复讨公子牙党羽,众公子出奔。此事源于襄十九年崔武子立齐后庄公,故曰“崔氏之乱,丧群公子”。

【燕】 补 应为北燕(见庄三十一庄三十一·一)。

【二·一】 [公]与晏子晏平仲邶 bèi 殿其鄙[邑]六十,[晏子]弗受。

【邶殿其鄙六十】 正 补 邶殿边上的六十个[田邑]。这里所说的“邑”参见成元—成二·六·一。【邶殿】 正 杨 补 在今山东昌邑西北郊。齐邑。参见《图集》26—27③6。

子尾公孙虿曰:“富,人之所欲也。[子]何独弗欲?”

[晏子]对曰：“<u>庆氏</u>之邑足欲，故亡。吾邑不足欲也，益之以邶殿，乃足欲。足欲，亡无日矣。[吾]在外，不得宰吾一邑。[吾]不受邶殿，非恶 wù 富也，恐失富也。且夫富，如布帛之有幅焉，为之制度，使无迁也。夫民，生厚而用利，于是乎正德以幅之，使无黜嫚（漫），谓之‘幅利’。利过则为败。吾不敢贪多，所谓幅也。”

【布帛】补 麻葛织成的面料为“布”，丝织成的面料为“帛”。

【幅】杨 补 布帛宽度。春秋时布宽二尺二寸，帛宽二尺四寸。此为定制，不得增减。《礼记·王制》：“幅宽狭不中量，不粥于市。”

【迁】正 移。

【夫民，生厚而用利】正 杨 补 民众，总是希望生活丰厚，器用精利。

【幅】杨 限制。

【黜】杨 不足。【嫚】杨 过度。

[二·二] [公]与<u>北郭佐</u>邑六十，[北郭佐]受之。[公]与<u>子雅</u>公孙灶邑，[子雅]辞多受少。[公]与<u>子尾</u>邑，[子尾]受而稍致之。公齐景公以[子尾]为忠，故[子尾]有宠。

【受而稍致之】正 补 接受之后又逐渐奉还给齐景公。稍，渐。

○补 据襄二十八·九·二，庆封把攻杀公孙灶、公孙虿的谋划告诉了晏平仲和北郭佐。从齐景公赏赐晏平仲、北郭佐城邑来推测，晏平仲、北郭佐应该也参与了灭庆氏的事业，很可能他们立的功劳就是把庆封的谋划告诉了公孙灶、公孙虿。

[三·一] [齐人]释<u>卢蒲嫳</u> piè 于北竟（境）。

【释】正 补 放逐。

[三·二] [齐人]求<u>崔杼</u> zhù，崔武子之尸，将戮之，不得。<u>叔孙穆子</u>曰：“必得之。<u>武王</u>周武王有乱臣十人，<u>崔杼</u>其有乎？不十人，

不足以葬。"

【将戮之】｜补｜准备陈尸示众。

【乱臣十人】｜正｜｜补｜十位治理政事的能臣。此语应是来自春秋时代《书》之《太誓》"纣有亿兆夷人,亦有离德;余有乱臣十人,同心同德"(参见昭二十四·一·一)。"乱臣十人"的人选,一说为文母、周公、大公、召公、毕公、荣公、大颠、闳夭、散宜生、南宫括。乱,治,详见下。

【不十人,不足以葬】｜正｜｜杨｜〔崔氏如果〕没有十位能臣,则不足以得到安葬。既未安葬,则其尸可得。

既,崔氏之臣曰"与我其拱璧,吾献其柩",于是得之。十二月乙亥朔_{初一},齐人迁庄公_{齐后庄公},殡于大寝,以其_{齐后庄公}棺尸崔杼于市。国人犹知之,皆曰"崔子_{崔武子也}"。

【其拱璧】｜正｜｜补｜崔武子的大璧。"璧"见桓元·一·春秋。此璧需两手拱持之,故称"拱璧"。据襄三十一·三·二,拱璧可以藏入御人怀中,因此其宽度不会超过成年男子前胸的宽度。

【乙亥】｜正｜｜杨｜十一月有乙亥、丁亥,则十二月朔不得为乙亥,应为"己亥"。【朔】｜补｜见桓三·五·春秋。

【殡】｜补｜见隐元·五。

【大寝】｜正｜｜补｜即路寝,见庄三十二·四·春秋。

【尸】｜补｜陈尸。

【知】｜正｜｜杨｜认识。

○｜补｜**古文字新证**:"𤔔"字形演变情况如襄字形图3所示。"𤔔"从爪(或从爪),从幺(丝线),或加 ⊢⊣(丝架),会治乱丝之意。金文中常见"𤔒"或"𤔒",隶定为"𤔒"或"𤔒",从𤔔,司声,释为"司",训为"管治""治理"。有学者认为,传世文献中那些训为"治"的"乱(亂)"字,可能本为古文字中的"𤔒/𤔒"字,因"𤔒/𤔒"与"亂"字形近而在传抄过程中讹误成了"亂"字。

1 商.師友 1.182(觷)《甲》	2 周晚.番生簋《金》	3 周晚.召白簋《金》	4 周晚.毛公厝鼎《金》
5 春早.大司馬匜(觷)《金》	6 戰.楚.包 192(觷)《楚》	7 戰.楚.信 1.03(觷)《楚》	8 戰.秦.詛楚.巫咸（亂）

襄字形图 3（《说文新证》，2014 年）

襄公二十八年·十二

地理 鲁、楚、周、宋、陈、郑、晋见襄地理示意图 1。鲁、楚、周、宋、陈、郑、许、晋、黄崖见襄地理示意图 5。

人物 鲁襄公（襄元·〇）、周灵王（襄五·二）、楚康王（襄十四·九）、宋平公（成十五·三·春秋）、陈哀公（襄五·八·春秋）、郑简公（襄七·八·二·二）、许悼公、良霄（襄十一·二·春秋）、叔孙穆子（成十六·六·二）、季兰、叔仲昭伯（襄七·三·一）、子服惠伯（襄二十三·八·八·二）、荣成伯、向戌（成十五·六·三）、屈建（襄二十二·六·二）、赵文子（成八·五·一）

春秋 十有(又)一月，公鲁襄公如楚。

十有二月甲寅十六日，天王周灵王崩。

乙未，楚子昭楚康王卒。

【乙未】 正 甲寅之后四十二日方为乙未，因此甲寅、乙未不得同在十二月。前面有"十有一月"，因此"十有二月"不应有误，如此则应是乙未日误。

左传 【一·一】 为宋之盟故，公鲁襄公及宋公宋平公、陈侯陈哀公、郑伯郑简公、许男许悼公如楚。

【许男】补 许悼公。姜姓,名买,谥悼。许灵公(成二·七·一·二)之子。襄二十七年即位,在位二十四年。昭十九年疾,饮太子止之药而卒。

【一·二】公鲁襄公过郑,郑伯郑简公不在,伯有良霄迋 wàng 劳[公]于黄崖,不敬。

【郑伯不在】正 补 据襄二十八·八·四,郑简公当时已在楚。

【迋】补 往。

【劳】补 慰劳。

【黄崖】正 杨 补 在今河南新郑新村镇孙庄村附近。郑地。参见《图集》24—25④4。

穆叔叔孙穆子曰:"伯有良霄无戾于郑,郑必有大咎。敬,民之主也,而[伯有]弃之,何以承守? 郑人不讨[伯有],必受其辜。济、泽之阿,行 háng 潦 lǎo 之蘋 pín、藻,置诸(之于)宗室,季兰尸之,敬也。敬可弃乎?"

【戾】杨 罪。

【咎】补 灾祸。

【承守】正 承[先祖],守[其家]。

【辜】杨 祸。

【济泽……尸之】正 杨 补 渡口、沼泽边的薄土,道路积水中的浮萍水草,放在宗庙里[作为祭品],季兰作为祭尸,这说的是敬。济,渡口。泽,水草交汇之处。阿,水崖。行潦、蘋、藻,参见隐三·四·三。宗室,宗庙。此句乃化用《毛诗·召南·采蘋》(见隐三·四·三)。○正 下启襄三十年郑杀良霄(襄三十·九)。

○补 **传世文献对读**:《论语·八佾》:"子曰:'居上不宽,为礼不敬,临丧不哀,吾何以观之哉?'"此为"为礼不敬"之例。

【一·三】及汉，楚康王卒。公_{鲁襄公}欲反_{（返）}。

【汉】 补 见桓六·二·二。

叔仲昭伯曰："我楚国之为，岂为一人？行也！"

【我楚国之为】 杨 补 即"我为楚国"。

子服惠伯曰："君子有远虑，小人从迩。饥寒之不恤，谁遑 huáng 其后？不如姑归也。"

【迩】 正 近。

【恤】 补 忧。

【谁遑其后】 正 杨 补 谁能有暇顾及以后？遑，"遑恤"的省略，有暇顾及的意思。

叔孙穆子曰："叔仲子_{叔仲昭伯}专之矣，子服子_{子服惠伯}始学者也。"

【叔仲子专之矣】 正 补 叔仲子［在外交方面］可以独立处置事务了。

荣成伯曰："远图者，忠也。"

【荣成伯】 正 杨 补 姬姓，荣氏，名驾鹅，谥成，排行伯。叔肸（宣十七·二·春秋）曾孙。鲁大夫。

【远图】 补 深谋远虑。

公遂行。

○ 正 鲁襄公于是继续前往楚，从叔仲昭伯之谋。

宋向戌曰："我一人之为，非为楚也。饥寒之不恤，谁能恤楚？姑归而息民，待其立君而为之备。"宋公_{宋平公}遂反_{（返）}。

【我一人之为】 补 即"我为一人"。"一人"指楚康王。

> ○ 杨 补 **传世文献对读**：《国语·鲁语下》详叙叔仲昭伯与子服惠伯之言，可扫码阅读。

[二] 楚<u>屈建</u>卒。<u>赵文子</u>丧之如同盟，礼也。

[三] 王人来告丧。[我]问崩日，[王人]以甲寅十六日告。故[《春秋》]书之，以征过也。

【故书之，以征过也】 正 杨 因此《春秋》书周王崩日为"甲寅"，以明示王室的过错。据<u>襄二十八·十</u>，则周灵王实崩于十一月癸巳（二十五日）。征，明。

襄公二十九年·一

地理 鲁、楚见襄地理示意图1。

人物 鲁襄公（襄元·〇）、叔孙穆子（成十六·六·二）

春秋 二十有（又）九年，春，王正月，公鲁襄公在楚。

左传 〔一〕 二十九年，"春，王正月，公在楚"，释不朝正于庙也。

【朝正】正 诸侯每年正月初一以朝享之礼亲自祭庙，称为"朝正"。

〇正 鲁襄公在国内时，自当朝正于庙。如今鲁襄公身在楚，国之守臣于朔日告庙曰"公在楚"，向先君解释鲁襄公不朝正缘由，史官将告庙文辞书于策，故《春秋》有"公在楚"的记载。

〔二〕 楚人使公鲁襄公亲襚 suì，公患之。穆叔叔孙穆子曰："被 fú 殡而襚，则布币也。"〔公〕乃使巫以桃、茢 liè 先被殡。楚人弗禁，既而悔之。

【楚人使公亲襚】正 杨 补 楚人使鲁襄公亲自为死去的楚康王致送衣物。据下文"被殡而襚"，则楚康王此时已大敛而入棺。因此，所谓"亲襚"，应如《礼记·杂记上》所述，仅指致送衣物至死者灵柩之前，而并非为死者穿衣。"丧礼"参见隐元·五。

【被殡而襚，则布币也】正 补 先被除灵柩凶邪再给死者致送衣物，就等于〔朝见在世国君时〕陈列皮币。

【巫】补 见文十·二·一。

【桃】杨 桃木棒。

【茢】正 苕帚。

〇正 补 据《礼记·杂记上》，含、襚、赗、临为诸侯遣使臣吊邻国丧之礼。此时楚人使鲁襄公亲襚，是轻视鲁君，将其视为使臣。鲁襄公认为楚人轻视自己，因而忧虑。此时叔孙穆子提议先被除灵柩凶邪，再向楚君灵柩致送衣物，宣称如此则与鲁襄公朝见在世楚君

时陈列皮币无异,以使得鲁襄公不再为此感到忧虑。实际上,据
《礼记·檀弓下》"君临臣丧,以巫祝桃茢执戈,恶之也",则桃茢被
殡,乃君临臣丧时所用礼仪,鲁襄公若得被楚康王殡,则鲁襄公为
君,楚康王为臣,此层更深用意叔孙穆子未明言,恐怕是担心鲁襄
公如果知晓之后会不敢依计行事。鲁人因而向楚人提议,其公开
理由应是灵柩有凶邪,鲁襄公畏恶之,须被除凶邪后方可为楚死君
致送衣物。楚人不知此举背后的礼制意义,于是同意鲁襄公先被
殡而后致襚。后来楚人才得知,鲁先被殡,是鲁襄公以楚康王为
臣;后致襚,与朝见在世楚王陈列布币无异,总而言之,楚轻贱鲁不
成,反为鲁所戏弄,故悔之。

襄公二十九年·二

[地理] 齐见襄地理示意图1。

[人物] 齐后庄公(襄元·二·三)

[左传] 二月癸卯六日,齐人葬庄公齐后庄公于北郭。

【郭】[补] 见《知识准备》"国野制"。

○[正] 依礼制,兵死者不入于宗族墓地范围,故葬于北郭。

襄公二十九年·三

[地理] 鲁、楚、陈、郑见襄地理示意图1。鲁、楚、陈、郑、许、卞、方城见
襄地理示意图5。

[人物] 鲁襄公(襄元·○)、楚康王(襄十四·九)、陈哀公(襄五·八·
春秋)、郑简公(襄七·八·二·二)、许悼公(襄二十八·十二·一·
一)、郏敖、王子围(襄二十六·五·一)、公孙挥(襄二十四·十)、季
武子(襄六·五·春秋)、公冶、荣成伯(襄二十八·十二·一·三)

春秋 夏,五月,公鲁襄公至自楚。

左传【一】 夏,四月,葬楚康王。公鲁襄公及陈侯陈哀公、郑伯郑简公、许
男许悼公送葬,至于西门之外。诸侯之大夫皆至于墓。

【二·一】 楚郏 jiá 敖即位,王子围为令尹。

【郏敖】 正 补 楚君。芈姓,熊氏,名麇,号郏敖。楚康王(襄十四·
九)之子。襄二十九年即位,在位四年。昭元年被王子围所弑。清华
简一《楚居》、清华简二《系年》称其为"孺子王"。

【令尹】 补 见庄四·二·二。

【二·二】 郑行人子羽公孙挥曰:"是谓不宜,必代之昌。松柏之
下,其草不殖。"

【行人】 补 见襄十一·二·春秋。

【必代之昌】 正 补 [王子围]必然代替现任楚君而昌盛。

○ 正 下启昭元年王子围弑郏敖(昭元·九)。

【三·一】 公鲁襄公还,及方城。

【方城】 补 见僖三—僖四·六。

季武子取卞 biàn。[武子已]使公冶问[公],[既取卞,武子又为]玺书追[公
冶]而与之,[玺书]曰:"闻守卞者将叛,臣季武子帅徒以讨之。[臣]
既得之矣,敢告。"公冶致使而退,及舍 shè,而后闻取卞。

【季武子取卞】 正 杨 "卞"见僖十七·三·春秋。卞本为鲁公室邑,
此时季武子取之以为己私邑。

【使公……与之】 正 补 [季武子本来]派公冶去问候[鲁襄公]起居,
[在取得卞邑之后,季武子又派人]追上[公冶,]并将一封加盖封印的
[机密]书信交给他[,让他交给鲁襄公]。【公冶】 正 杨 补 姬姓,季

氏,字冶。季氏属大夫。其后为公冶氏。【玺书】正 杨 补 加盖封印的机密书信。当时机密书信,先用泥封口,然后在泥上加盖印章,以防人拆看。玺,印章。春秋时,诸侯、大夫印章皆可谓"玺",秦始皇始以"玺"为天子印章专名。

【公冶致使而退】正 杨 补 公冶执行完使命后出来。所谓执行完使命,是指问候了鲁襄公起居,并送交了季武子追送的玺书。

公曰:"[季氏]欲之而言叛,只 zhǐ 见疏也。"

【欲之……疏也】正 补 [季氏]想要占有卞邑[不直说]而说[是因为要镇压卞人]叛变,只会显露出[他]疏远[我]罢了。

公谓公冶曰:"吾可以入[国]乎?"

[公冶]对曰:"君实有国,谁敢违君!"

公与公冶冕服。[公冶]固辞,[公]强之而后[公冶]受[冕服]。

【公与公冶冕服】正 杨 补 公冶本为季氏属大夫。鲁襄公知公冶不以季氏为然,故赐公冶公室大夫的冕服来笼络他。鲁襄公不经过正常程序想要直接提拔卿官属大夫为公室大夫,主要是想通过任性地行使国君权力来宣泄自己内心的愤懑,并没有任何实际意义。

【辞】补 辞让不受。

公欲无入。荣成伯赋《式微》,[公]乃归。

【荣成伯赋《式微》】正 杨 《毛诗·邶风》有《式微》。荣成伯取"式微,式微,胡不归",劝鲁襄公归国。式,语首助词,无义。

"五月,公至自楚"。

○ 补 **传世文献对读**：《毛诗·邶风·式微》的原文，可扫码阅读。
○ 杨 补 **传世文献对读**：《国语·鲁语下》记载了两个有关的版本，一个讲述鲁襄公欲以楚师伐鲁，被荣成伯谏止，另一个讲述玺书送达时荣成伯的对答，可扫码阅读。
○ 补 据《国语·楚语上》（引文见 昭十一·十·二），范无宇曰"鲁弁（卞）、费实弱襄公"，所指即为本年季武子取卞之事。费为季氏原有采邑。

〔三·二〕公冶致其邑于季氏，而终不入焉。[公冶]曰："欺其君，何必使余？"季孙 季武子 见之，则言季氏如他日；不见，则终不言季氏。及[公冶]疾，聚其臣，曰："我死，必无以冕服敛，非德赏也。且无使季氏葬我。"

【敛】 补 见 隐元·五。

【非德赏也】 杨 补 不是由于[我自己的]德行而得到的赏赐。如上所述，鲁襄公赐公冶冕服，是为了宣泄自己被季武子欺凌的愤懑。

襄公二十九年·四

地理 卫见襄地理示意图 1。

人物 卫献公（成十四·五·一）

春秋 庚午六月五日，卫侯衎 kàn，卫献公 卒。

襄公二十九年·五

地理 周、郑见襄地理示意图 1。

人物 周灵王（襄五·二）、公孙舍之（襄八·八·一·二）、印段（襄二十二·四·一）、良霄（襄十一·二·春秋）

| 左传 |【一】葬灵王周灵王。

【二】郑上卿有事，子展公孙舍之使印段往。

【郑上卿有事】| 杨 | 郑简公当时在楚，上卿公孙舍之留守郑都不能离开。

伯有良霄曰：“［印段］弱，不可。”

【弱】| 正 || 杨 | 年少。

子展曰：“与其莫往，弱不犹愈乎？《诗》云：‘王事靡盬 gǔ，不遑 huáng 启处。’东西南北，谁敢宁处？坚事晋、楚，以蕃(藩)王室也。王事无旷，何常之有？”

【莫】| 杨 | 无人。

【愈】| 补 | 更好。

【王事靡盬，不遑启处】| 正 || 杨 || 补 |《毛诗·小雅·四牡》有此句，可译为“王事没完没了，不得空闲安居”。靡，无。盬，止息。“不遑启处”参见襄八·八·一·三。

【蕃】| 正 || 杨 | 藩屏，捍卫。

【旷】| 杨 || 补 | 空，引申为阙失。

遂使印段如周。

襄公二十九年·六

| 地理 | 吴 2、越见襄地理示意图 1。

| 人物 | 吴王戴吴（襄二十八·九·九·一）、阖

| 春秋 | 阍 hūn 弑吴子余祭吴王戴吴。

【阍】 正 看门人。

左传 吴人伐越,获俘焉,〔吴人〕以〔越俘〕为阍,使守舟。吴子余祭吴王
戴吴观舟,阍以刀弑之。

○ 杨 补 马王堆帛书《春秋事语》亦载此事,《事语》版本中,吴王戴吴
先对越俘用刑,然后使之为阍而守舟。吴大夫纪谮认为越俘以受刑
为耻辱,而又认为自己无罪,必然心存怨恨而伺机报复,之后越俘果
然杀死吴王戴吴。据庄十八—庄十九·一·三,则越俘所受之刑可
能是刖刑。受刖刑之人行动不便,因此被用作守门、守舟。

○ 补 可参看齐懿公羞辱邴歜、阎职而又让他们担任仆及骖乘,终被
二人所杀之事(文十七—文十八·三·一)。

○ 补 据《左传》,则吴王戴吴在襄二十六年正式即位,襄二十九
年去世,在位四年;吴王夷末在襄三十年正式即位,昭十五年去
世,在位十七年。然而,据《吴越春秋》《史记·十二诸侯年表》
以及《史记·吴世家》,吴王戴吴在襄二十六年正式即位,昭十
一年去世,在位十七年;吴王夷末在昭十二年正式即位,昭十五
年去世,在位四年。有学者认为,襄二十九·六节史料不可信,
《左传》版本的吴王戴吴、吴王夷末生卒年份是错误的,理由
如下:

第一,襄二十九年夏,发生了吴王戴吴去世、吴王子札为通
报"嗣君"而出访中原各国二事,前后紧接。一般认为,王子札通
报的嗣君是吴王夷末。然而,遍检《左传》通报嗣君的其他案例,
通报嗣君一般在嗣君正式即位两年及以后,此时先君丧期已结
束,嗣君已经坐稳君位,没有旧君刚去世的国丧期间出访的案
例,因为这是严重违背周礼的行为。王子札以知礼守礼著称,为
何会行如此非礼之事?此外,王子札出访期间,他讥讽卫孙文子
"君又在殡,而可以乐乎",但他自己的亲哥哥、吴王戴吴也新死
停殡,以知礼守礼著称的王子札为何又在鲁观乐?一个比较合理

的解释是,本节史料不可信,吴王戴吴是昭十一年才去世的,而王子札通报的嗣君正是襄二十六年正式即位的吴王戴吴。吴王戴吴即位四年后,王子札出访中原各国通报嗣君,完全合乎政情和礼制。

第二,据苏州博物馆藏吴王余眛(即吴王夷末)剑铭文记载,其兄吴王戴吴在世时曾命令当时还是王子的吴王夷末讨伐麻地,取得胜利,王子夷末将其视为大功而刻在自用之剑上。据《左传·昭公四年》记载,"冬,吴伐楚,入棘、栎、麻"(昭四·六)。如果吴王戴吴在昭十一年去世,则剑铭所载"伐麻"之事与《左传》所载"入麻"之事正好对应。

据此及其他一些理由,有学者认为,襄二十九·六节,以及与之关联的襄三十一·六节,都是不可靠的史料,被《左传》作者采信后植入。

襄公二十九年·七

[地理] 郑、宋、晋见襄地理示意图1。

[人物] 公孙舍之(襄八·八·一·二)、罕虎、乐喜(襄六·二·二)、宋平公(成十五·三·春秋)、羊舌肸(襄十一·二·五·三)

[左传] [一]郑子展 公孙舍之卒。子皮 罕虎即位。于是郑饥,而未及麦,民病。子皮以子展之[遗]命饩 xì 国人粟,户一钟,是以得郑国之民。故罕氏常掌国政,以为上卿。

【子皮】[正] [补] 罕虎。姬姓,罕氏,名虎,字皮。公孙舍之(襄八·八·一·二)之子,公子喜(成十·三·二)(字罕)之孙。郑大夫,官至执政卿(继公孙舍之)。襄二十九年任当国(卿职)。昭十三年卒。其名(虎)、字(皮)相应,虎之文采在其毛皮。

【病】[补] 困苦。

【饩】補 赠送食物。

【粟】補 见僖五·八·一,此处不能确定是狭义还是广义。

【一钟】杨 合当时六石四斗,今日一又十分之三石。

[二] 宋司城子罕_{乐喜}闻之,曰:"邻于善,民之望也。"宋亦饥,[子罕]请于平公_{宋平公},出公粟以贷,使大夫皆贷。司城氏_{乐氏}贷而不书,为大夫之无者贷。宋无饥人。

【司城……者贷】正 杨 補 司城氏借贷而不写[借据],还[拿自家的粮食]替家中缺粮的大夫借贷给民众。【司城】補 见文七·二·一。

[三] 叔向_{羊舌肸}闻之,曰:"郑之罕,宋之乐,其后亡者也。二者其皆得国乎,民之归也。施而不德,乐氏加焉,其以宋升降乎!"

【施而不德】杨 補 施舍而不标榜自己的德行。指乐喜用自己的粮食来替缺粮的大夫借贷。

【其以宋升降乎】正 補 [乐氏命运]大概将随宋[国运]而升降吧!

襄公二十九年·八

地理 鲁、晋、齐、宋、卫、郑、曹见襄地理示意图 1。晋、宋、卫、郑、曹、杨(此时已为晋邑)见襄地理示意图 2。鲁、齐、宋、卫、曹、莒、滕、薛、小邾、杞 2 见襄地理示意图 4。

人物 孟孝伯(襄二十三·八·二·一)、知悼子(襄十四·六)、高止、华定、太叔文子(襄十四·五·六·一)、公孙段(襄二十七·三·二·十一)、晋平公(襄十六·一·春秋)、范献子(襄十四·四·五)、杞文公(襄二十四·五·春秋)、游吉(襄二十二·七·二)、女齐(襄二十六·六·一·一)、鲁襄公(襄元·〇)、展庄叔(襄二十八·九·八·二)、展瑕、展玉父、公巫召伯、仲颜庄叔、鄅鼓父、党叔、晋悼夫人(襄二十三·二)、晋武公(桓二—桓三·六)、

晋献公(庄十八·一·一)

春秋 仲孙羯孟孝伯会晋荀盈知悼子、齐高止、宋华定、卫世叔仪太叔文子、郑公孙段、曹人、莒jǔ人、滕人、薛人、小邾人城杞。

【高止】补 姜姓,高氏,名止,字容。高厚(襄六·六·二·四)之子。齐大夫,官至卿位。襄二十九年被公孙虿、公孙社放逐至北燕。其名(止)、字(容)相应,容即仪容,止为举止,合称"容止"。

【华定】补 子姓,华氏,名定。华椒(宣十二·二·一)之孙。宋大夫,官至卿位。襄二十九年已任司徒(卿职)。昭二十年奔陈。昭二十一年自陈入于宋都南里以叛。昭二十二年自南里奔楚。

【莒人】杨《公羊传》在"莒人""薛人"之间有"邾娄人",《穀梁传》在"莒人""薛人"之间有"邾人"。邾娄即邾。

晋侯晋平公使士鞅范献子来聘。

【聘】补 见隐七·四·春秋。

杞子杞文公来盟。

左传【一·一】晋平公,杞出也,故治杞。六月,知zhì悼子合诸侯之大夫以城杞,孟孝伯会之。郑子大(太)叔游吉与伯石公孙段往。

【晋平公,杞出也】杨 补 晋平公为杞女(晋悼夫人)所生。

【治杞】正 理其地,修其城。本年前杞迁都淳于,故晋组织诸侯为杞修城。除此之外,晋还要求鲁归还先前侵占杞的土地。

【一·二】子大(太)叔见大(太)叔文子,与之语。

文子太叔文子曰:"甚乎,其城杞也!"

【甚乎! 其城杞也】杨 补 太过分了,修筑杞城这件事! 晋平公劳动诸侯为其舅家修城,故太叔文子曰"甚乎"。

子太(太)叔曰:"若之何哉? 晋国不恤周宗之阙 quē,而夏肄 yì 是屏 bǐng。其弃诸姬,亦可知也已。诸姬是弃,其谁归之? 吉 游吉也闻之,'弃同、即异,是谓离德'。《诗》曰:'协比其邻,昏 (婚)姻孔云。'晋不邻矣,其谁云之?"

【恤】 补忧。【周宗】 正 补指周王室同姓宗亲之国,包括郑、鲁。

【而夏肄是屏】 正 杨 补即"而屏夏肄",可译为"反而保护夏朝的残余"。肄,本义为斩而复生的小枝,引申为残余。屏,保护。杞始封君为夏王族后代,所以游吉称杞为"夏肄"。

【即】 杨 补就,亲近。

【协比其邻,昏姻孔云】 杨见僖二十二·五·一。

【一·三】 齐高子容 高止与宋司徒 华定见知伯 知悼子,女 rǔ 齐相 xiàng 礼。

【司徒】 补见文七·二·一。

宾出,司马侯 女齐言于知伯 知悼子曰:"二子皆将不免[于难]。子容 高止专,司徒 华定侈,皆亡家之主也。"

【司马】 补见僖二十七—僖二十八·二十四·一。

【专】 正 杨自以为是而擅行。

【侈】 补自多以陵人。

知伯曰:"何如?"

[司马侯]对曰:"专则速及[于难]。侈将以其力毙,专则人实毙之。[子容]将及[于难]矣。"

○ 正 杨 补司马侯回答说:"专擅就会很快遭遇[祸难]。自多以陵人〔者〕,将会由于自己的力量过于强大而〔最终〕落败,专擅则〔还没等到达到势力巅峰,〕他人就会使他落败。〔高止〕将要〔先〕遭遇〔祸难〕了。"

○ 正 下启本年高止出奔燕(襄二十九・十一),以及昭二十年华定出奔陈(昭二十・六)。

〔二〕 范献子来聘,拜城杞也。公 鲁襄公 享之,展庄叔执币。射者三耦,公臣不足,取于家臣。家臣,展瑕、展玉父 fǔ 为一耦。公臣,公巫召伯、仲颜庄叔为一耦,鄫 zēng 鼓父 fǔ、党 zhǎng 叔为一耦。

【聘】 补 见隐七・四・春秋。

【享】 补 见桓九—桓十・一・二。

【展庄叔执币】 正 杨 补 享礼中,主人劝宾饮酒,并赠宾束帛,名为"酬币"。展庄叔为手持酬币献礼之人。

【射者三耦】 正 杨 补 享礼结束,即行射礼。二人为耦,三耦则六人。诸侯与卿大夫行射礼时,三耦先射,每射四箭,然后主人与宾射。参见下文所引乡射礼之第二番射。

【公臣不足,取于家臣】 正 杨 补 三耦之人须为熟悉礼仪又善用弓矢之人。此时鲁公室已衰落,材能之士多在卿大夫家,因此公室不能凑齐六人,而需要从卿大夫家臣中选择。

【公巫召伯】 杨 补 公巫氏,谥召,排行伯。鲁公族之后。

【仲颜庄叔】 杨 补 仲颜氏,谥庄,排行叔,鲁公族之后。

【鄫鼓父】 补 鄫氏,名或字鼓。【党叔】 补 任姓,党氏,排行叔。

○ 补 **射礼**:在《仪礼》中有详细记载的春秋射礼,包括乡射礼和大射礼,在五礼中属于嘉礼。

乡射礼是每年春秋,乡大夫集合士及弟子在乡学中射箭的礼。乡射礼开始前,都要先举行乡饮酒礼。射礼的主要礼节是三番射。

第一番射，由乡学中弟子参加，着重在习射，过程是：

一、司射请射。司射为主人之吏，向宾请射。

二、纳射器。司射命弟子准备弓矢等射器。

三、比三耦。选弟子六人，配成三对。每对上射、下射各一人。三耦分上耦、次耦、下耦。

四、张侯倚旌。饮酒时的司正改任司马，总掌射事。命弟子张侯，命获者取旌倚于侯。

五、迁乐。将乐器迁到阼阶下东南，以备堂上行射礼。

六、俟射。司射命三耦执弓矢，俟射。

七、诱射。四射立正步未，发四箭，示范。

八、命射。司马命获者执旌于乏后。司射命曰"无射获""无猎获"，言不得射中获者，不得射至获者身旁。

九、三耦射。上耦之上射先射，下射后射，各发四矢。依次射。凡射中侯之质者，获者扬旌唱获。但不用筹算计数。

十、取矢委福。搜所发之箭装入箭囊。第一番射结束。

第二番射，原来的三耦，又有主人、宾、众宾参加，着重在比赛。其过程：

一、请射。

二、比耦。除第一番的三耦外，再加主人与宾配成之耦，大夫与士配成之耦，众宾互配成之耦。

三、三耦拾取矢。

四、众宾受弓矢。

五、请释获。司射宣布计算射中之次数，分胜负。

六、命射。司射宣布"不贯不释"，言凡不穿侯之质，不计数。

七、耦射。先由第一番之三耦射，次由主人与宾之耦射，次由大夫与士配之耦射，次由众宾互配之耦射。射中，获者唱获，释获者放一筹。上射中者，筹置于左边；下射中者，筹置于右边。

八、取矢委福。

　　九、数获。释获者分别统计左右两方射中次数。释获者宣布"右贤于左"，或"左贤于右"。

　　十、饮不胜者。司射命弟子以觯给不胜者饮酒。

　　十一、献获者、释获者。司马献获者饮，司射献释获者饮。第二番射结束。

　　第三番射，参加人员及礼节与第二番基本相同。不同之处是，射者必须按音乐节奏行动。如不按节奏发射，不得计数。

　　大射礼是指诸侯举行祭祀前，与其群臣射，以观其礼，数中者可以参与祭祀，不数中者不得参与祭祀。大射礼节与乡射基本相同，不同之处有：一、乡射之主人为卿大夫，大射之主人为国君。二、因主人身份不同，所以大射之掌礼及执事之官职均高于乡射，人数亦较多。三、乡射只用一侯，大射有三侯：国君射大侯，大夫射参侯，士射干侯。四、乡射用鼓表示节奏，大射用钟鼓等多种乐器。乡射奏《驺虞》，大射奏《狸首》。

【三】晋侯晋平公使司马女rǔ叔侯女齐来治杞田，[我]弗尽归[杞田]也。晋悼夫人愠曰："齐女齐也取货。先君晋悼公若有知也，不尚取之！"公晋平公告叔侯女齐。叔侯曰：

【治杞田】正 指使鲁归还先前取得的杞田。

【愠】正 怒，怨。

【取货】正 补 受贿。

【不尚取之】杨 补 不会佑助[他]收取贿赂的。尚，佑助。

"虞、虢guó、焦、滑、霍、杨、韩、魏，皆姬姓也，晋是以大。若非侵小，将何所取？武晋武公、献晋献公以下，兼国多矣，谁得治之？

【虞】正 补 见桓十·二。僖五年被晋所灭。

【虢】正 补 见隐元·十·二。僖五年被晋所灭。

【焦】正 补 见僖三十·三·三。西周末年被西虢所灭，僖五年后地入于晋。

【滑】正 补 见庄十六·四·春秋。僖三十三年被秦所灭,秦晋殽之战后,地遂入于晋。

【霍】正 补 见闵元·四·一·一。闵元年被晋所灭。

【杨】正 杨 补 周时国,侯爵,姬姓,始封君为周宣王之子长父。在山西洪洞东北永凝堡一带。襄二十九年前被晋所灭,赐予羊舌肸为采邑。在今山西洪洞范村一带已发现羊舌氏采邑遗址(详见下)。昭二十八年成为晋县。参见《图集》22—23⑤8。羊舌肸之子为杨食我,足见杨本为羊舌氏之邑。

【韩】正 补 见桓二—桓三·六。隐元年前被晋所灭。

【魏】正 补 见桓三·六。闵元年被晋所灭。

○ 补 **范村古城遗址**:遗址位于霍山南面,涧河从城北流过。古城址平面呈长方形,东西长约一千三百米,南北宽约一千米。有学者认为,城址西南部向外凸出部的建筑和使用年代可以推到春秋时期,应该就是羊舌氏采邑所在地。

"杞,夏余也,而即东夷。鲁,周公之后也,而睦于晋。以杞封鲁犹可,而何有焉?鲁之于晋也,职贡不乏,玩好时至,公卿大夫相继于朝,[晋]史不绝书,[晋]府无虚月。如是可矣,何必瘠鲁以肥杞?

【而即东夷】正 补 而亲近东夷。杞杂用东夷之礼,参见僖二十三·三及僖二十七·一。

【以杞……有焉】杨 补 把[整个]杞分封给鲁都可以,[鲁占据这点杞田]又算得了什么呢?

【职贡】补 见僖五·八·四。

【府无虚月】正 补 [晋]府没有一个月[不接受鲁进贡的财物]。

【瘠】杨 瘦。

"且先君而有知也,毋宁[使]夫人[自为之],而焉用老臣?"

【而】杨如。

【毋宁】正宁。

○杨补而且先君如果真有知觉的话,肯定会让夫人来做,又怎么会任用[我这个收受贿赂的、脑子糊涂的]老臣? 这是女叔齐针对晋悼夫人"先君若有知也,不尚取之"而说的愤激讥刺之言。

【四】杞文公来盟。[《春秋》]书曰"子",贱之也。

襄公二十九年·九

地理 吴2、鲁、齐、郑、卫、晋见襄地理示意图1。鲁、齐、郑、卫、晋、戚见襄地理示意图3。

人物 吴王夷末、王子札(襄十四·二)、叔孙穆子(成十六·六·二)、康叔封(僖三十一·五·二)、卫武公、齐太公(僖三—僖四·五)、周公旦(隐八·二)、周文王(僖五·八·一)、晏平仲(襄十七·六)、陈桓子(庄二十二·三·四·三)、公孙灶(襄二十八·九·二)、公孙虿(襄八·八·一·二)、公孙侨(襄八·三)、良霄(襄十一·二·春秋)、蘧成子(襄十四·五·三)、史文子、史鳅、公子荆、公叔文子、公子朝、孙文子(成七·八·春秋)、卫献公(成十四·五·一)、赵文子(成八·五·一)、韩宣子(襄七·六·一)、魏献子(襄二十三·六·二·一)、羊舌肸(襄十一·二·五·三)、晋平公(襄十六·一·春秋)

春秋 吴子吴王夷末使札王子札来聘。

【吴子】补吴王夷末。姬姓,关于其名号的讨论详见下文。吴王寿梦(成七·六·三)嫡子,吴王诸樊(襄十四·二)、吴王戴吴(襄二十八·九·九·一)同母弟。襄三十年立,在位十七年。昭十五年卒(据《左传》)。一说襄昭十二年立,在位四年。昭十一年去世(据《吴越春秋《史记·十二诸侯年表》《史记·吴世家》)。传世文献中记载的此位吴王的名号,前一字为"余/夷",音近可通。后一字或为"末/眛/昧",如《左传》作"夷末",《史记·吴世家》作"余眛",《史记·刺客列传》作"夷眛",《史记·十二诸侯年表》作"余眛";或为"昧",如《公羊传》作"夷昧",《吴越春秋》作"余昧"。声符"末""未"古音不同,难以构成通假关系,应是传抄造成的形讹,两组必有一误。2014 年底苏州博物馆入藏吴王剑,器主人名"姑雠焉雠",学者认定即为此位吴王,"焉"与"余""夷"可通假,而"雠"与"昧"可通假。因此"末/眛/昧"为误字,应为"昧"。

【聘】 补 见隐七·四·春秋。

左传【一·一】 吴公子札王子札来聘,见叔孙穆子,说(悦)之。[公子札]谓穆子叔孙穆子曰:"子其不得死乎,好 hào 善而不能择人。吾闻:'君子务在择人。'吾子为鲁宗卿,而任其大政,不慎举,何以堪之? 祸必及子!"

【不得死】 正 不得寿终。

○正 下启昭四年竖牛作乱,使叔孙穆子饿馁而死(昭四—昭五)。

【一·二】 [公子札]请观于周乐。

○正 补 据襄十·一·三·一,鲁因周公旦之功,被特许使用周王礼乐,因此鲁国是其他诸侯国观摩周王室礼乐的最佳去处。从下文看,鲁国《风》《雅》《颂》齐备,且有虞、夏、商、周帝王乐舞,的确蔚为大观。

[我]使工为之歌《周南》《召 shào 南》。[公子札]曰:"美哉! 始基之矣,犹未也。然[民]勤而不怨矣。"

【《周南》《召南》】 正 杨 补 《毛诗》的《风》中,《周南》排第一,《召南》第二,应与西周初年两位重臣周公旦(隐八·二)、召康公(僖三—僖四·五)有关,文本内容年代为东周春秋早中期。

【美哉……怨矣】正 杨 补 美好啊！王业开始奠定基础了，但还没有完善。然而[民众]勤劳而不抱怨了。王子札认为《周南》《召南》表现了西周初年周公旦、召康公治理天下之事。

[工]为之歌《邶 bèi》《鄘 yōng》《卫》。[公子札]曰："美哉！渊乎！忧而不困者也。吾闻卫康叔康叔封、武公卫武公之德如是，是其《卫风》乎！"

【《邶》《鄘》《卫》】正 杨 补 《毛诗》的《风》中，《邶风》排第三，《鄘风》第四，《卫风》第五，所收为卫国(隐元·九·二)所在地区的乐歌，绝大部分年代为东周春秋时期，《邶风·柏舟》《邶风·谷风》《鄘风·柏舟》《卫风·淇奥》年代可能为西周中晚期。西周初年三监之乱(参见襄二十一·五·四·三)平息后，邶、鄘并归于卫。因此王子札下文只言"卫"。

【美哉……风》乎】正 杨 补 美啊！深啊！忧虑而不困顿。我听说卫康叔、卫武公的德行就像这样，这大概是《卫风》吧？康叔封曾遭受管、蔡之乱，卫武公曾遭周幽王褒姒之乱，故曰"忧"。康叔封终成卫始封君，卫武公终率军协助周王室平定戎乱，故曰"不困"。【武公】补 卫武公。姬姓，名和，谥睿、圣、武，简谥武(据《国语·楚语上》)。卫僖侯之子。隐元年前九十年即位，在位五十五年。隐元年前三十六年卒。

[工]为之歌《王》。[公子札]曰："美哉！思而不惧，其周之东乎！"

【《王》】正 补 《毛诗》的《风》中，《王风》排第六，所收为东都王畿地区(见庄十九—庄二十一—庄二十一·八)的乐歌，绝大多数年代为东周春秋时期，《黍离》年代为西周末年。

【美哉……东乎】正 补 美啊！忧思而不惧怕，恐怕是周王室东迁之后的乐诗吧？西周陨灭，故忧思；东周仍有西周遗风，故不惧。

[工]为之歌《郑》。[公子札]曰："美哉！其细已甚，民弗堪也。是

其先亡乎！"

【《郑》】正 补《毛诗》的《风》中，《郑风》排第七，所收为东周春秋时期郑国(隐元·四·春秋)所在地区的乐歌。

【美哉……亡乎！】正 补 美啊！［但是］琐碎得太过分了，民众不能忍受。这恐怕是要先灭亡的吧！从今本《郑风》所收诗内容来看，绝大多数为男女情爱琐碎之事。

［工］为之歌《齐》。［公子札］曰："美哉！泱泱乎！大风也哉！表东海者，其大(太)公齐太公乎！国未可量也。"

【《齐》】正 补《毛诗》的《风》中，《齐风》排第八，所收为齐国(隐三·七·春秋)所在地区的乐歌，前五篇年代为西周中期，后六篇年代为东周春秋时期。

【美哉……公乎】正 补 美啊！宏大啊！大国的乐歌啊！作为东海诸国表率的，恐怕是齐太公的国家吧！这个国家前途不可限量。

［工］为之歌《豳 bīn》。［公子札］曰："美哉！荡乎！乐而不淫，其周公周公旦之东乎！"

【《豳》】正 补《毛诗》的《风》中，《豳风》排第十五，所收为西周时期豳地的乐歌。【豳】正 杨 补 又作"邠"，在今陕西彬县东北二十五里。自公刘至公亶父时为周国所在地。参见《图集》17—18②2。

【美哉……东乎】正 杨 补 美啊！博大啊！欢乐而不过度，这恐怕是周公旦东征(参见隐六·八)的乐诗吧！荡乎，博大貌。周公旦遭遇管、蔡之乱，东征三年，以先王不敢荒淫的教诲训诫周成王，终成王业，故曰"乐而不淫"。

［工］为之歌《秦》。［公子札］曰："此之谓夏声。夫能夏则大，大之至也。其周之旧乎！"

【《秦》】正 补《毛诗》的《风》中，《秦风》排第十一，所收为秦国(桓四·三·一)所在地的乐歌,前五篇年代为周平王之前,后五篇年代为东周春秋时期。

【此之……旧乎】正 杨 补 这就叫做夏声。夏就是大,大到极致了。这恐怕是周的旧乐吧!周平王东迁之后,秦占据西周旧地,故曰"其周之旧乎"。

[工]为之歌《魏》。[公子札]曰:"美哉! 沨 féng 沨乎! 大而婉,险而易行。以德辅此,则明主也。"

【《魏》】正 补《毛诗》的《风》中,《魏风》排第九,所收为东周春秋时期魏国(见桓三·六)所在地的乐歌。

【美哉……主也】正 杨 补 美啊! 抑扬浮动啊! 宏大而又婉约,艰险而又容易实行。再用德行加以辅助,就是贤明的君主了。

[工]为之歌《唐》。[公子札]曰:"思深哉! 其有陶唐氏之遗民乎! 不然,何忧之远也? 非令德之后,谁能若是?"

【《唐》】正 补《毛诗》的《风》中,《唐风》排第十,所收为唐地(僖十五·九·三·一)的乐歌,《蟋蟀》年代可能在西周中后期,其余年代为东周春秋时期。唐为晋始封君唐叔虞初封地,故《唐风》实为晋国之诗。

【思深……若是】正 补 思虑很深啊! 恐怕有陶唐氏的遗民吧! 否则,为什么那么忧思深远呢? 不是有善德者的后代,谁能像这样? 陶唐氏见襄九·一·二。唐人为陶唐氏之后,故王子札称唐地有陶唐氏之遗民。杜甫《送樊二十三侍御赴汉中判官》"陶唐歌遗民"典出于此。

[工]为之歌《陈》。[公子札]曰:"国无主,其能久乎?"

【《陈》】正 补《毛诗》的《风》中,《陈风》排第十二,所收为西周至东周春秋时期陈国(隐四·二·春秋)所在地的乐歌。

【国无主,其能久乎】杨 补 国家没有主人,难道能够长久吗? 昭八年(距本年九年)陈第一次被楚所灭,后复国。哀十七年(距本年六十五年)陈最终被楚所灭。

自《郐 kuài》以下[公子札]无讥焉。

【《郐》】 正 补 《毛诗》的《风》中,《桧风》排第十三,所收为西周至东周初期郐国(僖三十三·九·一)所在地的乐歌。

○ 正 据《毛诗》,则《桧风》之下,尚有《曹风》。郐、曹二国,皆国小政微,王子札不再加以评论。

[工]为之歌《小雅》。[公子札]曰:"美哉! 思而不贰,怨而不言,其周德之衰乎! 犹有先王之遗民焉。"

【《小雅》】 补 "雅"本为西周都城镐京一带乐调。《二雅》绝大多数为周王朝士、大夫以上贵族创作的乐歌,此外还有少数民歌。这些民歌,可能由于产生于周王都地区,且用雅乐谱曲,故列于《雅》。《毛诗》的《小雅》所收为西周至东周时期作品,而《大雅》所收为西周时期作品。

【美哉……民焉】 正 杨 补 美啊! 哀思而没有三心二意,怨郁见于音乐而不形于语言,恐怕是周德衰微时的乐章吧! 还存有先王的遗民啊。

[工]为之歌《大雅》。[公子札]曰:"广哉! 熙熙乎! 曲而有直体,其文王周文王之德乎!"

【广哉……德乎】 正 杨 补 宽广啊! 和乐啊! 乐曲抑扬曲折,而本体则刚健正直,恐怕是表现周文王的德行吧! 熙熙,和乐貌。

[工]为之歌《颂》。[公子札]曰:"至矣哉! 直而不倨 jù,曲而不屈,迩而不偪(逼),远而不携,迁而不淫,复而不厌,哀而不愁,乐而不荒,用而不匮,广而不宣,施而不费,取而不贪,处而不底,行而不流,五声和,八风平,节有度,守有序,盛德之所同也。"

【《颂》】正 补 宗庙祭祀时使用的乐歌,使用王室/公室乐调,演出时常伴有扮演和舞蹈。《毛诗》之《颂》包括《周颂》《鲁颂》《商颂》。《周颂》为西周时期周王室乐歌。《鲁颂》为东周春秋时期鲁公室乐歌。《商颂》为东周春秋时期宋公室乐歌。

【至矣……同也】正 杨 补 达到极致了! 正直而不倨傲,婉柔而不屈挠,亲近而不相逼,疏远而不离心,变易而不放纵,反复而不厌倦,哀伤而不忧愁,欢乐而不荒淫,常用而不匮乏,宽广而不发散,施舍而不浪费,收取而不贪婪,居处而不停滞,行进而不流荡。五声协和,八风平顺,节拍有法度,乐调各守其序,这都是盛德的共同特征。【五声】补 见僖二十四·二·二·一。【八风】补 见隐五·七。

见舞《象箭(箾)》《南籥 yuè》者,[公子札]曰:"美哉! 犹有憾。"

【《象箭》】正 杨 周文王乐舞,奏箾而为象舞。

【《南籥》】正 杨 周文王乐舞,奏南乐而为籥舞。【籥】杨 补 古代管乐器,竹制,竖吹。

【犹有憾】正 补 周文王尚未能灭商而致太平,故曰"犹有憾"。

见舞《大武》者,[公子札]曰:"美哉! 周之盛也,其若此乎!"

【《大武》】正 周武王乐舞。

见舞《韶濩 hù》者,[公子札]曰:"圣人之弘也,而犹有惭德,圣人之难也。"

【《韶濩》】正 商汤乐舞。

【而犹有惭德】正 杨 商汤讨伐夏桀为以下犯上,故曰"犹有惭德"。

见舞《大夏》者,[公子札]曰:"美哉! 勤而不德,非禹 夏禹,其谁能修之?"

【《大夏》】正 夏禹乐舞。

【勤而不德】杨 补 勤劳而不标榜[自己]有德。

见舞《韶箾(箫)》者，[公子札]曰："德至矣哉，大矣！如天之无不帱 dào 也，如地之无不载也。虽甚盛德，其蔑以加于此矣。观止矣！若有他乐，吾不敢请已！"

【《韶箾》】正 虞舜乐舞。

【帱】正 杨 覆盖。

【蔑】补 无。

○补 **传世文献对读**：《论语·八佾》："子谓《韶》'尽美矣，又尽善也'，谓《武》'尽美矣，未尽善也'。"《论语·述而》："子在齐闻《韶》，三月不知肉味，曰：'不图为乐之至于斯也！'"

○补 **出土文献对读**：2001 年发表的上博简一《孔子诗论》是一篇战国时期的论《诗》文献，从中可以窥见先秦《诗》学某个派别的真实面貌，可以与上文王子札诗论合观之。《孔子诗论》原文较长，在此节录其总论诗及总论风雅颂二章释文以备参考，可扫码阅读。

[二] 其出聘也，通嗣君吴王夷末也，故遂聘于齐。[公子札]说(悦)晏平仲，谓之曰："子速纳邑与政！无邑无政，乃免于难 nàn。齐国之政，将有所归。未获所归，难 nàn 未歇也。"故晏子晏平仲因陈桓子以纳政与邑，是以免于栾公孙灶、高公孙虿之难 nàn。

【纳邑与政】正 补 将采邑与政事交还[给国家]。

【栾、高之难】正 见昭十·二。

[三] [公子札]聘于郑。[公子札]见子产公孙侨，如旧相识。[公子札]与之缟 gǎo 带，子产献纻 zhù 衣焉。[公子札]谓子产曰："郑之执政良霄侈，难 nàn 将至矣。政必及子。子为政，慎之以礼。不然，郑国将败。"

【缟带】正 杨 补 未染色的白色生帛制成的大带。

【纻衣】杨 麻布衣服。

【侈】补 自多以陵人。

○补 下启襄三十年郑人杀良霄（襄三十·九），公孙侨为政（襄三十·十三）。

【四】［公子札］适卫，说（悦）蘧 qú 瑗 yuàn，蘧成子、史狗史文子、史鳅 qiū、公子荆、公叔发公叔文子、公子朝，曰："卫多君子，未有患也。"

【史狗】正 补 史文子。姬姓，史氏，名狗（或作苟），谥文。史朝（昭七·十二·一·一）之子。卫大夫，官至卿位。

【史鳅】正 补 姬姓，史氏，名鳅，字鱼。卫大夫。其名（鳅）、字（鱼）相应，鳅为鱼名。《论语·卫灵公》："子曰：'直哉史鱼！邦有道，如矢；邦无道，如矢。'"可见此人风格。

【公子荆】杨 补 姬姓，名荆，又名楚，字南。卫献公（成十四·五·一）之子。其名（楚）、字（南）相应，楚为南方之国。《论语·子路》："子谓公子荆，'善居室。始有，曰：'苟合矣。'少有，曰：'苟完矣。'富有，曰：'苟美矣。'"可见此人善于居家。

【公叔发】正 杨 补 公叔文子。姬姓，公叔氏，名发，谥贞、惠、文，简谥文。公叔成子之子，卫献公之孙。卫大夫，官至卿位。定十三年已卒。《论语·宪问》："子问公叔文子于公明贾曰：'信乎？夫子不言、不笑、不取乎？'公明贾对曰：'以告者过也。夫子时然后言，人不厌其言；乐然后笑，人不厌其笑；义然后取，人不厌其取。'子曰：'其然？岂其然乎？'"可见此人德行。

【公子朝】补 姬姓，名朝。卫大夫。昭二十年出奔晋。昭二十一年已归于卫。

【五】［公子札］自卫如晋。［公子札］将宿于戚，闻钟声焉，曰："异哉！吾闻之也，'辩（变）而不德，必加于戮'。夫子孙文子获罪于君卫

^{献公}以在此,惧犹不足,而又何乐? 夫子之在此也,犹燕之巢于幕上。君_{卫献公}又在殡,而可以乐乎?"遂去之。<u>文子</u>_{孙文子}闻之,终身不听琴瑟。

【戚】正补见文元·三·春秋。此时为孙文子采邑,在晋、卫边境。

【辩而不德】杨发动变乱,而又没有德行。

【夫子获罪于君以在此】正补这位因为得罪了国君而[出奔]到这里。指襄十四年孙文子、宁惠子逐卫献公,襄二十六年卫献公复归,孙文子以戚叛如晋。

【夫子……幕上】正杨补这位在这地方,如同燕子在帐幕上做巢。幕即帐幕,随时可撤。因此燕巢于其上,至为危险。杜甫《对雨书怀走邀许主簿》"震雷翻幕燕"典出于此。

【殡】补见隐元·五。

【遂去之】正补[公子札]于是离开了戚邑[而不止宿]。

【文子…琴瑟】杨补孙文子听说了王子札的这些言论之后,直到去世再也没听过音乐。琴瑟为乐之小者,钟磬为乐之大者,琴瑟尚且不听,则钟磬自不待言。【瑟】补考古发现的东周时期的瑟是一种木质板箱体弹拨弦鸣乐器,瑟体为木制共鸣箱,其上张有弦。参见襄器物图 7。

○补**传世文献对读**:《孔子家语·正论解》记载了孔子对此事的评论,可扫码阅读。

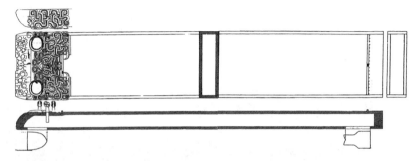

襄器物图 7.1　河南固始侯古堆 M1 出土十九弦瑟,春秋晚期
(《固始侯古堆一号墓》,2004 年)

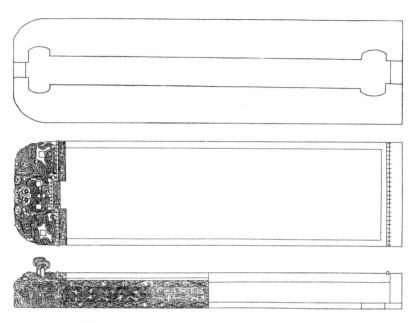

襄器物图 7.2　湖北随州曾侯乙墓出土二十五弦瑟,战国
早期(《曾侯乙墓》,1989 年)

【六·一】[公子札]适晋,说(悦)<u>赵文子</u>、<u>韩宣子</u>、<u>魏献子</u>,曰:"晋国
其萃于三族乎!"

【萃】正 集。

○补 春秋之后,前四〇三年赵、韩、魏三家分晋,是王子札此言之验。

【六·二】[公子札]说(悦)<u>叔向</u>羊舌肸,将行,谓叔向曰:"吾子勉之!
君晋平公侈而多良,大夫皆富,政将在家。吾子好 hào 直,必思
自免于难。"

【侈】补 自多以陵人。【良】杨 良臣。

【政将在家】杨 政权将[由公室转移]到卿大夫之家。

○补 **传世文献对读:**据《史记·吴太伯世家》,则此次公子札北上
聘问中原诸国,先路过徐国,有心许徐君宝剑之事。可扫码阅读。

襄公二十九年·十

地理 卫见襄地理示意图 1。

人物 卫献公（成十四·五·一）

春秋 秋,九月,葬卫献公。

襄公二十九年·十一

地理 齐、北燕见襄地理示意图 1。

人物 高止（襄二十九·八·春秋）、公孙虿（襄八·八·一·二）、公孙灶（襄二十八·九·二）

春秋 齐高止出奔北燕。

左传 秋,九月,齐公孙虿 chài、公孙灶放其大夫高止于北燕,乙未二日,[高止]出。[《春秋》]书曰“出奔”,罪高止也。高止好以事自为功,且专,故难及之。

【专】补 专擅,专权。

襄公二十九年·十二

地理 鲁、晋见襄地理示意图 1。

人物 孟孝伯（襄二十三·八·二·一）、范献子（襄十四·四·五）

春秋 冬,仲孙羯孟孝伯如晋。

左传 冬,孟孝伯如晋,报范叔范献子也。

○ 正 孟孝伯此行是为了回报本年夏范献子聘鲁（见襄二十九·八）。

襄公二十九年·十三

地理 齐、晋见襄地理示意图 1。晋、绵上（近介休）见襄地理示意图 2。齐、卢见襄地理示意图 4。

人物 高竖、闾丘婴（襄二十五·一·六·一）、高敬仲（庄八—庄九—庄十·八）、高武子

左传 为高氏之难故，高竖以卢叛。十月庚寅二十七日，闾 lǘ 丘婴帅师围卢。高竖曰："苟请高氏有后，请致邑［于公］。"齐人立敬仲 高敬仲之曾孙酀 yàn，高武子，良敬仲也。十一月乙卯二十三日，高竖致卢［于公］而出奔晋，晋人城绵而置旃（之焉）。

【高竖】 正 补 姜姓，高氏，名竖。高止（襄二十九·八·春秋）之子。襄二十九年以卢叛，同年致卢而奔晋。

【卢】 补 见隐三·七。此时为高氏采邑。

【闾丘婴帅师围卢】 杨 襄二十五年闾丘婴奔鲁（襄二十五·一·六）。襄二十八年庆氏使诸逃亡者返齐，闾丘婴可能于此时返国，故本年得以率师围卢。

【酀】 正 杨 补 高武子。姜姓，高氏，名酀，《左传》后文又曰名偃，酀、偃音近可通，谥武。高敬仲（庄八—庄九—庄十·八）曾孙。齐大夫，官至卿位。

【良】 正 补 以……为贤良。

【绵】 杨 补 即绵上，见僖二十三—僖二十四·十四。与襄十三年的绵上为两地。

襄公二十九年·十四

地理 郑、楚见襄地理示意图 1。

人物 良霄（襄十一·二·春秋）、公孙黑（襄十五·四·一）、裨谌

左传【一】郑伯有良霄使公孙黑如楚。

[子晳]辞曰："楚、郑方恶，而使余往，是杀余也。"

伯有曰："世行也。"
【世行也】正 补 你们家族世代担任行人（外交使者）。

子晳公孙黑曰："可则往，难则已，何世之有？"

伯有将强使之。子晳怒，将伐伯有氏。大夫和之。十二月己巳七日，郑大夫盟于伯有氏。
○补 襄十五年公孙黑曾被作为人质送往宋（参见襄十五·四·一）。公孙黑对冒险如楚的强烈反感可能与此前作人质的经历有关。

【二】裨 pí 谌 chén 曰："是盟也，其与(欤)几何？《诗》曰'君子屡盟，乱是用长'，今是长乱之道也。祸未歇也，必三年而后能纾。"
【裨谌】正 郑大夫。
【其与几何】正 杨 补 即"其几何欤"，可译为"能维持多久"。
【君子屡盟，乱是用长】杨 见桓十二·三·二。
【纾】正 解。
○补 下启襄三十年郑杀良霄（襄三十·九），昭元年郑放游楚（昭元·二），及昭二年郑杀公孙黑（昭二·二）。

然明鬷蔑曰："政将焉往？"

裨谌曰："善之代不善，天命也。其焉辟(避)子产公孙侨？举不逾等，则[子产]位班也。择善而举，则[子产]世隆也。天又除之：夺伯有良霄魄，子西公孙夏即世。将焉辟(避)之？天祸郑久矣，其必使子产息之，乃犹可以戾。不然，将亡矣。"

【举不……隆也】 正 杨 补 如果不逾越等级而举拔，那么[子产]按位次应为执政。如果选择善人而举拔，那么[子产]为世人所敬重。隆，高。

【天又……即世】 正 杨 补 上天又[为子产任执政]清除道路：使伯有丧失了魄，而[班次在伯有之下、子产之上的]子西又已经去世。公孙夏(子西)去世后郑卿位次：罕虎(子皮)居首，任当国；良霄(伯有)居第二，任为政；公孙侨(子产)居第三。良霄若死，则公孙侨理应递补，任为政。"魄"参见昭七·七·四·二。

【戾】 正 定。

○ 补 下启襄三十年公孙侨为政(襄三十·十三)。

襄公三十年·一

地理 楚、鲁见襄地理示意图1。

人物 郏敖(襄二十九·三·二·一)、蒍罢(襄二十七·五·一)、叔孙穆子(成十六·六·二)、王子围(襄二十六·五·一)

春秋 三十年,春,王正月,楚子郏敖使蒍 wěi 罢 pí 来聘。

【聘】补见隐七·四·春秋。

左传【一】"三十年,春,王正月,楚子使蒍罢来聘",通嗣君郏敖也。

○补襄二十九年郏敖正式即位,本年郏敖派蒍罢来鲁通报新君即位之事。

【二】穆叔叔孙穆子问王子围之为政何如。[蒍罢]对曰:"吾侪 chái 小人,食而听事,犹惧不给 jǐ 命,而不免于戾,焉与 yù 知政?"[穆叔]固问焉,[蒍罢]不告。

【吾侪】补我等。
【犹惧不给命】杨还惧怕不能完成使命。给,足。
【戾】补罪。

【三】穆叔叔孙穆子告大夫曰:"楚令尹王子围将有大事,子荡蒍罢将与 yù 焉,助之匿其情矣。"

【令尹】补见庄四·二·二。
○补下启昭元年王子围弑郏敖(昭元·九)。

襄公三十年·二

地理 郑、晋见襄地理示意图1。

[人物] 公孙侨（襄八·三）、郑简公（襄七·八·二·二）、羊舌肸（襄十一·二·五·三）、公孙黑（襄十五·四·一）、良霄（襄十一·二·春秋）

[左传] 子产公孙侨相 xiàng 郑伯郑简公以如晋。

叔向羊舌肸问郑国之政焉。［子产］对曰："吾得见与否，在此岁也。驷公孙黑、良良霄方争，未知所成。若有所成，吾得见，乃可知也。"

【未知所成】[补] 不知该如何终结。成，终。

叔向曰："不既和矣乎？"

【不既和矣乎】[补] 指襄二十九年郑大夫已促使公孙黑、良霄和解（见襄二十九·十四·一）。

［子产］对曰："伯有良霄侈而愎 bì，子晳公孙黑好 hào 在人上，莫能相下也。虽其和也，犹相积恶也，恶至无日矣。"

【侈】[补] 自多以陵人。【愎】[正][杨][补] 乖戾，固执。
○[正][补] 下启本年良霄之乱（襄三十·九）。无论羊舌肸如何套话，公孙侨坚持不预测良霄—公孙黑政争的结局，说明公孙侨已经想好在接下来的政争中保持中立。

襄公三十年·三

[地理] 晋、鲁见襄地理示意图 1。鲁、杞 2 见襄地理示意图 4。

[人物] 晋悼夫人（襄二十三·二）、绛县人、师旷（襄十四·七）、叔仲惠伯（文七·六·三）、郤成子（僖三十三·五·一·一）、叔孙庄叔（文元·二·四）、长狄侨如（文十一·四·一）、长狄虺、长狄豹、史赵、士

文伯、赵文子(成八·五·一)、晋平公(襄十六·一·春秋)、季武子(襄六·五·春秋)、羊舌肸(襄十一·二·五·三)、女齐(襄二十六·六·一·一)

[左传]【一·一】二月癸未二十二日,晋悼夫人食 sì 與人之城杞者。绛县人或年长矣,无子而往,与 yù 于食。

【晋悼……杞者】正 杨 诸侯城杞之事见襄二十九·八。本年初,晋人参与城杞的與人回到晋国,晋悼夫人设便宴慰劳他们。【與人】补 见僖二十五·三。

【绛县】补 绛为晋都,见成六·五·一·二。绛县应该是绛都附近的县。

【无子而往】杨 没有儿子,因而[自己]前往[修筑城墙]。

有与疑年,使之年。[绛县人]曰:"臣,小人也,不知纪年。臣生之岁,正月甲子朔。四百有四十五甲子矣,其季于今三之一也。"

【有与疑年,使之年】正 杨 补 有人怀疑他的年龄[过老],让他说自己的年纪。据《周礼·地官·乡大夫》,"国中自七尺以及六十,野自六尺以及六十有五皆征之"。而此人外貌似过于年老,不应被征调去做劳役,故旁人疑之。

【臣生……一也】正 杨 补 臣出生的那一天是[夏正]正月甲子初一。从那时到今天,已经历了四百四十五个甲子,最末的一个甲子到今天是[六十天甲子循环的]三分之一。从甲子到甲子循环一周是六十日,三分之一即二十日。从最后一个周正二月甲子到周正二月癸未,正好二十日。朔见桓三·五·春秋。

○补 李白《下途归石门旧居》"数人不知几甲子"典出于此。

吏走问诸(之于)朝。

师旷曰："鲁叔仲惠伯会郤xì成子于承匡之岁文十一年也。是岁也,狄伐鲁,叔孙庄叔于是乎败狄于咸,获长狄侨如及虺huǐ,长狄虺也、豹长狄豹也,而皆以名其子。七十三年矣。"

【师】补见桓二—桓三·一·二。

【七十三年矣】正补绛县老人生于文十一年周正三月甲子,至本年周正二月癸未,为二万六千六百六十日(详见下文),实岁七十三岁,虚岁七十四岁。

史赵曰："亥有二首六身,下二如身,是其日数也。"

【史赵】正晋太史,名赵。【史】补见宣二·三·四·一。

○正补史赵说,"亥"字字形,首似数字"二",身似三个相叠的数字"六",将首"二"拿下来放在身"六六六"旁边,就得到此人自出生至今的日数,也就是下文所说的二万六千六百六十日。

○补古文字新证:"亥"字字形演变情况如襄字形图4所示,"六"字字形演变情况如襄字形图5所示。观察春秋时期"亥"字字形(△11至△15),其首为二横画,的确类似"二"字,不过其身在所举字例中并未见明显的三"六"相叠之形。可能史赵之时晋国"亥"字笔画更繁,形似三"六"相叠。

1 商.甲 2414《甲》	2 商.乙 7795《甲》	3 商.前 7.33.1《甲》	4 商.林 1.15.7《甲》	5 商.佚 888《甲》
6 商.庫 1064《甲》	7 周早.夨方彝《金》	8 周中.吳方彝《金》	9 周晚.弔尃父盨《金》	10 周晚.師兌簋《金》
11 春.陳侯鼎《金》	12 春.申鼎《金》	13 春.庚兒鼎《金》	14 春.郘公華鐘《金》	15 春.歸父盤《金》

襄字形图 4(《说文新证》,2014 年)

1 商.菁 1.1《甲》	2 商.鐵 135.3《甲》	3 商.佚 76《甲》	4 周中.靜簋《金》	5 戰.齊.貨系 2589
6 戰.燕.貨系 2691	7 戰.晉.貨系 974	8 戰.楚.包 91《楚》	9 秦.睡.效 3《張》	10 秦.睡.日甲 63 背《張》
11 西漢.老子甲後 209《篆》	12 西漢.池陽宮行鐙《篆》	13 西漢.壽成室鼎《篆》	14 東漢.孔宙碑《篆》	

襄字形图 5(《说文新证》,2014 年)

<u>士文伯</u>曰:"然则二万六千六百有(又)六旬也。"

【士文伯】正补祁姓,士氏,名匄,字瑕,谥文,排行伯。士庄伯(<u>襄九·一·二</u>)之子。晋大夫。其名(匄)、字(瑕)相应,瑕通假,假,借也;匄,乞也,意义相近。

【二万六千六百有六旬】杨二万六千六百日加上六旬(一旬十日),即二万六千六百六十日。据上文,则老人所活日数为四百四十四个六十日,加上二十日,即为二万六千六百六十日。

【一·二】<u>赵孟</u>赵文子问其县大夫,则其属也。[赵孟]召之绛县人,而谢过焉,曰:"武赵文子不才,任君晋平公之大事。以晋国之多虞,不能由吾子绛县人,使吾子辱在泥涂久矣,武之罪也。敢谢不才。"[赵孟]遂仕之,使助[己]为政。[绛县人]辞以老。[赵孟]与之田,使为君复陶(繇),以为绛县师,而废其舆尉。

【赵孟……属也】正杨赵文子问他所在县的县大夫为谁,得知是自己的下属。

【虞】杨忧。

【由】正用。

【与之……舆尉】正杨补[赵文子]赐给他田地,让他在县里为国君办理免除繇役之事,并从此做绛县县师,而将舆尉撤职。舆尉违反制度征用孤老,所以赵文子将其撤职。【县师】 补 晋外朝官,掌管县内教化。

○ 补 李白《赠从弟冽》"君子悲涂泥"、杜甫《赠韦左丞丈济》"甲子混泥涂"、《长沙送李十一》"一辱泥涂遂晚收"、《折槛行》"青衿胄子因泥涂"典出于此。

【二】 于是鲁使者在晋,归以语 yù 诸(之于)大夫。季武子曰:"晋未可婾 tōu 也。有赵孟 赵文子 以为大夫,有伯瑕 士文伯 以为佐,有史赵、师旷而咨度 duó 焉,有叔向 羊舌肸、女 rǔ 齐以师保其君 晋平公。其朝多君子,其庸可婾乎?勉事之而后可。"

【婾】 正 杨 薄,轻视。

【咨度】 杨 补 咨询谋算。

【有叔……其君】 杨 补 羊舌肸(叔向)为晋平公之傅在襄十六·二·一。据《国语·晋语八》,则女齐(司马侯)死后,"叔向见司马侯之子,抚而泣之,曰:'自此其父之死,吾蔑与比而事君矣。昔者,此其父始之,我终之;我始之,夫子终之,无不可。'"由此可见,羊舌肸、女齐二人曾同为师保。师保见襄十三·四·一,这里是泛指师、傅、保之类的职务。

【其庸】 杨 近义词连用,都是"岂"的意思。

襄公三十年·四

地理 郑见襄地理示意图 1。

左传 夏,四月己亥,郑伯 郑简公 及其大夫盟。君子是以知郑难 nàn 之不已也。

【己亥】 杨 据王韬所推春秋历,四月不应有己亥。

○ 正 杨 良霄、公孙黑相争,至此不已,因此去年诸大夫盟(参见襄二十九·十四），今年又有此盟。

襄公三十年·五

地理 蔡、楚见襄地理示意图 1。

人物 太子般、蔡景公（成二·七·一·二）

春秋 夏，四月，蔡世子般太子般弑其君固蔡景公。

【世子般】 补 太子般，后为蔡灵公。姬姓，名般，谥灵。蔡景公（成二·七·一·二）之子。襄三十年弑父自立，襄三十一年正式即位，在位十二年。昭十一年被楚灵王所诱杀。

左传 蔡景侯蔡景公为大（太）子般娶于楚，通焉。大（太）子太子般弑景侯蔡景公。

○ 正 杨 补 据襄二十八·六·二，公孙侨称蔡景公"淫而不父"。公孙侨所言，应即指其与准儿媳通奸之事。

襄公三十年·六

地理 宋、周、晋见襄地理示意图 1。宋、周、晋、单、尹、刘、甘、巩、芳见襄地理示意图 3。

人物 共姬（成八·四·一）、周景王、王子佞夫、儋季、儋括、周灵王（襄五·二）、公子慭期、成愆、尹言多、刘毅、单蔑、甘悼公、巩成、王子瑕、廖

春秋 五月甲午五日，宋灾，宋伯姬共姬卒。

【灾】 补 见桓十四·二·春秋。

○ 正《春秋》书宋伯姬卒在前，天王杀其弟在后，而《左传》反之。可能《春秋》所据为周王室及诸侯通告上所书时间，而《左传》所据为事

件实际发生时间。

天王周景王杀其弟佞 nìng 夫王子佞夫。

【天王】补周景王。姬姓,名贵,谥景。周灵王(襄五·二)之子。襄二十九年即位,在位二十七年。昭二十二年卒。

【佞夫】补王子佞夫。姬姓,名佞夫。周灵王之子,周景王之弟。襄三十年被尹言多、刘毅、单蔑、甘悼公、巩成所杀。

<u>王子瑕奔晋</u>。

左传【一·一】初,王儋 dān 季儋季卒,其子括儋括将见王周灵王,而叹。

【王儋季】正补儋季。姬姓,儋氏,排行季。周简王(成八·六·春秋)之子,周灵王之弟。襄二十八年前卒。

【括】补儋括。姬姓,儋氏,名括。儋季之子,周简王之孙。襄三十年奔晋。

单 shàn 公子愆 qiān 期为灵王周灵王御士,过诸廷,闻其叹,而言曰:"乌乎! [括]必有此夫!"

【公子愆期】补姬姓,单氏,名愆期。单顷公(襄三·五·春秋)之子,单靖公(襄十·八·二)之弟。周王御士。【御士】补见僖二十四·二·四。

【必有此夫】正补[儋括]一定是想着占有这里吧!

[愆期]入以告王,且曰:"[王]必杀之。[括]不慼而愿大,视躁而足高,心在他矣。[王]不杀[括],[括]必害[王]。"

【视躁】杨指儋括处处观望。

王曰:"童子何知!"

【童子】杨　补年轻无知之人。

【一·二】及灵王周灵王崩，儋括欲立王子佞夫。佞夫王子佞夫弗知。戊子二十八日，儋括围芳wěi，逐成愆。成愆奔平畤。

【芳】杨见隐十一·三·一。

【成愆】正芳邑大夫。

【平畤】正　补周邑。当在河南孟州境。

【一·三】五月癸巳四日，尹言多、刘毅、单蔑、甘过甘悼公、巩成杀佞夫王子佞夫。括儋括、瑕王子瑕、廖liáo奔晋。[《春秋》]书曰"天王杀其弟佞夫"，罪在王周景王也。

【尹言……巩成】正五子皆为周王室大夫。

【甘过】补甘悼公。周王室大夫。姬姓，甘氏，名过，谥悼。甘简公（昭十二·九）之弟，甘昭公（僖七—僖八·一）之后。昭十二年被甘成公、甘景公之族所杀。

【巩】补周畿内国，在今河南巩义站街镇老城村。其国君世为周王室卿大夫。参见《图集》22—23⑪17。

【书曰……王也】正　补《春秋》书"天王杀其弟佞夫"，点明王子佞夫为周王之弟，表明此事罪在周景王，因为他不理会公子愆期警告、纵容儋括，导致其弟在不知情的情况下被乱党杀害。

【二·一】或叫于宋大(太)庙，曰："嘻嘻！出出！"鸟鸣于亳bó社，如曰"嘻嘻"。甲午五日，宋大灾。宋伯姬共姬卒，待姆也。

【或】补有东西。【大庙】杨始封君庙，于宋为微子启庙。

【亳社】正　杨　补此为宋亳社。亳是商朝始君商汤都城的专称，也是商代都城的通称，周代的亳社是亡国殷商之社。根据传世文献的记载及后来学者的分析，亳社形制是：一、"掩其上""屋之"，即在墰上有屋顶掩盖，使得土坛不得接受上天的阳气；二、"柴其下""北牖",即墙上之屋三面用木柴编成的墙闭塞,只有北面开窗,使得土坛只能接受阴气,总之是为了防止殷商复国。传世文献所见,至少周王室、鲁、宋(商王室之后)都有亳社。建立亳社的目的,有两种说法:一、《公羊传》《穀梁传》都认为,周王室、诸侯建立亳社,是为了用殷商灭亡的历史教训来警戒后人;二、有学者认为,亳社应该有警示作用,但更多的是为了满足殷遗民祭祀土地神的需求,是周人对殷移民采取怀柔政策的重要举措。

【姆】 正 补 作为贵妇保傅的妇人。

〔二・二〕君子谓宋共 gōng 姬:"女而不妇。女待人,妇义事也。"

【女而不妇】 杨 补〔宋共姬奉行的〕是闺女而不是媳妇〔的守则〕。未嫁为女,已嫁为妇。

【女待人,妇义事也】 正 杨 补 闺女应该等待保姆,而媳妇可以便宜行事。义,宜。

○ 正 宋共姬于成九年归于宋,至今四十年,其年龄应该已经在六十岁左右。

襄公三十年・七

地理 郑、陈见襄地理示意图 1。

人物 公孙侨(襄八・三)、陈哀公(襄五・八・春秋)、悼太子偃师(襄二十五・二・二)

左传 六月,郑子产公孙侨如陈莅盟。〔子产〕归,复命,告大夫曰:"陈,亡国也,不可与也。〔陈〕聚禾粟,缮城郭,恃此二者,而不抚其民。其君陈哀公弱植,公子侈,大(太)子悼太子偃师卑,大夫敖(傲),政多门,以介于大国,能无亡乎?不过十年矣。"

【莅盟】 补 见隐七・七・一・二。

【与】 正 补 亲,结好。

【禾】 补 见隐三·四·二,此处应为广义。

【粟】 补 见僖十三·二,此处应为广义。

【城郭】 补 见《知识准备》"国野制"。

【其君弱植】 杨 补 其国君根基不稳固。植,树立。据昭八·二·一·一,陈哀公有癈疾。

【侈】 补 自多以陵人。

【介】 正 间。

○ 正 下启昭八年楚灭陈(昭八—昭九)。

襄公三十年·八

地理 鲁、宋见襄地理示意图1。

人物 子叔敬子、共姬(成八·四·一)

春秋 秋,七月,叔弓_{子叔敬子}如宋。

【叔弓】 正 补 子叔敬子。姬姓,子叔氏,名弓,谥敬。子叔齐子(襄十四·一·春秋)之子。鲁大夫,官至卿位。昭十五年卒。

葬宋共 gōng 姬。

左传 "秋,七月,叔弓如宋",葬共姬也。

○ 正 杨 据昭二—昭三·四,"君薨,大夫吊,卿共葬事。夫人,士吊,大夫送葬"。共姬为鲁女,鲁人伤共姬之死,故破例派卿子叔敬子如宋送葬。

襄公三十年·九

地理 郑、晋见襄地理示意图1。郑、许、晋、雍梁、斗城、酸枣、任见襄地理示意图3。

人物 良霄(襄十一・二・春秋)、公孙黑(襄十五・四・一)、罕虎(襄二十九・七・一)、仲虺(宣十二・一・五)、公孙侨(襄八・三)、印段(襄二十二・四・一)、郑简公(襄七・八・二・二)、羽颉、驷带、公子騑(成十・三・二)、游吉(襄二十二・七・二)、公孙胖、公孙蠆(襄八・八・一・二)、公孙挥(襄二十四・十)、裨灶(襄二十八・八・二・二)、仆展、乐成、赵文子(成八・五・一)、公孙锄

春秋 郑良霄出奔许,[良霄]自许入于郑,郑人杀良霄。

左传【一】 郑伯有[良霄]耆(嗜)酒,为窟室,而夜饮酒,击钟焉。

【窟室】 正 杨 地下室。

朝至,未已。朝者曰:"公[良霄]焉在?"其人曰:"吾公[良霄]在壑 hè 谷。"[朝者]皆自朝布路而罢。

【朝至,未已】 杨 良霄为郑执政,因此诸卿大夫上朝前,先朝见良霄,犹如齐群大夫先朝见当国庆封(参见襄二十八・九・一)。朝见的卿大夫已经到了,良霄的饮宴还没停止。

【其人】 杨 被问的良霄家臣。

【壑谷】 补 山沟。此为遁词。

【布路】 正 分散。

既而朝,则又将使子晳[公孙黑]如楚,归而饮酒。

【既而……如楚】 正 杨 补 晚些时候[良霄和诸卿大夫一同]朝见[郑简公],则[良霄]又试图让公孙黑前往楚。襄二十九年良霄曾试图迫使公孙黑出使楚,二人已因此而相争不下。如今良霄又试图让公孙黑出使。

【二】 庚子[十一日],子晳[公孙黑]以驷氏之甲伐[伯有氏]而焚之。伯有[良

_霄奔雍梁,醒而后知之,遂奔许。

【雍梁】[补]见襄十八·四·三。

○[补]公孙黑为公子骓(字驷)之子,驷氏族人,故以驷氏之甲伐良霄。

[三] 大夫聚谋。子皮_{罕虎}曰:"《仲虺 huǐ 之志》云:'乱者取之,亡者侮之。'推亡、固存,国之利也。"罕、驷、丰同生,伯有_{良霄}汰(泰)侈,故不免_[于难]。

【罕、驷、丰同生】[正][补]罕氏、驷氏、丰氏之祖公子喜、公子骓、公子平为同母兄弟。此为反对良霄之党。罕氏此时族长为罕虎,驷氏此时族长为驷带(公孙黑亦为驷氏族人),丰氏此时族长为公孙段。

【汰】[补]骄横。【侈】[补]自多以陵人。

[四] 人谓子产_{公孙侨}就直助强。子产曰:"_[罕、驷、丰]岂为我徒?国之祸难,谁知所敝(弊)? 或主强直,难 nàn 乃不生? 姑成吾所。"

【就直助强】[正][补]靠拢正直[之人],帮助强势[之人]。当时人认为公孙黑直而罕氏、驷氏、丰氏强。

【岂为……吾所】[正][杨][补][罕、驷、丰]哪里是我的同党? 国家的祸难,谁知道如何停止? 如果以[你们所说的]刚强正直[之人]为主,祸难就不会发生么? 姑且保住我的立场。公孙侨的立场是无所偏袒,同时按照礼制对待斗争中的失败一方。徒,党。敝,止。乃,宁。

辛丑_{十二日},子产_{公孙侨}敛伯有氏之死者而殡之,不及_[与诸大夫]谋而遂行,印段从之。子皮_{罕虎}止之_{子产}。众曰:"人不我顺,何止焉?"子皮曰:"夫子_{公孙侨}礼于死者,况生者乎?"遂自止之。

【敛】【殡】[补]参见隐元·五"丧礼"。

【人不我顺】[杨]即"人不顺我"。指公孙侨公然敛殡伯有氏之死者。

壬寅_{十三日}，<u>子产</u>入。癸卯_{十四日}，<u>子石</u>_{印段}入。[二子]皆受盟于<u>子皙</u>_{公孙黑氏}。

【五】乙巳_{十六日}，<u>郑伯</u>_{郑简公}及其大夫盟于大_(太)宫，盟国人于师之梁之外。

【大宫】 补 见隐十一·二·二。
【师之梁】 补 见襄九·五·一。

【六】<u>伯有</u>_{良霄}闻郑人之盟己也，怒；闻<u>子皮</u>_{罕虎}之甲不与_{yù}攻己也，喜，曰"<u>子皮</u>与我矣"。癸丑_{二十四日}，晨，[伯有]自墓门之渎_(窦)入，因<u>马师颉</u>_{jié，羽颉}介于襄库，以伐旧北门。<u>驷带</u>率国人以伐之。[伯有、驷带]皆召<u>子产</u>_{公孙侨}。<u>子产</u>曰："兄弟而及此，吾从天所与。"

【伯有……也，怒】 杨 补 良霄听闻郑人为自己而结盟，因而发怒。郑人为良霄而结盟，应是确认良霄罪过，宣誓与良霄划清界限，因此良霄得知以后发怒。国内大夫盟叛逃大夫之事参见成十六·八·三。

【闻子……我矣】 杨 补 良霄听说罕虎家的甲士没有参与攻打自己，很欣喜，说"子皮是向着我的"。从良霄的话语可知，先前"大夫聚谋"应该是秘密会议，罕虎在会上的定调讲话精神并没有广为人知。良霄(良氏)之外的郑五大卿族，分别是罕虎(罕氏)、公孙侨(国氏)、游吉(游氏)、印段(印氏)、驷带(驷氏)。其中公孙侨已经明确表示超然中立，印段跟随公孙侨，游吉在国外，如果罕虎也向着良霄(至少不明确站队反对良霄)，那么良霄的敌手就只有驷带。因此，良霄此言实际上是告诉自己和跟随自己的党羽，如今杀回国都实际上是良氏、驷氏一对一的对决，确有胜算。

【墓门】 正 补 郑都西门。**【渎】** 补 见襄二十六—襄二十七·一。

【因马师颉介于襄库】 杨 补 [良霄一伙人]依靠羽颉从襄库中取出兵甲装备自己。**【马师颉】** 正 补 羽颉。姬姓，羽氏，名颉。公子翚

(成十三·二)之孙,郑穆公曾孙。郑大夫,任马师。襄三十年奔晋,
为任大夫。【马师】补郑外朝官,其职掌与武器装备有关。

【驷带】正补姬姓,驷氏,名带,字上,谥定。公孙夏(襄十·七·
二·三)之子,公子騑(成十·三·二)(字驷)之孙。郑大夫,官至卿
位。襄二十七年后、襄二十九年前公孙夏去世后继位为卿。昭六
年卒。

【兄弟而及此】杨补兄弟却[闹]到了这个地步。良霄、驷带皆为郑
穆公曾孙,彼此为兄弟辈。

【与】正助。

【七】伯有良霄死于羊肆。子产公孙侨襚suì之,枕之股而哭之,敛
而殡诸伯有之臣在市侧者。既而葬诸(之于)斗dǒu城。子驷公
子騑氏欲攻子产。子皮罕虎怒之,曰:“礼,国之干也。杀有礼,
祸莫大焉!”[子驷氏]乃止。

【羊肆】杨补郑都内卖羊商铺。

【襚】杨补为死者穿衣,即小敛。参见文九·四·春秋。

【枕之股而哭之】补见僖二十七—僖二十八·二十三·二。

【敛】【殡】杨补敛,大敛,以尸入棺。殡,停棺待葬。参见隐元·五。

【斗城】正杨补在今河南通许东北。郑邑。参见《图集》24—
25④5。

○补**传世文献对读**:《中庸》:“子路问强。子曰:‘……故君子和
而不流,强哉矫! 中立而不倚,强哉矫! 国有道,不变塞焉,强哉
矫! 国无道,至死不变,强哉矫!”公孙侨在良霄之乱中的表现,
可谓是“中立而不倚,强哉矫”的典型事例。

【八】于是游吉如晋还,闻难nàn,不入,复命于介。八月甲子六
日,[游吉]奔晋。驷带追之,及酸枣。[游吉]与子上驷带盟,用两珪

质于河。[游吉]使公孙胘 xī 入盟大夫。己巳十一日,[游吉]复归。

【复命于介】杨 [游吉]向副手复命[,让副手回去向国君复命]。

【酸枣】正 杨 补 在今河南延津西南。参见《图集》24—25③5。

【用两珪质于河】正 补 将两珪沉入河水作为质信。春秋时以宝物沉祭河神之事参见僖二十三—僖二十四·九·二。【珪】补 即圭,见僖九·二·一·六。【河】补 见闵二·五·三。

【公孙胘】杨 疑即上文提到的游吉副手。

【九】[《春秋》]书曰"郑人杀良霄",不称"大夫",言[良霄]自外入也。

○正《春秋》书"郑人杀良霄",而不书"郑人杀其大夫良霄",是表明良霄被放逐后官位已失,再从外攻入时已不是郑大夫。

【十·一】于子蟜 jiǎo,公孙虿之卒也,将葬,公孙挥与裨 pí 灶晨会事焉。[二人]过伯有良霄氏,其门上生莠 yǒu。子羽公孙挥曰:"其莠犹在乎!"——于是岁在降娄,降娄中而旦。——裨灶指之曰:"犹可以终岁,岁不及此次也已。"

【于子蟜之卒也】正 在襄十九年。

【会事】正 杨 会晤[商量]丧事。

【伯有氏】补 良霄之家。

【莠】杨 补 狗尾草(*Setaria viridis* (L.) Beauv.),禾本科一年生草本植物。莠形似稷(僖五·八·一)而不结子实,是农田杂草之一。

【其莠犹在乎】正 补 那狗尾草还在那儿呀! 公孙挥以莠喻良霄,以此隐语表达对良霄的嫌恶。

【岁在降娄】正 补 岁星在十二星次中的降娄(又称奎娄)。岁星纪年法参见襄九·五·五。

【降娄中而旦】正 杨 《礼记·月令》"季夏旦奎中","旦奎中"就是这里的"降娄中而旦"。季夏为夏季第三月,为夏正六月,周正八月。公孙虿在襄十九年周正四月死,当在周正七月下葬,或缓至八月下葬,此时降娄在天刚亮时位于中天,故曰"降娄中而旦"。

【犹可……也已】正 杨 补［伯有］还可以［活到］岁星运行一周终了,在岁星还没有再次到达这个星次(指降娄)之时［,伯有将要死去］。以木星在降娄计,须经过大梁、实沈、鹑首、鹑火、鹑尾、寿星、大火、析木、星纪、玄枵、娵訾再重新来到降娄。良霄将在岁星运行已满十一次(娵訾),尚不到十二次(降娄)时死去。

[十·二] 及其良霄亡也,岁在娵jū訾zī之口。其明年,乃及降娄。

【及其……之口】杨 襄二十八年岁星在玄枵,则襄二十九年岁当在娵訾。襄三十年周正七月,即良霄死亡之时,岁星正过娵訾,尚未到达降娄,故曰"岁在娵訾之口"。

[十一] 仆展从伯有良霄,与之皆(偕)死。

【仆展】正 补郑大夫。良霄党羽。襄三十年被郑人所杀。

[十二·一] 羽颉出奔晋,为任大夫。鸡泽之会,郑乐成奔楚,遂适晋。羽颉因之乐成,与之比而事赵文子,言伐郑之说焉。［文子]以宋之盟故,不可。

【任】正 杨 补在今河北任县的东固城村。晋县。参见《图集》22—23④11。

【鸡泽之会】正 见襄三·五。

【比】补朋比,勾结。

【以宋之盟,不可】正 补襄二十七年宋之盟约定诸侯互相和解,弭兵安民。赵文子以宋之盟为依据,不同意伐郑。

[十二·二] 子皮罕虎以公孙锄为马师。

【公孙锄】正 补姬姓,名锄。公子喜(成十·三·二)之子,公孙舍之(襄八・八・一・二)之弟,郑穆公(僖三十・三・五)之孙。郑大夫,襄三十年任马师。

襄公三十年・十

地理 蔡见襄地理示意图1。

人物 蔡景公(成二・七・一・二)

春秋 冬,十月,葬蔡景公。

襄公三十年・十一

地理 楚见襄地理示意图1。

人物 王子围(襄二十六・五・一)、芘(蒍,蒍)掩(襄二十五・五)、申无宇

左传【一】楚公子围王子围杀大司马芘(wěi,蒍)掩而取其室。

【大司马】补 即司马,见僖二十六・三。

【二】申无宇曰:"王子王子围必不免[于难]。善人,国之主也。王子相xiàng楚国,将善是封殖,而虐之,是祸国也。且司马,令尹之偏,而王之四体也。[王子]绝民之主,去身之偏,艾yì(刈)王之体,以祸其国,无不祥大焉,何以得免[于难]?"

【申无宇】正 补 姜姓,申氏,又为范氏,名无宇。楚大夫,昭二年已任芋尹。食采于范。

【将善是封殖】杨 补 即"将封殖善",可译为"应当培养善人"。封,本义为培土。殖,本义为生长花木五谷。

【令尹】补 见庄四・二・二。

【偏】正佐。

【艾】杨斩除。

【无不祥大焉】杨补即"不祥莫大焉"。可译为"没有比这更大的不吉利了"。

○正下启昭十三年楚灵王（即位前为王子围）自缢而死（昭十三·二）。

襄公三十年·十二

地理晋、齐、宋、卫、郑、曹见襄地理示意图 1。齐、宋、卫、曹、莒、邾、滕、薛、杞 2、小邾、澶渊见襄地理示意图 4。

人物叔孙穆子（成十六·六·二）、赵文子（成八·五·一）、公孙虿（襄八·八·一·二）、向戍（成十五·六·三）、北宫文子、罕虎（襄二十九·七·一）、周文王（僖五·八·一）

春秋晋人、齐人、宋人、卫人、郑人、曹人、莒人、邾人、滕人、薛人、杞人、小邾人会于澶chán渊，宋灾故。

【澶渊】补见襄二十·二·春秋。

【灾】补见桓十四·二·春秋。

左传【一】为宋灾故，诸侯之大夫会，以谋归(馈)宋财。冬，十月，叔孙豹叔孙穆子会晋赵武赵文子、齐公孙虿chài、宋向戍、卫北宫佗北宫文子、郑罕虎及小邾之大夫会于澶渊。既而无归(馈)于宋，故[《春秋》]不书其人。

【北宫佗】正补北宫文子。姬姓，北宫氏，名佗，谥文。北宫懿子（成十七·一·春秋）之子。卫大夫，官至卿位。

【既而……其人】杨补会后最终没有向宋赠送财物，因此《春秋》不书与会其他诸侯国卿大夫（不包括宋卿向戍）名氏，而只书"某人"。

【二】君子曰："信其不可不慎乎！澶渊之会，卿不书，不信也夫！诸侯之上卿，会而不信，宠、名皆弃，不信之不可也如是。《诗》曰'文王_{周文王}陟 zhì 降，在帝左右'，信之谓也；又曰'淑慎尔止，无载尔伪'，不信之谓也。"

【宠、名皆弃】正 杨 补 宠，尊，指卿位。名，指氏与名。本次与会者皆为卿，而名氏都不列于《春秋》，仅称"某人"，所以说"宠、名皆弃"。

【文王陟降，在帝左右】正 杨 《毛诗·大雅·文王》有此句，可译为"周文王或升或降，都在天帝左右"。陟，升。

【淑慎尔止，无载尔伪】正 杨 补 可译为"好好地谨慎约束你的行为，不要表现你的虚伪"。淑，善。慎，谨。止，举止。载，行。《毛诗·大雅·抑》有"淑慎尔止，无愆于仪"，疑即此诗。

【三】〔《春秋》〕书曰"某人某人会于澶渊，宋灾故"，尤之也。〔《春秋》〕不书鲁大夫，讳之也。

○正 杨 补 《春秋》常例，不书盟会缘由。此处特书"某人某人会于澶渊，宋灾故"，是表达对与会诸侯卿大夫（包括宋卿向戌）的怪罪：一则怪罪宋正卿向戌防备不周而导致火灾；二则怪罪与会其他诸侯国卿大夫与会而不馈宋财物。鲁叔孙穆子实与会，而《春秋》不书"鲁人"，是避讳国恶。

襄公三十年·十三

地理 郑、晋见襄地理示意图1。

人物 罕虎（襄二十九·七·一）、公孙侨（襄八·三）、公孙段（襄二十七·三·二·十一）、游吉（襄二十二·七·二）、良霄（襄十一·二·春秋）、太史、丰卷

左传 【一】郑子皮_{罕虎}授子产_{公孙侨}政。〔子产〕辞曰："国小而逼，族大、宠多，不可为也。"

【郑子皮授子产政】补良霄死后，郑卿位次，罕虎居首，任当国；公孙侨次之，应任为政，故罕虎授公孙侨政。

【国小而逼】正补国家小而且逼近［大国］。郑北有晋、南有楚。

【宠多】补尊贵之人多，比如七穆之族长。若理解为"受国君宠信之人"，则此时郑君无权，受君主宠信也并不见得有很大权势。宠，尊，参见隐元·四·二。

子皮曰："虎罕虎帅［二三子］以听，谁敢犯子？子善相 xiàng 之。国无小。小能事大，国乃宽。"

【二·一】子产公孙侨为政，有事［于］伯石公孙段，赂与之邑。

【邑】补这里所说的"邑"参见成元—成二·六·一。

子大(太)叔游吉曰："国皆其国也，奚独赂焉？"

子产曰："无欲实难。［我使人］皆得其欲，以从其事，而要 yāo 其成。非我有成，其在人乎？何爱于邑？邑将焉往？"

【皆得……其成】杨补让他们都满足欲望，去办他们的事情，而求得成功。要，求。

【爱】补惜。

【邑将焉往】杨公孙侨意谓，国之臣得邑，邑仍在国，又能去何处？

子大(太)叔曰："若四国何？"

【四国】正四方邻国。

子产曰："［我与伯石］非相违也，而相从也，四国何尤焉？《郑书》有之曰：'安定国家，必大焉先。'姑先安大，以待其所归。"

【相违】补相互违背。

【相从】杨 相互顺从。

【尤】杨 补 罪，责备。

【必大焉先】正 杨 即"必先大"，可译为"一定要优先安定大族"。

既，伯石惧而归邑，[子产]卒与之。

【卒】正 终。

伯有良霄既死，[子产]使大(太)史命伯石为卿，[伯石]辞。大(太)史退，[伯石]则请命焉。[大史]复命之，[伯石]又辞。如是三，[伯石]乃受策入拜。子产公孙侨是以恶 wù 其为人也，使次己位。

【大史】补 太史，郑内朝官，执掌包括记事、策命。

【使次己位】正 补 使[公孙段的位次]仅次于自己的位次。当时罕虎当国排第一，公孙侨执政排第二，因此最后给予公孙段的排位是第三，超过了此前已为卿多年的游吉(第四)、印段(第五)、驷带(第六)。公孙段为新任卿，按惯例应该从较低排位(比如第六位)做起，再逐步升迁。公孙侨从公孙段三次辞谢、又三次请求任命的举动看出此人一方面贪恋权力，另一方面又好虚名，因此顺势而为，将其安排在第三位，一方面满足他的权力欲望，另一方面又可以激起被"插队"的游吉、印段、驷带对他的怨恨，以此孤立和制衡他。

○补 从时间顺序上来说，公孙侨任命公孙段为卿在前，而公孙侨赐邑给公孙段在后。本段是补叙公孙侨和公孙段之间的关系，帮助读者理解公孙侨赐邑背后的盘算。

【二·二】丰卷将祭，请田焉。[子产]弗许，曰："唯君用鲜，众给而已。"子张丰卷怒，退而征役。子产公孙侨奔晋，子皮罕虎止之，而逐丰卷。丰卷奔晋。子产请其田、里，三年而复之，反(返)其田、里及其入焉。

【丰卷】杨 补 姬姓，丰氏，名卷，字张。公孙段(襄二十七·三·

二·十一)之子,公子平(襄七·八·二·一)之孙。襄三十年奔晋,昭二年前后自晋归于郑。其名(卷)、字(张)相应,卷起、舒张正相反。

【请田焉】 正 杨 补 请求[为祭祀而]田猎[以获取新鲜野物作为祭品]。

【唯君用鲜,众给而已】 正 杨 补 只有国君才能用新猎取的野兽,众人只要[用豢养的家畜]大致足够就可以了。

【征役】 正 杨 征召兵卒[,欲攻公孙侨]。

【子产……入焉】 正 补 公孙侨请求[不没收丰卷的]田地和住宅,三年以后让丰卷返国复位,并把他的田地住宅以及期间产生的一切收入都归还给他。里,居。

○ 补 **传世文献对读:**《论语·公冶长》:"子谓子产'有君子之道四焉:其行己也恭,其事上也敬,其养民也惠,其使民也义。'"此为"事上也敬"之例。

【三·一】 子产公孙侨使都鄙有章,

○ 补 据清华简六《子产》(全文见昭二十·九·三·二),子产"肆三邦之令,以为郑令、野令""肆三邦之刑,以为郑刑、野刑","郑令""郑刑"是郑国都城地区的政令和刑律,"野令""野刑"是郑国鄙野地区的政令和刑律。因此可以将"章"解为"法度规章",整句解为"子产使得都城地区与鄙野地区各有法度规章"。

上下有服,

○ 杨 补 [使得官僚体系]上上下下都各有[明确的]职责。服,事,职。

田有封洫 xù,

○ 正 杨 补 [使得]田地有边界水沟。封,边界。洫,水沟。据襄十・七・二・一对公子骓"为田洫"的分析,公孙侨的做法应该是,接着公子骓先前没有完成的工作,由国家出面,勘定公邑内公田和私田的田界,挖掘兼具划界和排水功能的田沟。笔者认为,公孙侨吸取了公子骓的失败教训,他这轮改革针对的只是公邑内的公民野人,而不再去挑战侵夺公邑田地的卿大夫家族。也就是说,公孙侨"作封洫"的目的不是要再次追究卿大夫家族侵夺公邑田地的行为,而只是要确定每一块田地的确切边界、面积和归属,作为接下来向公田、私田统一征收田税的基础。

庐井有伍。

○正 杨 补[使得田间的]农舍和水井也成为按照"伍"的方式征税[的基础]。庐,农舍。杜注认为"[使]庐井有伍"是建立"五家相保"的编户齐民制度。然而,此处明言"庐井"而非民户,而且与"田"并列,"庐井"与"田"似都应解为课税资产更为合理。而且,本处"伍"与下面"取我田畴而伍之"的"伍"应是一个意思,而彼处之"伍"与"裓"并列,应该都是收税。而且,如果彼处之"伍"只是编户齐民的话,似乎不至于使舆人(来自公邑的公民野人)叫嚣要谋杀公孙侨。

大人之忠俭者,从而与之;泰侈者,因而毙之。

【大人】正 补卿大夫。

【与】杨亲。

【泰侈者,因而毙之】正 杨 补骄横自大的,因[其有罪]而使其落败。毙,跌倒,引申为落败,这里是使动用法。参见上文驱逐丰卷、昭元・二驱逐游楚、昭二・二刑杀公孙黑之事。

○补通行本中,"子产……毙之"本在襄三十・十三・二・一之后,襄三十・十三・二・二之前。本句与下文"从政……嗣之"都是总述公孙侨执政举措及成效,在文理上前后紧接,而襄三十・十三・二・一、襄三十・十三・二・二则述公孙侨如何与公孙段及其子丰卷周旋。据上述理由，因而有此调整。

【三·二】从政一年，舆人诵之，曰："取我衣冠而褚(ʒ)之，取我田畴而伍之。孰杀子产，吾其与之！"

【舆人】补见僖二十五·三。这些舆人应该是来自公邑的公民野人，此时正在国都地区服劳役。

【取我衣冠而褚之】杨补取走我的衣冠［等财物登记］然后按照"褚"的方式征税。褚，一种税收方法。《吕氏春秋·乐成》作"我有衣冠，而子产贮之"。这种"动产税"是郑以前没有的税种。

【取我田畴而伍之】杨补取走我的田地［面积和权属信息］然后按照"伍"的方式征税。伍，一种税收方法。《吕氏春秋·乐成》作"我有田畴，而子产赋之"。银雀山汉墓竹简《吴问》篇载孙子对于晋国六卿灭亡先后的评述，提到六卿在其采邑实行"伍税之"的政策，可能就是公孙侨"取我田畴而伍之"的"伍"。笔者认为，公孙侨的做法与鲁"初税亩"相似（宣十五·八），就是打破先前只针对公邑中的公田收税的旧制，不再区分公田和私田，一律按照田亩数乘以税率向公民野人征收田税，这应该是公子骓在"为田洫"时就想做的事。此外，从上文"庐井有伍"可知，郑公室从此还针对田间的农舍和水井按照"伍"的方式征税，这种"不动产税"是郑以前没有的税种。

【与】补助。

及三年，[舆人]又诵之，曰："我有子弟，子产诲之。我有田畴，子产殖之。子产而死，谁其嗣之？"

【而】杨补如果。

【嗣】杨继承。

○补笔者对于公孙侨这一轮综合改革有详细分析，请见专著《救世：子产的为政之道》（中华书局 2021 年版）相关章节。

○补 **传世文献对读**:《论语·公冶长》:"子谓子产'有君子之道四焉:其行己也恭,其事上也敬,其养民也惠,其使民也义。'"此为"养民也惠"之例。

襄公三十一年·一

地理 鲁、晋、齐、楚见襄地理示意图 1。鲁、晋、齐、平丘见襄地理示意图 3。

人物 叔孙穆子（成十六·六·二）、孟孝伯（襄二十三·八·二·一）、赵文子（成八·五·一）、韩宣子（襄七·六·一）、季武子（襄六·五·春秋）

春秋 三十有（又）一年，春，王正月。

左传 【一·一】三十一年，春，王正月，**穆叔**叔孙穆子至自会。〔穆叔〕见孟孝伯，语 yù 之曰：

【穆叔至自会】正 指叔孙穆子参加襄三十年澶渊之会后回到鲁。

"**赵孟**赵文子将死矣。其语偷，不似民主。且〔赵孟〕年未盈五十，而谆谆焉如八九十者，弗能久矣。

【偷】正 杨 苟且偷安。

【谆谆】杨 言语絮絮不休貌。

"若**赵孟**死，为政者其**韩子**韩宣子乎！吾子孟孝伯盍（何不）与**季孙**季武子言之，可以树善，〔韩子〕君子也。晋君将失政矣，若不树焉，使早备鲁，既而政在大夫，**韩子**懦弱，大夫多贪，求欲无厌，齐、楚未足与也，鲁其惧哉！"

【可以树善】正 杨 补 可以〔在赵孟去世前提早与韩子〕树立友好关系。参见成十六·九·二所引《国语·周语中》"劝二三君子必先导焉，可以树"。

【使早备鲁】正 杨 使〔韩子〕及早为鲁做预备工作。

【齐、楚未足与也】杨 补 齐、楚又不足以〔作为靠山来〕亲附。

与,亲。

○补 下启昭元年赵文子卒(昭元·十)。

孝伯孟孝伯曰:"人生几何,谁能无偷? 朝不及夕,将安用树?"

穆叔出,而告人曰:"孟孙孟孝伯将死矣。吾语yù诸(之以)赵孟之偷也,而[孟孙]又甚焉。"

○补 下启本年孟孝伯卒(襄三十一·三)。

【一·二】[穆叔]又与季孙语yù晋故,季孙不从。

【故】杨事。

【二】及赵文子卒,晋公室卑,政在侈家。韩宣子为政,不能图诸侯。鲁不堪晋求,谗慝tè弘多,是以有平丘之会。

【不能图诸侯】杨 补 不能谋求[保持]诸侯[对晋的拥护]。

【谗慝弘多】杨 补 [针对鲁的]谗言罪状很多(具体参见昭十三·三·八·一)。弘多,近义词连用,都是多的意思。

【平丘之会】正 见昭十三·三。此会之上,晋人执鲁卿季平子。【平丘】正 杨 补 在河南封丘黄陵镇西北。卫邑。参见《图集》24—25③5。

襄公三十一年·二

地理 齐、鲁见襄地理示意图1。齐、鲁、莒、阳州见襄地理示意图4。

人物 公孙虿(襄八·八·一·二)、闾丘婴(襄二十五·一·六·一)、工偻洒、渻灶、孔虺、贾寅

左传 齐子尾公孙虿害闾lú丘婴,欲杀之,使帅师以伐阳州。我问师

故。夏，五月，子尾杀闾丘婴，以说于我师。工偻洒、渻 shěng
灶、孔虺 huǐ、贾寅出奔莒 jǔ。[子尾]出群公子。

【害】 杨 补 以……为患。

【阳州】 正 杨 补 在今山东东平西北。此时为鲁邑，位于齐、鲁边
境。昭二十五年地已入于齐。参见《图集》26—27③3。

【子尾……我师】 杨 补 公孙虿杀了闾丘婴，来向鲁师解说。公孙虿
归于闾丘婴的罪名应该是：是闾丘婴主导并实施了攻打阳州的计
划，这计划中应该有欺蒙齐君或执政卿使其同意的桥段。

○正 下启昭十年栾、高之难后群公子归国（昭十·二·三）。

襄公三十一年·三

地理 鲁见襄地理示意图 1。鲁、滕见襄地理示意图 4。

人物 鲁襄公（襄元·○）、公子野、孟孝伯（襄二十三·八·二·一）、
滕成公（襄五·八·春秋）、叔孙穆子（成十六·六·二）、叔仲昭伯
（襄七·三·一）、御人、敬归、齐归、公子裯/鲁昭公、子服惠伯（襄二
十三·八·八·二）

春秋 夏，六月辛巳二十八日，公鲁襄公薨 hōng 于楚宫。

秋，九月癸巳十一日，子野公子野卒。

【子野】 补 公子野。姬姓，名野。鲁襄公（襄元·○）庶子，敬归所
生。襄三十一年立为君。同年卒。

己亥十七日，仲孙羯孟孝伯卒。

冬，十月，滕子滕成公来会葬。

癸酉二十一日，葬我君襄公鲁襄公。

$\boxed{左传}$【一·一】公鲁襄公作楚宫。

【楚宫】$\boxed{补}$楚国式样的宫殿。

○$\boxed{正}$ $\boxed{杨}$鲁襄公于襄二十八年至楚,见楚宫而心爱之,故返而作楚宫。《史记·秦始皇本纪》谓秦每破诸侯,图画其宫室而仿效之,作于咸阳北阪上。此是其先例。

【一·二】穆叔叔孙穆子曰:"《大(太)誓》云:'民之所欲,天必从之。'君欲楚也夫,故作其宫。若不复适楚,必死是宫也。"

【《大誓》】$\boxed{补}$见成二·七·五·二。

【适】$\boxed{补}$往。

【二】"六月辛巳,公薨于楚宫。"叔仲带叔仲昭伯窃其拱璧,以与御人,纳诸(之于)其怀,而从[御人]取之,由是得罪。

【拱璧】$\boxed{补}$见襄二十八·十一·三·二。

【御人】$\boxed{补}$鲁内朝官,为鲁君侍从。

【由是得罪】$\boxed{正}$指叔仲昭伯因此被鲁人所鄙视,故子孙不得志于鲁。

【三】[我]立胡女敬归之子子野公子野,次于季氏。秋,九月癸巳十一日,[子野]卒,毁也。

【胡】$\boxed{补}$见襄二十八·二·一。

【敬归】$\boxed{正}$ $\boxed{补}$胡女,归姓,谥敬。鲁襄公妾,公子野之母。

【次】$\boxed{补}$出居在公宫外。

【毁】$\boxed{补}$见文十五·四·一。

【四】己亥十七日,孟孝伯卒。

【五·一】[季氏]立敬归之娣dì齐归之子公子裯chóu。穆叔叔孙穆子不欲,曰:"大(太)子死,有母弟则立之,无则立长,年钧(均)择贤，义钧(均)则卜，古之道也。[子野既]非適(嫡)嗣，何必[立其母]娣之子？且是人公子裯也，居丧而不哀，在戚而有嘉容，是谓不度。不度之人，鲜 xiǎn 不为患。若果立之，必为季氏忧。"武子季武子不听，卒立之。比 bǐ 及葬，[昭公]三易衰 cuī，衰袵 rèn 如故衰。

【娣】补见隐四·二。

【齐归】正补胡女，归姓，谥齐。鲁襄公妾，敬归之娣，鲁昭公之母。鲁襄公原配夫人去世后升为夫人。昭十一年卒。

【公子裯】正补后为鲁昭公。姬姓，名裯，谥昭。鲁襄公庶子，齐归所生。襄十二年生。昭元年即位。昭二十五年逊于齐。寄居于齐、晋八年。在位共三十二年。昭三十二年卒于晋乾侯。

【大子……则卜】正杨补[嫡夫人生的]太子死了，如果有同母弟，就立他；如果没有，就立[国君庶子中]年长的；如果两个[庶子]年龄相当就选更贤能的那个，如果贤能也相当，就用占卜来决定。参见昭二十六·八·四·一"王后无適，则择立长。年钧以德，德钧以卜"。

【嘉容】杨喜悦的神色。

【不度】补不遵礼度。

【比及……故衰】正杨补等到鲁襄公下葬的时候，[鲁昭公]已经换了三套丧服，丧服衣袵还是脏得像旧丧服一样。鲁昭公像儿童一样嬉戏，所以丧服易脏。袵，衣襟。

○正下启昭二十五年鲁昭公伐季氏(昭二十五·五)。

○补**传世文献对读**：《论语·八佾》："子曰：'居上不宽，为礼不敬，临丧不哀，吾何以观之哉？'"此为"临丧不哀"之例。

[五·二]于是昭公鲁昭公十九年矣，犹有童心。君子是以知其不能终也。

【终】补善终。

○ 正 补 下启昭二十五年鲁昭公逊于齐(昭二十五·五)、昭三十二年卒于晋乾侯(昭三十二·六)。

○ 补 本年公子野即位后不居于公宫而次于季氏,之后又因为"哀毁过度"而死亡,殊为蹊跷。五年后鲁昭公前往晋国访问时守礼无违,受到晋景公称赞"知礼"(昭五·三·一)。深疑此时公子稠/鲁昭公是装疯卖傻以求保命。

○ 补 杜甫《百忧集行》"忆年十五心尚孩"典出于此。

【六·一】冬,十月,滕成公来会葬,惰而多涕。

【六·二】子服惠伯曰:"滕君滕成公将死矣。怠于其位,而哀已甚,兆于死所矣,能无从乎?"

【已甚】 杨 补 太过分。

【兆于死所矣】 正 杨 补 在葬礼的场所已经表现出[将死的]征兆。

○ 正 下启昭三年滕成公卒(昭三·二)。

【七】癸酉二十一日,葬襄公鲁襄公。

襄公三十一年·四

地理 郑、晋、鲁、楚见襄地理示意图 1。郑、晋、铜鞮之宫见襄地理示意图 2。

人物 鲁襄公(襄元·○)、公孙侨(襄八·三)、郑简公(襄七·八·二·二)、晋平公(襄十六·一·春秋)、士文伯(襄三十·三·一·一)、赵文子(成八·五·一)、羊舌肸(襄十一·二·五·三)、罕虎(襄二十九·七·一)、印段(襄二十二·四·一)

[左传]【—·—】公鲁襄公薨 hōng 之月，子产公孙侨相 xiàng 郑伯郑简公以如晋。晋侯晋平公以我丧故，未之见也。子产使尽坏其馆之垣 yuán，而纳车马焉。

【子产……马焉】[杨][补]公孙侨派人全部拆毁了宾馆围墙，而将［墙外载有贡赋财礼的郑］车马转移到客馆之内。

士文伯让之，曰："敝邑以政刑之不修，寇盗充斥，无若诸侯之属辱在寡君者何，是以令吏人完客所馆，高其闬 hàn 闳 hóng，厚其墙垣，以无忧客使。今吾子公孙侨坏之，虽从者能戒，其若异客何？以敝邑之为盟主，缮完（院）、葺 qì 墙，以待宾客。若皆毁之，其何以共（供）命？寡君晋平公使丐士文伯请命。"

【让】[补]责备。

【无若……者何】[杨][补]可是又不知道该拿屈尊前来朝见我国君主的诸侯属官怎么办。在，存问。

【完】[补]修缮。

【闬闳】[正][杨]近义词连用，都是门的意思。

【今吾……客何】[杨][补]如今您拆毁了宾馆围墙，即使［您的］随从能够戒备，又让［同住客馆的］别国宾客怎么办呢？

【葺】[补]修缮。

【共命】[杨][补]供应［宾客］需求。

［子产］对曰：

"以敝邑褊 biǎn 小，介于大国，［大国］诛求无时，［敝邑］是以不敢宁居，悉索敝赋，以来会时事。逢执事之不闲，而未得见；又不获闻命，未知见时。［敝邑］不敢输币，亦不敢暴（pù，曝）露：其输之，则君晋平公之府实也，非荐陈之，不敢输也；其暴（曝）露之，则恐燥湿之不时而朽蠹，以重 zhòng 敝邑之罪。

【介】正补间，处于。

【诛求无时】正杨补［晋］责求［贡赋的命令］没有一定的时候。诛，责。杜甫《送韦讽上阆州录事参军》"诛求何多门"典出于此。

【悉索】补近义词连用，都是穷尽的意思。【敝赋】补我国的贡赋。

【不闲】杨补没有空闲。

【输币】杨送财礼［到晋府库］。输，送。

【荐陈】正杨补［依礼制在晋侯朝廷上］进献并陈列。荐，进。陈，设。参见庄二十二·三·四·二"庭实旅百"。

【朽蠹】杨补物品因物理、化学、微生物作用而"自行"腐坏为"朽"，被可见之蛀虫所败坏为"蠹"。

"侨公孙侨闻文公晋文公之为盟主也，宫室卑庳bì，无观台榭，以崇大诸侯之馆。馆如公寝，库厩缮修。司空以时平易道路，圬wū人以时塓mì馆宫室。诸侯宾至，甸设庭燎，仆人巡宫；车马有所，宾从有代，巾车脂辖。隶人、牧、圉yǔ各瞻其事，百官之属各展其物。公晋文公不留宾，而亦无废事；忧乐同之，事则巡之；教其不知，而恤其不足。宾至如归，无宁灾患；不畏寇盗，而亦不患燥湿。

【卑庳】杨补近义词连用，都是矮小的意思。

【无观台榭】正补没有可供观望的台榭。四方而高为"台"，台上有屋为"榭"。

【馆如公寝】正补［当时］客馆可与［今日晋君］路寝相比拟。路寝见庄三十二·四·春秋。

【库厩缮修】杨补［客馆内］仓库马厩修治完好。仓库可藏财礼，马厩可纳车马。

【司空】补见庄二十五—庄二十六·二。

【平易】杨修理道路使之平坦。易，治。

【圬人】正杨泥工。【塓】正补涂泥，粉刷。

【甸设庭燎】正杨补甸人在庭院中设置庭燎［照明］。《国语·周语中》:"甸人积薪,火师监燎。"庭燎参见庄二十二·三·三·一。【甸】杨　补甸人,见成十·五·三。

【仆人巡宫】正　补仆人[夜间]巡视客馆。【仆人】补见僖二十三一僖二十四·十二。

【宾从有代】正　补宾客的随从有[晋人]替代。

【巾车脂辖】杨　补巾车为车辖上油[使其不生锈,并使车轮转动滑利]。辖见《知识准备》"车马"。【巾车】正　补晋内朝官,掌管车辆。鲁亦有巾车(哀三·三·一)。此外,齐卿大夫家有差车(哀六·八·二)。

【隶人】杨职掌客馆的洒扫。【牧】杨养牛人。【圉】杨养马人。

【瞻】正　补视。一说隶人、牧、圉地位低贱,说他们能像卿大夫那样"视事"有点不合情理,认为"瞻"应通"赡",是"供给"的意思,"各瞻其事"就是"各给其事"。

【展】正陈。

【废事】正　补积压未得到办理的事务。

【事则巡之】杨有事加以安抚。巡,抚。

【无宁灾患】正　补哪还有什么灾患。无宁,宁。一说,宁当读为"懔",解为"忧",整句解为"无须担忧什么灾患"。

"今铜鞮 dī 之宫数里,而诸侯舍 shè 于隶人。门不容车,而不可逾越;盗贼公行,而天厉 lì(疠)不戒。宾见无时,命不可知,若又勿坏[馆垣],是无所藏币以重 zhòng 罪也。[侨]敢请执事:将何所命之? 虽君之有鲁丧,亦敝邑之忧也。[敝邑]若获荐币,修垣 yuán 而行,君之惠也,敢惮勤劳?"

【今铜……隶人】正　补如今铜鞮的晋君离宫绵延数里,而诸侯宾客住在隶人[居所一样的馆舍中]。此为驳斥士文伯所谓"令吏人完客所馆"。【铜鞮之宫】正　杨　补晋离宫。2000 年山西大学学者在山西沁县南四十五里发现一处宫城遗址,据初步勘测,该遗址南北长七百多米,东西长一千五百多米,周匝长四千四百多米,与《左传》所载"铜鞮之宫数里"吻合,可能就是铜鞮之宫的遗址。

【门不……逾越】 正 杨 大门［低窄］进不去车子，而［车马］又不可能翻墙而入。此驳斥士文伯所谓"高其闬闳"。

【天厉】 杨 疾疫。

【荐币】 正 补 进献财礼。荐，进。

文伯士文伯复命。赵文子曰："信！我实不德，而以隶人之垣以赢诸侯，是吾罪也。"使士文伯谢不敏焉。

【赢】 正 受。

【不敏】 补 不审慎恰当。

〔一·二〕晋侯见郑伯，有加礼，厚其宴好而归之。乃筑诸侯之馆。

【宴好】 杨 即僖二十九·五·一"加燕好"的"燕好"。

〔一·三〕叔向羊舌肸曰："辞之不可以已也如是夫！子产有辞，诸侯赖之，若之何其释辞也？《诗》曰'辞之辑矣，民之协矣；辞之绎矣，民之莫矣'，其知之矣。"

【已】 补 止。

【赖之】 杨 补 以之为利。

【释】 杨 舍弃。

【辞之……莫矣】 正 杨 补 《毛诗·大雅·板》有此句，而"绎"作"怿"。可译为"辞令和睦，民众协同；辞令畅达，民众安定"。辑，睦。绎，条理畅达。莫，定。

○ 补 **传世文献对读**：《论语·雍也》："子曰：'质胜文则野，文胜质则史，文质彬彬，然后君子。'"拆毁晋客馆墙垣，其行为直接强势，可谓"质"；向士文伯解释拆墙理由，其言辞有理有据，可谓

"文";"文""质"搭配得当,使得晋人心悦诚服,改正过错,善待诸侯,可谓"文质彬彬"的君子之行。

【二】郑子皮_{罕虎}使印段如楚,以适晋告,礼也。

○ 补 襄二十七年宋之盟之后,晋、楚讲和,二国之从交相见,国际关系趋于缓和。郑本为晋从属国,先前与楚关系紧张(参见襄二十九·十四)。此次前往晋朝见之前,派使者前往楚告知,符合事奉大国之礼。

襄公三十一年·五

地理 齐见襄地理示意图 1。莒、齐见襄地理示意图 4。

人物 莒犁比公(襄三·五·春秋)、公子去疾、公子展舆

春秋 十有(又)一月,莒_{jǔ}人弑其君密州_{莒犁比公}。

左传 【一】莒犁比公生去疾_{公子去疾}及展舆_{公子展舆}。[犁比公]既立展舆,又废之。犁比公_{莒犁比公}虐,国人患之。

【去疾】 正 补 公子去疾,后为莒著丘公。己姓,名去疾,号著丘。莒犁比公(襄三·五·春秋)之子。襄三十一年奔齐。昭元年齐公子锄纳之于莒。昭二年即位,在位十三年。昭十四年卒。

【展舆】 补 公子展舆。己姓,名展舆。莒犁比公之子。襄三十一年弑父自立。昭元年奔吴。

【二】十一月,展舆因国人以攻莒子_{莒犁比公},弑之,乃立。去疾奔齐,齐出也。展舆,吴出也。[《春秋》]书曰"莒人弑其君买朱锄",言罪之在也。

【因】杨依。

【齐出也】正〔公子去疾〕为齐女所生。

【书曰……在也】正 补《春秋》书"莒人弑其君买朱鉏",只称君之名,而弑君者则以"某人"代之,表明莒犁比公无道。宣四·三·一·二所言为臣弑君之书法,此处公子弑君父亦同。

○补下启昭元年展舆奔吴(昭元·六)。

襄公三十一年·六

地理 吴 2、晋见襄地理示意图 1。吴 2、晋、延(延陵)、州来见襄地理示意图 5。

人物 吴王夷末(襄二十九·九·春秋)、屈狐庸(成七·六·三)、赵文子(成八·五·一)、王子札(襄十四·二)、吴王诸樊(襄十四·二)、吴王戴吴(襄二十八·九·九·一)

左传【一】吴子吴王夷末使屈狐庸聘于晋,通路也。

【聘】补见隐七·四·春秋。

○正屈狐庸为奔晋之楚大夫屈巫臣之子,成七年由晋至吴,为吴行人。

【二】赵文子问焉,曰:"延州来季子王子札其果立乎? 巢陨诸樊吴王诸樊,阍 hūn 戕 qiāng 戴吴吴王戴吴,天似启之,何如?"

【延】正 杨 补即延陵,在今江苏常州。本为古奄(淹)国地,襄三十一年已为吴邑,曾为王子札初封采邑。参见《图集》29—30⑤11。

【州来】正 补见成七·六·春秋,王子札后加封采邑。

【巢陨诸樊】正 杨指襄二十五年吴王诸樊在讨伐巢的战役中死去。参见襄二十五·六。

【阍戕戴吴】正 杨指襄二十九年吴王戴吴被看守船只的越国俘虏杀死。参见襄二十九·六。

【天似启之】[杨][补]上天似乎要赞助王子札[做国君]。启，开，引申为赞助。吴王寿梦长子(吴王诸樊)、次子(吴王戴吴)皆已死去，幼子王子札素有贤名，襄十四年吴王诸樊又曾有意让位于他。故赵文子曰"天似启之"。不过，按照《公羊传》的说法(参见昭二十七·二·五)，这是王子札诸兄的刻意安排，而不是天意使然。

[狐庸]对曰："[季子]不立。是二王之命也，非启季子王子札也。若天所启，其在今嗣君吴王夷末乎！[嗣君]甚德而度。德不失民，度不失事。民亲而事有序，其天所启也。有吴国者，必此君之子孙实终之。季子，守节者也。虽有国，不立。"

【二王】[杨]吴王诸樊、吴王戴吴。

【甚德而度】[杨]很有德行，而且[行为符合]法度。

襄公三十一年·七

[地理]卫、楚、郑见襄地理示意图1。卫、郑、棐见襄地理示意图3。

[人物]北宫文子(襄三十·十二·一)、卫襄公、印段(襄二十二·四·一)、公孙挥(襄二十四·十)、冯简子、游吉(襄二十二·七·二)、公孙侨(襄八·三)、裨谌(襄二十九·十四·二)、酅蒍(襄二十四·十)、孔子(僖二十七—僖二十八·二十五·三)、罕虎(襄二十九·七·一)、尹何、王子围(襄二十六·五·一)、周文王(僖五·八·一)、商纣(庄十一·二·二·二)

[左传]【一·一】十二月，北宫文子相 xiàng 卫襄公以如楚，宋之盟故也。

【卫襄公】[正][补]姬姓，名恶，谥襄。卫献公之子。襄三十年即位，在位九年。昭七年卒。

○[正][补]襄二十七年宋之盟约定"晋、楚之从交相见"。卫为晋从属国，所以到楚朝见。

过郑，印段迋 wǎng 劳于棐 fěi 林，如聘礼而以劳辞。文子北宫文
子入聘。子羽公孙挥为行人，冯简子与子太叔游吉逆客。事毕而
出，[文子]言于卫侯卫襄公曰："郑有礼，其数世之福也，其无大国
之讨乎！《诗》曰：'谁能执热，逝不以濯 zhuó。'礼之于政，如热
之有濯也。濯以救热，何患之有？"

【迋】补往。【棐林】杨即棐，见文十三·五·春秋。

【如聘礼而以劳辞】正补［慰劳时］礼节如同聘礼［中的郊劳］，而
用慰劳［过境他国君臣］的文辞。聘礼见隐七·四·春秋，是卿大
夫正式访问他国之礼。此次卫国使团为过境，但有国君卫襄公在，
因此郑国慰劳所用礼节在常礼上有所增加，选用了高于一般过境
礼、低于朝礼（两国君主正式会面）的聘礼，以表示对卫襄公的
尊崇。

【文子入聘】正补北宫文子进入郑都聘问。郑以聘礼对待过境的
卫君臣，故卫亦在常礼之外，加派其卿入聘，所谓"礼尚往来"。

【行人】补见襄十一·二·春秋。

【冯简子】补冯氏，谥简。郑大夫。【逆】补迎。

【谁能执热，逝不以濯】正杨补《毛诗·大雅·桑柔》有此句，可译
为"谁能耐热，不去沐浴"。执热，苦热。逝，语首助词，无义。濯，
洗涤。

【一·二】子产公孙侨之从政也，择能而使之：冯简子能断大事；
子大（太）叔游吉美秀而文；公孙挥能知四国之为，而辨于其大
夫之族姓、班位、贵贱、能否，而又善为辞令；裨 pí 谌 chén 能
谋，谋于野则获，谋于邑则否。郑国将有诸侯之事，子产乃问
四国之为于子羽公孙挥，且使多为辞令；与裨谌乘 chéng 以适
野，使谋可否，而告冯简子使断之；事成，乃授子大（太）叔使行
之，以应对宾客。是以鲜有败事，北宫文子所谓有礼也。

【美秀】正杨指游吉形貌美，才情秀。

【文】[杨]指游吉习于典章制度诗乐。

【四国】[杨]四方诸侯国。

【谋于……则否】[杨][补]在野外谋划则有得,在城内谋划就不行。获,得。

> ○[补]**传世文献对读**:《论语·宪问》提及郑国政令起草过程,可扫码阅读。
>
> ○[补]**出土文献对读**:清华简三《良臣》:"郑定公之相有<u>子皮</u>,有<u>子产</u>,有子太叔。<u>子产</u>之师:王子伯愿、肥仲、杜逝、酄斤。<u>子产</u>之辅:子羽、子剌、蔑明、禅谌、富之鞭、王子百。"清华简六《子产》:"<u>子产</u>用选老先生之俊,乃有桑丘仲文、杜逝、肥仲、王子伯愿;乃设六辅:子羽、子剌、蔑明、禅谌、佁之鞭、王子百。"这两段新材料透露,在子产的团队里,不仅有子羽(即公孙挥)、蔑明(即鬷蔑)、禅谌等人做他的"辅",还有传世文献所没有记载的王子伯愿、肥仲、杜逝等长者老臣做他的"师"。

【一·三】郑人游于乡校,以论执政。

【乡校】[正]郑都郊区乡里的学校。

然明_{鬷蔑}谓子产_{公孙侨}曰:"毁乡校,何如?"

子产曰:

"何为?

"夫_{fú}人朝夕退而游焉,以议执政之善否。其所善者,吾则行之;其所恶_{wù}者,吾则改之。是吾师也,若之何毁之?

"我闻忠善以损怨,不闻作威以防怨。岂不遽止?然[防怨]犹防川,大决所犯,伤人必多,吾不克救也。不如小决使道(导),不如吾闻而药之也。"

【克】补能。

【不如吾闻而药之也】正补不如让我听到[这些议论],而把它们当作[治疗政事疾患的]药物。

然明曰:"蔑甏甏也今而后知吾子公孙侨之信可事也。小人实不才。若果行此,其郑国实赖之,岂唯二三臣?"

【事】补事奉。

【赖之】补以之为利。

【二三臣】补[我们这]诸位大臣。

仲尼孔子闻是语也,曰:"以是观之,人谓子产不仁,吾不信也。"

○正杨孔子此时仅十一岁,可能是日后闻之而有此评论。

> ○补传世文献对读:《国语·周语上》记载邵公谏周厉王弭谤之事,与此处公孙侨之言相近。可扫码阅读。
>
> 　　周厉王为郑始封君桓公之父,郑有周厉王庙。由此可见,公孙侨不毁乡校,很可能并不是他的创见,而是汲取了郑先祖周厉王的历史教训。

【一·四】子皮罕虎欲使尹何为邑。

【尹何】杨罕虎属臣。

【为邑】正补[担任罕氏采邑长官,]治理罕氏采邑。

子产公孙侨曰:"[尹何]少 shào,未知可否?"

子皮曰:"[尹何]愿,吾爱之,不吾叛也。使夫尹何往而学焉,夫亦愈知治矣。"

【愿】正 补[尹何]谨慎善良。

【不吾叛也】补即"不叛吾也"。

【夫】正 补彼,指尹何。

子产曰:

"不可。

"人之爱人,求利之也。今吾子爱人则以政[与之],犹未能操刀而使割也,其伤实多。子之爱人,伤之而已,其谁敢求爱于子?

○补杜甫《奉赠李八丈曛判官》"操割纷应手"典出于此。

"子于郑国,栋也。栋折榱 cuī 崩,侨公孙侨将厌(压)焉,敢不尽言? 子有美锦,不使人学制焉。大官、大邑,身之所庇也,而使学者制焉,其为美锦,不亦多乎?

【栋】补贯穿屋顶中脊的正梁。

【榱】补椽子。参见桓十四·四。

【锦】补见闵二·五·四·二。

【不使人学制焉】正 杨 补不会让人[拿它来]学习裁缝制衣。

【其为美锦,不亦多乎】正 杨 补官职、采邑如果[换算]成为美锦,不也是很多吗?

"侨闻学而后入政,未闻以政学者也。若果行此,必有所害。譬如田猎:射御贯(惯),则能获禽。若未尝登车射御,则败绩厌(压)覆是惧,何暇思获?"

【射御贯,则能获禽】正 杨 补 熟悉射箭驾车,就能获得猎物。禽,鸟兽通称。

【则败绩厌覆是惧】补 即"则惧败绩厌覆"。

○补 **传世文献对读**:《国语·鲁语下》:"穆子曰:'吾不难为戮,养吾栋也。夫栋折而榱崩,吾惧压焉。'"叔孙穆子之言与公孙侨上文所言类似。

○补 李白《赠徐安宜》"制锦不择地,操刀良在兹"典出于此。

子皮曰:"善哉! 虎罕虎不敏。吾闻君子务知大者、远者,小人务知小者、近者。我,小人也:衣服附在吾身,我知而慎之;大官、大邑,所以庇身也,我远而慢之。微子之言,吾不知也。他日我曰,子为郑国,我为吾家,以庇[己]焉,其可也,今而后知不足。自今,请虽吾家,听子而行。"

【不敏】补 不审慎恰当。

【慢】正 杨 易,轻视。

【微】补 如果没有。

【为】杨 治。

子产曰:"人心之不同,如其面焉。吾岂敢谓子面如吾面乎? 抑心所谓危,亦以告也。"

【抑】杨 转折连词,不过。

子皮以[子产]为忠,故委政焉。子产是以能为郑国。

○补 **传世文献对读**:关于为学和做官的先后关系,孔子的观点与公孙侨相同,即主张"学而优则仕"。《论语·先进》中有两段话都表达了这种观点,可扫码阅读。

【二】卫侯卫襄公在楚。

北宫文子见令尹围王子围之威仪，言于卫侯卫襄公曰："令尹王子围似君矣！将有他志。[令尹]虽获其志，不能终也。《诗》云：'靡不有初，鲜 xiǎn 克有终。'终之实难，令尹其将不免[于难]。"

【令尹】补见庄四·二·二。

【威】杨疑为衍字。《汉书·五行志》引此无"威"字。

【令尹似君矣】正杨服虔认为原文应作"令尹以君矣"，"以"解为"用"，整句解为"令尹用国君的仪仗了"。杨注认为"以"通"已"，解为"已经"，整句解为"令尹已经是国君[的容止]了"。

【终】补善终。

【靡不有初，鲜克有终】补见宣二·三·一。

○补下启昭元年王子围弑郏敖（昭元·九），及昭十三年楚灵王自缢而死（昭十三·二）。

公卫襄公曰："子何以知之？"

[文子]对曰："《诗》云：'敬慎威仪，惟民之则。'令尹无威仪，民无则焉。民所不则，以在民上，不可以终。"

【敬慎威仪，惟民之则】杨补《毛诗·大雅·抑》有此句，而"惟"作"维"。可译为"恭敬而慎重地使用威仪，因为它是民众的准则"。

【则】补名词，准则。

【则】补动词，以……为准则。

公曰："善哉！何谓威仪？"

[文子]对曰：

"有威而可畏谓之'威',有仪而可象谓之'仪'。君有君之威仪,其臣畏而爱之,则而象之,故能有其国家,令闻长世。臣有臣之威仪,其下畏而爱之,故能守其官职,保族宜家。顺是以下皆如是,是以上下能相固也。

【象】补 效法。

【令闻长世】补 [享受]好名声和长久的世数。

"《卫诗》曰'威仪棣棣 dì,不可选也',言君臣、上下、父子、兄弟、内外、大小皆有威仪也;《周诗》曰'朋友攸摄,摄以威仪',言朋友之道,必相教训以威仪也。

【威仪棣棣,不可选也】正 杨 补《毛诗·邶风·柏舟》有此句,可译为"威仪富丽娴雅,多得不能计量"。棣棣,富丽娴雅貌。选,算,数。

【朋友攸摄,摄以威仪】正 杨《毛诗·大雅·既醉》(见襄二十七·五·一)有此句,可译为"朋友相互协助什么,就是协助威仪"。攸,所。摄,佐。

"《周书》数文王 周文王 之德,曰'大国畏其力,小国怀其德',言'畏而爱之'也;《诗》云'不识不知,顺帝之则',言'则而象之'也。纣 商纣 囚文王七年,诸侯皆从之囚,纣于是乎惧而归之,可谓'爱之';文王伐崇,再驾而[崇]降 xiáng 为臣,蛮夷帅服,可谓'畏之'。文王之功,天下诵而歌舞之,可谓'则之';文王之行,至今为法,可谓'象之'。有威仪也。

【不识不知,顺帝之则】补 见僖九·二·三·二。

【纣囚……归之】杨 据今本《竹书纪年》,"[纣之]二十三年,囚西伯于羑里。二十九年,释西伯。诸侯逆西伯,归于程"。西伯后来受命称王,即为周文王。

【文王……为臣】正 杨 补 参见僖十九·三·二·二。再驾,两次出兵。

【文王……象之】补周文王的言行，到今天仍然作为法度，可以说是
"效法他"。"象"与"法"有密切联系。据《周礼·大宰》，周王室用来
公示给民众看、起到宣喻教化作用的政治法令称为《治象》，用来公示
的教育法令称为《教象》，用来公示的军政法令称为《政象》，用来公示
的司法法令为《刑象》。鲁历代法令也称为"象"（见昭二·一·
一·一）。

"故君子在位可畏，施舍可爱，进退可度，周旋可则，容止可
观，作事可法，德行可象，声气可乐，动作有文，言语有章，以
临其下，谓之有威仪也。"

【施舍】杨赐予。

【容止】补容貌举止。

【章】杨补章法，条理。